总　序

自20世纪末期开始,我国高等教育步入大众化教育发展阶段。当前,我国已建成了世界上最大规模的高等教育体系。随着经济发展进入新常态,经济结构深刻调整、产业升级步伐加快、社会文化建设不断进步,党中央、国务院适时作出了引导本科院校向应用型高校转变,推动高等院校转型发展的重大战略部署,以便为生产服务一线培养出大量的高层次应用型人才。

广东金融学院创建于1950年,是一所省属公办普通本科院校。近年来,我校以"建成国内知名的应用型金融品牌大学"为发展目标,坚持"面向金融、面向地方、面向需求"的办学思路,秉承"金融为根、育人为本、应用为先、创新为范"的办学理念,不断提高办学质量,在人才培养、科学研究、社会服务等方面履行大学职能和社会责任,赢得了良好的社会声誉。

广东金融学院会计系创立于1993年,现已升格为会计学院。伴随着我国会计市场化、国际化改革进程,以及我国会计规则体系的不断完善,会计系获得了"跨越式、可持续"的高速发展。20余年来,会计学院始终立足于"培养高层次应用型会计人才",在会计学科建设、专业建设、人才培养模式、师资队伍建设、课程建设等方面进行了积极探索,取得了可喜的成就。

教材是体现教学内容和教学方法的知识载体,是组织教学的基本工具,也是深入教学改革、提高教学质量的重要保证。教材建设是专业建设、课程建设的基本要素,也是教师教学、科研水平及其成果的重要反映。我们推出的"应用型本科院校财会专业教改系列"教材,是会计系近年来教材建设成果及应用型人才培养教改成果的集中体现。

"应用型本科院校财会专业教改系列"教材建设的指导思想及目标定位是:

(1)坚持和服务于应用型本科会计人才的培养定位。应用型本科会计人才,是能够将会计学专业知识和技能应用于会计工作实践的高级专门人才。应用型本科院校教材建设,始终要坚持以社会人才需求为导向,坚持以本科层次的学科教育为依托,以应用型专业教育为基础,服务于高层次应用型会计人才的培养目标。

(2)坚持"突出基础、突出应用、突出技能、突出特色"来构造教材体系和教材内容。在理论知识上,以保证系统性为前提,突出基础知识,以"应知应会"为度;在体例结构上,强化业务举例、知识链接、习题练习、实训案例等应用技能要素,以期打造出"在基础理论上弱于研究型本科、在知识体系上强于高职高专",符合应用型本科层次会计人才培养定位的专业教材。

（3）坚持"系统性"，兼顾"可行性"和"开放性"。坚持"系统性"，我们全面推出了财会专业的系列核心课教材、选修课教材及部分实验课教材；坚持"可行性"，此次组织编写的教材均具备一定的历史积累，主编均具有本门学科的编写经验或具有本门课程长期的执教经历；坚持"开放性"，对暂时不成熟的课程，将进行持续积累建设，陆续推出。

（4）坚持、发挥金融行业特色和优势。我校有几十年金融行业办学的历史积累和优势，在金融企业会计教学和课程建设中，已形成自己的特色和优势。在本系列教材中，我们组织推出了《银行会计》《非银行金融企业会计》《银行财务管理》三部金融行业特色专业教材。

本系列教材的推出，首先得益于我们拥有的一支"双师型、双强型"专业师资团队，我校会计学院现有12名教授、19名副教授、49名博士（含在读），教授和博士的全面参与，构成了系列教材建设的中坚力量；其次也得益于会计学院在"十一五""十二五""十三五""十四五"期间积累和取得的一系列教学成果，会计学院会计学专业、财务管理专业取得省级质量工程立项建设，"会计学基础""会计信息系统""银行会计"等课程获得省精品课程立项建设；会计学专业获批2021年度国家级一流本科专业建设点；会计学院在国家级教学实验中心建设、国家级教学实习基地建设、人才培养模式创新、校企协同培养班等方面取得的教学成果，均为推出本系列教材提供了基本的支撑和保证。

本系列教材凝结着全体参编人员的辛勤付出和智慧，也得到立信会计出版社同仁的大力协作和支持。同时我们深知，随着财会体制变革的不断深化，加之编写人员的水平所限，教材的不足和错误之处在所难免，恳请读者不吝赐教，多提宝贵意见，以便我们继续修订完善，不断提升本系列教材建设的质量和水平。

国家级一流本科专业（会计学）建设点配套教材
普通高等教育"十三五"规划教材
应用型本科院校财会专业教改系列
普通高等教育省级精品教材

中级财务会计

（第四版）

江金锁　丁春贵　主编

立信会计出版社

图书在版编目(CIP)数据

中级财务会计 / 江金锁，丁春贵主编. -- 4 版.
-- 上海：立信会计出版社，2024.6. -- ISBN 978-7-5429-7657-4

Ⅰ. F234.4

中国国家版本馆 CIP 数据核字第 2024NL9611 号

策划编辑	蔡伟莉
责任编辑	孙 勇
美术编辑	北京任燕飞工作室

中级财务会计（第四版）
ZHONGJI CAIWU KUAIJI

出版发行	立信会计出版社		
地　　址	上海市中山西路 2230 号	邮政编码	200235
电　　话	(021)64411389	传　　真	(021)64411325
网　　址	www.lixinaph.com	电子邮箱	lixinaph2019@126.com
网上书店	http://lixin.jd.com		http://lxkjcbs.tmall.com
经　　销	各地新华书店		
印　　刷	常熟市人民印刷有限公司		
开　　本	787 毫米×1092 毫米　1/16		
印　　张	25.75		
字　　数	660 千字		
版　　次	2024 年 6 月第 4 版		
印　　次	2024 年 6 月第 1 次		
书　　号	ISBN 978-7-5429-7657-4/F		
定　　价	59.00 元		

如有印订差错，请与本社联系调换

第四版前言

为了落实习近平新时代中国特色社会主义思想"进教材、进课堂、进头脑",为高等院校财经类相关专业"中级财务会计"(或"财务会计")课程提供一本课程思政特色鲜明的高质量教材,我们修订了《中级财务会计(第三版)》。《中级财务会计》(第四版)以财务会计概念框架为理论基础,以最新的《企业会计准则》及其应用指南和2023年12月29日全国人民代表大会常务委员会第七次会议修订的《中华人民共和国公司法》(以下简称《公司法》)为主要依据,以高层次应用型本科人才培养目标、知识结构和能力要求为基本定位。

本书分为五大部分:第一部分阐述财务会计总论;第二部分阐述资产要素的核算,包括"货币资金""应收及预付款项""存货""金融资产""长期股权投资""固定资产""无形资产与投资性房地产"的核算等内容;第三部分阐述负债与所有者权益要素的核算,包括"流动负债与或有负债""长期负债""所有者权益"的核算等内容;第四部分阐述动态会计要素的核算,包括"收入、费用和利润"的核算等内容;第五部分是财务会计报告部分,包括基本的会计报表及其附注等内容。

本次修订具体分工如下:第十一章所有者权益的修订主要由广东金融学院财务处(肇庆校区财务科)黄子恩老师完成;其余各章的修订主要由广东金融学院江金锁教授完成,江金锁教授对全书进行了总纂。

本次修订主要变化包括:①以最新版《公司法》为依据,全面修订了第十一章所有者权益;②在第十章长期负债中增加了第五节"借款费用";③对两套模拟试卷及各章练习题进行了修订,并将部分练习题以二维码形式呈现,供学生课前预习并检验预习效果;④与时俱进地在教材中引入了课程思政案例,突出教材育人、课程育人的功能,以期落实"立德树人"根本任务;⑤各章内容按照最新《企业会计准则》及其应用指南修订,比如,增加了"数据资源"的核算及"入表";⑥增加了各章的习题数量和题型,强化案例分析与实训。

本书可供会计专业本科生"中级财务会计"课程及其他经管类专业"财务会计"课程的教学使用,力求做到言简意赅,表达精准,以适应本科教学改革课时减少这一大的趋势。

由于我们水平有限,本书难免存在不足之处,欢迎广大读者和同行批评指正。联系邮箱:jiangjinsuogduf@126.com 或 21-036@gduf.edu.cn。

编　者

2024年5月

中级财务会计
模拟试卷1

中级财务会计
模拟试卷2

目 录

第一章　财务会计总论 ... 1
　第一节　财务会计的概念及其特征 ... 1
　第二节　财务会计目标及会计假设 ... 7
　第三节　财务会计信息质量特征 ... 10
　第四节　财务会计要素 ... 13
　第五节　财务会计要素的确认基础与计量属性 ... 21
　【关键术语】 ... 24
　【问题思考】 ... 24
　练习题 ... 25

第二章　货币资金 ... 27
　第一节　货币资金及其内部控制 ... 27
　第二节　库存现金 ... 30
　第三节　银行存款 ... 35
　第四节　其他货币资金 ... 45
　【关键术语】 ... 48
　【问题思考】 ... 48
　练习题 ... 51

第三章　应收及预付款项 ... 55
　第一节　应收票据 ... 56
　第二节　应收账款 ... 60
　第三节　应收账款融资 ... 67
　第四节　其他应收款和预付账款 ... 68
　【关键术语】 ... 69
　【问题思考】 ... 69
　练习题 ... 71

第四章　存货
　第一节　存货的性质与范围 ... 76

第二节　取得存货的计价 ·· 77
　　第三节　发出存货的计价 ·· 83
　　第四节　计划成本法 ··· 88
　　第五节　周转材料 ··· 93
　　第六节　存货的期末计价 ·· 98
　　【关键术语】··· 103
　　【问题思考】··· 103
　　练习题 ··· 105

第五章　金融资产 ··· 109
　　第一节　金融资产概述 ·· 110
　　第二节　交易性金融资产 ·· 112
　　第三节　债权投资 ··· 115
　　第四节　其他金融工具投资 ··· 121
　　【关键术语】··· 125
　　【问题思考】··· 125
　　练习题 ··· 127

第六章　长期股权投资 ·· 131
　　第一节　长期股权投资概述 ··· 132
　　第二节　长期股权投资的初始计量 ·· 134
　　第三节　长期股权投资的后续计量 ·· 138
　　第四节　长期股权投资的减值和处置 ··· 145
　　第五节　长期股权投资的转换 ·· 146
　　【关键术语】··· 151
　　【问题思考】··· 151
　　【实训案例】··· 152
　　练习题 ··· 153

第七章　固定资产 ··· 159
　　第一节　固定资产的性质与分类 ··· 160
　　第二节　固定资产的取得与计价 ··· 162
　　第三节　固定资产折旧 ·· 171
　　第四节　固定资产的后续支出 ·· 177
　　第五节　固定资产的处置 ·· 179

第六节　固定资产减值准备 …………………………………………… 181
【关键术语】 ……………………………………………………………… 182
【问题思考】 ……………………………………………………………… 183
练习题 …………………………………………………………………… 185

第八章　无形资产与投资性房地产 ………………………………………… 189
第一节　无形资产 ………………………………………………………… 189
第二节　投资性房地产 …………………………………………………… 198
【关键术语】 ……………………………………………………………… 206
【问题思考】 ……………………………………………………………… 206
【实训案例】 ……………………………………………………………… 207
练习题 …………………………………………………………………… 209

第九章　流动负债与或有负债 ……………………………………………… 215
第一节　流动负债的性质与分类 ………………………………………… 216
第二节　流动负债的会计处理 …………………………………………… 217
第三节　或有负债 ………………………………………………………… 241
【关键术语】 ……………………………………………………………… 247
【问题思考】 ……………………………………………………………… 247
练习题 …………………………………………………………………… 249

第十章　长期负债 …………………………………………………………… 255
第一节　长期负债的性质与分类 ………………………………………… 256
第二节　长期借款 ………………………………………………………… 256
第三节　应付债券 ………………………………………………………… 259
第四节　长期应付款 ……………………………………………………… 270
第五节　借款费用 ………………………………………………………… 274
【关键术语】 ……………………………………………………………… 280
【问题思考】 ……………………………………………………………… 280
练习题 …………………………………………………………………… 281

第十一章　所有者权益 ……………………………………………………… 287
第一节　所有者权益概述 ………………………………………………… 287
第二节　投入资本与资本公积 …………………………………………… 290
第三节　其他综合收益 …………………………………………………… 293

第四节　留存收益 …………………………………………………………… 294
　　【关键术语】 …………………………………………………………………… 298
　　【问题思考】 …………………………………………………………………… 298
　　练习题 …………………………………………………………………………… 299

第十二章　收入、费用和利润 ……………………………………………………… 303
　　第一节　收入 …………………………………………………………………… 304
　　第二节　费用 …………………………………………………………………… 334
　　第三节　利润 …………………………………………………………………… 341
　　【关键术语】 …………………………………………………………………… 347
　　【问题思考】 …………………………………………………………………… 348
　　练习题 …………………………………………………………………………… 349

第十三章　财务会计报告 …………………………………………………………… 355
　　第一节　财务会计报告的内容与列报要求 …………………………………… 356
　　第二节　资产负债表 …………………………………………………………… 357
　　第三节　利润表 ………………………………………………………………… 369
　　第四节　现金流量表 …………………………………………………………… 373
　　第五节　所有者权益变动表 …………………………………………………… 381
　　第六节　会计报表附注 ………………………………………………………… 384
　　【关键术语】 …………………………………………………………………… 386
　　【问题思考】 …………………………………………………………………… 386
　　练习题 …………………………………………………………………………… 387

参考文献 ……………………………………………………………………………… 399

第一章 财务会计总论

章前导引

教学目标

本章主要介绍会计的发展历程,阐述财务会计的概念、特征、目标与假设,以及财务会计信息的质量特征、财务会计要素及其确认与计量等内容。通过本章的学习,学生应了解会计产生与发展的大致历程,理解财务会计的概念、财务会计假设与财务会计目标,掌握财务会计信息质量特征与会计要素的基本理论,具备相对系统、够用的财务会计理论知识。

重点难点

重点是财务会计的概念、目标、假设,财务会计信息质量特征,财务会计要素的定义与内容;难点是财务会计目标的理解,财务会计要素的确认与计量。

课程思政

潘序伦先生是我国杰出的会计学家、教育家。他获得了哈佛大学企业管理硕士学位和哥伦比亚大学经济学博士学位。1924 年学成回国后,他怀着"实业救国""教育救国"的理想,凭借其特有的远见卓识,先后创办了立信会计师事务所、立信会计学校和立信会计图书用品社等一系列以"立信"命名的实体。在 20 世纪 30 年代关于中式簿记"改良和改革"论争中,他主张引入西方现代会计,撰写了大量的会计著作介绍西方现代会计,从而奠定了他在中国会计学界泰斗的地位。

"诚信是会计之本",这是潘序伦先生给每一位会计新生上的"开学第一课"。"信以立志,信以守身,信以处事,信以待人,毋忘立信,当必有成"的训条警句,在他教过的每一位学生的脑海中打下了深深的烙印。

思考:从中国会计学会网站(asc.net.cn)等网站上查询潘序伦等近现代会计名家的生平事迹,结合我国近几年资本市场会计舞弊案例,谈谈会计人如何才能做到"诚实守信"。

第一节 财务会计的概念及其特征

一、会计发展的主要阶段

会计是随着人类社会生产实践活动的产生而产生、发展而发展的。在原始社会早期,人类社会生产实践活动极其简单,生产水平极其低下,主要是通过采集野果、狩猎等简单的生产活动谋生,劳动产品几乎无剩余,这时仅靠人脑记忆和计算即可满足需要,当然无需进行计量与记录活动。随着人类社会第一次与第二次大分工,社会生产有所发展,劳动产品开始出现剩余,有了交换劳动产品的条件。于是,结绳记事、刻记等最原始的处于萌芽状态的计量与记录行为便出现了,但这时的计量与记录还只是作为"生产职能的附带部分",独立的会计并未产生。

剩余产品的出现进一步刺激了人类对物质财富的追求欲望。人们逐渐并日益强烈地考虑应以尽可能少的劳动消耗(包括生产、生活资料消耗和劳动时间消耗),创造出尽可能多的物质财富。随着人们欲望的不断增强,对节约劳动耗费和提高经济效益的需求日益增强,生产过程的计量与记录行为日益复杂,最终导致会计的产生。正如马克思所概括的那样:"过程越是按社会的规模进行,越是失去纯粹个人的性质,作为对过程控制和观念总结的簿记就越是重要;因此,簿记对资本主义生产,比对手工业和农民的分散生产更为必要,对公有生产,比对资本主义生产更为必要。"

所以说,会计是社会生产发展到一定阶段的产物,也是在人们为组织与管理生产与服务活动过程中得到不断发展的。在会计发展的历史长河中,大致经历了古代会计、近代会计和现代会计三个主要阶段。

(一)古代会计

从会计的产生到1494年专门论述复式簿记的书籍——《算术、几何、比及比例概要》出现之前,被人们习惯上称为古代会计。

在这一阶段,社会形态处在原始社会、奴隶社会和封建社会,经济形态是自给自足的自然经济形态,社会特征是生产发展缓慢,生产力水平比较低下,商品经济尚不发达,商品货币的交换关系没有全面展开。因此,会计的发展自然也十分缓慢,但在后期已经出现了明显的具备会计特征的会计行为。

中国是世界文明古国之一,经济发展曾处于世界领先地位。中国的古代会计在世界会计发展史上一度占据过重要地位,有以下标志为证:周朝,专门掌管中央、地方政府钱粮收支的政府官员"司会"出现在官厅组织中,使会计成为一个独立的经济职能部门,进行"月计岁会"工作;唐宋时期,我国封建社会发展到了顶峰,于是"四柱清册"(即"旧管+新收=开除+实在")就出现了,它与现今的"期初余额+本期增加发生额=本期减少发生额+期末余额"的结账方法已基本接近,形成了让中国人引为自豪、让世界为之赞誉的中式簿记的早期形态;封建社会末期的明末清初,能够满足盈亏计算需要的"龙门账"等较为完善的中式会计形式又出现了。这些客观历史表明,中国封建社会早期的强盛,为中国会计的初始发展提供了肥沃的土壤,并为世界会计发展史作出了杰出贡献。

在著名的文明古国巴比伦,由于商业的发展,爱好组织管理的巴比伦人,大约在4 000多年前,就开始在金属或瓦片上记录大部分与会计记录有关的楔形文字。古埃及与巴比伦大体相同,并且还建立了较为严格的内部控制制度,如仓库的记录官与仓库的监督官的设置等。公元前5世纪前后是奴隶社会发展的顶峰时期,著名的古希腊文化和古罗马文化等地中海沿岸的文明就是在那时产生的,其会计发展也达到了一定的水平。例如,公元前630年,古希腊发明了铸币,并将其应用到会计记录中。又如,古罗马的国家档案中已经有将政府收入、支出分设项目的记载,并且政府设有会计官员。

13世纪以后,意大利沿海城市率先出现了资本主义萌芽,借贷资本家开始以"借主""贷主"的形式登记债权、债务项目,为以后借贷记账法的产生奠定了记账符号的基础和由单式簿记向复式簿记过渡的基础,等等。

古代会计是以官厅会计为主的,民间会计仅居于非常次要的地位。所谓官厅会计,即它主要是服务于奴隶主和封建皇(王)室赋税征收、财政支出及财产保管的会计。统治阶级为了加强对经济活动的监督和控制,十分重视官厅会计,甚至将它提到"治国安邦"的大计这一高度来认识。官厅会计具有以下主要特征。

(1) 它是社会发展到一定阶段的产物。奴隶社会和封建社会生产力发展水平低下,剩余产品较少。因此,作为奴隶社会和封建社会统治者的奴隶主和封建皇(王)室才可能拥有较多的剩余产品,需要重视会计工作,并利用会计开展必要的核算、管理和控制。

(2) 它同其他的计算活动、财政收支活动、财产保管工作混在一起,尚未确立自己独特的职责和对象。这样,它就必然同时采用实物单位、货币单位甚至劳动单位进行计量。

(3) 在记录方法上,它广泛采用文字叙述的方法,后来也逐渐完善了单式记账的方法。

(4) 在古代,由于未出现经济实体或法人的概念,会计记录的主体不够明晰和确定,所有者本人及家庭、奴隶主和封建皇(王)室及其所统治的国家在会计记录上是分不清的,也就是说,在会计记录上是"家国不分"的。

(5) 它主要服务两个方面:一是确立财产保管责任关系;二是协调经济利益分配关系。具体来说,通过计量、记录和财政收支活动,就可在产品和财富分配时确保财政收入,在财政收入的分配中确保满足统治阶级的需要;借助计量、记录、钱币出纳和财物保管,则可确保财产物资的安全和完好无损。

(二) 近代会计

中世纪末,中西方经济的贸易往来频繁,使地处地中海沿岸的一些城市的经济空前繁荣,尤其是意大利沿海城市佛罗伦萨、热那亚、威尼斯等地,商业和金融业率先得以发展,成为当时世界经济贸易中心,奠定了社会形态向资本主义迈进的关键 步。为了经济发展的需要,人们开始将原来借贷资本家所用的"借主""贷主"的记录方式,逐步改进和提高后,形成了早期的第一个借贷复式记账法,并在这些城市广为流行。到15世纪末,借贷复式记账法已经发展成为一种成熟的记账方法。

从15世纪末起到20世纪50年代这一阶段的会计,人们习惯上称为近代会计,以1494年为划分标志。1494年,意大利传教士、数学家、会计学家卢卡·巴其阿勒(Luca Paciolo,亦译为卢卡·帕乔利)在威尼斯出版了一部耗费30年心血的世界名著《算术、几何、比及比例概要》(亦译为《数学大全》)。其中有专门论述簿记的一章,对意大利威尼斯簿记和借贷记账法作了全面系统的理论描述和总结,成为当今人们公认的第一部会计理论书籍,并为会计由自然存在推向科学奠定了重要基石,被后人称为近代会计发展史上的第一个里程碑,卢卡·巴其阿勒也被史学家尊称为"近代会计之父"。著名的德国大诗人歌德曾将借贷记账法赞誉为"人类智慧的一种绝妙创造,以致使每一个精明的商人在他的经济事业中都必须运用它"。

从16世纪末到19世纪,意大利经济逐渐走向衰落,资本主义在荷兰、德国、法国、英国等欧洲国家得到迅速发展。意大利的复式簿记不仅迅速在欧洲得以传播,而且取得了很大发展。17世纪初,荷兰借助强大海军所进行的大规模海外殖民掠夺,成为当时最为发达的、被马克思称为17世纪标准的资本主义国家。因此,荷兰成为意大利复式簿记在欧洲传播和发展的中心。再后来,德国、法国、英国等国资本主义迅速发展,尤其是英国工业革命的兴起,复式簿记不仅在这些国家迅速传播与发展,而且出版了许多专门研究和论述簿记、会计的理论书籍,会计知识得到广泛普及。尤其值得一提的是,1600年,世界上第一个公司制企业——英国东印度公司诞生。由于该公司允许签发永久性股份,从而形成了持续经营与会计分期的概念。1853年,英国在苏格兰又成立了世界上第一个注册会计师专业团体——"爱丁堡会计师协会",并在1854年被授予皇家特许证,允许它的会计师冠予"特许会计师"的标志,会计由此开始成为一种社会性专门职业和通用的商务语言。

在近代会计的发展过程中,复式簿记不仅提出了一系列科学的会计概念,如资本、成本、收益和盈利等,更重要的是它还创造了资本主义"企业"的概念,会计主体、持续经营等观念由此慢慢确定。所以复式簿记被推广应用后,受到各界著名人士的交口称赞。

在近代会计的发展过程中,除了封建皇(王)室、资本主义国家的政府会计得到继续发展,工商企业承包会计代表了近代会计发展一个最主要的潮流。工商财务会计的发展不仅促进了工商企业的快速成长,也成为当时资本主义社会发展的一项基础性的工具。

(三) 现代会计

现代会计是20世纪50年代以后在发达的市场经济国家特别是在美国发展和完善起来的。现代会计的形成和发展主要表现在以下两个方面。

(1) 会计的工艺与现代电子计算和信息技术相结合,会计由手工簿记系统发展为电子数据处理系统和网络系统。会计处理的电算化是会计在记录与计算技术方面的重大革命。会计信息的网络化大大促进了会计信息的传递,有助于提高会计信息的使用效率。

(2) 会计理论、方法随着企业内部和外部对会计信息的不同要求而分化为两个子系统:一是财务会计。它以向投资者、债权人和企业外部其他利益相关者提供投资决策、信贷决策和其他经济决策所需要的信息为主。二是管理会计。它以向企业管理当局提供决策与控制所需信息为主。在这个意义上,管理会计也被称为"对内报告会计"。现代会计除财务会计和管理会计这两个特点和服务对象有明显差别的领域外,介于它们之间的成本会计也常被人们当作一个相对独立的领域提出来了。

当然,现代会计除上述方面的发展外,还有许多的发展领域,如公允价值会计、人力资源会计、通货膨胀会计、现值会计、资本成本会计和国际会计等。

二、财务会计的概念

要明确财务会计的定义,不能离开财务会计所处的环境。其中,现代企业组织结构就是一个很重要的因素。在企业组织中,投资者、债权人、经理与雇员、客户、供应商、政府等都与企业有重要契约关系,我们可以将每处组织看成是众多参与者的一系列契约的集成。财务会计对于制定、实施、加强、改善和维护组织契约是非常必要的。

随着现代化大生产的产生和发展、管理方式的演变,与财务会计关系密切的企业内部组织结构也经历了一个发展变化的过程,目前已形成直线制、职能制、直线职能制、分权事业部制、矩阵结构和模拟分散管理结构等基本形式。根据现代企业组织与管理主要文献的论述,就与财务会计地位有关的问题,我们可以得出以下结论。

(1) 财务会计一般不具备生产要素实体管理的特点。在现代企业生产经营中,除有物资流动外,还伴随着资金的运动和人员的流动。企业传统意义上生产要素的人力、财力和物力,具有同等重要的地位。能够直接调节和控制这些要素的管理可称为实体管理。在实践中,财务会计并不作为这样一种生产要素的实体管理而存在。

(2) 财务会计通常不具备职能管理的特点。职能管理与管理职能是两个不同的概念。人们通常把计划、组织、指挥、监督和调节都视为管理职能,而职能管理则与职能部门化类似,目前职能部门化概念逐渐取代了职能管理。部门化把组织的工作划分为若干半自治的单位或部门。部门化的结果是划清经理人员的各项职责,并对业务活动进行分类归组。职能部门化的主要标准是生产经营业务活动的特性和类别,当然与生产要素的实体管理有一定的关系。在划分职能部门化时,常常见不到会计部门。

(3) 在现代企业组织理论中,财务会计一般都出现在讨论直线与参谋人员、直线指挥与参谋系统之间的关系时。就会计而言,它主要通过建议、服务及有限的职能权力,去协调和推动直线指挥系统达成组织目标。财务会计的参谋作用通常是通过提供对决策有用的信息的方式加以实现的。

(4) 既然职能参谋系统一般都通过信息的方式作用于物资供销、技术设备、生产质量、劳动人事和财务等职能管理,那么,就很有必要考察一下职能参谋系统中不同的信息渠道,主要是区分会计信息、业务统计信息和专业技术信息渠道。虽然并不是每一个企业都设有专职部门负责上述三条渠道,但它们是客观存在、各自独立的。随着市场经济和相关管理方面的发展,会计信息渠道虽有拓宽,但货币计量作为会计的基本特征仍未改变。

(5) 财务会计在现代企业管理中的确存在控制,即在一定条件下进行直线指挥和开展生产要素实体管理的问题。对此,我们可从两方面加以理解:一方面,在正常情况下,财务会计是企业管理控制的某些部分和环节,财务会计表面上只提供信息,而实际上还要作出某些安排,进行某些控制;另一方面,在非正常的情况下,或是有企业规模问题,或是出现例外情况,财务会计的控制范围很可能还会扩大。

根据上述对财务会计在现代企业组织结构中地位的考察分析,财务会计应该被定义为一个经济信息系统。财务会计是为了提高微观经济效益、加强经济管理而在企业范围内建立的一个以提供财务信息为主的经济信息系统。这种观点将财务会计看成是为经济管理提供价值信息服务,但其本身并不是经济管理活动。财务会计作为一个信息系统,可以分为以下四个层次。

(1) 财务会计信息传递系统。信息传递系统不改变信息本身的结构和形态,只是把信息从一处传到另一处,如电话系统。就财务会计而言,如果企业管理中的某一职能部门直接使用(会计)原始凭证中的资料,它就构成一个信息传递系统。实际上,这时的凭证资料仅仅是原始数据而已。

(2) 财务会计信息处理系统。信息处理系统是将原始数据进行加工处理,使之获得新的结构和形态,或产生新的数据资料。例如,使用数学方法输入的个别单价计算得到的平均单价就是一种信息处理。计算机本身也是一个信息处理系统,经过它处理得到了各种不同形态的新数据资料,虽然都依据原始凭证输入,但输出的内容与输入的内容已大不相同了。财务会计经过填制凭证、登记账簿到编制财务会计报告,实际上就是一个信息处理系统。这个系统的全过程完全可由计算机来操作。财务会计不是计算机,财务会计信息处理系统仅仅是会计整体中的一个有机组成部分。

（3）财务会计信息解释和分析系统。信息解释就是指依据各种数据资料（大部分已经过加工处理），经过调查分析，通过科学的思维和合理的推断得到新的信息。在财务会计工作中，我们将会看到报表分析、预测预算、制定决策方案的内容，这些内容已经构成了现代会计的重要组成部分，并且也是会计发展的一个方向。

（4）财务会计信息调节系统。信息调节系统主要是在计划制订（或目标确定）及实施之中或之后，为保证按既定目标运行而对差异所采取的校正措施。例如，会计监督就可以校正某些行为，起到调节的作用。

综上所述，财务会计是以会计准则为依据，对企业已经发生的交易或事项，运用复式记账的专门方法，通过确认、计量、记录和报告等主要程序进行加工处理，并以财务会计报告的形式，向企业管理当局和企业有利害关系的外部信息使用者提供企业财务状况、经营成果和现金流量等方面信息的一个信息处理系统。

三、财务会计的特征

财务会计与管理会计是现代企业会计的两大子系统，财务会计与管理会计相比有如下几个方面的特征。

（一）财务会计以计量和传递信息为主要目标

财务会计的目标主要是向企业的投资者、债权人、政府部门及社会公众提供财务信息。从信息的性质看，主要反映企业已经发生的交易或事项，是历史信息，并不涉及对企业重大的经营活动进行预测和决策；从信息的使用者上看，尽管企业内部管理当局也是财务信息的使用者，但财务会计更着眼于为企业外部信息使用者提供信息，这些外部信息使用者包括企业的投资者、债权人、政府部门及社会公众等。

（二）财务会计以财务会计报告为工作核心

财务会计作为一个信息系统，是以财务会计报告作为最终成果的。财务信息最终是通过财务会计报告反映出来的。因此，财务会计报告是财务会计工作的核心。而财务报表又是财务会计报告的核心，财务会计所编制的财务报表是以会计准则为指导而编制的、可以对外公开的会计报表及其附注，不包括涉及企业商业秘密的成本报表。

（三）财务会计仍然以复式簿记原理作为数据处理和信息加工的基本方法

复式簿记是指对每一笔经济业务，都要以相等的金额，在相互联系的两个或两个以上账户中进行登记的一种记账方法。它一般包括设置账户、复式记账、填制凭证、登记账簿、成本计算、财产清查和编制会计报表等专门方法。

（四）财务会计以公认会计原则和会计准则为指导

公认会计原则是被普遍接受并得到权威支持的会计原则，是指导会计实务的规范，也是会计准则的前身。会计准则由基本准则和具体准则所组成。随着经济全球化的发展，资本跨国流动的趋势越来越强劲，这在客观上要求会计国际化及会计准则国际趋同。一套高质量、可理解、可实施的全球性会计准则的时代正在到来。

第二节 财务会计目标及会计假设

一、财务会计目标

我国《企业会计准则——基本准则》对财务会计报告目标进行了明确定位,将保护投资者利益、满足投资者进行投资决策的信息需求放在了突出位置,彰显了财务会计报告目标在企业会计准则体系中的重要作用。我国《企业会计准则——基本准则》规定,财务会计报告的目标是向财务会计报告使用者提供与企业财务状况、经营成果和现金流量等有关的会计信息,反映企业管理层受托责任履行情况,有助于财务会计报告使用者作出经济决策。

财务会计报告使用者主要包括投资者、债权人、政府及其有关部门和社会公众等。满足投资者的信息需要是企业财务会计报告编制的首要出发点。近年来,我国企业改革持续深入,产权日益多元化,资本市场快速发展,机构投资者及其他投资者队伍日益壮大,对会计信息的要求日益提高,在这种情况下,投资者更加关心其投资的风险和报酬,他们需要会计信息来帮助其作出决策,如决定是否应当买进、持有或者卖出企业的股票或者股权,他们需要信息来帮助其评估企业支付股利的能力等。因此,基本准则将投资者作为企业财务会计报告的首要使用者,凸显了投资者的地位,体现了保护投资者利益的要求,是市场经济发展的必然。

根据投资者决策有用目标,财务会计报告所提供的信息应当如实反映企业各项经营活动、投资活动和筹资活动所形成的现金流入和现金流出情况等,从而有助于现在的或潜在的投资者正确、合理地评价企业的资产质量、偿债能力、盈利能力和营运效率等;有助于投资者根据相关会计信息作出理性的投资决策;有助于投资者评估与投资有关的未来现金流量的金额、时间和风险等。

除投资者外,企业财务会计报告的使用者还有债权人、政府及有关部门、社会公众等。例如,企业贷款人、供应商等债权人通常十分关心企业的偿债能力和财务预算风险,他们需要信息来评估企业能否如期支付贷款本金及其利息,能否如期支付所欠购货款等;政府及其有关部门作为经济管理和经济监管部门,通常关心经济资源分配的公平、合理,市场经济秩序的公正、有序、宏观决策所依据信息的真实可靠等,他们需要信息来监管企业承包的有关活动(尤其是经济活动)、制定税收政策、进行税收征管和国民经济统计等;社会公众也关心企业的生产经营活动及其影响,包括企业对所在地经济作出的贡献,如增加就业、刺激消费、提供社区服务等,在财务会计报告中提供有关企业发展前景及其能力、经营效益及其效率等方面的信息,可以满足社会公众的信息需要。财务会计报告使用者的信息需求中许多是共同的,由于投资者是企业资本的主要提供者,在通常情况下,如果财务会计报告能够满足这一群体的会计信息需求,也就可以满足其他使用者的大部分信息需求。

现代企业制度强调企业所有权和经营权相分离,企业管理层是受投资者之托经营管理企业及其各项资产,负有受托责任。即企业管理层所经营管理的企业各项资产基本上均为投资者投入的资本(或留存收益作为再投资)或向债权人借入的资金所形成的,企业管理层有责任妥善保管并合理、有效运用这些资产。企业投资者和债权人等也需要及时或经常性地了解企业管理层保管、使用资产的情况,以便评价企业管理层的责任情况和业绩,并决定是否需要调整投资或者信贷政策,是否需要加强企业内部控制和其他制度建设,是否需要更换管理层等。因此,财务会计报告应当反映企业管理层受托责任的履行情况,以有助于外部投资和债权人等评价企业的经营管理责任和资源使用的有效性。

财务会计报告目标要求满足投资者等财务会计报告使用者决策的需要,体现为财务会计报告的决策有用观;财务会计报告目标要求反映企业管理层受托责任的履行情况,体现为财务会计报告的受托责任观。财务会计报告的决策有用观与其受托责任观是统一的。投资者出资委托企业管理层经营希望获得更多的投资回报,实现股东财富的最大化,从而进行可持续投资;企业管理层接受投资者的委托从事生产经营活动,努力实现资产安全完整,保值增值,防范风险,促进企业可持续发展,就能够更好地持续地履行受托责任,为投资者提供回报,为社会创造价值,从而构成企业经营的目标。由此可见,财务会计报告目标的决策有用观和受托责任观是有机统一的。

二、财务会计假设

财务会计假设是财务会计确认、计量和报告的前提,是对会计核算所处时间、空间环境等所作的合理设定。会计基本假设包括会计主体、持续经营、会计分期和货币计量。

(一) 会计主体

会计主体是指财务会计确认、计量和报告的空间范围。为了向财务会计报告使用者反映企业财务状况、经营成果和现金流量,提供对其决策有用的信息,会计处理和财务会计报告的编制应当反映特定对象的经济活动,以实现财务会计报告的目标。

在会计主体假设下,企业应当对其本身发生的交易或者事项进行会计确认、计量和报告,反映企业本身所从事的各项生产经营活动。明确界定会计主体是开展会计确认、计量和报告工作的重要前提。

首先,明确会计主体,才能划定会计所要处理的各项交易或事项的范围。在会计实务中,只有那些影响企业本身经济利益的各项交易或事项才能加以确认、计量和报告,那些不影响企业本身经济利益的各项交易或事项则不能加以确认、计量和报告。通常所讲的资产、负债的确认,收入的实现,费用的发生等,都是针对特定会计主体而言的。

其次,明确会计主体,才能将会计主体的交易或者事项与会计主体所有者的交易或者事项及其他会计主体的交易或者事项区分开来。例如,企业所有者的经济交易或者事项是属于企业所有者主体所发生的,不应纳入财务会计处理的范围,但是企业所有者投入企业的资本或者企业向所有者分配的利润,则属于企业主体所发生的交易或者事项,应当纳入财务会计确认、计量和报告的内容。

会计主体不同于法律主体。一般而言,法律主体必然是一个会计主体。例如,一个企业作为一个法律主体,应当建立财务会计系统,独立反映其财务状况、经营成果和现金流量。但是,会计主体不一定是法律主体。例如,企业集团中的母公司拥有若干子公司,母公司和子公司虽然是不同的法律主体,但是母公司对子公司拥有控制权,为了全面反映企业集团的财务状况、经营成果和现金流量,需要将企业集团作为一个会计主体,编制合并财务报表,在这种情况下,尽管企业集团不属于法律主体,但它却是会计主体。又如,由企业管理的证券投资基金、企业年金基金等,尽管不属于法律主体,但属于会计主体,应当对每项基金进行会计确认、计量和报告。

(二) 持续经营

持续经营是指在可以预见的将来,企业将会按当前的规模和状态继续经营下去不会停业,也不会大规模削减业务。在持续经营假设下,会计确认、计量和报告应当以企业持续、正常的生产经营活动为前提。企业会计准则体系是以企业持续经营为前提加以制定和规范的,涵盖了从企业成立到清算(包括破产)整个期间的交易或者事项的会计处理。一个企业在不能持续经营时就应当停止使用这个假设,否则如仍按持续经营基本假设选择会计确认、计量和报告原则与方法,就不能客观地反映企业的财务预算状况、经营成果和现金流量,会误导会计信息使用者的经济决策。

(三) 会计分期

会计分期是指将一个企业持续经营的生产经营活动划分为一个个连续的、长短相同的期间。会计分期的目的,在于通过会计期间的划分,将持续经营的生产经营活动划分成连续、相等的期间,据以结算盈亏,按期编报财务会计报告,从而及时向财务会计报告使用者提供有关企业财务状况、经营成果和现金流量的信息。

根据持续经营假设,一个企业将按当前的规模和状态持续经营下去。但是,无论是企业的生产经营决策,还是投资者、债权人等的决策,都需要及时的信息,需要将企业持续的生产经营活动划分为一个个连续的、长短相同的期间,分期确认、计量和报告企业的财务状况、经营成果和现金流量。由于会计分期,才产生了当期与以前期间、以后期间的差别,才使不同类型的会计主体有了记账的基准,进而出现了折旧、摊销等会计处理方法。

在会计分期假设下,企业应当划分会计期间,分期结算账目和编制财务会计报告。会计期间通常分为年度和中期。中期是指短于一个完整的会计年度的报告期间。

(四) 货币计量

货币计量是指会计主体在财务会计确认、计量和报告时以货币作为计量尺度,反映会计主体的生产经营活动。

在会计的确认、计量和报告过程中之所以选择货币为基础进行计量,是由货币的本身特性决定的。货币是商品的一般等价物,是衡量一般商品价值的共同尺度,具有价值尺度、流通手段和支付手段等特点。其他计量单位,如重量、长度、容积、台、件等,只能从一个侧面反映企业的生产经营情况,无法在量上进行汇总和比较,不便于会计计量和经营管理。只有选择货币这一共同尺度进行计量,才能全面反映企业的生产经营情况,所以,《企业会计准则——基本准则》规定,会计确认、计量和报告选择货币作为计量单位。

在有些情况下,统一采用货币计量也有缺陷,某些影响企业财务状况和经营成果的因素,如企业经营战略、研发能力、市场竞争力等,往往难以用货币来计量,但这些信息对于使用者决策来讲也很重要,为此,企业可以在财务会计报告中补充披露有关非财务信息来弥补上述缺陷。

第三节 财务会计信息质量特征

财务会计信息质量关系到投资者决策、完善资本市场,以及市场经济秩序等重大问题。对何为高质量会计信息及如何提高财务会计信息质量,会计准则进行了明确规定。财务会计信息质量特征是对企业财务会计报告提供高质量会计信息的基本规范,是使财务会计报告中所提供会计信息对投资者等使用者决策有用应具备的质量特征,根据《企业会计准则——基本准则》的规定,它包括可靠性、相关性、可理解性、可比性、实质重于形式、重要性、谨慎性和及时性等。其中,可靠性、相关性、可理解性、可比性是会计信息的首要质量要求,是企业财务会计报告中所提供会计信息应具备的基本质量特征;实质重于形式、重要性、谨慎性和及时性是会计信息的次级质量要求,是对可靠性、相关性、可理解性、可比性等首要质量要求的补充和完善,尤其是在对某些特殊交易或者事项进行处理时,需要根据这些质量要求来把握其会计处理原则,另外,及时性还是会计信息相关性和可靠性的制约因素,企业需要在相关性和可靠性之间寻求一种平衡,以确定信息及时披露的时间。

一、可靠性

可靠性要求企业应当以实际发生的交易或者事项为依据进行确认、计量和报告,如实反映符合确认和计量要求的各项会计要素及其相关信息,保证会计信息真实可靠、内容完整。可靠性是高质量会计信息的重要基础和关键所在,如果企业以虚假的经济业务进行确认、计量和报告,属于违法行为,不仅会严重损害财务会计信息质量,而且会误导投资者,干扰资本市场,导致会计秩序混乱。为了贯彻可靠性要求,企业应当做到以下几项。

(1) 以实际发生的交易或者事项为依据进行确认、计量,将符合会计要素定义及其确认条件的资产、负债、所有者权益、收入费用和利润等如实反映在财务会计报告中,不得根据虚构的、没有发生的或者尚未发生的交易或者事项进行确认、计量和报告。

(2) 在符合重要性和成本效益原则的前提下,保证会计信息的完整性,其中包括应当编报的报表及其附注内容等应当保持完整,不能随意遗漏或者减少应予披露的信息,与使用者决策相关的有用信息都应当充分披露。

(3) 财务会计报告中的会计信息应当是客观中立的,无偏的。如果企业在财务会计报告中为了达到事先设定的结果或效果,通过选择或列示有关会计信息以影响决策和判断的,这样的财务会计报告信息就不是中立的。

二、相关性

相关性要求企业提供的会计信息应当与投资者等财务会计报告使用者的经济决策需要相关,有助于投资者等财务会计报告使用者对企业过去、现在或者未来的情况作出评价或者预测。

会计信息是否有用,是否具有价值,关键是看其与使用者的决策需要是否相关,是否有助于决策或者提高决策水平。相关的会计信息应当能够有助于使用者评价企业过去的决策,证实或者修正过去的有关预测,因而具有反馈价值。相关的会计信息还应当具有预测价值,有助于使用者根据财务会计报告所提供的会计信息预测企业未来的财务状况、经营成果和现金流量。

财务会计信息质量的相关性要求是以可靠性为基础的,两者之间是统一的,并不矛盾,不应将两者对立起来。也就是说,会计信息在可靠性前提下,尽可能地做到相关性,以满足投资者等财务会计报告使用者的决策需要。

三、可理解性

可理解性要求企业提供的会计信息应当清晰明了,便于投资者等财务会计报告使用者理解和使用。

企业编制财务会计报告、提供会计信息的目的在于使用,而要使使用者有效使用会计信息,应当能让其了解会计信息的内涵,弄懂会计信息的内容,这就要求财务会计报告所提供的会计信息应当清晰明了,易于理解。只有这样,才能提高会计信息的有用性,实现财务会计报告的目标,满足向投资者等财务会计报告使用者提供决策有用信息的要求。投资者等财务会计报告使用者通过阅读、分析、使用财务会计报告信息,能够了解企业的过去和现状,以及企业净资产或企业价值的变化过程,预测未来发展趋势,从而作出科学决策。

会计信息是一种专业性较强的信息产品,在强调会计信息的可理解性要求的同时,还应假定使用者具有一定的有关企业经营活动和会计方面的知识,并且愿意付出努力去研究这些信息。对于某些复杂的信息,如交易本身较为复杂或者会计处理较为复杂,但其与使用者的经济决策相关的,企业就应当在财务会计报告中予以充分披露。

四、可比性

可比性要求企业提供的会计信息应当相互可比。这主要包括以下两层含义。

(1) 同一企业不同时期可比。为了便于投资者等财务会计报告使用者了解企业财务状况、经营成果和现金流量的变化趋势,比较企业在不同时期的财务会计报告信息,全面、客观地评价过去、预测未来,作出决策。财务会计信息质量的可比性要求同一企业不同时期发生的相同或者相似的交易或者事项,应当采用一致的会计政策,不得随意变更。但是,满足会计信息可比性要求,并非表明企业不得变更会计政策,如果按照规定或者在会计政策变更后可以提供更可靠、更相关的会计信息,可以变更会计政策。有关会计政策变更的情况,应当在附注中予以说明。

(2) 不同企业相同会计期间可比。为了便于投资者等财务会计报告使用者评价不同企业的财务状况、经营成果和现金流量及其变动情况,财务会计信息质量的可比性要求不同企业同一会计期间发生的相同或者相似的交易或者事项,应当采用统一规定的会计政策,确保会计信息口径一致、相互可比,以使不同企业按照一致的确认、计量和报告要求提供有关会计信息。

可比性要求各类企业执行的会计政策应当统一,比如《企业会计准则》于2007年1月1日在所有上市公司执行,实现了上市公司会计信息的可比性;之后《企业会计准则》的实施范围进一步扩大,以实现所有大中型企业实施《企业会计准则》的目标,解决不同企业之间会计信息的可比性问题。

五、实质重于形式

实质重于形式要求企业应当按照交易或者事项的经济实质进行会计确认、计量和报告,而不仅仅以交易或者事项的法律形式为依据。

企业发生的交易或事项在多数情况下其经济实质和法律形式是一致的,但在有些情况下也会出现不一致。

例如,企业按照销售合同销售商品但又签订了售后回购协议,虽然从法律形式上看实现了收入,但如果企业没有将商品所有权上的主要风险和报酬转移给购货方,没有满足收入确认的各项条件,即使签订了商品销售合同或者已将商品交付给购货方,也不应当确认销售收入。

又如,在企业合并中,经常会涉及"控制"的判断,有些合并,从投资比例来看,虽然投资者拥有被投资企业 50% 或 50% 以下股份,但是投资企业通过章程、协议等有权决定被投资企业财务和经营决策的,就不应当简单地以持股比例来判断控制权,而应当根据实质重于形式的原则来判断投资企业对被投资单位的控制程度。

再如,在关联交易中,通常情况下,关联交易只要交易价格是公允的,即属于正常交易,可按照准则规定进行确认、计量和报告;但是,某些情况下,关联交易有可能会出现不公允,虽然这个交易的法律形式没有问题,但从交易的实质来看,可能会出现关联方之间转移利益或操纵利润的行为,从而影响财务会计信息质量。由此可见,在会计职业判断中,正确贯彻实质重于形式原则至关重要。

六、重要性

重要性要求企业提供的会计信息应当反映与企业财务状况、经营成果和现金流量有关的所有重要交易或者事项。

财务会计报告中提供的会计信息的省略或者错报会影响投资者等使用者据此作出决策的,该信息就具有重要性。重要性的应用需要依赖职业判断,企业应当根据其所处环境和实际情况,从项目的性质和金额大小两方面加以判断。例如,企业发生的某些支出,金额较小的,从支出受益期来看,可能需要在若干会计期间进行分摊,但根据重要性要求,可以一次计入当期损益。

七、谨慎性

谨慎性要求企业以交易或者事项进行会计确认、计量和报告时保持应有的谨慎,不应高估资产或者收益、低估负债或者费用。

在市场经济环境下,企业的生产经营活动面临着许多风险抵押和不确定性,如应收款项的可收回性、固定资产的使用寿命、无形资产的使用寿命、售出存货可能发生的退货或者返修等。会计信息质量的谨慎性要求,需要企业在面临不确定性因素的情况下作出职业判断时,应当保持应有的谨慎,充分估计各种风险和损失,既不高估资产或者收益,也不低估负债或者费用。

例如,对于企业发生的或有事项,通常不能确认或有资产,只有当相关经济利益基本确定能够流入企业时,才能作为资产予以确认;相反,相关经济利益很可能流出企业而且构成现时义务时,应当及时地确认为预计负债,就体现了会计信息质量的谨慎性要求。

又如,企业在进行所得税会计处理时,只有在有确凿证据表明未来期间很可能获得足够的应纳税所得额用来抵扣暂时性差异时,才应当确认相关递延所得税资产;而对于发生的相关应纳税暂时性差异,则应当及时足额确认递延所得税负债,这也是会计信息谨慎性要求的具体体现。

谨慎性的应用不允许企业设置秘密准备,如果企业故意低估资产或者收入,或者故意高估负债或者费用,将不符合会计信息的可靠性和相关性要求,损害财务会计信息质量,扭曲企业实际的财务状况和经营成果,从而对使用者的决策产生误导,这是不符合会计准则要求的。

八、及时性

及时性要求企业对于已经发生的交易或者事项,应当及时进行确认、计量和报告,不得提前或者延后。

会计信息的价值在于帮助所有者或者其他方作出经济决策,具有时效性。即使是可靠的、相关的会计信息,如果不及时提供,也会失去时效性,对于使用者的效用就大大降低,甚至不再具有实际意义。在会计确认、计量和报告过程中贯彻及时性:一是要求及时收集会计信息,即在经济交易或者事项发生后,及时收集整理各种原始单据或者凭证;二是要求及时处理会计信息,即按照会计准则的规定,及时对经济交易或者事项进行确认或者计量,并编制财务会计报告;三是要求及时传递会计信息,即按照国家规定的有关时限,及时将编制的财务会计报告传递给财务会计报告使用者,便于其及时使用和决策。

第四节 财务会计要素

一、资产的定义及其确认条件

财务会计要素简称会计要素,是根据交易或者事项的经济特征确定的会计对象所进行的基本分类。《企业会计准则——基本准则》规定,会计要素按照其性质分为资产、负债、所有者权益、收入、费用和利润。其中,资产、负债和所有者权益要素侧重于反映企业的财务状况,收入、费用和利润要素侧重于反映企业的经营成果。会计要素的界定和分类可以使财务会计系统更加科学严密,为投资者等财务会计报告使用者提供更加有用的信息。

(一)资产的定义

资产是指企业过去的交易或者事项形成的、由企业拥有或者控制的、预期会给企业带来经济利益的资源。根据资产的定义,资产具有以下特征。

1. 资产应为企业拥有或者控制的资源

资产作为一项资源,应当由企业拥有或者控制,具体是指企业享有某项资源的所有权,或者虽然不享有某项资源的所有权,但该资源能被企业所控制。

企业享有资产的所有权,通常表明企业能够排他性地从资产中获得经济利益。一般而言,在判断资产是否存在时,所有权是考虑的首要因素。在有些情况下,资产虽然不为企业所拥有,即企业并不享有其所有权,但企业控制了这些资产,同样表明企业能够从资产中获取经济利益,符合会计上对资产的定义。例如,某企业以融资租赁方式租入一项固定资产,尽管企业并不拥有其所有权,但是如果租赁合同规定的租赁期相当长,接近于该资产的使用寿命,表明企业控制了该资产的使用及其所能带来的经济利益,应当将其用为企业资产予以确认、计量和报告。

2. 资产预期会给企业带来经济利益

资产预期会给企业带来经济利益是指资产直接或者间接导致现金和现金等价物流入企业的潜力。这种潜力可以来自企业日常的生产经营活动,也可以是非日常活动带来经济利益的形式,可以是现金或者现金等价物形式,也可以是能转化为现金或者现金等价物的形式,或者可以是减少现金或者现金等价物流出形式。

资产预期能否为企业带来经济利益是资产的重要特征。例如,企业采购的原材料、购置的固定资产等可以用于生产经营过程,制造商品或者提供劳务,对外出售后收回货款,货款即企业所获得的经济利益。如果某一项目预期不能给企业带来经济利益,那么就不能将其确认为企业的资产。前期已经确认为资产的项目,如果不能再为企业带来经济利益,也不能再确认为企业的资产。例如,待处理财产损失及某些财务挂账等,由于不符合资产定义,均不应当确认为资产。

3. 资产是由企业过去的交易或者事项形成的

资产应当由企业过去的交易或者事项所形成,过去的交易或者事项包括购买、生产、建造行为或者其他交易或事项。换句话说,只有过去的交易或者事项才能产生资产,企业预期在未来发生的交易或者事项不形成资产。例如,企业有购买某存货的意愿或者计划,但是购买行为尚未发生,就不符合资产的定义,不能因此而确认存货资产。

(二) 资产的确认条件

将一项资源确认为资产,需要符合资产的定义,还应同时满足以下两个条件。

1. 与该资源有关的经济利益很可能流入企业

从资产的定义来看,能否带来经济利益是资产的一个本质特征,但在现实生活中,经济环境瞬息万变,与资源有关的经济利益能否流入企业或者能够流入多少实际上带有不确定性。因此,资产的确认还应与经济利益流入的不确定性程度的判断结合起来。如果根据编制财务报表时所取得的证据,与资源有关的经济利益很可能流入企业,那么就应当将其作为资产予以确认;反之,不能确认为资产。

2. 该资源的成本或者价值能够可靠地计量

财务会计系统是一个确认、计量和报告的系统,其中可计量性是所有会计要素确认的重要前提,资产的确认也是如此。只有当有关资源的成本或者价值能够可靠地计量时,资产才能予以确认。在实务中,企业取得的许多资产都是发生了实际成本的。例如,企业购买或者生产的存货,企业购置的厂房或者设备等,对于这些资产,只要实际发生的购买成本或者生产成本能够可靠地计量,就视为符合了资产确认的可计量条件。在某些特定情况下,企业取得的资产没有发生实际成本或者发生的实际成本很小,如企业持有的某些衍生金融工具形成的资产,对于这些资产,尽管它们没有实际成本或者发生的实际成本很小,但是如果其公允价值能够可靠地计量的话,也被认为符合了资产可计量性的确认条件。

二、负债的定义及其确认条件

(一) 负债的定义

负债是指企业过去的交易或者事项形成的、预期会导致经济利益流出企业的现时义务。根据负债的定义,负债具有以下特征。

1. 负债是企业承担的现时义务

负债必须是企业承担的现时义务,这是负债的一个基本特征。其中,现时义务是指企业在现行条件下已承担的义务。未来发生的交易或者事项形成的义务,不属于现时义务,不应当确认为负债。

这里所指的义务可以是法定义务,也可以是推定义务。其中,法定义务是指具有约束力的合同或者法律、法规规定的义务。这些义务通常必须依法执行。例如,企业购买原材料形成应付账款,企业向银行贷入款项形成借款,企业按照税法规定应当交纳的税款等,均属于企业承担的法定义务,需要依法予以偿还。推定义务是指根据企业多年来的习惯做法、公开的承诺或者公开宣布的政策而导致企业将承担的责任。这些责任也使有关各方形成了企业将履行义务解脱责任的合理预期。

2. 负债预期会导致经济利益流出企业

预期会导致经济利益流出企业也是负债的一个本质特征。只有企业在履行义务时会导致经济利益流出企业的,才符合负债的定义;如果不会导致企业经济利益流出,就不符合负债的定义。在履行现时义务清偿负债时,导致经济利益流出企业的形式多种多样,如用现金偿还或以实物资产形式偿还;以提供劳务形式偿还;以部分转移资产、部分提供劳务形式偿还等。

3. 负债是由企业过去的交易或者事项形成的

负债应当由企业过去的交易或者事项所形成。换句话说,只有过去的交易或者事项才形成负债,企业将在未来发生的承诺、签订的合同等交易或者事项,不形成负债。

(二) 负债的确认条件

将一项现时义务确认为负债,需要符合负债的定义,还应当同时满足以下两个条件。

1. 与该义务有关的经济利益很可能流出企业

从负债的定义来看,负债预期会导致经济利益流出企业,但是履行义务所需要流出的经济利益带有不确定性,尤其是与推定义务相关的经济利益通常需要依赖于大量的估计。因此,负债的确认应当与经济利益流出的不确定性程度的判断结合起来。如果有确凿的证据表明,与现时义务有关的经济利益很可能流出企业,就应当将其作为负债予以确认;反之,如果企业承担了现时义务,但是导致经济利益流出企业的可能性若已不复存在,就不符合负债的确认条件,不应将其作为负债予以确认。

2. 未来流出的经济利益的金额能够可靠地计量

负债的确认在考虑经济利益流出企业的同时,对于未来流出的经济利益的金额应当能够可靠地计量。对于与法定义务有关的经济利益流出金额,通常可以根据合同或者法律规定的金额予以确定,考虑到经济利益流出的金额通常在未来期间,有时未来期间较长,有关金额的计量需要考虑货币时间价值等因素的影响。对于与推定义务有关的经济利益流出金额,企业应当根据履行相关义务所需支出的最佳估计数进行估计,并综合考虑有关货币时间价值、风险等因素的影响。

三、所有者权益的定义、来源及其确认条件

(一)所有者权益的定义

所有者权益是指企业资产扣除负债后由所有者享有的剩余权益。公司的所有者权益又称为股东权益。所有者权益是所有者对企业资产的剩余索取权,它是企业资产中扣除债权人权益后应由所有者享有的部分,既可反映所有者投入资本的保值增值情况,又体现了保护债权人权益的理念。

(二)所有者权益的来源

所有者权益的来源包括所有者投入的资本、直接计入所有者权益的利得和损失、留存收益等。所有者权益通常由实收资本(或股本)、资本公积(含资本溢价或股本溢价、其他资本公积)、盈余公积和未分配利润构成。商业银行等金融企业按照规定在税后利润中提取的一般风险准备,也构成所有者权益。

所有者投入的资本是指所有者投入企业的资本部分。它既包括构成企业注册资本或者股本部分的金额,也包括投入资本超过注册资本或者股本部分的金额,即资本溢价或者股本溢价,这部分投入资本在我国企业会计准则体系中被计入了资本公积,并在资产负债表中的"资本公积"项目下反映。

直接计入所有者权益的利得和损失是指不应计入当期损益、会导致所有者权益发生增减变动的、与所有者投入资本或者向所有者分配利润无关的利得或者损失。其中,利得是指由企业非日常活动所形成的、会导致所有者权益增加的、与所有者投入资本无关的经济利益的流入,利得包括直接计入所有者权益的利得和直接计入当期利润的利得;损失是指由企业非日常活动所发生的、会导致所有者权益减少的、与向所有者分配利润无关的经济利益的流出,损失包括直接计入所有者权益的损失和直接计入当期利润的损失。直接计入所有者权益的利得和损失主要包括可供出售金融资产的公允价值变动额等。

留存收益是企业历年实现的净利润留存于企业的部分,主要包括累计计提的盈余公积和未分配利润。

(三)所有者权益的确认条件

所有者权益的确认和计量主要取决于资产、负债、收入、费用等其他会计要素的确认和计量。所有者权益即企业的净资产,是企业资产总额中扣除债权人权益后的净额,反映所有者(股东)财富的净增加额。通常,企业收入的增加会导致资产的增加,相应地会增加所有者权益;企业费用的发生会导致负债的增加,相应地会减少所有者权益。因此,企业日常经营的好坏和资产负债的质量直接决定着企业所有者权益的增减变化和资本的保值增值。

所有者权益反映企业所有者对企业资产的索取权,负债反映企业债权人对企业资产的索取权,而且通常债权人对企业资产的索取权要优先于所有者对企业资产的索取权。因

此,所有者享有企业资产的剩余索取权,两者在性质上有本质区别,因此企业在会计确认、计量和报告中应当严格区分负债和所有者权益,以如实反映企业的财务状况,尤其是企业的偿债能力和产权比率等。在实务中,企业某些交易或者事项可能同时具有负债和所有者权益的特征,在这种情况下,企业应当将属于负债和所有者权益的部分分开处理和列报。

四、收入的定义及其确认原则

(一) 收入的定义

收入是指企业在日常活动中形成的、会导致所有者权益增加的、与所有者投入资本无关的经济利益的总流入。根据收入的定义,收入具有以下特征。

1. 收入是企业在日常活动中形成的

日常活动是指企业为完成其经营目标所从事的经常性活动及与之相关的活动。例如,工业企业制造并销售产品、商业企业销售商品、保险公司签发保单、咨询公司提供咨询服务、软件企业为客户开发软件、安装公司提供安装服务、商业银行对外贷款、租赁公司出租资产等,均属于企业的日常活动。明确界定日常活动是为了将收入与利得相区分,日常活动是确认收入的重要判断标准,凡是日常活动所形成的经济利益的流入应当确认收入;反之,非日常活动所形成的经济利益的流入不能确认为收入,而应当计入利得。比如,处置固定资产属于非日常活动,所形成的净利益就不应确认为收入,而应确认为利得。又如,无形资产出租所取得的租金收入属于日常活动所形成的,应当确认为收入,但是处置无形资产属于非日常活动,所形成的净利益,不应当确认为收入,而应确认为利得。

2. 收入会导致所有者权益的增加

与收入相关的经济利益的流入应当会导致所有者权益的增加,不会导致所有者权益增加的经济利益的流入不符合收入的定义,不应确认为收入。例如,企业向银行借入款项,尽管也导致了企业经济利益的流入,但该流入并不导致所有者权益的增加,而使企业承担了一项现时义务,不应将其确认为收入,应当确认一项负债。

3. 收入是与所有者投入资本无关的经济利益的总流入

收入应当会导致经济利益的流入,从而导致资产的增加。例如,企业销售商品,应当收到现金或者在未来有权收到现金,才表明该交易符合收入的定义。但是,经济利益的流入有时是所有者投入资本的增加所致,所有者投入资本的增加不应当确认为收入,应当将其直接确认为所有者权益。

(二) 收入的确认原则

企业应当在履行了合同中的履约义务,即在客户取得相关商品控制权时确认收入。取得相关商品控制权是指能够主导该商品的使用并从中获得几乎全部的经济利益,也包括有能力阻止其他方主导该商品的使用并从中获得经济利益。取得商品控制权包括以下三个要素。

(1) 能力,即客户必须拥有现时权利,能够主导该商品的使用并从中获得几乎全部经济利益。如果客户只能在未来的某一时期主导该商品的使用并从中获益,则表明其尚未取得该商品的控制权。

(2) 主导该商品的使用。客户有能力主导该商品的使用是指客户有权使用该商品，或者能够允许或阻止其他方使用该商品。

(3) 能够获得几乎全部的经济利益。商品的经济利益是指该商品的潜在现金流量，既包括现金流入的增加，也包括现金流出的减少。客户可以通过很多方式直接或间接地获得商品的经济利益，如使用、消耗、出售或持有该商品、使用该商品提升其他资产的价值，以及将该商品用于清偿债务、支付费用或抵押等。

企业收入的来源渠道多种多样，不同收入来源的特征有所不同，其收入条件也往往存在一些差别，如销售商品、提供劳务、让渡资产使用权等。一般而言，收入只有在经济利益很可能流入从而导致企业资产增加或者负债减少、经济利益的流入额能够可靠地计量时才能予以确认。收入的确认至少应当符合以下条件：一是与收入相关的经济利益应当很可能流入企业；二是经济利益流入企业的结果会导致资产的增加，或者负债的减少；三是经济利益的流入额能够可靠地计量。

五、费用的定义及其确认条件

（一）费用的定义

费用是指企业在日常活动中发生的、会导致所有者权益减少的、与向所有者分配利润无关的经济利益的总流出。根据费用的定义，费用具有以下特征。

1. 费用是企业在日常活动中形成的

费用必须是企业在其日常活动中所形成的，这些日常活动的界定与收入定义中涉及的日常活动的界定相一致。因日常活动所产生的费用通常包括销售成本（营业成本）、管理费用等。将费用界定为在日常活动中形成的，目的是将其与损失相区分，企业在非日常活动中所形成的经济利益的流出不能确认为费用，而应当计入损失。

2. 费用会导致所有者权益的减少

与费用相关的经济利益的流出应当导致所有者权益的减少，不会导致所有者权益减少的经济利益的流出不符合费用的定义，不应确认为费用。

3. 费用导致的经济利益总流出与向所有者分配利润无关

费用的发生应当会导致经济利益的流出，从而导致资产的减少或者负债的增加（最终也会导致资产的减少）。其表现形式包括现金或者现金等价物的流出，存货、固定资产和无形资产等的流出或者消耗等。企业向所有者分配利润也会导致经济利益的流出，而该经济利益的流出属于投资者投资回报的分配，是所有者权益的直接抵减项目，不应确认为费用，应当将其排除在费用的定义之外。

（二）费用的确认条件

费用的确认除了应当符合定义，也应当满足严格的条件，即费用只有在经济利益很可能流出从而导致企业资产减少或者负债增加、经济利益的流出额能够可靠地计量时才能予以确认。费用的确认至少应当符合以下条件：一是与费用相关的经济利益应当很可能流出企业；二是经济利益流出企业的结果会导致资产的减少，或者负债的增加；三是经济利益的流出额能够可靠地计量。

六、利润的定义、来源及其确认条件

（一）利润的定义

利润是指企业在一定会计期间的经营成果。在通常情况下，如果企业实现了利润，表明企业的所有者权益将增加，业绩得到了提升；反之，如果企业发生了亏损（即利润为负数），表明企业的所有者权益将减少，业绩下降。利润是评价企业管理层业绩的指标之一，也是投资者等财务会计报告使用者进行决策时的重要参考。

（二）利润的来源

利润包括收入减去费用后的净额、直接计入当期利润的利得和损失等。其中，收入减去费用后的净额反映企业日常活动的经营业绩，直接计入当期利润的利得和损失反映企业非日常活动取得的利得或者损失。直接计入当期利润的利得和损失是指应当计入当期损益、最终会引起所有者权益发生增减变动的、与所有者投入资本或者向所有者分配利润无关的利得或者损失。企业应当严格区分收入和利得、费用和损失，以更加全面地反映企业的经营成果。

（三）利润的确认条件

利润反映收入减去费用、利得减去损失后的净额。利润的确认主要依赖于收入和费用及利得和损失的确认，其金额的确定也主要取决于收入、费用、利得、损失金额的计量。

七、会计等式

（一）基本会计等式

财务会计要素之间存在着密切的内在联系。企业为进行生产经营活动，就必须拥有一定数量可供支配运用的资产。而企业的资产，最初进入企业的来源渠道不外乎两种：一是由所有者提供，二是由债权人提供。

既然企业的所有者和债权人为企业提供了全部资产，就应该对企业的资产享有要求权。这种对企业资产的要求权，在会计上总称为权益。其中，属于债权人的部分，称为债权人权益，又称为负债；属于所有者的部分，称为所有者权益。资产表明企业拥有什么经济资源和拥有多少经济资源；权益则表明是谁提供了这些经济资源，谁对这些经济资源拥有要求权。资产与权益之间存在着相互依存的关系，两者是不可分割的。从数量上看，有一定数额的资产，就必定有对该资产的权益；有一定权益，则必然有体现其权益的资产。也就是说，一个企业的资产总额与权益（负债和所有者权益）总额必定相等。这种关系可以用以下等式表示：

$$资产 = 负债 + 所有者权益$$

在会计学理论中，"资产=负债+所有者权益"这一会计等式，描述了资产、负债和所有者权益三个基本会计要素的数量关系，称为基本会计等式。这一会计等式，既表明了某一会计主体在某一时点所拥有的各种资产，又表明了这些资产的归属关系，体现了企业资金运动过程中某一时点上会计要素之间的数量关系，是资金运动的静态表现形式，所以又称为静态会计等式，它是编制资产负债表的依据。

(二)经济业务发生对基本会计等式的影响

企业在生产经营中,不断地发生各种经济业务。这些经济业务的发生,会导致有关会计要素的数量增减变化。但这些增减变化并不会破坏上述基本会计等式的平衡关系。这是因为我们可以结合经济业务作如下分析。例如,企业的经济业务虽然数量众多、类型各异,但站在会计要素的数量关系上归纳起来不外乎以下九种类型。

(1) 经济业务的发生,导致资产内部项目此增彼减,增减金额相等,不会影响基本会计等式的平衡关系。

(2) 经济业务的发生,导致负债内部项目此增彼减,增减金额相等,不会影响基本会计等式的平衡关系。

(3) 经济业务的发生,导致所有者权益内部项目此增彼减,增减金额相等,不会影响基本会计等式的平衡关系。

(4) 经济业务的发生,导致负债项目增加,而所有者权益项目减少,增减金额相等,不会影响基本会计等式的平衡关系。

(5) 经济业务的发生,导致所有者权益项目增加,而负债项目减少,增减金额相等,不会影响基本会计等式的平衡关系。

(6) 经济业务的发生,导致资产项目和负债项目同时等额增加,不会影响基本会计等式的平衡关系。

(7) 经济业务的发生,导致资产项目和负债项目同时等额减少,不会影响基本会计等式的平衡关系。

(8) 经济业务的发生,导致资产项目和所有者权益项目同时等额增加,不会影响基本会计等式的平衡关系。

(9) 经济业务的发生,导致资产项目和所有者权益项目同时等额减少,不会影响基本会计等式的平衡关系。

通过以上分析,我们可以得出如下结论:

其一,一项经济业务的发生,可能仅涉及资产、负债和所有者权益中的一方,也可能涉及双方,但无论如何,其增减变化不会破坏基本会计等式的平衡关系。

其二,一项经济业务的发生,如果仅涉及资产、负债和所有者权益中的一方,既不会使双方的总额发生变动,也不会影响双方的恒等关系。

其三,一项经济业务的发生,如果涉及资产、负债和所有者权益中的双方,虽然会使双方的总额发生同增或同减变动,但也不会破坏和影响双方的恒等关系。

(三)扩展的会计等式

"资产=负债+所有者权益"这一基本会计等式,描述了资产、负债和所有者权益三要素的数量关系。它是用来反映某个会计期间开始时,即某一时日的财务状况的。随着企业经营活动的进行,在会计期间内,企业一方面取得收入,另一方面要发生各种各样的费用,并因此而减少了资产或增加了负债。所以企业在会计期间的任一时刻,基本会计等式可扩展为:

$$资产=负债+所有者权益+(收入-费用)$$

我们将这一等式称为扩展的会计等式。其中,"收入-费用=利润"这一会计等式是企业资金运动的动态表现形式,反映了收入、费用和利润之间的平衡关系,也称动态会计等式或会计第二等式,是企业编制利润表的基础。这一等式表明,企业在经营中取得的利润或发生的亏损,对先前时点上静态会计等式中的所有者权益必然增加或抵冲一部分数额。

我们考察企业经济业务在会计期间中发生的增减变化,虽然涉及财务会计六要素的数量变化,但也不会破坏会计六要素的平衡关系。这是因为:

(1) 企业收入的取得,或者表现为资产要素和收入要素同时、等额的增加,或者表现为收入要素的增加和负债要素同时、等额的减少。结果,等式仍然保持平衡。

(2) 企业费用的发生,或者表现为负债要素和费用要素同时、等额的增加,或者表现为费用要素的增加和资产要素同时、等额的减少。结果,等式仍然保持平衡。

(3) 在会计期末,将收入与费用相减得出企业的利润。利润在按规定程序进行分配以后,留存企业的部分(包括盈余公积金和未分配利润)转化为所有者权益的增加(或减少),同时要么是资产要素相应增加(或减少),要么是负债要素相应减少(或增加)。结果,等式仍然保持平衡。

如上分析可知:收入、费用和利润这三个要素的变化实质上都可以表现为所有者权益的变化,因此上述三种情况都可以归纳到前面我们概括的九种业务类型中去。这使上述扩展的会计等式才会始终保持平衡。它说明资产、负债、所有者权益、收入、费用和利润这六大财务会计要素之间存在着一种恒等关系。这种恒等关系始终成立,任何经济业务的发生,都不会破坏会计等式的平衡关系。

第五节 财务会计要素的确认基础与计量属性

一、财务会计要素的确认基础

《企业会计准则——基本准则》规定,企业应当以权责发生制为基础进行会计确认、计量和报告。权责发生制是指属于当期已经实现的收入和已经发生或应当负担的费用,不论款项是否收付,都应当作为本期的收入和费用处理;凡是不属于当期的收入和费用,即使款项已经在当期收付,都不应当作为当期的收入和费用。

会计需要在持续经营的假定下进行分期核算,有时企业发生的货币收支业务与交易或事项本身在期间上并不完全一致。于是便涉及发生的交易或事项应确认为哪一个会计期间的问题。权责发生制的核心是按交易或事项是否影响各个会计期间的经营成果和受益情况,确定其归属期。因为确定本期收入和费用是以应收应付作为标准,而不考虑款项是否已实际收付,所以权责发生制又称应收应付制。

以权责发生制为基础,可以正确反映特定会计期间所实现的收入和为实现收入所应负担的费用,从而可以把各期的收入与其相关的费用、成本相配比,加以比较,以便正确确定财务状况和经营成果。

与权责发生制相对应是的收付实现制。在收付实现制下,对收入和费用的确认完全按照款项实际收到或支付的日期为基础来确定归属期。

二、财务会计要素的计量属性

(一) 会计要素的计量属性

会计计量是为了将符合确认条件的会计要素登记入账并列报于财务报表而确定其金额的过程。企业应当按照规定的会计计量属性进行计量,确定相关金额。计量属性是指予以计量的某一要素的特性方面,如桌子的长度、铁矿的重量、楼房的面积等。从会计角度,计量属性反映的是会计要素金额的确定基础,主要包括历史成本、重置成本、可变现净值、现值和公允价值等。

1. 历史成本

历史成本又称为实际成本,就是取得或制造某项财产物资时所实际支付的现金或者其他等价物。在历史成本计量下,资产按照其购置时支付的现金或者现金等价物的金额,或者按照购置资产时所付出的对价的公允价值计量。负债按照其因承担现时义务而实际收到的款项或者资产的金额,或者承担现时义务的合同金额,或者按照日常活动中为偿还负债预期需要支付的现金等价物的金额计量。

2. 重置成本

重置成本又称现行成本,是指按照当前市场条件,重新取得同样一项资产所需支付的现金或现金等价物金额。在重置成本计量下,资产按照现在购买相同或者相似资产所需支付的现金或者现金等价物的金额计量。负债按照现在偿付该项债务所需支付的现金或者现金等价物的金额计量。

3. 可变现净值

可变现净值是指在正常生产经营过程中,以资产预计售价减去进一步加工成本和预计销售费用及相关税费后的净值。在可变现净值计量下,资产按照其正常对外销售所能收到现金或者现金等价物的金额扣减该资产至完工时估计将要发生的成本、估计的销售费用及相关税费后的金额计量。可变现净值通常应用于存货资产减值情况下的后续计量。

4. 现值

现值是指对未来现金流量以恰当的折现率进行折现后的价值,是考虑时间价值的一种计量属性。在现值计量下,资产按照预计从其持续使用和最终处置所取得的未来净现金流入量的折现金额计量。负债按照预计期限内需要偿还的未来净现金流出量的折现金额计量。

5. 公允价值

公允价值是指市场参与者在计量日发生的有序交易中,出售一项资产所能收到或者转移一项负债所需支付的价格。在公允价值计量下,资产和负债按照在公平交易中熟悉情况的交易双方自愿进行资产交换或者债务清偿的金额计量。

(二) 各种计量属性之间的关系及其应用原则

1. 各种计量属性之间的关系

在各种财务会计要素计量属性中,历史成本通常反映资产或者负债过去的价值,而重置成本、可变现净值、现值及公允价值通常反映资产或者负债的现时成本或者现时价值,是与历史成本相对应的计量属性。公允价值相对于历史成本而言,具有很强的时间概念,也就是说,当前环境下某项资产或负债的历史成本可能是过去环境下该项资产或负债的公允价值,而当前环境下某项资产或负债的公允价值也许就是未来环境下该项资产或负债的历史成本,一项交易在交易时点通常是按公允价值交易的,随后就变成了历史成本,资产或者负债的历史成本许多就是根据交易时有关资产或者负债的公允价值确定的。在应用公允价值时,当相关资产或者负债不存在活跃市场的报价、不存在同类或者类似资产的活跃市场报价时,需要采用估值技术来确定相关资产或者负债的公允价值,而在采用估值技术估计相关资产或者负债的公允价值时,现时计量往往是比较普遍的一种估值方法,在这种情况下,公允价值就是以未来现金流量现值为基础确定的。

2. 计量属性的应用原则

企业会计基本准则规定,企业在对会计要素进行计量时,一般应当采用历史成本,采用重置成本、可变现净值、未来现金流量现值、公允价值计量的,应当保证所确定的会计要素金额能够取得并可计量。

企业会计准则体系适度引入公允价值这一计量属性的原因,是随着我国资本市场的发展,越来越多的股票、债券、基金等金融产品在交易所挂牌上市,使得这类金融资产的交易已经形成了较为活跃的市场,已经具备了引入公允价值的条件。在这种情况下,引入公允价值,更能反映企业此类交易的实际情况,对投资者等财务会计报告使用者的决策更具有相关性。

在引入公允价值的过程中,我国充分考虑了国际财务会计报告准则中公允价值应用的三个层次,即:第一层次,在计量日能够取得相同资产或负债在活跃市场上未经调整的报价。只要资产或负债等存在活跃市场的,活跃市场中的报价就应当用于确定其公允价值。第二层次,相关资产或负债不存在活跃市场,但其公允价值可直接或间接观察到。不存在活跃市场的,参考熟悉情况并自愿交易的各方最近进行的市场交易中使用的价格或参照实质上相同或相似的其他资产或负债等的市场价格确定其公允价值。第三层次,不存在活跃市场,且不满足上述两个条件的,应当采用估值技术确定公允价值。

企业会计准则体系引入公允价值是适度、谨慎和有条件的。原因是考虑到我国尚属新兴和转型的市场经济国家,如果不加限制地引入公允价值,有可能出现公允价值计量不可靠,甚至借机人为操纵利润的现象。因此,只有在公允价值能够取得并可靠地计量的情况下,才能采用公允价值计量。

【知识链接】

有用财务信息质量特征

进入21世纪,世界各国的会计环境发生了巨大变化。知识经济、信息经济的发展,资本市场全球化及市场竞争的加剧对会计信息质量提出了更高的要求。2010年9月,FASB发布的财务会计概念公告第8号《财务会计报告概念框架》也取代了第2号财务会计概念公告《会计信息的质量特征》。《财务会计报告的概念框架》提出了"有用财务信息质量特征"的新概念,明确了"有用财务信息质量特征"应包括三个层次:①基本的质量特征,包括相关性、重要性和如实反映。②增进的质量特征,包括可比性、可稽核性、及时性和可理解性。③信息的约束条件,包括成本与效益。

与美国相似,2010年,IASB发布了《财务会计报告概念框架》,也修订了其对会计信息质量的要求。《财务会计报告概念框架》指出，如果财务信息是有用的，它必须是相关的并且如实反映。如果它是可比的、可验证的、及时的及可理解的，财务信息的有用性将被加强。有用财务信息的质量特征也被分为基本的质量特征，增强的质量特征以及对有用财务会计报告的成本约束。

【关键术语】

古代会计 近代会计 现代会计 财务会计 财务会计假设 会计主体 持续经营 会计分期 货币计量 财务会计目标 可靠性 相关性 可理解性 可比性 实质重于形式 重要性 谨慎性 及时性 会计要素 资产 负债 所有者权益 收入 费用 利润 历史成本 重置成本 可变现净值 现值 公允价值

【问题思考】

1. 会计的产生与发展经历了哪几个阶段？
2. 财务会计的基本假设有哪些？
3. 财务会计信息质量特征包括哪些内容？
4. 什么是会计要素？它包括哪些内容？
5. 会计要素计量属性有哪些？它们之间有怎样的关系？

练 习 题

第一部分 客观题

第一章 客观题

第二部分 主观题

四、计算题

1. 资料

  天河公司 2×24 年 6 月发生下列业务（假定不考虑增值税）：

  （1）销售商品 60 000 元，货款尚未收到。

  （2）收到 5 月的销售商品款项 90 000 元，存入银行。

  （3）用银行存款支付本月的水电费 6 000 元。

  （4）用现金 10 000 元预付下半年的房租。

  （5）用银行存款 6 000 元支付二季度借款利息，其中 6 月利息 2 000 元。

  （6）本月提供劳务取得收入 50 000 元，款项未收到。

  （7）按照合同规定预收订货款 180 000 元，存入银行。

  （8）6 月负担年初已付款的报刊费 1 000 元。

2. 要求

  （1）按权责发生制计算公司 6 月的收入、费用和利润。

  （2）按收付实现制计算公司 6 月的收入、费用和利润。

五、业务实训

（一）业务实训一

1. 目的

  练习掌握会计的计量属性。

2. 资料

  （1）资产按照购置时支付的现金或者现金等价物的金额，或者按照购置时所付出的对价的公允价值计量。

  （2）资产按照现在购买相同或者相似资产所需支付的现金或者现金等价物的金额计量。

  （3）资产按照其正常对外销售所能收到现金或者现金等价物的金额扣减该资产至完工时估计将要发生的成本、估计的销售费用及相关税费后的金额计量。

  （4）资产按照预计从其持续使用和最终处置所取得的未来净现金流入量的折现金额计量。

(5) 资产按照计量日转让资产收到的现金金额计量。
3. 要求

分别指出上述五种计量方式分别反映了哪种计量属性。

(二) 业务实训二

1. 目的

练习掌握经济业务对会计要素增减变化的影响。

2. 资料

(1) 用资本公积转增资本；

(2) 股东大会决议向投资者分配现金股利；

(3) 向投资者分配股票股利；

(4) 用盈余公积弥补亏损；

(5) 计提法定盈余公积。

3. 要求

指出上述哪些业务不会引起所有者权益总额增减变化。

六、案例分析题

1. 资料

1600年成立的英国东印度公司垄断着好望角以东各国的贸易权。由于英国东印度公司在每次航海后都没有足够的现金向股东支付股利，于是使用下次航海的"股份"来代替，这就是股票股利的前身。当最后清算股本时，需要极其复杂的会计核算，于是，1657年9月该公司发布新的章程，允许签发永久性的股份作为未来所有航海冒险活动的一种联合投资。英国东印度公司将每次清算转换为永久性股份，提出每年而不是每次冒险活动结束时结算利润，从而形成了持续经营和会计分期的概念。这些概念引起了会计思想的巨大变化，对建立以年度为报告期的会计期间划分基础，确定流动资产和流动负债、固定资产和长期负债的划分，起到了巨大的推动作用。

思考：持续经营观念对资产计量有何影响？会计分期是持续经营观念的逻辑延伸，会计分期对利润的确认有何影响？

2. 解读提示

从资产计量、收益计量的前提条件展开思考。

第二章 货币资金

章前导引

教学目标

本章主要介绍货币资金的内部控制制度与银行结算方式,阐述库存现金、银行存款与其他货币资金的核算。通过本章的学习,学生应了解货币资金的内部控制制度及各种银行支付结算方式的有关规定,掌握库存现金、银行存款与其他货币资金业务的账务处理方法,具备从事出纳工作的技能。

重点难点

重点是库存现金、银行存款、其他货币资金的核算,难点是银行存款的清查和银行存款余额调节表的编制。

课程思政

2×23年春节刚过,某单位财务局经费管理处刚来的大学生小李(化名)上班伊始便到定点银行拿对账单。以往这一工作是由会计卞某负责。在逐笔核对账目时,小李发现一笔没有听说过的2 090万元支出,就找卞某咨询,卞某便拿出8万元现金以换取小李不要声张。这一举动吓坏了这位刚入职的大学生,他选择向领导汇报此事。在北京市海淀区检察院的追查下,该单位发现:高达2.28亿元的基金拨款被卞某闪转腾挪。这位在同事的印象中很不起眼的普通会计卞某,利用职务上既管记账又管拨款,既是会计又是出纳的便利,2×15年8月至2×23年1月,采用偷盖印鉴、削减拨款金额,谎称支票作废,伪造银行信汇凭证和电汇凭证作账,编造银行进账单和对账单等手段,贪污挪用公款高达2.28亿元。

思考:该单位在货币资金内部控制上存在哪些问题?如何改进?

第一节 货币资金及其内部控制

一、货币资金的概念及内容

货币资金是指在企业生产经营过程中以货币形态存在的那部分资产。在企业所有的资产中,货币资金的流动性是最强的,它是企业流动资产的重要组成部分。企业的货币资金包括以下几项：

（1）库存现金。库存现金是指企业存放在财务部门，由出纳人员经管，作为零星开支使用的货币资金，包括库存的人民币和外币。

（2）银行存款。银行存款是指企业存放在银行或其他金融机构的货币资金。

（3）其他货币资金。其他货币资金是指除现金、银行存款以外的其他各种货币资金，包括外埠存款、银行汇票存款、银行本票存款、信用证保证金存款、信用卡存款、存出投资款和在途资金等。

二、货币资金的内部控制

（一）货币资金内部控制的意义

企业从事的各种生产经营活动，都要发生货币资金的收付业务，如购买商品或劳务、支付费用和工资、销售商品或提供劳务、偿还债务等，都会引起货币资金的收付。因而，拥有货币资金是企业进行生产经营活动的前提条件。货币资金作为企业生产经营活动赖以进行的最重要的流动资产，具有最强的流动性和普遍的可接受性，代表着企业的实际购买力，是可以立即投入流通、购买商品和劳务或用来偿还债务的交换媒介物，是唯一能转化成其他任何类型资产的资产。企业的货币资金拥有量是企业支付能力大小的标志，也是投资者分析企业财务状况好坏的重要标志。在企业的生产经营过程中，货币资金既是营运资金的起始形态，又是营运资金的终结形态，再生产过程每一次循环中的每一个环节，都有货币资金参与。因此，加强货币资金的内部控制，搞好货币资金的核算，对合理调度资金，挖掘资金潜力，提高资金使用效率，全面完成生产经营计划，正确处理企业与各方面的经济关系，保证企业生产经营活动顺利进行，都具有十分重要的意义。

（二）货币资金内部控制的目标

为了保证正常的生产经营活动，企业必须保持适量的货币资金储备。货币资金内部控制的主要目标包括以下几项。

1. 防止货币资金短缺影响企业正常的生产经营

企业从事的各种生产经营活动都必须有货币资金的支持，企业只有保持一定量的货币资金，才能保证正常生产经营活动的运行；否则，企业就会陷入困境。

2. 保持合理的货币资金规模

货币资金不能直接为企业带来高收益，过多的货币资金储备是企业不能有效利用资金的表现。过量持有货币资金会对企业造成损失，这种损失表现为机会成本。通过有效的货币资金管理，能提高资金的利用效益。

3. 保证货币资金的安全

由于货币资金的特点及重要作用，任何单位和个人都对它有一种特殊的兴趣，它不仅是正常生产经营活动的重要保证，也是不法分子作案的重点目标，制定一套完整的货币资金管理制度，正确、及时、完整地反映货币资金的收、付、存情况，严格监督检查货币资金管理制度的执行情况，合理使用货币资金，保护货币资金的安全完整，是货币资金管理的基本要求和目的之一。

(三) 货币资金内部控制的基本内容

由于货币资金具有高度的流动性,也最易被经管人员挪用或侵占,为了减少差错的发生和营私舞弊的机会,企业需要建立一套完整的货币资金内部控制制度。企业应遵循岗位分工和职务分离、严格授权批准控制、交易分开、内部稽核、凭证制度、定期轮岗等原则,建立适合本企业业务特点和管理要求的货币资金内部控制制度,做好货币资金的控制工作。企业负责人对本企业货币资金内部控制的建立健全和有效实施及货币资金的完全完整负责。货币资金内部控制的主要内容包括以下几项。

1. 建立健全货币资金内部牵制制度

内部牵制制度是指将一项业务活动分别由两个或两个以上的人员负责而形成的相互核对、相互制约的一种工作制度。它是企业内部控制制度的一个重要组成部分,包括职责分工和授权批准等制度。主要有以下规定:①严格岗位责任制。企业应当建立货币资金业务的岗位责任制,明确相关部门和岗位的职责、权限,确保办理货币资金业务的不相容岗位相互分离、制约和监督使货币资金收支业务的全过程分工完成。出纳人员不得兼管稽核、会计档案保管及收入、支出、费用、债权、债务账目的登记工作;不得由一人办理货币资金业务的全过程。②实行岗位轮换。办理货币资金业务,应配备合格人员并应定期进行岗位轮换。③执行授权批准制度。企业应当建立严格的货币资金授权审批制度。经办人应当在职责范围内,按照审批人的批准意见办理货币资金业务;未经授权的部门和人员一律不得办理货币资金业务。

2. 加强现金和银行存款的管理

国务院针对现金的使用和管理颁布了《现金管理暂行条例》。其主要内容包括:①现金的使用范围;②库存现金限额和备用金制度;③严禁坐支行为等。

按照规定,企业必须在银行或其他金融机构开设账户,以办理银行存款的存入、付出和转账结算业务。在国家规定的现金开支范围以外的各项付款,应按照银行有关结算办法的规定,通过银行办理转账结算。对于货币资金支出的审批、支票等的签发与使用都要完全分开。企业收入的一切款项,除国家另有规定以外,都必须当日解缴银行。

3. 加强票据及有关印章的管理

企业要加强银行预留印鉴的管理,财务专用章应由专人保管,个人名章必须由本人或其授权人员保管,严禁一人保管支付款项所需的全部印章;企业应明确各种货币资金票据的购买、保管、领用、背书转让、注销等环节的职责权限和程序,并专设登记簿进行记录,防止空白票据的遗失和盗用。

4. 实施内部稽核,加强监督检查

企业应当建立对货币资金业务的监督检查制度,设置内部稽核单位和人员,对货币资金实施定期和不定期检查,以确定账实是否相符,对发现的问题应当及时采取措施。具体要求包括:对现金的收付业务,除了出纳员每日营业终了要清点现金,与现金日记账余额进行核对,会计主管人员还应定期或不定期地进行复核性清查盘点;对银行存款收付业务,除了由出纳人员随时与银行进行对账,会计主管人员还要每月进行一次复核性核对。

第二节 库存现金

一、库存现金概述

(一)库存现金的含义

库存现金是指存放在企业会计部门,由出纳人员保管的作为日常零星开支用的现款,包括人民币和外币。库存现金的管理是指企业按照国家有关现金管理的财经法规和企业内部控制制度,对库存现金收入和支出的管理。国务院颁布的《现金管理暂行条例》规定,凡是在银行或其他金融机构开立账户的机关、团体、部队、企事业单位必须依照《现金管理暂行条例》规定收入和使用现金,自觉接受开户银行的监督。

(二)现金的使用范围

(1) 职工的工资、津贴。
(2) 个人劳务报酬。
(3) 根据国家规定发给个人的科学技术、文化艺术、体育等各种奖金。
(4) 各种劳保、福利费用及国家规定的对个人的其他支出。
(5) 向个人收购农副产品和其他物资的价款。
(6) 出差人员必须随身携带的差旅费。
(7) 结算起点(1 000元)以下的零星开支。
(8) 中国人民银行确定需要支付现金的其他支出。

除上述范围内的支付可以使用现金外,其他款项结算必须通过开户银行办理转账结算。

(三)库存现金限额

库存现金限额是指按照银行现金管理的规定,由开户银行核定的企业现金的库存最高额度。现金的库存限额由开户单位提出申请,由开户银行审查核定。现金的库存限额原则上根据企业3~5天的日常零星现金开支的需要确定。边远地区和交通不发达地区可以适当放宽,但最多不超过15天。企业每日的现金结存数,不得超过核定的限额,超过部分必须及时送存银行;不足限额时,可签发现金支票向银行提取现金补足。

(四)现金收支管理规定

开户企业在办理现金收支业务时,应遵守《现金管理暂行条例》关于现金收支管理的规定:

(1) 企业取得的现金收入必须及时送存银行并及时入账,不得私设"小金库",不得账外设账。企业日常现金收入的主要来源有:零星销售收入;从银行提取的备用金;交还的差旅费余款、暂欠款;发生的各种用现金支付的暂收款;其他,如各种罚金收入、现金溢余等。开户企业现金的收入应于当日送存银行,当日送存银行确有困难的,由开户银行确定送存时间。

(2) 开户企业支付现金时,可以从本单位库存现金限额中支付或者从开户银行提取,不得坐支现金。坐支是指企业从本单位现金收入中直接支付。因特殊情况需要坐支现金的,应事先报经开户银行审查批准,由开户银行核对坐支范围和限额。

(3)企业签发现金支票从开户银行提取现金,应当写明用途,由本单位财会部门负责人签字盖章,经开户银行审核后,予以支付现金。

(4)企业因采购地点不固定、交通不便利及其他特殊情况必须使用现金的,应向开户银行提出申请,经开户银行审核后,予以支付现金。

(五)出纳与会计岗位相分离

企业应按照内部牵制制度"不相容职务相分离"的要求实行钱账分管,即对现金的收入业务和记账工作由两人或两人以上分管,互相牵制,互相监督。企业的现金由出纳人员保管,经管现金的出纳人员不得兼管收入、费用、债权、债务等账簿的登记工作及会计档案保管工作。填写银行结算凭证的有关印鉴应实行分管制度,不能全部交由出纳人员一人保管。

(六)库存现金的核算

1. 库存现金的总分类核算

为了总括地反映和监督库存现金的收支结存情况,企业需要设置"库存现金"总分类账户。该账户属于资产类账户,借方登记现金的收入数,贷方登记现金的付出数,余额在借方,反映企业持有的库存现金结存数。库存现金总分类账的登记,可以根据现金收、付款凭证和从银行提取现金时填制的银行存款付款凭证逐笔登记。但是在现金收付款业务较多的情况下,这样登记必然会加大工作量,所以,实际工作中,企业一般是把现金收、付款凭证按照对方科目进行归类,定期(10天或半月)填制汇总收付款凭证,据以登记库存现金总分类账。企业收到现金时,借记"库存现金"账户,贷记有关账户,付出现金时,借记有关账户,贷记"库存现金"账户。

2. 库存现金的序时核算

为了及时核算库存现金的收付和结存情况,加强对库存现金的管理,企业除进行库存现金总分类核算外,还要对库存现金进行序时核算。现金的序时核算是指根据现金的收支业务逐日逐笔地记录现金的增减及结存情况。它的方法是设置与登记现金日记账。

现金日记账是核算和监督现金日常收付结存情况的序时账簿。通过它可以全面、连续地了解和掌握企业每日现金的收支动态和库存余额,为日常分析、检查企业的现金收支活动提供资料。

现金日记账为订本式账簿,一般采用收入、付出及结余三栏式格式。

现金日记账的"收入"栏和"付出"栏,是根据审核签字后的现金收、付款凭证和从银行提取现金时填制的银行存款付款凭证,按照经济业务发生的时间顺序,由出纳人员逐日逐笔地进行登记的;每日业务终了应结出余额,与实存库存现金进行核对,两者应一致,若不一致,应及时查明原因,进行调整,做到账实相符;在每月终了时,应在现金日记账上结出月末余额,并同现金总账的月末余额核对相符。

有外币现金的企业,应分别按人民币现金、各种外币现金设置现金日记账进行序时核算。

3. 备用金的核算

备用金是指财会部门按企业有关制度规定,拨付给所属报账单位和企业内部有关业务和职能管理部门,用于日常业务零星开支的备用现金。企业拨付备用金采用先付后用、用后报销的办法。

为什么会产生备用金制度？企业为了有效地进行现金的内部控制,每天收到的现金应及时、全额送存银行,对每笔现金支出需要经过严格的审查后方可支付。但在企业日常经营活动中,会发生许多小额零星支出。逐笔审核与支付非常麻烦,有时还会影响业务的需要。按照重要性原则,对这些零星开支需要的现金,建立备用金制度加以控制。

备用金主要用于小额零星报销费用支出,其使用范围为:除工资统发项目外的国家规定对个人的其他支出;出差人员必须随身携带的差旅费;其他确需支付现金的支出等。备用金实质上也是库存现金,其使用必须严格遵守现金管理制度。备用金应指定专人负责管理,按照规定用途使用,不得转借给他人或挪作他用。预支备用差旅费、零星采购等用的备用金,一般按估计需用数额领取,支用后一次报销,多退少补。前账未清,不得继续预支。预算单位为办理日常零星开支,需要保持一定数量的库存备用金,一般不超过3～5天零星支付所需现金。各预算单位应根据本单位的业务量、规模大小及零星开支情况提出备用金额度申请,支付中心依据预算单位的申请及具体业务情况审定备用金额度,并签订备用金管理责任书。财会部门应该对备用金定期进行清查盘点,防止挪用或滥用,保证其安全和完整。

备用金的总分类核算,应设置"其他应收款"账户,它是资产类账户,用来核算企业除应收票据、应收账款、预付账款以外的其他各种应收、暂付款项,包括各种赔款、罚款、存储保证金、备用金、应向职工收取的各种垫付款项等。在备用金数额较大或业务较多的企业,可以将备用金业务从"其他应收款"账户中划分出来,单独设置"备用金"账户进行核算。

备用金的明细分类核算,一般是按领取备用金的单位或个人设置三栏式明细账,根据预借和报销凭证进行登记。有的企业为简化手续,用借款单的第三联代替明细账(借款单第一联是存根,第二联出纳据以付款),报销和交回现金时,予以注销。

备用金的管理办法有两种:一种是非定额备用金制度,即随借随用、用后报销,适用于不经常使用备用金的单位和个人;二是定额备用金制度,适用于经常使用备用金的单位和个人。定额备用金制度的特点是对经常使用备用金的部门或车间,分别规定一个备用金定额。按定额拨付现金时,记入"其他应收款"账户的借方和"库存现金"账户的贷方。报销时,财会部门根据报销单据付给现金,补足用掉数额,使备用金仍保持原有的定额数。报销的金额直接记入"库存现金"账户的贷方和有关账户的借方,不需要通过"其他应收款"账户核算。

(七) 库存现金的清查

为了加强对现金的管理,保证财产的安全与完整,企业应对现金进行清查盘点。现金的清查盘点是指对库存现金进行实地盘点,即将现金日记账余额与库存现金实存数进行核对,发现问题及时查明原因,并按规定进行处理。现金清查包括出纳人员每日营业终了时进行清点核对及清查小组定期与不定期的盘点和核对。

每日清查由出纳人员在每日终了时清点现金,同时结出现金日记账的收支金额和结余额。并将此余额与库存现金数核对,发现现金溢余或短缺,应及时查明原因。每月清查目的在于防止现金短缺及记账差错,保证账款相符。定期和不定期清查由清查小组在出纳人员配合下进行。清查范围包括检查企业是否遵守现金管理制度规定;库存现金有无超过限额;有无以借条、收据充抵现金情况。清查的目的在于加强对出纳人员的监督,防止贪污、挪用现金等非法行为发生。清查盘点后,清查小组将清查记录整理编制成"现金盘点报告单(表)",注明实存数与账面余额;如发现现金账实不符或有其他问题,应查明原因,报告主管负责人或上级领导部门处理。对于预付给职工或内部单位尚未使用的备用金或剩余备用金,应及时催促报销或交回,采用定额备用金制度的企业,一般是在年终时进行一次清理,收回拨付的定额数,下一年度再根据实际需要重新规定定额,拨付现金。

企业发现的现金溢余或短缺应及时进行账务处理。可先记入"待处理财产损溢——待处理流动资产损溢"账户,待查明原因后再转记其他账户。现金清查中发现短缺的现金,应按短缺的金额,借记"待处理财产损溢——待处理流动资产损溢"账户,贷记"库存现金"账户;现金清查中发现溢余的现金,应按溢余的金额,借记"库存现金"账户,贷记"待处理财产损溢——待处理流动资产损溢"账户。待查明原因后再作如下处理。

(1) 如为现金短缺,属于应由责任人赔偿的部分,借记"其他应收款——××个人"或"库存现金"等账户,贷记"待处理财产损溢——待处理流动资产损溢"账户;属于应由保险公司赔偿的部分,借记"其他应收款——应收保险赔款"账户,贷记"待处理财产损溢——待处理流动资产损溢"账户;属于无法查明的其他原因,根据管理权限,经批准后作为盘亏损失处理,借记"管理费用"账户,贷记"待处理财产损溢——待处理流动资产损溢"账户。

(2) 如为现金溢余,属于应支付给有关人员或单位的,应借记"待处理财产损溢——待处理流动资产损溢"账户,贷记"其他应付款——××个人或单位"账户;属于无法查明原因的现金溢余,经批准后作为盘盈利得处理,借记"待处理财产损溢——待处理流动资产损溢"账户,贷记"营业外收入——盘盈利得"账户。

二、库存现金的账务处理

【例 2-1】 2×25 年 7 月 1 日,天河公司开出现金支票一张,从银行提取现金 5 000 元。根据现金支票编制会计分录如下:

借:库存现金　　　　　　　　　　　　　　　　　　　　　　　5 000
　　贷:银行存款　　　　　　　　　　　　　　　　　　　　　　5 000

【例 2-2】 2×25 年 7 月 1 日,天河公司购买办公用品支付现金 1 450 元(假设未取得增值税专用发票)。根据购货发票编制会计分录如下:

借:管理费用　　　　　　　　　　　　　　　　　　　　　　　1 450
　　贷:库存现金　　　　　　　　　　　　　　　　　　　　　　1 450

【例 2-3】 2×25 年 7 月 1 日,天河公司职工孙红出差,预借差旅费 2 000 元,以现金支付。根据借款单编制会计分录如下:

借:其他应收款——孙红　　　　　　　　　　　　　　　　　　2 000
　　贷:库存现金　　　　　　　　　　　　　　　　　　　　　　2 000

【例 2-4】 2×25 年 7 月 1 日,天河公司职工王娟出差回来报销差旅费 1 600 元(假设不考虑可抵扣的增值税),余款 200 元交回现金。根据差旅费报销单和现金收据编制会计分录如下:

借:管理费用　　　　　　　　　　　　　　　　　　　　　　　1 600
　　库存现金　　　　　　　　　　　　　　　　　　　　　　　　200
　　贷:其他应收款——王娟　　　　　　　　　　　　　　　　　1 800

【例2-5】 2×25年7月1日,出纳人员小张根据当天相关记账凭证逐笔登记现金日记账,并结出当天现金余额,见表2-1。

表2-1 现金日记账　　　　　　　　　　　　　　　　单位:元

2×25年		凭证		摘　要	对方科目	收入	付出	结存
月	日	字	号					
6	30			本月合计		15 000	14 500	500
7	1	银付	1	提现备用	银行存款	5 000		5 500
7	1	现付	1	购买办公用品	管理费用		1 450	4 050
7	1	现付	2	孙红借差旅费	其他应收款		2 000	2 050
7	1	现收	1	王娟报销差旅费退回余款	其他应收款	200		2 250

【例2-6】 天河公司行政管理部门职工刘芳,2×25年6月7日因公出差预借备用金1 350元,实际支出1 200元(假设不考虑可抵扣的增值税),经审核予以报销,剩余现金150元交回财会部门。

预借时,应根据审核的借款单填制现金付款凭证,会计分录如下:

借:其他应收款——刘芳　　　　　　　　　　　　　　　　1 350
　　贷:库存现金　　　　　　　　　　　　　　　　　　　　　　1 350

报销时,应根据审核的报销单填制转账凭证,会计分录如下:

借:管理费用　　　　　　　　　　　　　　　　　　　　　1 200
　　贷:其他应收款——刘芳　　　　　　　　　　　　　　　　　1 200

剩余现金交回财会部门时,应填制现金收款凭证,会计分录如下:

借:库存现金　　　　　　　　　　　　　　　　　　　　　150
　　贷:其他应收款——刘芳　　　　　　　　　　　　　　　　　　150

【例2-7】 天河公司行政管理部门职工张伟,2×25年6月7日因公出差预借备用金2 800元,实际支出3 000元(假设不考虑可抵扣的增值税),经审核予以报销,财会部门另支付现金200元。

预借时,应根据审核的借款单填制现金付款凭证,会计分录如下:

借:其他应收款——张伟　　　　　　　　　　　　　　　　2 800
　　贷:库存现金　　　　　　　　　　　　　　　　　　　　　　2 800

报销时,应根据审核的报销单填制转账凭证,会计分录如下:

借:管理费用　　　　　　　　　　　　　　　　　　　　　3 000
　　贷:其他应收款——张伟　　　　　　　　　　　　　　　　　3 000

财会部门付出现金200元时,应填制现金付款凭证,会计分录如下:

借:其他应收款——张伟　　　　　　　　　　　　　　　　200
　　贷:库存现金　　　　　　　　　　　　　　　　　　　　　　200

【例 2-8】 天河公司财会部门对供应部门实行定额备用金制度。根据核定的定额,支付定额备用金 2 000 元,会计处理如下:

  借:其他应收款——供应部门   2 000
    贷:库存现金   2 000

【例 2-9】 供应部门在一段时间内共发生备用金支出 1 600 元(假设不考虑可抵扣的增值税),持开支凭证到财会部门报销。财会部门审核后付给现金,补足定额,会计处理如下:

  借:管理费用   1 600
    贷:库存现金   1 600

【例 2-10】 财会部门因管理需要决定取消定额备用金制度。供应部门持尚未报销的开支凭证 800 元(假设不考虑可抵扣的增值税)和余款 1 200 元,到会计部门办理报销和交回备用金的手续,会计处理如下:

  借:管理费用   800
    库存现金   1 200
    贷:其他应收款——供应部门   2 000

【例 2-11】 天河公司在现金清查中,发现现金短缺 500 元,原因待查。根据"现金盘点报告单",会计处理如下:

  借:待处理财产损溢——待处理流动资产损溢   500
    贷:库存现金   500

以后查明短缺原因,其中 400 元是因出纳人员王红工作失职造成,应由其负责赔偿。另外 100 元无法查明原因,经批准后转作管理费用。会计处理如下:

  借:其他应收款——王红   400
    管理费用   100
    贷:待处理财产损溢——待处理流动资产损溢   500

【例 2-12】 天河公司在现金清查中,发现现金溢余 810 元,原因待查。根据"现金盘点报告单",会计处理如下:

  借:库存现金   810
    贷:待处理财产损溢——待处理流动资产损溢   810

以后无法查明现金溢余原因,经批准,转作营业外收入。编制会计分录如下:

  借:待处理财产损溢——待处理流动资产损溢   810
    贷:营业外收入   810

第三节 银行存款

一、银行存款概述

(一)银行存款的管理

银行存款是指企业存放在银行或其他金融机构的各种款项。它包括人民币存款和外币存款。企业收入的一切款项，除留存限额内的库存现金之外，都必须送存银行。企业的一切支出除规定可用现金支付之外，都必须遵守银行结算办法的有关规定，通过银行办理转账结算。

银行存款管理的主要内容包括以下几项。

1. 严格执行银行账户管理办法的规定

按照中国人民银行《支付结算办法》的规定，企业应当在银行开立账户，办理存款、取款和转账结算。企业收到现金销货款必须存入银行，购进商品支付的货款必须通过银行转账结算。企业在银行开立存款账户，必须遵守相应的《银行账户管理办法》的各项规定。银行账户管理办法规定将企事业单位的银行存款账户分为四类，即基本存款账户、一般存款账户、临时存款账户和专用存款账户。

（1）基本存款账户是企业办理日常结算和现金收付业务的账户，企业职工薪酬等现金的支取只能通过本账户办理。

（2）一般存款账户是企业在基本存款账户以外的银行借款转存及与基本存款账户的企业不在同一地点的附属非独立核算的单位的账户，企业可以通过本账户办理转账结算和现金缴存，但不能支取现金。

（3）临时存款账户是企业因临时经营活动需要而开立的账户，企业可以通过本账户办理转账结算和根据国家现金管理的规定办理现金收付。

（4）专用存款账户是企业因特殊用途需要而开立的账户。

一个企业只能在一家银行开立一个基本账户，不得在同一家银行的几个分支机构分别开立一般存款账户。企业在办理存款账户后，在使用账户时应严格执行银行结算纪律的规定，具体内容包括：合法使用银行账户，不得转借给其他单位或个人使用；不得利用银行账户进行非法活动；不得签发没有资金保证的票据和远期支票、套取银行信用；不得签发、取得和转让没有真实交易和债权债务的票据、套取银行和他人的资金；不准无理拒绝付款、任意占用他人资金；不准违反规定开立和使用账户。

2. 贯彻内部控制制度，实行钱账分管的原则

银行存款与库存现金一样，应由出纳人员管理，并负责办理收付款业务；票据及各种付款凭证应指定专人负责保管，并由专人负责审批；审批和具体签发付款凭证的工作应分别由两个或两个以上的人员办理，不能由一人兼管。

3. 银行存款收付业务必须使用银行统一规定的结算凭证

企业向银行存入款项时，要填制"送款单"或"进账单"，将现金或转账支票送存银行，或由银行按支付结算办法规定划转存入企业存款账户，企业根据"送款单"或"进账单"回单联或银行收账通知单入账。企业从银行提取现金或支付款项时，应签发支票或其他结算凭证，或由银行根据支付结算办法的规定，主动将款项从企业存款账户中划出，企业根据银行盖章的付款通知单入账。企业填写的各项收付款结算凭证，必须如实填明款项来源或用途，不得弄虚作假以套取银行信用。

4. 定期与银行核对账目

企业收入的一切款项，除国家另有规定的外，都必须及时送存银行；一切支出，除规定可用库存现金支付的外，都应按照支付结算办法的有关规定，通过银行办理转账结算。因此，企业要定期与银行核对账目，发现不符的账项要及时与银行联系，查明原因，进行账项调整。

(二) 银行支付结算方式

支付结算是指单位、个人在社会经济活动中使用票据、信用卡、汇兑、托收承付、委托收款等结算方式进行货币给付及其资金清算的行为。银行是支付结算和资金清算的中介机构。企业各项经济业务的款项结算，除按照国家现金管理条例规定可以直接使用现金办理收付结算外，都必须通过银行办理支付结算，即通过银行将收付的款项从付款单位账户划转到收款单位账户。根据中国人民银行结算办法的规定，银行的结算方式包括支票、银行本票、银行汇票、商业汇票、汇兑、委托收款、托收承付、信用卡、信用证、网上银行等几种方式。

1. 支票

支票是出票人签发的，委托办理支票存款业务的银行在见票时无条件支付确定的金额给收款人或者持票人的票据。支票按其支付方式不同，可分为现金支票、转账支票和普通支票三种。支票上印有"现金"字样的为现金支票，现金支票只能用于支取现金；支票上印有"转账"字样的为转账支票，转账支票只能用于转账；支票上未印有"现金"或"转账"字样的为普通支票，普通支票可以用于支取现金，也可以用于转账；在普通支票左上角划两条平行线的，为划线支票，划线支票只能用于转账，不得支取现金。

支票作为流通手段和支付手段，具有清算及时、使用方便、收付双方都有法律保障和结算灵活的特点。支票的出票人是在银行机构开立可以使用支票的存款账户的单位和个人，出票人开户银行是付款人，付款人受出票人的委托从其账户支付票款。按照规定，单位和个人在同一票据交换区域的各种款项结算都可以使用支票。签发支票时，出票人在付款人处的存款应足以支付支票金额，持票人可以委托开户银行收款或直接向付款人提示付款，付款银行见票即付。出票人签发现金支票和用于支取现金的普通支票，必须符合国家现金管理的规定。支票一律记名，转账支票可以根据需要在票据交换区域内背书转让；支票提示付款期限自出票日起 10 天，但中国人民银行另有规定的除外；支票的金额、收款人名称可以由出票人授权补记，未补记前不得背书转让和提示付款；签发支票的金额不得超过付款时在付款人处实有的存款余额，禁止签发空头支票；出票人不得签发与其预留银行签章不符的支票，使用支付密码的，不得签发支付密码错误的支票；签发空头支票、签章与预留银行签章不符的支票、支付密码错误的支票，银行应予以退票，并按票面金额处以 5% 但不低于 1 000 元的罚款，持票人有权要求出票人赔偿支票金额 2% 的赔偿金。

2. 银行本票

银行本票是银行签发的，承诺自己在见票时无条件支付确定的金额给收款人或者持票人的票据。银行本票的出票人是银行。按规定，出票银行应收妥银行本票申请人的款项后才签发银行本票，并保证见票付款。无论单位或个人，凡需要在同一票据交换区域支付款项的，都可以使用银行本票。作为流通和支付手段，银行本票具有信誉度高、支付能力强，并有代替现金使用功能的特点。

银行本票分为不定额本票和定额本票两种。定额本票分为 1 000 元、5 000 元、10 000 元和 50 000 元四种面额。银行本票可以用于转账，注明"现金"字样的银行本票可以支取现金。银行本票的提示付款期限自出票日起最长不得超过 2 个月，持票人超过付款期限提示付款的，兑付行不予受理。

采用银行本票结算，付款方企业应先向出票行填写"银行本票申请书"，出票行同意受理后,收妥款项再签发本票。银行本票的收款人可将本票背书转让。本票丧失,持票人可凭人民法院出具的享有票据权利的证明,向出票银行请求付款或退款。这些均与前述银行汇票结算相同,不同之处表现在:①银行本票的付款期限比银行汇票长,使用更灵活。②银行本票只能按票面金额办理全额结算。交易的实际金额与本票票面金额若有差额,由交易双方自行结清。③银行本票只能用于同城结算。

3. 银行汇票

银行汇票是出票银行签发的,由其在见票时按照实际结算金额无条件支付给收款人或者持票人款项的票据。银行汇票的出票银行为银行汇票的付款人。企业与异地单位和个人的各种款项结算,均可银行汇票。银行汇票具有使用灵活、票随人到、兑现性强等特点,适用于先收款后发货或钱货两清的商品交易。银行汇票可以用于转账,填明"现金"字样的银行汇票也可以用于支取现金,其中现金银行汇票的申请人与收款人必须均为个人;银行汇票的提示付款期为自出票日起1个月,逾期的汇票,兑付银行不予受理。

采用这种结算方式,付款企业应先向出票行填写"银行汇票申请书",出票行同意受理后,收妥款项并签发银行汇票。汇票申请人持银行汇票向填明的收款人办理结算时,应将银行汇票和解讫通知单一并交给收款人。收款人在收到银行汇票后,应填写进账单,连同银行汇票和解讫通知一并交开户银行,并在票面金额内、按照经济业务的实际结算金额办理结算。票面金额大于实际结算金额的,余款由出票行退交申请人。收款人可以将汇票存入银行,亦可背书转让(填明"现金"字样的除外),背书金额以不超过票面金额的实际结算金额为限。

4. 商业汇票

商业汇票是由出票人签发的,委托付款人在指定的日期无条件支付确定的金额给收款人或持票人的票据。只有在银行开立账户的法人及其他组织之间具有真实交易关系或债权债务关系时,如购买材料、销售商品等业务,才能使用商业汇票。这种结算方式同城和异地均可以使用。商业汇票的付款期限由交易双方商定,但最长不得超过6个月。商业汇票的提示付款期限自汇票到期日起10日内。商业汇票可以背书转让,符合条件的商业汇票的持票人可持未到期的商业汇票连同贴现凭证向银行申请贴现。商业汇票作为一种商业信用,具有信誉度高和结算灵活的特点。

商业汇票的出票人是交易中的收款人或付款人。商业汇票须经承兑人承兑。承兑是汇票的付款人承诺在汇票到期日支付汇票金额的票据行为。商业汇票按照承兑人不同分为商业承兑汇票和银行承兑汇票。

商业承兑汇票是由银行以外的承兑人承兑。商业承兑汇票按交易双方约定,由销货企业(即收款人)或购货企业(即付款人)签发,但由购货企业承兑。付款人依照购销合同签发商业承兑汇票并"承兑"后,将商业承兑汇票交给收款人。收款人收到经承兑的商业汇票,审核无误后发运商品。汇票到期时,收款人提前将汇票和委托收款凭证送交开户银行办理收款手续。付款人在汇票到期日前,应将票款足额交存银行,以备到期支付。付款人开户银行收到收款人开户银行转来的有关凭证后,于汇票到期日,将票款从付款人账户内划转到收款人开户银行,并向付款人发出付款通知。收款人开户银行收到票款后,将委托收款凭证收账通知联加盖"转讫"章交收款人,通知款已收妥。汇票到期时,如果付款人的存款不足支付票款,其开户银行应填制付款人未付票款通知书,连同商业承兑汇票退给收款人或者被背书人,由其自行处理,银行不负责付款。

银行承兑汇票由银行承兑,由在承兑银行开立存款账户的存款人(承兑申请人)签发。银行承兑汇票的出票人即购货企业,承兑人是购货企业的开户银行。购货企业持银行承兑汇票向其开户银行申请承兑,银行审查同意后,由承兑申请人与其开户银行签订承兑协议,并将银行承兑汇票交给收款人。承兑银行按票面金额向出票人收取5‰的手续费。收款人收到银行承兑汇票经审查无误后,按合同发运商品。承兑申请人应于银行承兑汇票到期前将票款足额交存银行,以备支付;承兑申请人于汇票到期日未能足额交存票款时,承兑银行除凭票向收款人、被背书人或贴现银行无条件履行支付外,应根据承兑协议规定,对承兑申请人进行扣款处理,并对尚未扣回的承兑金额每天按5‰计收罚金。

5. 汇兑

汇兑是指汇款人委托银行将其款项支付给收款人的结算方式。汇兑结算方式具有适用范围大、服务面广、手续简便、划款迅速、灵活易用的特点。单位和个人的各种款项结算,均可适用汇兑结算方式。汇兑分为信汇、电汇两种,由汇款人根据需要选择使用。信汇是指汇款人委托银行通过邮寄方式将款项划转给收款人,电汇是指汇款人委托银行通过电报将款项划给收款人。

采用这一结算方式,汇款人委托银行办理汇兑时,应填写信汇或电汇凭证,详细填明汇入地点、汇入银行名称、收款人姓名或收款单位名称、汇款用途等内容,送达开户银行即汇出银行。汇出银行受理汇款单位签发的汇兑凭证,经审查无误后,应及时向汇入银行办理汇款,并向付款单位签发汇款回单。对开立存款账户的收款人,汇入银行应将汇给其的款项直接转入收款人账户,并向其发出收账通知。支取现金的,信、电汇凭证上必须有按规定填明的"现金"字样才能办理,未填明"现金"字样,需要支取现金的,由汇入银行按国家现金管理规定审查支付。转账支付的,应由原收款人向银行填制付款凭证,并由本人交验其身份证办理支付款项。该账户的款项只能转入单位或个体工商户的存款账户,严禁转入储蓄和信用卡账户。

6. 委托收款

委托收款是收款人委托银行向付款人收取款项的结算方式。无论单位还是个人都可凭已承兑商业汇票、债券、存单等付款人债务证明办理同城或异地款项结算,均可以使用委托收款结算方式。委托收款结算款项的划回方式,分为邮寄和电报两种,由收款人选用,不受金额起点的限制。委托收款还适用于收取电费、电话费等付款人众多、分散的公用事业费等有关款项。

收款企业委托银行收款时,应填写委托收款凭证并提供有关的债务证明,经开户银行审查后,据以办理委托收款。付款单位开户银行接到收款企业开户银行寄来的委托收款凭证,经审查后通知付款单位,付款单位收到银行交给的委托收款凭证及债务证明,应签收,并在3日以内审查债务证明是否真实,是否是本单位的债务,确认之后通知银行付款。如果付款单位不通知银行,银行视其为同意付款,并在第4日从单位账户中付出此笔托收款项。付款单位在3日内审查有关债务凭证后,对收款企业委托收取的款项需要拒绝付款的,应出具拒绝证明,连同有关债务证明、凭证送交开户银行,转交收款企业。付款日期满,付款单位如无足够资金支付全部款项,其开户银行应将其债务证明连同未付款通知书邮寄收款企业银行转交收款企业。

7. 托收承付

托收承付是根据购销合同由收款人发货后委托银行向异地付款人收取款项，由付款人向银行承认付款的结算方式。根据《支付结算办法》的规定，托收承付的适用范围是：①使用该结算方式的收款单位和付款单位必须是国有企业、供销合作社及经营管理较好，并经开户银行审查同意的城乡计提所有制工业企业。②办理结算的款项必须是商品交易及因商品交易而产生的劳务供应的款项。代销、寄销、赊销商品的款项不得办理托收承付结算。《支付结算办法》还规定，办理托收承付，除必须同时符合以上两项规定外，还必须具备以下三个条件：①收付双方使用托收承付结算必须签有合法的购货合同，并在合同上订明使用托收承付结算方式。②收款人办理托收，必须具有商品确已发运的证件。③收付双方办理托收承付结算，必须重合同、守信用。

托收承付结算每笔的金额起点为 10 000 元，新华书店系统每笔的金额起点为 1 000 元。

销货企业按照购销合同发货后，填写托收承付凭证，盖章后连同发运凭证或其他符合托收承付结算的有关证明和交易单证送交开户银行办理托收手续。销货企业开户银行接到托收凭证及其附件后，应当按照托收范围、条件和托收凭证填写的要求认真进行审查，经审查无误的，将有关托收凭证连同交易单证一并寄交购货企业开户银行。购货企业开户银行收到托收凭证及其附件后，应及时通知并转交购货企业。购货企业在承付期内审查核对，安排资金以备承付。购货企业的承付期应在双方签订合同时约定验单还是验货付款。验单付款的承付期为 3 天，从购货企业开户银行发出承付通知的次日算起；验货付款的承付期为 10 天，从运输部门向购货企业发出提货通知的次日算起。承付期内购货企业未表示拒绝付款的，银行视为同意承付，于承付期满的次日上午银行开始营业时，将款项划给销货企业。购货企业不得在承付货款中抵扣其他款项或以前托收的货款。

购货企业在验单或验货时，发现所到货物的品种、规格、数量、价格与合同规定不同，或货物已到，经查验货物与合同规定或发货清单不符的款项，在承付期内，可向银行提出全部或部分拒绝付款。付款单位提出拒绝付款时，必须填写"拒绝付款理由书"并签章，注明拒绝付款理由，送交开户银行。开户银行必须认真审查拒绝付款理由书，查验合同。银行同意部分或全部拒绝付款的，应在拒绝付款理由书上签注意见，连同拒付证明和拒付商品清单邮寄收款人开户银行转交收款人。

购货企业在承付期满银行营业终了时，如无足够资金支付，其不足部分即逾期未付款项，开户银行根据逾期付款金额和逾期天数，按每天 5‰ 计算逾期付款赔偿金。赔偿金实行定期扣付，每月计算一次，于次月 3 日内单独划给销货企业。当购货企业账户有款时，开户银行必须将逾期未付款和应付的赔偿金及时扣划给销货企业，不得拖延扣划。

8. 信用卡

信用卡是指商业银行向个人或单位发行的，凭以向特约单位购物、消费和向银行存取现金，且具有消费信用的特制载体卡片。

信用卡按使用对象分为单位卡和个人卡，单位卡的使用对象为单位，个人卡的使用对象为个人。信用卡还可按信誉等级不同分为金卡和普通卡。凡在中国境内金融机构开立基本存款账户的单位可申请单位卡。单位申领信用卡，应按规定填制申请表，连同有关资料一并交发卡银行，符合条件并按一定要求交存一定金额的备用金后，银行为申请人开立信用卡存款账户，并发给信用卡。单位卡账户的资金一律从其基本存款账户转账存入，在使用过程中，需要向其账户续存资金的,也一律从其基本存款账户转账存入,不得交存现金,不得将销售收入的款项存入其账户。持卡人可持信用卡在特约单位购物、消费。单位卡不得用于 10 万元以上的商品交易、劳务供应款的结算。持卡人不得出租或转借信用卡。单位卡一律不得支取现金。信用卡在规定的限额和期限内允许善意透支,但有透支额度和透支期限的规定。

9. 信用证

信用证是指开证行依照申请人的申请开出的,凭符合信用证条款的单据支付的付款承诺,并明确规定该信用证为不可撤销、不可转让的跟单信用证。

信用证结算原是国际间贸易结算的一种主要方式。为适应国内贸易发展的需要,我国于 1997 年制定了《国内信用证结算办法》。该《办法》旨在通过信用证结算,维护贸易双方有关当事人的合法权益,同时丰富国内结算种类。信用证属于银行信用,采用信用证支付,对销货方安全收回货款有保证;对购货方来说,由于货款的支付是以取得符合信用证规定的货运单据为条件,避免了预付货款的风险。

信用证结算方式的一般收付款程序是:①开证申请人根据合同填写开证申请书并交纳押金或提供其他保证,请开证行开证。开证行是指接受开证申请人的委托开立信用证的银行,它承担保证付款的责任。②开证行根据申请书内容,向受益人开出信用证并寄交出口人所在地通知行。受益人是指信用证上所指定的有权使用该证的人,即出口人或实际供货人;通知行是受开证行委托将信用证转交出口人的银行,它只证明信用证的真实性,不提供其他义务。③通知行核对印鉴无误后,将信用证交受益人。④受益人审核信用证内容与合同规定相符后,按信用证规定装运货物、备妥单据并开出汇票,在信用证有效期内送议付行议付。议付行是指愿意买入受益人交来跟单汇票的银行。⑤议付行按信用证条款审核无误后,将货款垫付给受益人。⑥议付行将汇票和货运单据寄给开证行或其特定的付款行索偿。多数情况下,付款银行即开证行。⑦开证行审核单据无误后,付款给议付行。⑧开证行通知开证人付款赎单。

10. 网上银行

网上银行有两层含义:一是通过信息网络开办业务的银行,这是一个机构的概念;二是银行通过信息网络提供金融服务,包括传统银行业务、因信息业务和因信息技术应用带来的新兴业务。这里主要是指第二层含义。

(三) 银行存款的总分类核算与序时核算

1. 银行存款的总分类核算

为了总括核算银行存款的收入、支出和结存情况,企业应设置"银行存款"总分类账户。该账户属于资产类账户,借方登记存款的增加数,贷方登记存款的减少数,期末余额在借方,表示期末存款的实际结存数。企业存在其他金融机构的存款也应在本账户内核算,但企业在银行的其他存款,如外埠存款、银行本票存款、银行汇票存款、信用卡存款、信用证保证金存款等,在"其他货币资金"账户核算,不在本账户核算。银行存款总账可直接根据收付款凭证逐笔登记,也可定期或于月份终了,根据汇总收付款凭证或科目汇总表登记。

企业收入款项时,借记"银行存款"账户,贷记有关账户;付出款项时,借记有关账户,贷记"银行存款"账户。

2. 银行存款的序时核算

为了及时核算银行存款的收入、付出和结存情况,加强对银行存款的管理,企业除进行银行存款总分类核算外,还要设置"银行存款日记账",进行序时核算。银行存款日记账采用订本式账簿,由出纳人员根据银行存款收、付款凭证及存入银行现金时的现金付款凭证,按照经济业务发生的先后顺序,逐日逐笔登记,同时要逐日加计收入合计、付出合计和结存数,月末时还应结出本月收入、付出的合计数和月末结存数。"银行存款日记账"应定期与"银行对账单"核对,至少每月核对一次。企业账面结余与银行对账单余额之间如有差额,必须逐笔查明原因,并按月编制"银行存款余额调节表"调节相符。月份终了,"银行存款日记账"的余额必须与"银行存款"的总分类账余额核对相符。有外币业务的企业应分别按人民币和外币设置银行存款日记账进行明细核算。银行存款日记账一般采用收入、付出及结存三栏式格式。

二、银行存款的账务处理

【例 2-13】 2×25 年 7 月 10 日,天河公司开出现金支票一张,从银行提取现金 80 000 元备发工资。根据现金支票存根,编制会计分录如下:

  借:库存现金   80 000
    贷:银行存款   80 000

【例 2-14】 2×25 年 7 月 10 日,天河公司销售产品给泰华公司,前已采用托收承付结算方式委托银行向泰华公司收取款项 60 000 元,现收到银行转来的托收承付收账通知。天河公司根据托收承付收账通知及有关单据,编制会计分录如下:

  借:银行存款   60 000
    贷:应收账款——泰华公司   60 000

【例 2-15】 2×25 年 7 月 10 日,天河公司销售商品收到销售货款 56 500 元(其中含增值税额 6 500 元),款项已存入银行。编制会计分录如下:

  借:银行存款   56 500
    贷:主营业务收入   50 000
      应交税费——应交增值税(销项税额)   6 500

【例 2-16】 2×25 年 7 月 10 日,天河公司购进材料一批,价款为 10 000 元,增值税额为 1 300 元,签发转账支票付讫,材料已验收入库。根据转账支票存根及发票等原始凭证,编制会计分录如下:

  借:原材料   10 000
    应交税费——应交增值税(进项税额)   1 300
    贷:银行存款   11 300

【例 2-17】 2×25 年 7 月 10 日,天河公司采用汇兑结算方式,委托银行将交易尾款 3 000 元划转给远大公司,以还清前欠货款。根据开户银行退回的汇款回单,编制会计分录如下:

  借:应付账款——远大公司   3 000
    贷:银行存款   3 000

【例 2-18】 2×25 年 7 月 10 日,出纳员小张根据当天相关记账凭证逐笔登记银行存款日记账,并结出当天银行存款余额,见表 2-2。

表 2-2 银行存款日记账——人民币 单位:元

2×25年		凭证		摘要	对方科目	收入	付出	结存
月	日	字	号					
7	9			承前页				300 000
7	10	银付	12	提现备发工资	库存现金		80 000	220 000
7	10	银收	8	收到前期货款	应收账款	60 000		280 000
7	10	银收	9	收到销货款	主营业务收入、应交税费	56 500		336 500
7	10	银付	13	支付购货款	原材料、应交税费		11 300	325 200
7	10	银付	14	偿还货款	应付账款		3 000	322 200

三、银行存款的清查

(一) 银行存款清查的内容

企业银行存款收付发生频繁,为了检查其记录的正确性,保证企业存款资金的安全,查明银行存款的实际余额,企业应定期对银行存款进行清查。清查内容一般包括:①银行存款日记账与银行存款收、付款凭证互相核对,做到账证相符。②银行存款日记账与银行存款总账互相核对,做到账账相符。③银行存款日记账与银行对账单互相核对,做到账单相符,从而达到账实相符。

银行存款是企业存在银行的款项,由银行负责保管,企业在银行的存款实有数是通过银行对账单反映的,所以企业应定期将银行存款日记账与银行对账单进行逐笔核对,至少每月要进行一次。企业的银行存款日记账和银行签发的对账单,虽然均是记载企业同一时期存款账户存取金额及结存金额的记录,但两者所列余额却不一定一致,原因主要有两个:一是双方各自的记账错误,包括计算错误和记账错漏。这种错误应由双方及时查明原因,予以更正。二是存在未达账项。未达账项是指企业与银行之间由于凭证传递上的时间差,一方已登记入账而另一方尚未入账的账项。在核对中如发现未达账项,应编制"银行存款余额调节表"进行调节,使双方余额相等。

(二) 银行存款余额调节表的编制

银行存款的收付有多种支付结算方式,收付凭证的传递又需要一定的时间,这就会出现在有些结算方式下,银行已完成了款项的收付但凭证还未到达企业;在另一些结算方式下,情况则相反。所以,对同一笔业务,企业和银行各自入账的时间可能会不一致。

未达账项具体有四种情况:①银行已收款记账,企业尚未收到银行的收账通知而未记账的款项。如企业委托银行收取的款项,银行办妥收款手续后入账,而收款通知尚未到达企业,企业尚未记增加。②银行已付款记账,企业尚未收到银行的付款通知而尚未记账的款项。如银行向企业收取的借款利息、代企业支付的公用事业费用、到期的商业汇票付款等,银行办妥付款手续后入账,而付款通知单尚未到达企业,企业尚未登记减少。③企业已收款记账,而银行尚未办妥入账手续的款项。如企业收到外单位的转账支票,填好进账单,并经银行受理盖章,即可入账记增加,而银行则要办妥转账手续后,才能入账记增加。④企业已付款记账,而银行尚未支付入账的款项。如企业签发转账支票后记存款减少,而持票人尚未到银行办理转账手续,银行尚未登记减少。

出现未达账项的第①种和第④种情况,会使银行对账单的余额大于企业银行存款账的余额;出现第②种和第③种情况,结果则相反。为了准确掌握企业可运用的银行存款实有数,合理调配使用资金,企业应通过编制"银行存款余额调节表",对未达账项进行调节。

银行存款余额调节表的具体编制方法是:在银行与企业的存款账面余额的基础上,加上各自的未收款,减去各自的未付款,然后再计算出各自的余额。其基本原理是:假设未达账项全部入账,银行存款日记账及银行对账单的余额应相等。用公式表示为:

$$银行存款日记账余额 + 银行已收企业未收款项 - 银行已付企业未付款项$$
$$= 银行对账单余额 + 企业已收银行未收账项 - 企业已付银行未付账项$$

经调节后,双方余额如果相等,一般说明双方记账没有错误,该余额就是企业银行存款的实有数;双方余额如果不相等,表明记账有差错,应立即查明错误原因。属于本企业原因的,应按规定的改错方法进行改正;属于银行方面的,应及时通知银行更正。

【例2-19】 天河公司2×25年8月31日的银行存款日记账的账面余额为285 300元,银行对账单上的公司存款余额为276 500元,经逐笔核对,发现有以下未达账项:①8月30日,公司收到其他单位的转账支票18 200元,银行尚未入账。②8月31日,企业开出转账支票6 200元,持票人尚未到银行办理转账,银行尚未入账。③8月31日,企业委托银行代收款项5 900元,银行已收妥入账,企业尚未接到银行的收账通知,所以企业尚未入账。④8月31日,银行代企业支付水费2 700元,企业尚未接到银行的付款通知,所以企业尚未入账。

根据以上未达账项,编制"银行存款余额调节表",见表2-3。

表2-3 银行存款余额调节表

2×25年8月31日　　　　　　　　　　　　　　　　　　　　　　单位:元

项　目	金　额	项　目	金　额
企业银行存款账户余额	285 300	银行对账单余额	276 500
加:银行已收、企业未收的托收款项	5 900	加:企业已收、银行未收的转账支票	18 200
减:银行已付、企业未付的水费	2 700	减:企业已付、银行未付的转账支票	6 200
调整后的存款余额	288 500	调整后的存款余额	288 500

表2-3调整后的余额相等,表示双方记账基本没有错误,调整后的余额就是企业目前银行存款的实有数。但要说明的是,企业在调节表上调整的未达账项不是记账,也不能据此做账面调整,要待结算凭证到达后再进行账务处理,登记入账。

第四节 其他货币资金

一、其他货币资金的理论知识

其他货币资金是企业除库存现金、银行存款以外的其他各种货币资金。它包括外埠存款、银行汇票存款、银行本票存款、信用卡存款、信用证保证金存款和存出投资款等。

从某种意义上来说,其他货币资金也是一种银行存款,但它是承诺了专门用途的存款,不能像结算户存款那样可随时安排使用,所以,专设"其他货币资金"账户对其进行核算。该账户属资产类账户,借方登记增加数;贷方登记减少数;期末借方余额反映其他货币资金的实存数。"其他货币资金"账户应设置"外埠存款""银行汇票""银行本票""信用卡""信用证保证金""存出投资款"等明细账。

(一)外埠存款

外埠存款是指企业到外地进行临时或零星采购时,汇往采购地银行开立采购专户的款项。企业将款项委托当地银行汇往采购地开立的采购专户,除采购员差旅费可以支取少量现金外,一律转账结算;采购专户资金不计利息,只付不收,付完结束账户。采购结束后有结余款的,将其退回汇款企业开户银行。

企业将款项委托当地银行汇往采购地开立专户时,借记"其他货币资金——外埠存款"账户,贷记"银行存款"账户;会计部门收到采购员交来供应单位发票账单等报销凭证时,借记"在途物资""原材料""库存商品""应交税费——应交增值税(进项税额)"等账户,贷记"其他货币资金——外埠存款"账户。将多余的外埠存款转回当地银行时,根据银行的收账通知,借记"银行存款"账户,贷记"其他货币资金——外埠存款"账户。

(二)银行汇票存款

银行汇票存款是指企业为取得银行汇票,按规定存入银行的款项。企业将款项交存开户银行取得银行汇票后,可持往异地办理转账结算或支取现金,汇票使用后如有多余款或因汇票超过付款期未付出的,将其退回企业开户银行。企业向银行提交"银行汇票申请书"并将款项交存银行,取得银行汇票后,根据银行盖章退回的申请书存根联,借记"其他货币资金——银行汇票存款"账户,贷记"银行存款"账户。企业使用银行汇票后,根据发票账单有关凭证,借记"在途物资""原材料""库存商品""应交税费——应交增值税(进项税额)"等账户,贷记"其他货币资金——银行汇票存款"账户。如有多余款或因汇票超过付款期未付出等原因而退回款项,根据开户行转来的银行汇票第四联(多余款收账通知),借记"银行存款"账户,贷记"其他货币资金——银行汇票存款"账户。

(三)银行本票存款

银行本票存款是指企业为了取得银行本票,按规定存入银行的款项。企业向银行提交"银行本票申请书"并将款项交存银行,取得银行本票后,根据银行盖章退回的申请书存根联,借记"其他货币资金——银行本票存款"账户,贷记"银行存款"账户。企业使用银行本票后,根据发票账单有关凭证,借记"在途物资""原材料""库存商品""应交税费——应交增值税(进行税额)"等账户,贷记"其他货币资金——银行本票存款"账户。因本票超过付款期未付出等原因而要求退款时,应当填制进账单一式两联,连同本票一并送交银行,根据银行盖章退回的进账单第一联,借记"银行存款"账户,贷记"其他货币资金——银行本票存款"账户。

(四)信用卡存款

信用卡存款是指企业为取得信用卡,按照规定存入银行的款项。企业的信用卡存款一律从基本账户转账存入,持卡人可持信用卡在特约单位购货、消费,但不得支取现金。企业应按规定填制申请表,连同支票和有关资料一并送交发卡银行,根据银行盖章退回的进账单第一联,借记"其他货币资金——信用卡存款"账户,贷记"银行存款"账户。企业用信用卡购物或支付有关费用,借记有关账户,贷记"其他货币资金——信用卡存款"账户。企业信用卡在使用过程中,需要向其账户续存资金的,借记"其他货币资金——信用卡存款"账户,贷记"银行存款"账户。

(五)信用证保证金存款

信用证保证金存款是指企业为取得信用证按规定存入银行的保证金。企业向银行申请开立信用证,应按规定向银行提交开证申请书、信用证申请人承诺书和购销合同,并向银行交纳保证金。企业用信用证保证金存款结算货款后,结余款可退回企业开户银行。

(六)存出投资款

存出投资款是指企业存入证券公司但尚未进行短期投资的资金。

二、其他货币资金的应用实例

【例 2-20】 2×25 年 8 月 4 日,天河公司委托当地开户银行汇款 60 000 元给采购地银行开立采购专户;8 月 10 日,财会部门收到采购员交来的购货发票,发票上注明的价款为 40 000 元,增值税进项税额为 5 200 元,物资尚未验收入库;采购任务完成后,将多余的外埠存款转回当地银行。该公司的相关账务处理如下:

(1) 开立采购专户时:

借:其他货币资金——外埠存款　　　　　　　　　　　60 000
　　贷:银行存款　　　　　　　　　　　　　　　　　　　　60 000

(2) 交来购货发票时:

借:在途物资　　　　　　　　　　　　　　　　　　　40 000
　　应交税费——应交增值税(进项税额)　　　　　　　 5 200
　　贷:其他货币资金——外埠存款　　　　　　　　　　　 45 200

(3) 将多余的外埠存款转回时:

借:银行存款　　　　　　　　　　　　　　　　　　　14 800
　　贷:其他货币资金——外埠存款　　　　　　　　　　　 14 800

【例 2-21】 2×25 年 8 月 20 日,天河公司向银行提交"银行汇票申请书"并将款项 40 000 元交存开户银行,要求银行办理银行汇票并已取得汇票。8 月 25 日,企业使用该银行汇票采购一批商品,已验收入库。收到的增值税专用发票上注明的价款为30 000元,增值税进项税额为3 900元;采购任务完成后,将多余款项转回当地银行。该公司相关账务处理如下:

(1)申请办理银行汇票时:

借:其他货币资金——银行汇票存款　　　　　　　　　　　　　　40 000
　　贷:银行存款　　　　　　　　　　　　　　　　　　　　　　40 000

(2)采购商品时:

借:在途物资　　　　　　　　　　　　　　　　　　　　　　　30 000
　　应交税费——应交增值税(进项税额)　　　　　　　　　　　　3 900
　　贷:其他货币资金——银行汇票存款　　　　　　　　　　　　33 900

(3)将多余的外埠存款转回时:

借:银行存款　　　　　　　　　　　　　　　　　　　　　　　6 100
　　贷:其他货币资金——外埠存款　　　　　　　　　　　　　　6 100

如果企业因银行汇票超过付款期等原因未曾使用而要求银行退票时,收到盖章退回的进账单,应作账务处理如下:

借:银行存款　　　　　　　　　　　　　　　　　　　　　　　40 000
　　贷:其他货币资金——外埠存款　　　　　　　　　　　　　　40 000

【例2-22】 2×25年8月25日,天河公司向银行提交"银行本票申请书"并将款项5 000元交存开户银行,取得银行本票。8月26日,天河公司使用银行本票购买办公用品5 000元。该公司相关账务处理如下:

(1)申请办理银行本票时:

借:其他货币资金——银行本票存款　　　　　　　　　　　　　　5 000
　　贷:银行存款　　　　　　　　　　　　　　　　　　　　　　5 000

(2)购买办公用品时:

借:管理费用　　　　　　　　　　　　　　　　　　　　　　　5 000
　　贷:其他货币资金——银行本票存款　　　　　　　　　　　　5 000

【例2-23】 2×25年8月25日,天河公司将信用卡申请表连同50 000元的支票一并送交发卡银行。根据银行盖章退回的进账单第一联,编制会计分录如下:

借:其他货币资金——信用卡存款　　　　　　　　　　　　　　　50 000
　　贷:银行存款　　　　　　　　　　　　　　　　　　　　　　50 000

天河公司用信用卡支付费用共45 000元。根据银行转来的付款凭证及所附发票账单,编制会计分录如下:

借:管理费用　　　　　　　　　　　　　　　　　　　　　　　45 000
　　贷:其他货币资金——信用卡存款　　　　　　　　　　　　　45 000

【例2-24】 天河公司要求银行对境外甲公司开出信用证200 000元,按规定向银行提交开证申请书、信用证申请人承诺书、购销合同及保证金200 000元。根据银行退回的进账单第一联,编制会计分录如下:

借：其他货币资金——信用证保证金存款　　　　　　　　　　　　200 000
　　贷：银行存款　　　　　　　　　　　　　　　　　　　　　　　　　200 000

20 天后，天河公司收到境外甲公司发来的材料及银行转来的信用证结算凭证及所附发票账单，共支付款项 169 500 元，其中价款 150 000 元，增值税额 19 500 元。余款 30 500 元已退回天河公司开户银行。编制会计分录如下：

借：原材料　　　　　　　　　　　　　　　　　　　　　　　　　150 000
　　应交税费——应交增值税（进项税额）　　　　　　　　　　　　　 19 500
　　贷：其他货币资金——信用证保证金存款　　　　　　　　　　　　169 500
借：银行存款　　　　　　　　　　　　　　　　　　　　　　　　　 30 500
　　贷：其他货币资金——信用证保证金存款　　　　　　　　　　　　 30 500

【例 2-25】　天河公司向证券公司存入资金 300 000 元，10 天后用该存款购买拟短期持有的股票 250 000 元。编制会计分录如下：

（1）存入证券公司款项时：

借：其他货币资金——存出投资款　　　　　　　　　　　　　　　 300 000
　　贷：银行存款　　　　　　　　　　　　　　　　　　　　　　　　 300 000

（2）购买股票时：

借：交易性金融资产　　　　　　　　　　　　　　　　　　　　　 250 000
　　贷：其他货币资金——存出投资款　　　　　　　　　　　　　　　 250 000

【知识链接】

营运资金的相关规定

《企业内部控制应用指引第 6 号——资金运动》第 4 章第 21 条规定如下：企业应当加强对营运资金的会计系统控制，严格规范资金的收支条件、程序和审批权限。企业在生产经营过程及其他业务活动中取得的资金收入应当及时入账，不得账外设账，严禁收款不入账，设立"小金库"。企业办理资金支付业务，应当明确支出款项的用途、金额、预算、限额、支付方式等内容，并附原始单据或相关证明，履行严格的授权审批程序后，方可安排资金支出。企业办理资金收付业务，应当遵守现金和银行存款管理的有关规定，不得由一人办理货币资金全过程的业务，严禁将办理资金支付业务的相关印章和票据集中一人保管。

【关键术语】

　　货币资金　内部控制　库存现金　银行存款　其他货币资金　备用金　银行结算方式
支票　银行汇票　银行本票　商业汇票　汇兑　信用卡　托收承付　委托收款　信用证
未达账项　银行存款余额调节表

【问题思考】

1. 什么是货币资金？货币资金包括哪些内容？

2. 货币资金管理的目的是什么？货币资金的内部控制有哪些内容？
3. 什么是库存现金？库存现金管理的内容有哪些？
4. 什么是备用金？在定额备用金制度下如何进行备用金的管理和核算？
5. 银行存款管理的要求有哪些？
6. 企业在银行可以开立哪些账户？每个账户的用途是什么？
7. 银行支付结算方式有哪几种？简述各种银行支付结算方式的程序和特点。
8. 什么是未达账项？未达账项有哪几类？
9. 如何编制银行存款余额调节表？
10. 其他货币资金包括哪些内容？如何对其进行核算？

练 习 题

第一部分　客观题

第二章 客观题

第二部分　主观题

四、计算题

1. 资料

   天河公司 2×25 年 6 月 30 日银行存款日记账账面余额为 226 600 元,银行对账单余额为 269 700 元。经核对,存在以下未达账项:

   (1) 6 月 29 日,公司销售产品收到转账支票一张,金额 23 000 元,银行尚未入账。
   (2) 6 月 29 日,公司开出转账支票一张,支付购买材料款 58 500 元,持票单位尚未向银行办理手续。
   (3) 6 月 30 日,银行代公司收到销货款 24 600 元,公司尚未收到收款通知。
   (4) 6 月 30 日,银行代公司付出电费 17 000 元,公司尚未收到付款通知。

2. 要求

   根据以上资料,编制"银行存款余额调节表"(表 2-4)。

表 2-4　银行存款余额调节表

2×25 年 6 月 30 日　　　　　　　　　　　　　　　　　　　　单位:元

项　目	金　额	项　目	金　额
企业银行存款账户余额		银行对账单余额	
加:银行已收、企业未收的销货款		加:企业已收、银行未收的销货款	
减:银行已付、企业未付的电费		减:企业已付、银行未付的购料款	
调整后的存款余额		调整后的存款余额	

五、业务实训

(一) 业务实训一

1. 目的

   练习掌握库存现金、银行存款、其他货币资金的核算。

2. 资料

天河公司为增值税一般纳税人,该公司2×25年6月份发生以下经济业务:

(1) 4日,开出现金支票,从银行提取现金3 000元备用。

(2) 6日,采购员王小敏到广东某地采购材料,预借差旅费1 000元,以现金支付。

(3) 8日,厂部管理人员参加市内业务会议,报销交通费40元(假定不考虑增值税),以现金支付。

(4) 9日,销售商品一批给福建华阳公司,价款10 000元,增值税款1 300元,商品已经发出,并通过开户行办理托收承付结算。

(5) 11日,向大理公司购入商品一批,价款20 000元,增值税税率13%,货款已经签发转账支票支付。

(6) 13日,用银行存款支付报社广告费11 000元,并支付增值税660元。

(7) 15日,向证券公司开立的资金账户中转账200 000元,准备购买证券。

(8) 17日,通过银行汇款至江西50 000元,开立采购专户。

(9) 20日,开出现金支票14 000元,从银行提取现金,准备发放工资。

(10) 21日,以现金14 000元发放工资。

(11) 23日,采购员王小敏报销差旅费700元(假定不考虑增值税),余款退回。

(12) 25日,填写汇款委托书并交至银行,汇至广东大德公司,系偿还上月购货款12 000元。

(13) 27日,从江西外购材料,价款44 000元,增值税款5 720元,回厂报销(材料已入库),余款通过银行收回。

(14) 30日,接到银行通知,福建华阳公司前欠货款已经到账,金额11 300元。

3. 要求

根据以上经济业务,编制会计分录。

(二) 业务实训二

1. 目的

练习掌握定额备用金的核算。

2. 资料

天河公司某年5月起对某职能部门实行定额备用金制度,有关备用金业务情况如下:

(1) 5月1日,经财会部门主管与该职能部门主管核定,设立备用金的定额为8 000元。当日开出支票交给备用金保管人员。

(2) 该部门5月上旬发生各类开支共计5 680元,备用金保管员于5月10日到财会部门办理报销。

(3) 5月11日,经该职能部门主管与会计部门协商,决定核增2 000元定额,增加的备用金直接以现金支付给备用金保管人员。

3. 要求

编制建立备用金、补足备用金、增加备用金定额的有关会计分录。

(三) 业务实训三

1. 目的

练习掌握库存现金的清查。

2. 资料

天河公司有关现金盘点的情况如下:

(1) 2×25 年 3 月 31 日,库存现金日记账的余额为 7 000 元,当日现金盘点报告单填写的库存现金实有数为 6 750 元。经查,短缺的 250 元中,100 元是出纳人员收发计量差错造成的,应由出纳人员赔偿,另有 150 元无法查明原因。

(2) 2×25 年 4 月 7 日,库存现金日记账的余额为 5 400 元,当日现金盘点报告单填写的库存现金实有数为 5 600 元。经查,溢余的 200 元中,150 元是采购员王小二报销后未拿走的现金,另有 50 元无法查明原因。

3. 要求

编制上述现金清查业务的有关会计分录。

六、案例分析题

1. 资料

天河公司会计人员 2×25 年 11 月 29 日将银行存款日记账与银行对账单进行核对,发现有一笔 50 万元的账项对不上,经过多方查找发现了一张银行的通知单被重复记账,马上进行了更正。12 月 30 日,公司收到了银行对账单,经过核对,发现了 8 笔未达账项,公司财会部门编制了银行存款余额调节表,并且根据银行对账单进行了记账更正。

思考:公司财务部的处理是否正确?为什么?

2. 解读提示

从错账与未达账项性质的区别上思考。

第三章
应收及预付款项

章前导引

教学目标

本章主要介绍应收票据、应收账款、应收账款融资、其他应收款和预付账款等内容。通过本章的学习,学生应理解应收票据、应收账款、其他应收款、预付账款等核算内容的区别及一般业务的账务处理,掌握应收票据贴现的计算及会计处理,掌握坏账估计方法及账务处理,熟悉应收票据、应收账款、应收债权出售和融资的账务处理。

重点难点

重点是各种应收及预付款项的内容及其账务处理,难点是坏账处理方法具体运用的理解、应收票据的贴现和应收账款融资的处理。

课程思政

江西纸业集团有限公司(以下简称"江西纸业")曾是全国轻工造纸行业中的重点骨干企业和全国新闻纸定点生产企业之一,它曾连续3年出现巨额亏损,戴上了"*ST"的帽子,一度被暂停上市。从2002年开始,扭亏遥遥无期的江西纸业,开始按账龄分析法连续2年大量计提坏账准备,2002年计提2.28亿元,2003年计提3.53亿元,由此公司2002年和2003年利润巨亏。2004年上半年,江西纸业踏上了回冲计提之路。其2004年半年报显示,公司冲回坏账准备8 260万元,从而一举盈利2 070万元,达到了提交恢复上市申请的条件。公司2004年三季度更是放出业绩"卫星","得益于"公司冲回坏账准备2.32亿元。正是依靠这失而复得的2.32亿元,江西纸业不仅扭亏为盈,而且跨入了"绩优股"之列。尽管公司实现净利润1.05亿元,但公司的现金和现金等价物增加额只有区区的83万元,扣除坏账准备转回的影响,江西纸业2004年实际仍巨亏2.01亿元。

思考:为什么企业有时会利用应收账款计提坏账准备金及坏账准备金的冲回等手段来操纵企业利润?江西纸业的上述会计处理是否违反了相关企业会计准则?会计人员如何做到实质上遵循会计准则?

第一节 应收票据

一、应收票据概述

(一) 应收票据的含义

应收票据是指企业持有的因销售商品、产品或提供劳务等收到的商业汇票。企业收到的银行汇票、银行本票、支票均为见票即付的票据,不作为应收票据处理。

在我国,商业汇票的期限一般不超过6个月,因而我国的应收票据是一种流动资产。在会计实务中,企业的应收票据是指收到的经承兑人承兑的商业汇票。

(二) 应收票据的分类

商业汇票主要有以下几种分类方法。

1. 按承兑人分类

商业汇票按承兑人的不同,可分为商业承兑汇票和银行承兑汇票。商业承兑汇票是指由收款人签发,经付款人承兑,或由付款人签发并承兑的汇票。银行承兑汇票是指由在承兑银行开立存款账户的存款人签发,向开户银行申请并经银行审查同意承兑的,保证在指定日期无条件支付确定的金额给收款人或持票人的票据。承兑是汇票付款人承诺在汇票到期日支付汇票金额的票据行为。商业汇票必须经承兑后方可生效。银行承兑汇票的承兑人是承兑申请人的开户银行,商业承兑汇票的承兑人是付款人。如果到期时,付款人银行存款余额不足以支付票款,对于商业承兑汇票,银行直接将汇票退还收款人,由双方自行处理;对于银行承兑汇票,则由承兑银行履行付款义务。

2. 按是否计息分类

商业汇票按是否附息,分为不带息商业汇票和带息商业汇票两种。不带息票据到期值为其面值,带息票据到期值则为面值加上到期应计利息。我国会计实务主要使用不带息商业汇票。

3. 按是否带有追索权分类

商业汇票按是否带有追索权,分为带追索权的商业汇票和不带追索权的商业汇票两种。追索权是指企业在转让应收款项的情况下,接受应收款项转让方在遭受拒付或逾期未付时,向该应收款项转让方索取应收金额的权力。在我国,商业汇票可以背书转让或贴现,持票人可以对背书人、出票人及票据的其他债务人行使追索权。通常,银行承兑汇票属于不带追索权汇票,而商业承兑汇票则是带追索权汇票。

(三) 应收票据的入账价值

按现行制度规定,企业收到开出、承兑的商业汇票,无论是否带息,均按应收票据的票面价值入账。

(四) 应收票据到期的确定

商业汇票自承兑日起生效,其到期日由票据有效期限的长短决定。在实务中,票据的期限一般有按月表示和按日表示两种。

票据期限按月表示时,票据的期限不考虑各月份实际天数多少,统一按次月对日为一整月计算。当签发承兑的票据为某月月末时,统一以到期月份的最后一日为到期日。比如3月2日签发承兑的期限为6个月的商业汇票,到期日为9月2日;1月31日签发承兑的期限为1个月、2个月、3个月和6个月的商业汇票,其到期日分别为2月28日(闰年为2月29日)、3月31日、4月30日和7月31日。

票据期限按日表示时,票据的期限不考虑月数,统一按票据的实际天数计算。在票据承兑日和到期日这两天中,只计算其中的一天。比如1月31日(当年2月份28天)签发承兑的期限为30天、60天、90天和180天的商业汇票,其到期日分别是3月2日、4月1日、5月1日和7月30日;3月2日签发承兑的为期180天的商业汇票,到期日为8月29日。

票据到期值,即票据到期时回收的金额。不带息商业汇票为其面值;带息商业汇票到期收取的票款等于应收票据的票面价值加上票据利息。即:

$$票据到期价值=应收票据票面价值+应收票据利息$$

应收票据利息是按照票据上载明的利率和期限计算的。即:

$$应收票据利息=应收票据票面价值×利率×期限$$

【知识链接】

"应收票据"账户的设置要求

"应收票据"账户核算的仅是企业收到的商业汇票,具体包括商业承兑汇票和银行承兑汇票。企业承兑开出商业汇票时,通过"应付票据"账户核算。

而企业收到的其他票据,比如,银行汇票、银行本票、支票等,因属于见票即付,不通过"应收票据"核算,而是直接记入"银行存款"账户核算。企业开出银行汇票、银行本票时,通过"其他货币资金"账户核算,企业开出支票时,通常直接记入"银行存款"账户核算。

二、应收票据的账务处理

为了反映和监督应收票据取得、票款收回等经济业务,企业应设置"应收票据"账户,借方登记取得的应收票据的面值,贷方登记到期收回或到期前背书转让或向银行贴现的应收票据面值,期末余额在借方,反映企业持有的商业汇票的票面金额。企业收到承兑的商业汇票时,不管是否附息,都应按面额登记"应收票据"账户,并根据不同的业务内容分别贷记"主营业务收入""应交税费""应收账款"等账户。到期收款时,按实际收款借记"银行存款"账户,按票面金额贷方登记"应收票据"账户。若是带息票据,到期收款时利息部分贷记"财务费用"账户。

【例3-1】 天河公司根据发生的有关应收票据的业务,编制相关会计分录。

(1)向甲公司销售产品一批,价款为70 000元,增值税额为9 100元,收到由甲公司开出、承兑的面值为79 100元、期限为3个月的商业承兑汇票1张。

借:应收票据	79 100
贷:主营业务收入	70 000
应交税费——应交增值税(销项税额)	9 100

3个月后,应收票据到期,票面金额存入银行:

借:银行存款　　　　　　　　　　　　　　　　　　　　　　　79 100
　　贷:应收票据　　　　　　　　　　　　　　　　　　　　　　　79 100

(2) 向益力公司销售产品货款共计113 000元(其中,货款100 000元,增值税额13 000元),经双方协商,采用商业汇票方式结算,并收到由益力公司开出、承兑的3个月期限银行承兑汇票一张。

借:应收票据　　　　　　　　　　　　　　　　　　　　　　　113 000
　　贷:应收账款　　　　　　　　　　　　　　　　　　　　　　　113 000

(3) 所持有的一张10月20日到期、面值为70 200元的商业承兑汇票,至到期日,对方客户无力兑付,经双方协商,当天重新签发承兑一张60天到期的银行承兑汇票,利率为9%。

10月20日天河公司收到新汇票时:

借:应收票据　　　　　　　　　　　　　　　　　　　　　　　70 200
　　贷:应收票据　　　　　　　　　　　　　　　　　　　　　　　70 200

12月19日票据到期时:

　　　　　应收利息=70 200×9%×60÷360=1 053(元)
　　　　　到期值=70 200+1 053=71 253(元)

借:银行存款　　　　　　　　　　　　　　　　　　　　　　　71 253
　　贷:应收票据　　　　　　　　　　　　　　　　　　　　　　　70 200
　　　　财务费用　　　　　　　　　　　　　　　　　　　　　　　1 053

三、应收票据的转让与贴现

(一) 应收票据的转让

根据《银行支付结算办法》的有关规定,企业可以将持有的应收票据进行背书转让,用来购买所需物资或偿还债务。有关以应收票据偿还债务的会计处理原则和方法将在《高级会计学》中的债务重组部分介绍,在此仅就应收票据背书转让取得材料物资的会计处理进行说明。取得材料物资时,按应计入取得物资成本的价值,借记"材料采购"或"原材料""库存商品"等账户;按专用发票上注明的可以抵扣的增值税额借记"应交税费"账户;按应收票据面值贷记"应收票据"账户,若票据带息,视情况另外贷记"应收利息"或财务费用"账户,按补付或收到的差价款贷记或借记"银行存款"账户。

【例3-2】 天河公司向A单位采购材料,材料价款为50 000元,增值税额为6 500元,款项共56 500元,材料已验收入库。企业将一票面价值60 000元的不带息应收票据背书转让,以偿付A单位货款,同时回收差额款3 500元存入银行。编制会计分录如下:

借:原材料　　　　　　　　　　　　　　　　　　　　　　　　50 000
　　应交税费——应交增值税(进项税额)　　　　　　　　　　　　6 500
　　银行存款　　　　　　　　　　　　　　　　　　　　　　　　3 500
　　贷:应收票据　　　　　　　　　　　　　　　　　　　　　　　60 000

应收票据的背书转让,当不符合金融资产终止确认条件时,比如附有追索权的票据转让,会使企业承担因付款方不能到期支付票款的连带责任。此时,转让应收票据实际上具有抵押性质,应收票据不能终止确认。即贷方不能登记"应收票据"账户,而是将转让应收票据而购入的材料视为负债,通过"应付账款"账户核算处理。

(二) 应收票据贴现的核算

票据贴现是指持票人为了解决临时的资金需要,将尚未到期的票据在背书后送交银行,银行受理后从票据到期值中扣除按银行贴现率计算确定的贴现利息,然后将余额付给持票人的一种业务活动。贴现款的计算公式如下:

$$贴现款 = 到期值 - 贴现利息$$

$$贴现利息 = 票据到期值 \times 贴现率 \times 贴现期$$

持未到期的商业汇票向银行贴现,符合资产终止确认条件的,应按实际收到的贴现金额,借记"银行存款"账户,按贴现利息部分,即到期值和贴现金额之间的差额,借记或贷记"财务费用"账户,按商业汇票的票面金额,贷记"应收票据"账户;票据贴现不符合资产终止确认条件的,不应结转应收票据,此时应按贴现金额借记"银行存款"账户、贷记"短期借款"账户。

【例 3-3】 天河公司于 2×25 年 2 月 10 日(当年 2 月为 28 天)将签发承兑日为 1 月 31 日、期限为 90 天、面值为 500 000 元、利率为 9.6%、到期日为 5 月 1 日的银行承兑汇票到银行申请贴现,银行规定的月贴现率 0.6%。相关会计处理如下:

$$票据到期利息 = 500\,000 \times 9.6\% \times 90 \div 360 = 12\,000(元)$$

$$票据到期值 = 500\,000 + 12\,000 = 512\,000(元)$$

$$贴现期 = 80(天)$$

$$贴现利息 = 512\,000 \times 0.6\% \div 30 \times 80 = 8\,192(元)$$

$$贴现款 = 512\,000 - 8192 = 503\,808(元)$$

(1) 贴现收款时:

借:银行存款	503 808	
贷:应收票据		500 000
财务费用		3 808

若贴现的是商业承兑汇票,通常视为附有追索权,贴现视为从银行抵押借款。则:

借:银行存款	503 808	
贷:短期借款		503 808

(2) 票据到期时:

票据到期时,票据付款人足额向贴现银行支付票款。天河公司账务处理如下:

借:短期借款	503 808	
贷:应收票据		500 000
财务费用		3 808

如果票据到期时,票据付款人无法向贴现银行支付票款,则天河公司与票据付款人往来业务处理如下:

借：应收账款	512 000
贷：应收票据	500 000
财务费用	12 000

天河公司与银行往来处理如下：

借：短期借款	503 808
财务费用	8 192
贷：银行存款	512 000

若天河公司账上也无款支付，则账务处理如下：

借：短期借款	503 808
财务费用	8 192
贷：短期借款（逾期）	512 000

第二节 应收账款

一、应收账款的确认与计量

应收账款是指企业在正常经营活动中，由于销售商品或提供劳务等，而应向购货或接受劳务单位收取的款项。应收账款主要包括企业销售货物或提供劳务的价款、增值税，以及代购货方垫付的包装费、运杂费等。应收账款是应收项目的重要组成部分。

应收账款应于收入实现时确认。应收账款是因企业销售商品或提供劳务等产生的债权，应当按照实际发生额记账，在确认应收账款的入账价值时，应当考虑有关的折扣因素。

折扣包括商业折扣和现金折扣。商业折扣是指企业为促进销售而在商品标价上给予的价格折扣。商业折扣一般用百分比表示，如5％、10％、20％等，也可用金额表示，如100元、200元等。现金折扣是指债权人为鼓励债务人在规定的期限内付款，而向债务人提供的债务折扣。现金折扣条件一般表示为"2/10，1/20，N/30"，其含义分别是10天内付款给予2％的折扣，20天内付款折扣1％，30天内付款无折扣。

表 3-1 折扣的含义及账务处理方法

折扣形式	定义	适用交易	应收账款的计量方法
商业折扣	销售企业为促销而在商品标价的基础上给予的扣除	一般在交易（包括现销与赊销）发生时	以扣除商业折扣后的实际售价计量
现金折扣	销售企业在赊销时为尽快回笼资金而规定一个较短的期限，购买方在这个较短的期限内付款而享受的价款扣除	发生在赊销交易中	估计现金折扣可能发生数，以扣除该发生数后的余额计量

在有现金折扣时,企业应当根据合同条款并结合以往的习惯做法确定交易价格。现金折扣属于交易价格中的可变对价,按照交易价格最佳估计数确定应收账款入账金额。

二、应收账款的账务处理

为了反映应收账款的发生与收回情况,企业应设置"应收账款"账户。该账户是资产类账户,借方登记应收账款的发生;贷方登记收回、改用商业汇票结算及转销为坏账的应收账款;期末借方余额反映企业尚未收回的应收账款。该账户应按不同的购货单位或接受劳务的单位设置明细账,进行明细核算。

【例3-4】 天河公司根据发生的有关应收账款的经济业务,编制相关会计分录。

(1)赊销给华强公司商品一批,货款总计50 000元,适用的增值税税率为13%,代垫运杂费1 000元(假设不作为计税基数)。

借:应收账款　　　　　　　　　　　　　　　　　57 500
　　贷:主营业务收入　　　　　　　　　　　　　　　50 000
　　　　应交税费——应交增值税(销项税额)　　　　　6 500
　　　　银行存款　　　　　　　　　　　　　　　　　1 000

当收到货款时:

借:银行存款　　　　　　　　　　　　　　　　　57 500
　　贷:应收账款　　　　　　　　　　　　　　　　　57 500

在有商业折扣的情况下,应收账款和销售收入按扣除商业折扣后的金额入账。

(2)赊销商品一批,按价目表的价格计算,货款金额总计10 000元,给买方的商业折扣为10%,适用增值税税率为13%,代垫运杂费500元(假设不作为计税基数)。

借:应收账款　　　　　　　　　　　　　　　　　10 670
　　贷:主营业务收入　　　　　　　　　　　　　　　9 000
　　　　应交税费——应交增值税(销项税额)　　　　　1 170
　　　　银行存款　　　　　　　　　　　　　　　　　500

当收到货款时:

借:银行存款　　　　　　　　　　　　　　　　　10 670
　　贷:应收账款　　　　　　　　　　　　　　　　　10 670

(3)赊销一批商品,货款为100 000元,规定对货款部分的付款条件为"2/10,N/30",适用的增值税税率为13%(假设折扣时不考虑增值税)。

当销售业务发生时,估计客户极有可能在10天内付款,不含税的贷款最佳估计数为98 000元:

借:应收账款　　　　　　　　　　　　　　　　　111 000
　　贷:主营业务收入　　　　　　　　　　　　　　　98 000
　　　　应交税费——应交增值税(销项税额)　　　　　13 000

客户于10天内付款:

借：银行存款 111 000
　　贷：应收账款 111 000

假若客户超过10天仍未付款,则应调整应收账款与销售收入：

借：应收账款 2 000
　　贷：主营业务收入 2 000

客户在第11天至30天内付款时：

借：银行存款 113 000
　　贷：应收账款 113 000

客户如果超过30天仍未付款,则将该项应收账款作为逾期处理,应注意催收,必要时估计可能发生的坏账。

三、坏账损失的核算

坏账是指企业无法收回或收回的可能性极小的应收款项。由于发生坏账而产生的损失,称为坏账损失。

一般而言,企业的应收款项符合下列条件之一的,应确认为坏账：

(1) 债务人死亡,以其遗产清偿后仍无法收回。
(2) 债务人破产,以其破产财产清偿后仍无法收回。
(3) 债务人较长时期内未履行偿债义务,并有足够证据表明无法收回或收回的可能性极小。

坏账损失在会计上有两种核算方法：直接转销法和备抵法。

1. 直接转销法

直接转销法是指在实际发生坏账时,确认坏账损失,直接计入当期期间费用,并注销相应的应收账款的一种核算方法。

【例3-5】 某企业根据发生的有关坏账的经济业务,编制相关会计分录。

(1) 应收瑞奇公司的应收账款35 000元,已确认无法收回。

借：信用减值损失 35 000
　　贷：应收账款 35 000

(2) 已经确认为坏账的瑞奇公司坏账又收回20 000元。为了通过"应收账款"账户反映债务人的偿债信誉,首先按收回的金额冲减原确认坏账的会计分录,其次再反映应收款项的收回。账务处理如下：

借：应收账款 20 0000
　　贷：信用减值损失 20 000

同时：

借：银行存款 20 000
　　贷：应收账款 20 000

由于采用直接转销法对坏账进行核算,只有在实际发生坏账时才作为损失计入当期损益,并冲减应收账款,核算手续简单。但是该方法容易导致日常核算的应收款项价值虚增、利润虚列,不符合权责发生制和收入费用的配比原则及谨慎性原则,通常只适用于《小企业会计准则》所限定的小企业。

2. 备抵法

备抵法是指根据应收账款可回收金额按期估计坏账损失并形成坏账准备,当某一应收款项(应收账款和其他应收款)全部或部分被确认为坏账时,应根据其金额冲减坏账准备,同时转销相应的应收款项金额的一种核算方法。

采用备抵法核算坏账,每期估计的坏账损失直接计入当期损益,体现了稳健性原则的要求。在资产负债表上能如实反映应收账款的净额,使报表使用者能够了解企业应收账款的可变现金额。同时,在利润表上也避免了因应收账款价值虚列而造成的利润虚增,避免了企业明赢实亏。我国企业会计准则规定企业应采用备抵法核算各应收款项的坏账。

在备抵法下,按期估计坏账损失时,借记"信用减值损失"账户,贷记"坏账准备"账户;实际发生坏账时,借记"坏账准备"账户,贷记"应收账款"等账户。在资产负债表上,各应收款项按该应收款项余额减去提取的坏账准备后的净额反映。

采用备抵法核算各应收款项的坏账,应采用一定的方法合理估计各会计期间坏账准备。按期估计坏账损失的方法主要有应收账款余额百分比法和账龄分析法两种。

1) 应收账款余额百分比法

应收账款余额百分比法,是根据会计期末应收账款的余额和估计的坏账准备提取比例估计坏账损失、计提坏账准备的方法。坏账准备提取比例由企业自行确定。

采用余额百分比法对应收款项的坏账进行会计处理,需注意以下几个要点。

(1) 企业首次计提坏账准备时,按各应收款项的余额和企业确定的该应收款项的坏账比例计算应提取的坏账准备,借记"信用减值损失"账户,贷记"坏账准备"账户。

(2) 以后发生坏账时,按实际发生的坏账金额,借记"坏账准备"账户,贷记"应收账款""其他应收款"等账户。

(3) 已经确认的坏账又收回时,根据收回金额,借记"应收账款""其他应收款"等账户,贷记"坏账准备"账户;同时借记"银行存款"等账户,贷记"应收账款""其他应收款"等账户。

(4) 会计期末估计的坏账准备与"坏账准备"账户的余额有差异时,应对"坏账准备"账户的余额进行调整,使调整后的"坏账准备"账户的贷方余额与估计的坏账数额一致。调整"坏账准备"账户余额时,有以下三种情况:①如果应保持的余额大于计提前"坏账准备"账户贷方余额的,按其差额补提坏账准备;当"坏账准备"账户出现借方余额时,则按应保持的余额与"坏账准备"账户借方余额之和提取坏账准备。②如果应保持的余额小于"坏账准备"账户贷方余额的,按其差额冲回坏账准备。③如果应保持的余额等于"坏账准备"账户贷方余额的,既不补提,也不冲回。

"坏账准备"账户应保持余额=应收账款期末余额×计提比例

上述内容概括起来如表3-2所示。

表 3-2　关于"坏账准备"的账务处理

坏账准备	减值金额（本期应收款项期末余额×计提坏账准备百分比）	借记	贷记
无余额	计提坏账准备	信用减值损失	坏账准备
已有贷方余额	大于"坏账准备"账户原有贷方余额的差额 补提坏账准备	信用减值损失	坏账准备
	小于"坏账准备"账户原有贷方余额的差额 冲减已计提的坏账准备	坏账准备	信用减值损失
	等于"坏账准备"账户原有贷方余额 不计提坏账准备	—	—
已有借方余额	加上"坏账准备"账户原有借方余额 计提坏账准备	信用减值损失	坏账准备

以应收账款为例,说明按余额百分比法计提坏账准备的会计处理方法。

【例 3-6】 某企业按应收账款余额的 5% 计提坏账准备,根据发生的有关经济业务,编制会计分录。

第一年首次计提坏账准备时,应收账款年末余额为 200 000 元。

$$估计坏账损失 = 200\,000 \times 5\% = 10\,000(元)$$

借:信用减值损失　　　　　　　　　　　　　　　　　　　　　　　　　　10 000
　　贷:坏账准备　　　　　　　　　　　　　　　　　　　　　　　　　　　　　10 000

第二年实际发生坏账 6 000 元。

借:坏账准备　　　　　　　　　　　　　　　　　　　　　　　　　　　　　6 000
　　贷:应收账款　　　　　　　　　　　　　　　　　　　　　　　　　　　　　　6 000

已确认为坏账的应收账款收回 4 000 元:

借:应收账款　　　　　　　　　　　　　　　　　　　　　　　　　　　　　4 000
　　贷:坏账准备　　　　　　　　　　　　　　　　　　　　　　　　　　　　　　4 000

同时:

借:银行存款　　　　　　　　　　　　　　　　　　　　　　　　　　　　　4 000
　　贷:应收账款　　　　　　　　　　　　　　　　　　　　　　　　　　　　　　4 000

第二年年末,应收账款的余额为 60 000 元,估计的坏账准备余额为 3 000 元(60 000×5%)。

调整前的坏账准备有贷方余额 8 000 元,应冲销多余的坏账准备为 5 000 元(8 000−3 000)。

借:坏账准备　　　　　　　　　　　　　　　　　　　　　　　　　　　　　5 000
　　贷:信用减值损失　　　　　　　　　　　　　　　　　　　　　　　　　　　　5 000

如果第二年发生坏账 8 000 元,没有已确认坏账收回。第二年年末,应收账款余额仍为 60 000 元,估计的坏账准备余额为 3 000 元(60 000×5%)。

则调整前坏账准备有贷方余额 2 000 元,应补提不足的坏账准备 1 000 元(2 000－3 000)。

借:信用减值损失　　　　　　　　　　　　　　　　　　　　　　　　　1 000
　　贷:坏账准备　　　　　　　　　　　　　　　　　　　　　　　　　　　　1 000

如果第二年发生坏账 13 000 元,已确认坏账收回 2 000 元。第二年年末,应收账款余额仍为 60 000 元,估计的坏账准备余额为 3 000 元(60 000×5%)。

则调整前坏账准备有借方余额 1 000 元,应补提坏账准备 4 000 元(1 000＋3 000)。

借:信用减值损失　　　　　　　　　　　　　　　　　　　　　　　　　4 000
　　贷:坏账准备　　　　　　　　　　　　　　　　　　　　　　　　　　　　4 000

2) 账龄分析法

账龄分析法是根据应收款项入账时间的长短来估计坏账损失的方法,即根据应收账款入账时间的长短,并结合以往的经验来估计坏账损失、计提坏账准备的一种方法。一般来说,账款拖欠的时间越长,则发生坏账的可能性就越大,计提的比例就越高,可以比较客观地反映应收账款的估计可回收净额。

采用账龄分析法计提坏账准备的会计处理方法与应收款项余额百分比法相同,但由其计算确定的坏账准备金额比应收款项余额百分比法更精确、更合理。其处理步骤大致如图 3-1 所示。

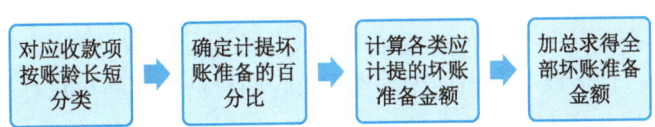

图 3-1　采用账龄分析法计提坏账准备的处理步骤

【例 3-7】 天河公司采取账龄分析法计提坏账准备。通过估计 2×25 年 12 月 31 日各客户的应收账款明细账,编制应收账款账龄分析及估计坏账损失表(表 3-3)并准备为 2×25 年计提坏账准备。

假定该企业"坏账准备"已有贷方余额 3 870 元,则 2×25 年年末计提坏账准备＝10 870－3 870＝7 000(元)。

借:资产减值损失　　　　　　　　　　　　　　　　　　　　　　　　　7 000
　　贷:坏账准备　　　　　　　　　　　　　　　　　　　　　　　　　　　　7 000

应收账款余额百分比法和账龄分析法的实质都是百分比法,只是估计的基础不同。前者不考虑账龄结构,将全部应收款项按一个比率计提坏账准备;而账龄分析法按不同账龄分不同的比率计提坏账准备,没考虑同一账龄的应收款项也会存在不同的风险。

表 3-3　应收账款账龄分析及估计坏账损失表

2×25 年 12 月 31 日　　　　　　　　　　　　　　　　　　　单位：元

应收账款按账龄分组	应收账款金额	估计坏账损失	估计坏账金额
未超过信用期限	200 000	1％	2 000
逾期 1 个月	30 000	2％	600
逾期 2 个月	20 000	4％	800
逾期 3 个月	12 000	6％	720
逾期 4 个月	30 000	25％	750
逾期 6 个月	5 000	50％	2 500
破产或追诉中	4 000	80％	3 200
合　计	281 000	—	10 870

从账务处理的特点看,两种方法都是备抵法,即要求每期按一定的方法估计坏账损失,计入当期损益,同时形成坏账准备。待实际核销坏账时,再冲销坏账准备和应收款项,对当期损益一般不产生影响。在备抵法下,每期确认的坏账损失是一个估计数,而坏账损失的估计必须切合实际,这是恰当运用备抵法的关键。

四、合同资产

合同资产是指企业已向客户转让商品而有权收取对价的权利,且该权利取决于时间流逝之外的其他因素。应收账款是企业无条件收取合同对价的权利。只有在合同对价到期支付之前仅仅随着时间的流逝即可收款的权利,才是无条件的收款权。

合同资产和应收账款都是企业拥有的有权收取对价的合同权利,两者的区别在于,应收账款代表的是无条件收取合同对价的权利,企业仅仅随着时间的流逝即可收款,而合同资产并不是一项无条件收款权,该权利除了取决于时间流逝,还取决于其他条件,如履行合同中的其他履约义务已经完成才能收取相应的合同对价。

【例 3-8】　天河公司 2×25 年 3 月 1 日与客户签订合同,向其出售一台设备,该设备不含税价为 1 000 万元,天河公司同时向该客户承诺在设备售出后 10 天内有偿为客户提供安装调试设备劳务,安装调试费 100 万元,在安装调试验收后双方结算全部款项。3 月 6 日,天河公司按照合同约定将设备交付客户,并于 3 月 15 日安装调试好该设备。该设备的增值税率为 13％。安装调试劳务的增值税率为 3％。

本例中,销售设备和安装调试设备是两项单项履约义务。分录金额单位为万元。

3 月 6 日天河公司的会计处理：

借：合同资产　　　　　　　　　　　　　　　　　　　　　11 300 000
　　贷：主营业务收入　　　　　　　　　　　　　　　　　　10 000 000
　　　　应交税费——应交增值税(待转销项税额)　　　　　　1 300 000

3 月 15 日天河公司的会计处理：

借：应收账款		12 390 000
应交税费——应交增值税（待转销项税额）		1 300 000
贷：主营业务收入		1 000 000
应交税费——应交增值税（销项税额）		1 390 000
合同资产		11 300 000

第三节　应收账款融资

一、应收账款抵借

企业以应收账款抵借方式取得借款时，在抵借合同中主要规定借款限额和借款期限。借款限额是企业可以取得的最高借款额。限额以外部分，主要是为应对销货折扣、销货退回或折让等事项，并用来支付部分或全部借款利息。在一般情况下，企业在借款限额和借款期限内可随时取得借款。企业以应收账款抵借不改变应收账款的所有权，会计上不作应收账款的终止确认，也不需要通知赊购方。但是资产负债表日，需要将用于抵借的应收账款进行表外披露。下面举例说明应收账款抵借的账务处理方法。

【例3-9】 天河公司根据发生的有关应收账款抵借业务，编制相关会计分录。

(1) 2×25年3月5日，以应收账款10 000元作抵押，向某银行取得80%的借款8 000元。

借：银行存款	8 000
贷：短期借款	8 000

(2) 2×25年4月9日，收回货款9 000元，发生销售退回1 000元（其中，价款884.96元，增值税额115.04元）。

借：银行存款	9 000.00
主营业务收入	884.96
应交税费——应交增值税（销项税额）	115.04
贷：应收账款	10 000.00

(3) 归还银行借款8 000元，并按日利率0.03%支付利息84元。

$$利息=8\ 000×35×0.03\%=84(元)$$

借：短期借款	8 000
财务费用	84
贷：银行存款	8 084

二、应收账款的让售

应收账款让售是指企业将应收账款出售给银行等金融机构而取得资金的一种交易。企业应按照实质重于形式的原则，充分考虑交易的经济实质。当与应收账款有关的风险和报酬实质上已经发生转移时，让售方应将出售所得与应收账款差额确认为让售损益；否则，就应当以质押取得借款的方式进行账务处理,将被质押即让售应收账款保留在企业账上。

【例 3-10】 天河公司因资金需要,2×25 年 4 月 10 日将一笔应收账款 226 000 元(其中销售价款 200 000 元,增值税额 26 000 元)出售给中国银行,并约定出售价款为应收账款 80%,即 180 800 元;在该笔货款到期无法收回时,中国银行不能向天河公司追偿。另外,根据以往经验,天河公司预计将发生销售退回 9 040 元(其中价款 8 000 元,增值税额 1 040 元),实际发生的销售退回由企业承担。编制会计分录如下:

出售应收账款时:

借:银行存款 180 800
　　其他应收款 9 040
　　营业外支出 36 160
　　贷:应收账款 226 000

第四节　其他应收款和预付账款

一、其他应收款

其他应收款是指除应收票据、应收账款、预付账款以外的其他各种应收、暂付款项。其主要包括应收的各种赔款、罚款;应收出租包装物押金;存出的保证金;应向职工收取的各种垫付款项,如为职工垫付的房租、水电费等,以及其他各种应收、暂付款项。企业应设置"其他应收款"账户对以上业务进行反映。

【例 3-11】 天河公司发生其他应收款业务,编制会计分录如下:

(1) 向甲单位购买物品,借用包装物,以银行存款支付包装物押金 800 元。

借:其他应收款——甲单位 800
　　贷:银行存款 800

以后归还包装物时,收回押金:

借:银行存款 800
　　贷:其他应收款——甲单位 800

(2) 应收乙公司罚款 3 000 元,应收丙公司包装箱租金 9 600 元。

借:其他应收款——乙公司 3 000
　　贷:营业外收入 3 000

借:其他应收款——丙公司 9 600
　　贷:其他业务收入 9 600

收到上述款项时:

借:银行存款 12 600
　　贷:其他应收款——乙公司 3 000
　　　　　　　　　——丙公司 9 600

特别提示

其他应收款与应收账款一样,同样面临着款项收不回来,变成坏账的风险,所以企业应当定期或者至少于每年年度终了,对其他应收款进行检查,预计其可能发生的坏账损失,并提取坏账准备。计提坏账准备的方法、比例由企业自行确定,具体处理与"应收账款"账户基本相同。

二、预付账款

预付账款是指企业按照购货合同规定预付给供应单位的款项,属于企业的短期性债权。会计处理中一般应设置"预付账款"账户加以反映。但当企业预付账款业务不多,或与供货单位往来以赊销为主时,也可以不设"预付账款"账户,而将预付款直接记入"应付账款"账户的借方。

【例3-12】 天河公司向甲公司采购材料,按合同规定预付款项为30 000元,以银行存款支付。编制会计分录如下:

借:预付账款——甲公司　　　　　　　　　　　　　　　　　　　　30 000
　　贷:银行存款　　　　　　　　　　　　　　　　　　　　　　　　　　30 000

收到材料和单据后,材料价款为45 000元,增值税额5 850元:

借:原材料　　　　　　　　　　　　　　　　　　　　　　　　　　　45 000
　　应交税费——应交增值税(进项税额)　　　　　　　　　　　　　　5 850
　　贷:预付账款——甲公司　　　　　　　　　　　　　　　　　　　50 850

用银行存款补付20 850元:

借:预付账款——甲公司　　　　　　　　　　　　　　　　　　　　20 850
　　贷:银行存款　　　　　　　　　　　　　　　　　　　　　　　　　　20 850

【知识链接】

关于"预付账款"账户的设置

设置"预付账款"账户进行核算的企业,收到商品款项总额通常高于预付款金额,此时在补付余款之前,企业已由债权性质变为债务性质,但是仍然继续只使用"预付账款"这个往来账户。

【关键术语】

应收票据　商业汇票　商业汇票承兑　贴现　应收账款抵借　应收账款让售　预付账款

【问题思考】

1. 什么是应收票据贴现?如何对其进行账务处理?
2. 商业折扣与现金折扣有何区别?各自的账务处理特征如何?

3. 坏账的确认条件是什么？
4. 坏账准备的计提方法有哪几种？
5. 如何进行坏账准备的会计处理？

练 习 题

第一部分 客观题

第三章 客观题

第二部分 主观题

四、计算题

1. 天河公司从2×24年度起采用备抵法核算坏账损失,按照应收账款余额的1‰计提坏账准备。2×24年年末,应收账款账面余额为300 000元。2×25年5月,确认应收甲公司的账款2 600元已经回收无望。2×25年年末,应收账款账面余额为320 000元。
   要求:根据上述资料,编制天河公司计算各年应计提或冲销的坏账准备,并编制相关的会计分录。

2. 天河公司从2×24年度起采用备抵法核算坏账损失,按照应收账款余额的1‰计提坏账准备。2×24年年末,应收账款账面余额300 000元。2×25年5月,确认应收甲公司的账款3 500元已经回收无望。2×25年年末,应收账款账面余额为320 000元。
   要求:根据上述资料,编制天河公司计算各年应计提或冲销的坏账准备,并编制相关的会计分录。

3. 天河公司从2×24年度起采用备抵法核算坏账损失,按照应收账款余额的1‰计提坏账准备。2×24年年末,应收账款账面余额300 000元。2×25年5月,确认应收甲公司的账款200元已经回收无望。2×25年年末,应收账款账面余额为250 000元。
   要求:根据上述资料,编制天河公司计算各年应计提或冲销的坏账准备,并编制相关的会计分录。

4. 天河公司从2×24年度起采用备抵法核算坏账损失,按照应收账款余额的1‰计提坏账准备。2×24年年末,应收账款账面余额为300 000元。2×25年5月,确认应收甲公司的账款3 200元已经回收无望,2×25年10月,收回以前期间已作为坏账予以转销的乙公司账款5 000元。2×25年年末,应收账款账面余额为360 000元。
   要求:根据上述资料,编制天河公司计算各年应计提或冲销的坏账准备,并编制相关的会计分录。

五、业务实训

(一)业务实训一

1. 目的
   练习掌握应收票据业务的账务处理。

2. 资料

天河公司于2×24年3月1日收到甲公司开出的一张面值为20 000元、期限为6个月的银行承兑汇票,用以抵偿以前所欠货款。4月20日向乙公司销售一批商品,售价50 000元,增值税销项税额6 500元,乙公司当日开出承兑一张票面金额为56 500元、期限为4个月的商业承兑汇票。

3. 要求

(1) 编制收到商业汇票及到期收到票据款的会计分录。

(2) 编制假设乙公司到期无力支付票据款时天河公司账务处理的会计分录。

(二) 业务实训二

1. 目的

练习应收票据贴现业务的账务处理。

2. 资料

2×24年7月20日,天河公司将持有的6月10日开出、面值为80 000元、期限为120天的银行承兑汇票向银行申请贴现,收到贴现金额78 000元。2×24年9月10日,天河公司将持有的8月10日开出、票面金额60 000元、期限为5个月的商业汇票向银行申请贴现,收到贴现金额58 800元。根据天河公司与银行签订的协议,贴现票据到期时债务人若不能如期付款,天河公司负有连带还款责任。

3. 要求

编制有关票据贴现业务的下列会计分录:

(1) 贴现商业汇票。

(2) 贴现票据到期:①假定债务人如期付款;②假定债务人未能如期付款,天河公司代替债务人付款;③假定债务人和天河公司均无力付款,银行作为逾期贷款处理。

(三) 业务实训三

1. 目的

练习应收票据转让业务的账务处理。

2. 资料

2×25年3月10日,天河公司将持有的一张2×24年12月25日开出、面值为50 000元、期限为6个月的银行承兑汇票背书转让,取得一批价值45 000元、增值税额为5 850元的原材料,并以银行存款向供货单位补付差价850元。

3. 要求

编制票据转让的会计分录。

(四) 业务实训四

1. 目的

练习应收账款业务的账务处理。

2. 资料

天河公司2×25年3月20日向丙公司赊销一批商品,货款50 000元,增值税销项税额6 500元,以银行存款代垫运杂费800元(未取得增值税专用发票),约定的现金折扣条件为"2/10,N/20",天河公司估计丙公司能在10天内付款。所销售商品的成本为42 000元。

3. 要求

(1) 编制赊销时的会计分录。

(2) 分别编制丙公司 10 天内和 20 天内付款的会计分录。

(五) 业务实训五

1. 目的

练习有关预付款业务的账务处理。

2. 资料

天河公司根据购货合同规定,预付给 A 公司货款 20 000 元,用于购买原材料。A 公司发货后开来增值税专用发票,所列货款金额为 18 000 元,增值税额为 2 340 元,天河公司以银行存款补付差额款 340 元。

3. 要求

编制有关预付账款的下列会计分录:

(1) 预付货款。

(2) 收到所购原材料及发票账单。

(3) 补付差额款。

六、分析题

(一) 案例一

1. 资料

天河公司 2×24 年 11 月 29 日将一张带息商业汇票拿到银行贴现。恰好票据利率与银行的贴现利率相同。于是会计人员认为贴现额与票据到期值相同并按票据面值编制了借"银行存款"账户,贷"应收票据"账户的处理。

思考:公司财务部的处理是否正确? 为什么?

2. 解读提示

首先从票据到期值与贴现金额的关系的区别上思考。其次考虑票据贴现业务的账务处理,需要具体分析是否附有追索权,是否满足资产终止的确认条件。附有追索权的,贴现时视同抵押借款,不附有追索权的,作为票据让售处理。

(二) 案例二

1. 资料

天河公司 2×25 年 1 月 29 日为购买材料发生了一笔预付款业务。预付比例为合同款的 30%。等收到材料时,考虑到没有立即补付差额款,该笔往来款的性质由债权变成了债务,所以使用了"应付账款"账户。

思考:公司财务部的处理是否正确? 为什么?

2. 解读提示

为便于反映企业对客户的债权债务关系,对同一客户发生购货往来业务,只通过"应付账款"或只通过"预付账款"账户核算。

第四章 存 货

章前导引

教学目标

本章主要介绍存货的确认、计量和会计处理。通过本章的学习,学生应了解存货的含义、特征与分类,理解和掌握取得存货的计价、发出存货的计价,存货核算的实际成本法与计划成本法、周转材料的核算,以及存货期末计价的成本与可变现净值孰低法等;具备运用实际成本计价与计划成本计价进行存货收入、发出、结存的会计处理技能,具备周转材料核算的技能,具备运用成本与可变现净值孰低法比较期末存货成本与可变现净值、核算存货跌价准备的技能。

重点难点

重点是取得存货的计价、发出存货的计价,存货期末计价的成本与可变现净值孰低法,存货核算的实际成本法与计划成本法;难点是以计划成本法核算存货的收、发、存及期末按照成本与可变现净值孰低法计价下存货跌价准备的计提、转回和转销的会计处理。

课程思政

根据创业板上市规则的相关规定,上市公司连续3年亏损将被暂停上市。獐子岛公司是我国创业板上市公司,主营海洋食品。獐子岛公司在2014年至2017年期间有3年产生巨额亏损,净亏损达20.66亿元,超过2014年之前10年的净利润总额。公司管理层铤而走险,粉饰财务报表。

据报道,獐子岛2016年年报以虚减营业成本、虚减营业外支出的方式,虚增利润1.3亿元,虚增利润占当期披露利润总额的158.15%。獐子岛披露的2016年年度报告中净利润为7 571万元,实际上2016年的真实利润总额为-4 822.23万元,净利润为-5 543.31万元。2018年獐子岛公司未如实反映扇贝核销及计提存货跌价准备的客观情况,于2018年对107.16万亩虾夷贝库存进行核销,对24.30万亩虾夷贝库存进行减值。然而调查显示,核销海域中,2014年年底、2015年年底、2016年年底播虾夷贝分别有20.85万亩、19.76万亩、3.61万亩已在以往年度采捕,致使虚增营业外支出2.48亿元;在减值海域中,2015年年底和2016年年底播虾夷贝分别有6.38万亩、0.13万亩已在以往年度采捕,致使虚增资产减值损失1 110.52万元,占减值金额的18.29%。

思考:通过上述报道,分析獐子岛公司财务造假手段有哪些?獐子岛公司是如何虚增利润的?公司相关人员违反了会计职业道德八大准则中哪些条款?是否违反了《中华人民共和国会计法》?

第一节 存货的性质与范围

一、存货的概念与特征

(一)存货的概念

存货是指企业在日常活动中持有以备出售的产成品或商品、处在生产过程中的在产品、在生产过程或提供劳务过程中耗用的材料、物料等。

(二)存货的特征

1. 存货是企业在日常经营活动中持有的

企业为在建工程而储备的工程物资不是存货,因为在建工程不是企业的日常经营活动。

2. 存货通常是具有实物形态的有形资产

企业的材料、在产品、产成品等存货都是有实物形态的资产。

3. 存货是企业的流动资产,具有较大的流动性

存货通常在1年或者长于1年的一个营业周期内被出售或耗用,经常处于不断销售(或者耗用)、重置之中,具有较大的流动性和较快的变现能力。但是,存货的流动性又低于货币资金等流动资产。

4. 存货具有时效性和发生潜在损失的可能性

在正常生产情况下,存货被销售、耗用而转换为现金和其他资产。但因各种原因长期不能销售、使用的商品、材料等,常常需要折价销售,或变成无用物资而给企业造成损失。

二、存货的分类

存货分布于企业生产经营的各个环节,而且种类繁多、用途各异。为满足存货管理与核算的需要,应当对存货进行适当的分类。

(一)存货按经济用途分类

1. 原材料

原材料是指企业在生产过程中经加工改变其形态或性质并构成产品主要实体的各种原料及主要材料、辅助材料、外购半成品(外购件)、修理用备件(备品备件)、包装材料、燃料等。

2. 在产品

在产品是指企业正在制造尚未完工的产品,包括正在各个生产工序加工的产品,及已加工完毕但尚未检验或已检验但尚未办理入库手续的产品。

3. 半成品

半成品是指经过一定生产过程并经检验合格交付半成品仓库保管,但尚未最终制造完工成为产成品,仍需进一步加工的中间产品。

4. 产成品

产成品是指企业已经完成全部生产过程并验收入库,可以按照合同规定的条件送交订货单位,或者可以作为商品对外销售的产品。企业接受外来原材料加工制造的代制品和为外单位加工修理的代修品,制造和修理完成验收入库后,应视同企业的产成品。

5. 商品

商品是指商品流通企业外购或委托加工完成验收入库用于销售的各种商品。

6. 周转材料

周转材料是指企业能够多次使用、逐渐转移其价值但仍保持原有形态不确认为固定资产的材料,主要包括包装物、低值易耗品及建筑施工企业的钢模板、木模板、脚手架等。其中,包装物是指为了包装本企业商品而储备的各种包装容器,如桶、箱、瓶、坛、袋等。其主要作用是盛装、装潢产品或商品。低值易耗品是指单位价值相对较低、使用期限相对较短,或在使用过程中容易损坏,因而不能确认为固定资产的各种用具物品,如工具、管理用具、玻璃器皿、劳动保护用品,以及在经营过程中周转使用的包装容器等。

7. 数据资源

企业通过外购或数据加工方式取得的数据资源,若该数据资源的目的是出售,则该数据资源是企业存货的构成部分。

(二) 存货按取得方式分类

存货按取得方式,可以分为外购存货、自制存货、委托加工存货、投资者投入的存货、接受捐赠取得的存货、接受抵债取得的存货、非货币性交易换入的存货、盘盈的存货等。

(三) 存货按存放地点分类

存货按存放地点,可以分为库存存货、在途存货、在制存货和发出存货。

第二节 取得存货的计价

企业取得存货应当按照成本进行计量,即存货的入账价值应以取得存货的实际成本为基础,实际成本包括采购成本、加工成本和其他成本。存货的实际成本应结合存货的具体取得方式分别确定。

一、外购存货

(一) 外购存货的成本

1. 外购存货的成本构成

外购存货的成本即存货的采购成本,指企业存货从采购到入库前所发生的全部合理支出。一般包括购买价款、相关税费、其他可直接归属于存货采购成本的费用。

(1) 购买价款是指所购货物发票账单上列明的价款。在有购货折扣时,扣除商业折扣,现金折扣按可变对价处理,按照交易价格最佳估计数计量价款。

(2) 相关税费是指进口关税、消费税、资源税及不能从增值税销项税额中抵扣的进项税额。

(3) 其他可直接归属于存货采购成本的费用是指外购存货的运输费、装卸费、保险费、仓储费、包装费、运输途中的合理损耗、大宗物资的市内运杂费、入库前的挑选整理费等。这些费用如能分清负担对象的,可直接计入所购存货的采购成本;如不能分清负担对象的,则要采用合理的分配方法分配计入有关存货的采购成本。

需要注意的是,存货的采购成本一般不包括:按规定可予抵扣的增值税、市内零星货物运杂费、采购人员的差旅费、采购机构的经费及供应部门经费等。

2. 商品流通企业进货费用的处理

(1) 商品流通企业在采购商品过程中发生的运输费、装卸费、保险费及其他可归属于存货采购成本的费用等进货费用,应当计入存货采购成本。

(2) 也可先进行归集,期末根据所购商品的存销情况进行分摊:对于已售商品的进货费用,计入当期损益(主营业务成本);对于未售商品的进货费用,计入期末存货成本。

(3) 企业采购商品进货费用金额较小的,也可在发生时直接计入当期损益(销售费用)。

【知识链接】

存货成本确定的具体要求

(1) 无论是外购存货还是自制存货,发生的其他成本都应计入存货成本。其他成本是指除采购成本、加工成本以外的,使存货达到目前状态所发生的其他支出,如为特定客户设计产品所发生的设计费用,可直接归属于符合资本化条件的存货所发生的应当予以资本化的借款费用等。企业发生的一般产品设计费用及不符合资本化条件的借款费用,则应计入当期损益。

(2) 企业的下列支出应当在发生时直接计入当期损益,不应计入存货成本:①非正常消耗的直接材料、直接人工和制造费用,如企业超定额的废品损失及因自然灾害而发生的直接材料、直接人工和制造费用损失。②仓储费用。仓储费用是指存货在采购入库之后发生的仓储费用,包括存货在加工环节和销售环节发生的一般仓储费用。

(二) 外购存货的会计处理

1. 存货验收入库和货款结算同时进行

在这种情况下,企业应于支付货款或开出、承兑商业汇票,并且存货验收入库后,按发票账单等结算凭证确定的存货成本入账。

【例 4-1】 天河公司为增值税一般纳税人,本月购入 A 材料一批。销货方开来的增值税专用发票中所列的货款为 50 000 元,增值税税率为 13%,运输公司开来的运费发票中所列的运费为 500 元,增值税额为 45 元。货款及运费已开出转账支票通过银行支付,材料已验收入库。相关账务处理如下:

材料采购成本＝50 000＋500＝50 500(元)
允许扣除的增值税＝6 500＋45＝6 545(元)

借:原材料——A 材料　　　　　　　　　　　　　　　　　　50 500
　　应交税费——应交增值税(进项税额)　　　　　　　　　6 545
　　贷:银行存款　　　　　　　　　　　　　　　　　　　　　　57 045

2. 货款已结算但存货尚在运输途中

在这种情况下,企业应于支付货款或开出、承兑商业汇票时,按发票账单等结算凭证确定的存货成本入账,先通过"在途物资"账户核算,待存货到达入库时再从"在途物资"账户转入"原材料"等账户。

【例 4-2】 天河公司购入 B 材料一批 4 000 千克,单价为 25 元,共计 100 000 元,增值税税率为 13%,货款及税款已由本公司开出的银行汇票结算,材料尚未到达。编制会计分录如下:

借:在途物资——B 材料 100 000
　　应交税费——应交增值税(进项税额) 13 000
　　贷:银行存款 113 000

如果该批材料于若干天后全部收到并已验收入库,则:

借:原材料 100 000
　　贷:在途物资 100 000

3. 存货验收入库但发票账单等结算凭证未到因而货款尚未结算

在这种情况下,企业在收到存货时可先不进行会计处理,待结算凭证到达,企业支付货款或开出、承兑商业汇票时,按照存货验收入库同时结算货款处理。如果到月末发票账单仍未收到,企业应按合同价等暂估入账。

【例 4-3】 天河公司购入 C 材料一批,材料到达并已验收入库,发票账单未收到,平时不必作会计处理,只需在备查账簿中登记;月末尚未收到发票账单,货款无法支付,需暂估入账,该批材料按合同价暂估为 250 000 元。相关账务处理如下:

借:原材料——C 材料 250 000
　　贷:应付账款——暂估应付账款 250 000

下月初及时用红字作同样的会计分录,予以冲回:

借:原材料——C 材料 (红字)250 000
　　贷:应付账款——暂估应付账款 (红字)250 000

下月发票账单到达后,该批材料实际买价为 240 000 元,增值税额为 31 200 元,货款及税款已由本公司开出商业汇票结算,则应作会计分录如下:

借:原材料——C 材料 240 000
　　应交税费——应交增值税(进项税额) 31 200
　　贷:应付票据 271 200

4. 采用赊购方式购入存货

对于赊购存货,应通过"应付账款"账户核算,如果赊购附有现金折扣条件的,我国企业会计准则要求采用总价法处理。

【例 4-4】 天河公司 2×25 年 9 月 1 日购入一批原材料,增值税专用发票上列明的材料买价为 10 000 元,增值税额为 1 300 元,销货方规定的付款条件为:"2/10,1/20,N/30"。假定计算现金折扣时不含增值税。编制相应会计分录如下:

(1) 9 月 1 日,赊购材料时:

借：原材料	10 000	
应交税费——应交增值税（进项税额）	1 300	
贷：应付账款		11 300

(2) 天河公司于9月10日付款时：

借：应付账款	11 300	
贷：银行存款		11 100
财务费用		200

(3) 天河公司于9月20日付款时：

借：应付账款	11 300	
贷：银行存款		11 200
财务费用		100

(4) 天河公司于9月30日付款时：

借：应付账款	11 300	
贷：银行存款		11 300

【知识链接】

超过正常信用条件分期付款购货的处理

企业如果超过正常信用条件（一般为3年）分期付款购货，实质上具有了融资性质。企业不能直接按照合同或协议价款确定购货成本，而应按照合同或协议价的现值确定购货成本，将合同或协议价与其现值之间的差额作为未确认融资费用。未确认融资费用要在合同或协议约定的分期付款期限内采用实际利率法进行摊销，计入各期的财务费用。

5. 采用预付货款方式购入存货

【例4-5】 天河公司向供货单位N公司预付一笔货款50 000元，以银行存款支付。编制相应会计分录如下：

借：预付账款——N公司	50 000	
贷：银行存款		50 000

如果若干天后收到此批货物及增值税专用发票，货款为40 000元，增值税进项税额为5 200元。

借：原材料——D材料	40 000	
应交税费——应交增值税（进项税额）	5 200	
贷：预付账款		45 200

"预付账款"账户还有借方余额4 800元，可以要求对方转回，也可以用于以后购货。如果此批货款及税款大于预付账款50 000元，企业应补付其差额。如果企业未及时补付其差额，"预付账款"账户就出现了贷方余额，其性质上实际已转化为应付账款。

6. 外购存货发生短缺的会计处理

企业在存货采购过程中,可能出现短缺的现象。外购存货出现短缺的原因是多方面的,企业应根据不同的原因和处理结果分别核算。其中,属于定额内的合理损耗,应按其实际成本计入入库存货的成本中;超定额损耗,应将其实际成本及应负担的进项税中由保险公司、运输部门或其他过失人赔偿后尚不能弥补的部分记入"管理费用"账户;如果属于非常损失(如自然灾害、被盗及其他非常损失)的,应将其实际成本及应负担的进项税扣除由保险公司及有关责任人赔偿后的净损失记入"营业外支出"账户。发生的外购存货短缺,尚未查明原因或尚未作出处理之前,一般先按短缺存货的实际成本记入"待处理财产损溢"账户,查明原因后,根据企业管理权限,经股东大会或董事会,或经理(厂长)会议等类似机构批准后,再转入相关的科目中。

【例 4-6】 天河公司对于[例 4-2]中原来在途的 B 材料,在验收入库时发现短缺 100 千克,原因待查。编制相应会计分录如下:

借:原材料——B 材料　　　　　　　　　　　　　　　　　　　97 500
　　待处理财产损溢——待处理流动资产损溢　　　　　　　　　2 825
　　贷:在途物资——B 材料　　　　　　　　　　　　　　　　　100 000
　　　　应交税费——应交增值税(进项税额转出)　　　　　　　　325

如果查明原因属供应方少发货,应从"应付账款"账户抵扣 2 825 元,或要求退款,记入"其他应收款"账户 2 825 元;要求对方补发货物或定额内合理损耗,则应将 2 825 元分别转入"原材料"账户和"应交税费——应交增值税(进项税额)"账户。如果属于非常事故,应将其转入"营业外支出"账户 2 825 元。如果由运输部门赔偿,则记入"其他应收款"账户 2 825 元。

二、自制存货

企业自制存货主要包括自制材料、产成品、在产品、半成品、数据资源等。

企业自制存货的成本包括消耗的材料成本、发生的加工成本和使存货达到目前场所和状态所发生的其他成本(如企业为特定客户设计产品而发生的专项设计费、应计入存货成本的借款费用等)。

消耗的材料成本是自制存货过程中直接消耗的原料及主要材料、辅助材料等的成本,通常称为直接材料,它是在材料的取得成本的基础上采用先进先出法、全月一次加权平均法等计价方法计算确定的。发生的加工成本是企业在直接材料成本的基础上进一步加工存货追加的生产成本,主要包括直接人工和制造费用。直接人工是指企业支付给直接从事产品生产的工人的职工薪酬。制造费用是指企业为生产产品和提供劳务而发生的各项间接费用,包括企业生产部门(如生产车间)管理人员薪酬、折旧费、办公费、水电费、机物料消耗、劳动保护费等。企业应采用合理的方法将制造费用分配计入各产品成本。

企业通过数据加工取得确认为存货的数据资源,其成本包括采购成本、数据采集、脱敏、清洗、标注、整合、分析、可视化等加工成本和使存货达到目前场所和状态所发生的其他支出。

【例 4-7】 天河公司数据采集、脱敏、清洗、标注、整合、可视化等加工成本为 100 万元,

达数据可使用状态,亦可出售。则天河公司会计分录如下:

　　借:数据资源　　　　　　　　　　　　　　　　　　　　　　　1 000 000
　　　　贷:生产成本　　　　　　　　　　　　　　　　　　　　　　　　　1 000 000

三、委托加工存货

(一)委托加工存货的成本

委托加工存货的成本,一般包括加工过程中实际耗用的原材料或半成品成本、加工费、运输费、装卸费等,以及按规定应计入成本的税金。

(二)委托加工存货的会计处理

1. 发出材料委托加工

　　借:委托加工物资(按发出材料物资的实际成本)
　　　　贷:原材料/库存商品

2. 支付加工费、往返运费和应由受托方交纳的增值税

　　借:委托加工物资
　　　　应交税费——应交增值税(进项税额)
　　　　贷:银行存款

3. 委托加工应税消费品时支付应由受托方代收代缴的消费税

　　借:委托加工物资(收回后直接用于销售,计入成本)
　　　　应交税费——应交消费税(用于连续生产应税消费品的,可抵扣)
　　　　贷:银行存款

4. 存货加工完成验收入库并收回剩余物资

　　借:原材料/库存商品/周转材料
　　　　贷:委托加工物资

【例 4-8】 天河公司委托红星公司加工包装用木箱,天河公司发出价值 50 000 元的木材,同时支付加工费 5 000 元和增值税额 650 元。加工完成后,木箱验收入库。编制会计分录如下:

(1)发出木材时:

　　借:委托加工物资　　　　　　　　　　　　　　　　　　　　　　　50 000
　　　　贷:原材料　　　　　　　　　　　　　　　　　　　　　　　　　　50 000

(2)支付加工费时:

　　借:委托加工物资　　　　　　　　　　　　　　　　　　　　　　　5 000
　　　　应交税费——应交增值税(进项税额)　　　　　　　　　　　　　650
　　　　贷:银行存款　　　　　　　　　　　　　　　　　　　　　　　　5 650

(3)木箱加工完成验收入库时:

　　借:包装物　　　　　　　　　　　　　　　　　　　　　　　　　　55 000
　　　　贷:委托加工物资　　　　　　　　　　　　　　　　　　　　　　55 000

四、投资者投入存货

投资者投入存货的成本,应当按照投资合同或协议约定的价值确定,但合同或协议价值不公允的除外。

企业收到投资者投入存货的会计处理如下:

借:原材料/库存商品/周转材料
　　应交税费——应交增值税(进项税额)
　贷:实收资本/股本
　　　资本公积——资本溢价(或股本溢价)

【例 4-9】 天河公司收到 Y 公司投入的一批 F 材料,该材料在 Y 公司的账面价值为 800 000 元,公允价值为 1 000 000 元,双方认可按其公允价值计价。天河公司已收到材料并验收入库,取得了 Y 公司转来的增值税专用发票,Y 公司因本项投资在天河公司注册资本中占有 800 000 元的份额。编制会计分录如下:

借:原材料　　　　　　　　　　　　　　　　　　　　　　　1 000 000
　　应交税费——应交增值税(进项税额)　　　　　　　　　　　130 000
　贷:实收资本　　　　　　　　　　　　　　　　　　　　　　　800 000
　　　资本公积——资本溢价　　　　　　　　　　　　　　　　　330 000

五、接受捐赠取得的存货

接受捐赠取得的存货,捐赠方提供了有关凭据的,按凭据上标明的金额加上应支付的相关税费作为实际成本;捐赠方没有提供有关凭据的,应按同类或类似存货的市场价格估计的金额,加上应支付的相关税费,作为实际成本;否则就按该接受捐赠存货预计未来现金流量的现值,作为实际成本。

【例 4-10】 天河公司接受捐赠一批商品,捐赠方提供的发票上标明的价值为 250 000 元,天河公司支付该批商品运费 1 000 元及其增值税 90 元。编制会计分录如下:

借:库存商品　　　　　　　　　　　　　　　　　　　　　　　251 000
　　应交税费——应交增值税(进项税额)　　　　　　　　　　　 32 590
　贷:营业外收入——捐赠利得　　　　　　　　　　　　　　　　282 500
　　　银行存款　　　　　　　　　　　　　　　　　　　　　　　 1 090

第三节　发出存货的计价

一、存货成本流转假设

存货的流转包括实物流转和成本流转。在理论上,存货的实物流转和成本流转是一致的。但在实际工作中,由于存货的品种繁多、单位成本多变、进出量变化大等原因,各种存货的成本流转与实物流转通常是相分离的。企业应当根据各类存货实物流转情况、企业管理的要求、存货的性质等确定发出存货的成本计算方法。采用某种成本流转假设,将期初结存及一定时期所取得的存货成本在期末存货和发出存货之间进行分配,就产生了不同的存货计价方法,而不同的存货计价方法得出的计价结果各不相同,将会对企业的财务状况和经营成果产生一定的影响。

二、发出存货的计价方法

按照《企业会计准则第1号——存货》的规定,企业应当采用个别计价法、先进先出法、加权平均法(包括移动加权平均法)等确定发出存货的实际成本。

(一) 个别计价法

个别计价法又称具体辨认法、分批实际法,是指假设存货的实物流转与成本流转相一致,以每一批次存货的实际成本(采购成本或生产成本)作为该批次存货发出成本计价依据的方法。

【例4-11】 天河公司2×25年3月1日结存A材料1 200千克,单位成本为45元/千克,本月收发材料情况如表4-1所示。

表4-1 A材料明细账

数量单位:千克
金额单位:元

2×25年		摘要	收入			发出			结存		
月	日		数量	单价	金额	数量	单价	金额	数量	单价	金额
3	1	期初							1 200	45	54 000
	2	购入	800	48	38 400				2 000		
	3	发出				1 500			500		
	18	购入	1 000	50	50 000				1 500		
	23	发出				1 200			300		
	28	购入	1 400	51	71 400				1 700		
3	31	期末	3 200		159 800	2 700			1 700		

假设经具体确认,确定发出材料的批次如下:

3日发出的1 500千克材料中,有1 000千克为期初存货,有500千克为2日购入的存货。

发出存货成本=1 000×45+500×48=69 000(元)

23日发出的1 200千克材料中,有200千克为期初存货,有100千克为2日购入的存货,有900千克为18日购入的存货。

发出存货成本=200×45+100×48+900×50=58 800(元)

本月发出存货成本=69 000+58 800=127 800(元)

期末结存的存货1 700千克为2日购入的200千克,18日购入的100千克,28日购入的

1 400 千克。

期末存货成本＝200×48＋100×50＋1 400×51＝86 000(元)

个别计价法反映发出存货的实际成本最为准确,且可以随时结转发出材料的成本,在理论上是最为可取的。但其缺陷也显而易见:其应用的条件是必须正确认定存货收发的批次、单价,因而,核算的工作量比较大,应用成本高,在一些材料种类多,存货量大,收发较频繁的企业,很难适用。这种方法适用于品种数量不多、单位价值较高、容易识别的存货或一般不能互换使用及为特定的项目专门购入或制造,并单独存放的存货。

(二) 先进先出法

先进先出法是指依照"先入库的存货先发出"的假定确定成本流转顺序,并据以对发出存货和期末存货计价的方法。这种方法要求,在收入存货时,必须按照收入存货的先后顺序,逐笔登记存货的数量、单价、金额;发出存货时,则必须按先进先出的顺序,依次确定发出存货的实际成本。

【例 4-12】 资料承[例 4-11],采用先进先出法计算该公司当月发出材料和期末结存材料实际成本,如表 4-2 所示。

3 日发出存货成本＝1 200×45＋300×48＝68 400(元)
23 日发出存货成本＝500×48＋700×50＝59 000(元)
合计＝68 400＋59 000＝127 400(元)
期末存货成本＝300×50＋1 400×51＝86 400(元)

表 4-2　A 材料明细账

数量单位:千克
金额单位:元

2×25 年		摘要	收入			发出			结存		
月	日		数量	单价	金额	数量	单价	金额	数量	单价	金额
3	1	期初							1 200	45	54 000
	2	购入	800	48	38 400				1 200	45	
									800	48	92 400
	3	发出				1 200	45	54 000			
						300	48	14 400	500	48	24 000
	18	购入	1 000	50	50 000				500	48	
									1 000	50	74 000
	23	发出				500	48	24 000			
						700	50	35 000	300	50	15 000
	28	购入	1 400	51	71 400				300	50	
									1 400	51	86 400
3	31	合计	3 200		159 800	2 700		127 400	1 700		86 400

以上是在永续盘存制下运用先进先出法确定存货发出成本和期末存货成本的。如果存货未出现盘盈盘亏的情况,在实地盘存制下运用先进先出法确定发出存货成本和期末存货

成本与永续盘存制确定的结果一样。根据实地盘存制,可以确定:期末存货成本=1 400×51+300×50=86 400(元),发出存货成本=54 000+159 800-86 400=127 400(元)。

先进先出法顺应存货流动规律,符合历史成本原则,期末存货金额也比较接近市价,能较准确地反映存货资金的占用情况,随时结转发出存货的实际成本。但这种方法核算工作量较繁重,明细账记录较复杂;在通货膨胀率不断提高时,会高估期末存货价值、低估发出存货成本,从而高估企业当期利润,不符合稳健性原则。此方法一般适用于收发次数不多,且存货价格稳定的存货。

(三) 全月一次加权平均法

全月一次加权平均法是指计算存货单位成本时,以期初存货数量和本期各批收入存货的数量作为权数于月末一次计算存货加权平均单位成本,确定发出存货成本与期末存货成本的计价方法。其计算公式为:

全月一次加权平均单价=(期初结存存货实际成本+本期收入存货实际成本)
÷(期初结存存货数量+本期收入存货数量)

本期发出存货成本=本期发出存货数量×全月一次加权平均单价

期末结存存货成本=期末结存存货数量×全月一次加权平均单价

【例4-13】 资料承[例4-11],采用全月一次加权平均法计算该公司当月发出材料和期末结存材料实际成本。

$$全月一次加权平均单价 = \frac{54\ 000+159\ 800}{1\ 200+3\ 200} = 48.59(元/千克)$$

本期发出材料成本=2 700×48.59=131 200(元)

期末结存材料成本=1 700×48.59=82 600(元)

表4-3 A材料明细账

数量单位:千克
金额单位:元

2×25年		摘要	收入			发出			结存		
月	日		数量	单价	金额	数量	单价	金额	数量	单价	金额
3	1	期初							1 200	45	54 000
	2	购入	800	48	38 400				2 000		
	3	发出				1 500			500		
	18	购入	1 000	50	50 000				1 500		
	23	发出				1 200			300		
	28	购入	1 400	51	71 400				1 700		
3	31	合计	3 200		159 800	2 700	48.59	131 200	1 700	48.59	82 600

采用全月一次加权平均法,存货发出的日常核算只登记发出数量,月末根据求得的加权平均单价计算出月份内发出存货的实际总成本,从而使得发出存货的成本较为均衡,会计核算工作量也相对较轻,且在物价波动时,对存货成本的分摊较为折中。但这种方法由于计算

加权平均单价并确定存货的发出成本和结存成本的工作集中在期末,所以平时无法从有关存货账簿中提供发出存货成本和结存存货成本的有关资料,不利于对存货的日常管理。该方法一般适用于存货收发比较频繁的企业。

(四) 移动加权平均法

移动加权平均法指每次收入存货后,都要根据当前的存货数量及总成本计算出新的加权平均单位成本,再将随后发出存货数量按这种移动式的平均单位成本计算发出存货成本和结存存货成本的计价方法。按照这种方法,每次收入存货后,即以本次收入存货的实际成本加上以前结存存货的实际成本,除以本次收入存货数量和以前结存存货数量之和,计算出新的加权平均单位成本,作为下次发出材料的单位成本。其计算公式为:

移动加权平均单价=(本次存货入库前结存存货的实际成本+本次入库存货实际成本)
÷(本次存货入库前结存存货数量+本次入库存货数量)

【例 4-14】 资料承[例 4-11],采用移动加权平均法计算该公司当月发出材料和期末结存材料实际成本,如表 4-4 所示。

$$第一次加权平均单位成本=\frac{54\ 000+38\ 400}{1\ 200+800}=46.2(元/千克)$$

$$第二次加权平均单位成本=\frac{23\ 100+50\ 000}{500+1\ 000}=48.7(元/千克)$$

$$第三次加权平均单位成本=\frac{14\ 620+71\ 400}{300+1\ 400}=50.6(元/千克)$$

表 4-4 　A 材料明细账　　　　　　　数量单位:千克

金额单位:元

2×25年		摘要	收入			发出			结存		
月	日		数量	单价	金额	数量	单价	金额	数量	单价	金额
3	1	期初							1 200	45	54 000
	2	购入	800	48	38 400				2 000	46.2	92 400
	3	发出				1 500	46.2	69 300	500	46.2	23 100
	18	购入	1 000	50	50 000				1 500	48.7	73 100
	23	发出				1 200	48.7	58 480	300	48.7	14 620
	28	购入	1 400	51	71 400				1 700	50.6	86 020
3	31	合计	3 200		159 800	2 700		127 780	1 700	50.6	86 020

移动加权平均法可以将不同批次不同单价的存货成本差异均衡化,由于平均的范围较小,有利于存货成本的客观计算,能随时结出发出存货的成本,便于对存货的日常管理。但每次存货入库后几乎都要重新计算平均单位成本,会计核算工作量较大,一般适用于前后单位成本相差幅度较大的存货。该方法不适用于存货收发比较频繁的企业。

上述几种存货计价方法,各有其优缺点及适用范围,企业可根据实际情况,合理地选择发出存货成本的计价方法,以合理确定当期发出存货的实际成本。对性质、用途相似的存货应采用相同的计价方法。存货计价方法一旦选定,前后各期应当保持一致,并在会计报表附注中予以披露。

三、发出存货的账务处理

企业存货多种多样,其经济用途各异,消耗方式也各不相同。因此,企业应根据各类存货的特点和不同用途,对发出存货进行相应的账务处理。以下仅说明企业发出材料的会计核算。企业在月末时,根据当月发料凭证按照发料用途进行汇总,编制发料凭证汇总表,作为发料核算的依据。按发料凭证汇总表中所列用途,分别借记"生产成本""制造费用""管理费用"等相关账户,贷记"原材料"账户。对外销售和非货币性交易转出、用材料抵债等发出材料时,往往还要涉及增值税的销项税额或进项税额转出的处理。

【例 4-15】 3月,天河公司的"发料凭证汇总表"中列明基本生产车间生产产品领用材料 50 000 千克,辅助生产车间领用材料 10 000 千克,车间管理部门一般耗用材料 800 千克,行政管理部门领用材料 2 000 千克,加权平均单位成本为 50 元/千克。编制会计分录如下:

```
借:生产成本——基本生产成本                         2 500 000
         ——辅助生产成本                             500 000
    制造费用                                          40 000
    管理费用                                         100 000
    贷:原材料                                                3 140 000
```

【例 4-16】 天河公司出售一批材料,获得货款 60 000 元和增值税销项税额 7 800 元。该材料的账面成本为 50 000 元。编制会计分录如下:

```
借:银行存款                                          67 800
    贷:其他业务收入                                           60 000
        应交税费——应交增值税(销项税额)                        7 800
```

同时,结转材料销售成本:

```
借:其他业务成本                                      50 000
    贷:原材料                                                50 000
```

【例 4-17】 天河公司将购入的原材料用于生产用房屋基建工程,该批材料的购入成本为 50 000 元,增值税税率为 13%。编制会计分录如下:

```
借:在建工程                                          50 000
    贷:原材料                                                50 000
```

第四节 计划成本法

存货采用实际成本进行日常核算,要求存货的收入和发出凭证、明细分类账、总分类账全部按实际成本计价,这对于存货品种、规格、数量繁多,收发频繁的企业来说,工作量大,核算成本较高,也会影响会计信息的及时性。

为了简化存货的核算，企业可以采用计划成本法对存货的收入、发出及结存进行日常核算。

一、计划成本法的概念和特点

（一）计划成本法的概念

计划成本法是指存货的日常收入、发出和结存均按预先制定的计划成本计价，并设置"材料成本差异"账户登记实际成本与计划成本之间的差异，月末，再通过对存货成本差异的分摊，将发出存货的计划成本和结存存货的计划成本调整为实际成本进行反映的一种核算方法。

（二）计划成本法的特点

按计划成本计价进行原材料收发核算，即从原材料收发凭证的计价到原材料的明细账、二级账、总账的核算全部按计划成本进行。这种核算方法的主要特点如下所示。

（1）材料采购采用实际成本计价，材料入库，发出采用计划成本计价，材料实际成本与计划成本的差异通过"材料成本差异"账户单独核算。

（2）材料明细账可以只记收入、发出和结存的数量，不记材料金额。需要材料金额时，将材料数量乘以计划单位成本，随时求得材料收入、发出、结存金额，并通过"材料成本差异"账户计算、调整得到发出材料和结存材料的实际成本。该方法的材料明细核算相当简单。

（3）材料发出采用计划成本结转也很简便，避免使用先进先出、加权平均等繁杂的计算方法来确定发出材料的成本。

（4）有了合理的材料计划成本之后，将实际成本与计划成本对比，可以对材料采购部门进行考核，促使其降低材料采购成本。因此材料核算的计划成本法是我国制造业企业中广泛应用的一种存货计价方法。

二、计划成本法的账户设置

"材料采购"账户核算企业收入材料的实际成本及实际成本与计划成本的差异。该账户属于资产类账户，借方登记采购材料的实际成本及月末结转的实际成本小于计划成本的节约差异；贷方登记已购进并已验收入库材料的计划成本及月末结转的实际成本大于计划成本的超支差异；月末结转后借方余额表示已经付款但尚未到达验收入库的在途材料的实际成本。该账户应按照材料类别品种设置明细账户。

"原材料"账户的结构、用途与材料按实际成本计价情况下设置的"原材料"账户相同，不同的是计划成本法下该账户的借方、贷方和余额均按计划成本记账。

"材料成本差异"账户专门核算企业各种材料的实际成本与计划成本的差异。该账户借方记录从"材料采购"贷方转入的购入材料的超支差异；贷方记录从"材料采购"借方转入的购入材料的节约差异，以及发出材料应负担的成本差异结转额（超支用蓝字，节约用红字）。月末余额反映库存材料的成本差异额，如为借方余额，表示超支额；如为贷方余额，表示节约额。该账户应分别"原材料""包装物""低值易耗品"等，按照类别或品种进行明细核算。

三、计划成本法购进材料的会计处理

【例 4-18】 天河公司的存货采用计划成本核算。2×20 年 3 月,该公司发生下列材料采购业务。根据所给资料,编制会计分录。

(1) 3 月 5 日,购入一批原材料,增值税专用发票上注明的价款为 100 000 元,增值税进项税额为 13 000 元。款项已通过银行转账支付,材料也已验收入库。该批原材料的计划成本为 105 000 元。

借:材料采购　　　　　　　　　　　　　　　　　　　　　　100 000
　　应交税费——应交增值税(进项税额)　　　　　　　　　　 13 000
　　　贷:银行存款　　　　　　　　　　　　　　　　　　　　　　113 000
借:原材料　　　　　　　　　　　　　　　　　　　　　　　 105 000
　　　贷:材料采购　　　　　　　　　　　　　　　　　　　　　　105 000
借:材料采购　　　　　　　　　　　　　　　　　　　　　　　 5 000
　　　贷:材料成本差异——原材料　　　　　　　　　　　　　　　 5 000

(2) 3 月 10 日,购入一批原材料,增值税专用发票上注明的价款为 160 000 元,增值税进项税额为 20 800 元。货款已通过银行转账支付,材料尚在运输途中。

借:材料采购　　　　　　　　　　　　　　　　　　　　　　160 000
　　应交税费——应交增值税(进项税额)　　　　　　　　　　 20 800
　　　贷:银行存款　　　　　　　　　　　　　　　　　　　　　　180 800

(3) 3 月 16 日,购入一批原材料,材料已经运达企业并已验收入库,但发票等结算凭证尚未收到,货款尚未支付。暂不作会计处理。

(4) 3 月 18 日,收到 3 月 10 日购进的原材料并验收入库。该批原材料的计划成本为 150 000 元。

借:原材料　　　　　　　　　　　　　　　　　　　　　　　 150 000
　　　贷:材料采购　　　　　　　　　　　　　　　　　　　　　　150 000
借:材料成本差异——原材料　　　　　　　　　　　　　　　　 10 000
　　　贷:材料采购　　　　　　　　　　　　　　　　　　　　　　 10 000

(5) 3 月 22 日,收到 3 月 16 日已入库原材料的发票等结算凭证,增值税专用发票上注明的材料价款为 250 000 元,增值税进项税额为 32 500 元,开出一张商业汇票抵付。该批原材料的计划成本为 243 000 元。

借:材料采购　　　　　　　　　　　　　　　　　　　　　　250 000
　　应交税费——应交增值税(进项税额)　　　　　　　　　　 32 500
　　　贷:应付票据　　　　　　　　　　　　　　　　　　　　　　282 500
借:原材料　　　　　　　　　　　　　　　　　　　　　　　 243 000
　　　贷:材料采购　　　　　　　　　　　　　　　　　　　　　　243 000
借:材料成本差异——原材料　　　　　　　　　　　　　　　　 7 000
　　　贷:材料采购　　　　　　　　　　　　　　　　　　　　　　 7 000

(6) 3 月 25 日,购入一批原材料,增值税专用发票上注明的价款为 200 000 元,增值税进

项税额为 26 000 元。货款已通过银行转账支付,材料尚在运输途中。

  借:材料采购   200 000
    应交税费——应交增值税(进项税额)   26 000
    贷:银行存款   226 000

  (7) 3月27日,购入一批原材料,材料已经运达企业并已验收入库,但发票等结算凭证尚未收到,货款尚未支付。3月31日,该批材料的结算凭证仍未到达,该公司按该批材料的计划成本 80 000 元估价入账。

  借:原材料   80 000
    贷:应付账款——暂估应付账款   80 000

  (8) 4月1日,用红字将上述分录予以冲回。

  借:原材料   (红字)80 000
    贷:应付账款——暂估应付账款   (红字)80 000

  (9) 4月3日,收到3月27日已入库原材料的发票等结算凭证,增值税专用发票上注明的材料价款为 78 000 元,增值税进项税额为 10 140 元,货款通过银行转账支付。

  借:材料采购   78 000
    应交税费——应交增值税(进项税额)   10 140
    贷:银行存款   88 140

  借:原材料   80 000
    贷:材料采购   80 000

  借:材料采购   2 000
    贷:材料成本差异——原材料   2 000

  (10) 4月5日,收到3月25日购进的原材料并验收入库。该批原材料的计划成本为 197 000 元。

  借:原材料   197 000
    贷:材料采购   197 000

  借:材料成本差异——原材料   3 000
    贷:材料采购   3 000

  在会计实务中,为了简化收入存货和结转存货成本差异的核算手续,企业平时收到存货时,也可以先不记录存货的增加,也不结转形成的存货成本差异;月末时,再将本月已付款或已开出、承兑商业汇票并已验收入库的存货,按实际成本和计划成本分别汇总,一次登记本月存货的增加,并计算和结转本月存货成本差异。

四、计划成本法发出存货和分摊材料成本差异的会计处理

  采用计划成本法对存货进行日常核算,发出存货时先按计划成本计价。月末,再将月初结存存货的成本差异和本月取得存货形成的成本差异,在本月发出存货和期末结存存货之间进行分摊,将本月发出存货和期末结存存货的计划成本调整为实际成本。计划成本、成本

差异与实际成本之间的关系如下：

$$实际成本＝计划成本＋超支差异$$
或
$$＝计划成本－节约差异$$

为了便于存货成本差异的分摊，企业应当计算材料成本差异率，作为分摊存货成本差异的依据。材料成本差异率包括本期材料成本差异率和期初材料成本差异率两种，其计算公式为：

本月材料成本差异率＝（月初结存材料的成本的差异＋本月收入材料的成本的差异）
÷（月初结存材料的计划成本＋本月收入材料的计划成本）×100％

月初材料成本差异率＝（月初结存材料的成本的差异÷月初结存材料的计划成本）×100％

企业应当分别原材料、包装物、低值易耗品等，按照类别或品种对存货成本差异进行明细核算，并计算相应的材料成本差异率，不能使用一个综合差异率。在计算发出存货应负担的成本差异时，除委托外部加工发出存货可按月初成本差异率计算外，一般应使用本月实际差异率计算。如果月初的成本差异率与本月成本差异率相差不大，也可按月初成本差异率计算。计算方法一经确定不得随意变更，如果确需变更，应在会计报表附注中予以说明。

本月发出存货应负担的成本差异及实际成本和月末结存存货应负担的成本差异及实际成本，可按如下公式计算：

本月发出存货应负担的差异＝发出存货的计划成本×材料成本差异率
本月发出存货的实际成本＝发出存货的计划成本±发出存货应负担的差异
月末结存存货应负担的成本差异＝结存存货的计划成本×材料成本差异率
月末结存存货的实际成本＝结存存货的计划成本±结存存货应负担的差异

发出存货应负担的成本差异必须按月分摊，不得在季末或年末一次分摊。

【例4-19】 2×25年3月1日，天河公司结存原材料的计划成本为52 000元，"材料成本差异——原材料"科目的贷方余额为1 000元。该公司3月份的材料采购业务承［例4-18］资料。经汇总，3月已经付款或已开出、承兑商业汇票并已验收入库的原材料计划成本为498 000元，实际成本为510 000元，材料成本差异为超支差异12 000元。3月份领用原材料的计划成本为504 000元，其中，基本生产领用350 000元，辅助生产领用110 000元，车间一般耗用16 000元，管理部门领用8 000元，对外销售20 000元。相关会计处理如下：

（1）按计划成本发出原材料。

借：生产成本——基本生产成本　　　　　　　　　　　　　　　　350 000
　　　　　　——辅助生产成本　　　　　　　　　　　　　　　　110 000
　　制造费用　　　　　　　　　　　　　　　　　　　　　　　　 16 000
　　管理费用　　　　　　　　　　　　　　　　　　　　　　　　 8 000
　　其他业务成本　　　　　　　　　　　　　　　　　　　　　　 20 000
　　贷：原材料　　　　　　　　　　　　　　　　　　　　　　　504 000

（2）计算本月材料成本差异率。

本月材料成本差异率＝(－1 000＋12 000)÷(52 000＋498 000)×100％＝2％

在计算本月材料成本差异率时,本月收入存货的计划成本金额不包括已验收入库但发票等结算凭证月末时尚未到达,企业按计划成本估价入账的原材料金额。

(3) 分摊材料成本差异。

生产成本(基本生产成本)＝350 000×2％＝7 000(元)
生产成本(辅助生产成本)＝110 000×2％＝2 200(元)
制造费用＝16 000×2％＝320(元)
管理费用＝8 000×2％＝160(元)
其他业务成本＝20 000×2％＝400(元)

借：生产成本——基本生产成本　　　　　　　　　　　　7 000
　　　　　　——辅助生产成本　　　　　　　　　　　　2 200
　　制造费用　　　　　　　　　　　　　　　　　　　　320
　　管理费用　　　　　　　　　　　　　　　　　　　　160
　　其他业务成本　　　　　　　　　　　　　　　　　　400
　　贷：材料成本差异——原材料　　　　　　　　　　　10 080

(4) 月末,计算结存原材料实际成本,据以编制资产负债表。

"原材料"账户期末余额＝(52 000＋498 000＋80 000)－504 000＝126 000(元)
"材料成本差异"账户期末余额＝(－1 000＋12 000)－10 080＝920(元)
结存原材料实际成本＝126 000＋920＝126 920(元)

月末编制资产负债表时,存货项目中的原材料存货,应当按上述结存原材料实际成本126 920元列示。

【知识链接】

存货核算计划成本法的优点及适用性

存货核算的计划成本法具有如下优点:一是可以简化存货的日常核算手续。因为在计划成本法下,同一种存货只有一个计划单位成本,因此,存货明细账平时只登记收、发、存数量,而不必登记收、发、存金额,需要了解某项存货收、发、存金额时,以该项存货的计划单位成本乘以相应的数量即可求得,从而避免了实际成本法下繁琐的发出存货计价,简化了存货的日常核算。二是有利于考核采购部门的工作业绩。因为通过实际成本与计划成本的比较,可以看出实际成本偏离计划成本的差异,并通过对差异的分析,寻求实际成本偏离计划成本的原因,据以考核采购部门的工作业绩,促使采购部门不断降低采购成本。目前,计划成本法在我国大中型企业中应用比较广泛。

第五节　周 转 材 料

周转材料主要包括包装物、低值易耗品及建筑施工企业的钢模板、木模板和脚手架等。

周转材料的核算可以设立"周转材料"总分类账户,下设"包装物""低值易耗品"等明细分类账户进行核算,也可以直接分设"包装物""低值易耗品"等总分类账户核算。以下均采用直接分设"包装物""低值易耗品"等总分类账户的做法。

一、包装物

(一)包装物的概念和内容

包装物是指为包装企业产品而耗用和储备的各种成型的包装容器,如桶、瓶、坛、袋等。包装物按其用途,可以分为以下四类。

(1)生产过程中用于包装产品,作为产品组成部分的包装物。
(2)随同产品出售而不单独计价的包装物。
(3)随同产品出售而单独计价的包装物。
(4)出租或出借给购买单位使用的包装物。

包装物从总的方面来说,属于材料的一个组成部分,但其性质和用途与材料中的原材料并不相同。为了单独进行包装物的收发和结存的核算,一般应该设立"包装物"总账账户,进行包装物的总分类核算,并应按照包装物的种类进行明细核算。

各种包装材料,如纸、绳、铁皮、铁丝等,不属于包装物,而属于原材料,应在"原材料"账户中核算;用于储存和保管产品、材料而不对外出售、出租或出借的包装物,按其价值大小和使用年限长短,分别属于固定资产或低值易耗品,应分别在"固定资产"账户或"低值易耗品"账户中核算;计划中单独列作商品产品的自制包装物,属于产成品,应在"库存商品"账户中核算。

包装物的采购、自制和验收入库的核算,与原材料的采购、自制和验收入库的核算相同。包装物日常核算的计价也与原材料日常核算的计价一样,既可以按计划成本进行,也可以按实际成本进行,本节不予赘述。下面主要介绍包装物发出和摊销的核算。

(二)发出包装物的核算

生产过程中用于包装产品,作为产品组成部分的包装物成本,记入"生产成本"账户;随同产品出售而不单独计价的包装物成本记入"销售费用"账户;随同产品出售而单独计价的包装物成本记入"其他业务支出"账户。

【例4-20】天河公司生产过程用于包装产品领用包装物计划成本 5 000 元;领用随同产品出售而不单独计价的包装物计划成本 10 000 元;领用随同产品出售而单独计价的包装物计划成本 3 000 元。该月包装物的成本差异率为-2%。编制会计分录如下:

```
借:生产成本——基本生产成本                    5 000
    销售费用                                  10 000
    其他业务成本                               3 000
    贷:包装物                                         18 000

借:生产成本——基本生产成本                     -100
    销售费用                                    -200
    其他业务成本                                 -60
    贷:材料成本差异——包装物成本差异                    -360
```

(三)出租、出借包装物的核算

出租、出借包装物发出以后至报废以前,其实物并未从企业消失,因而,不仅应该进行其发出的核算,而且要进行其价值摊销的核算。

出借包装物给购买单位使用,是为产品销售提供的必要条件,因此,出借包装物的价值摊销和修理费等,应作为产品销售费用处理。出租包装物给购买单位,有租金收入,属于企业经营业务中的一种非主营业务,或其他业务,其租金收入属于其他业务收入,因此,与之相配比的出租包装物的价值摊销和修理费等,属于其他业务成本,应从其他业务收入中扣除以计算其他业务的利润。

对于逾期未退包装物,按规定没收的押金,借记"其他应付款"账户,按应交的增值税,贷记"应交税费——应交增值税(销项税额)"账户,按其差额,贷记"其他业务收入"账户。这部分没收的押金收入应交的消费税等税费,计入其他业务成本,借记"其他业务成本"账户,贷记"应交税费——应交消费税"等账户。

出借、出租包装物价值的摊销,应视出借、出租包装物的业务是否频繁,出借、出租包装物的数量多少和金额大小,采用不同的核算方法,主要有一次转销法、五五摊销法等。

1. 一次转销法

采用这种方法,在第一次发出新的包装物出借、出租时,就将其价值全部转销,计入当月有关的费用。发出包装物时,应借记"销售费用""其他业务成本"账户,贷记"包装物"账户。

出借、出租的包装物报废时的残料价值应冲减相应费用和支出。按计划成本进行核算的企业,还要核算结转发出新包装物所应负担的成本差异。

2. 五五摊销法

出租、出借包装物频繁、数量多、金额大的企业,出租、出借包装物的成本,也可以采用五五摊销法计算出租、出借包装物的摊销价值,在发出时摊销50%价值,报废时再摊销另外的50%价值。在这种情况下,"包装物"账户应设置"库存未用包装物""库存已用包装物""出租包装物""出借包装物""包装物摊销"五个明细账户,"包装物"账户的期末余额,为期末库存未用包装物的摊余价值,反映企业库存未用包装物的实际成本或计划成本。

【例4-21】天河公司出借包装物30个给A公司,其计划单位成本100元,收到押金4 000元;同时收回出租给W公司的包装物40个,其中30个入库可继续使用,8个转入报废,还有2个无法收回,其计划单位成本150元,押金8 000元(每个押金200元),扣除应收而尚未收到的租金600元,没收2个无法收回包装物押金400元,其余的押金退回。报废包装物收回残值100元的材料已入库。本月包装物差异率为-1%。编制会计分录如下:

(1)出借给A公司时:

借:包装物——出借包装物　　　　　　　　　　　　　　　　　3 000
　　贷:包装物——库存未用包装物　　　　　　　　　　　　　　　　3 000

(2)摊销其价值的一半1 500元时:

借:销售费用　　　　　　　　　　　　　　　　　　　　　　　1 500
　　贷:包装物——包装物摊销　　　　　　　　　　　　　　　　　　1 500

(3)收取押金时:

借:库存现金 4 000
　　贷:其他应付款——A公司 4 000

(4) 摊销报废和无法收回出租包装物10个的价值1 500元的另一半时:

借:其他业务成本 750
　　贷:包装物——包装物摊销 750

(5) 收回残值,结转报废和无法收回包装物的成本差异时:

借:原材料 100
　　贷:其他业务成本 100

借:其他业务成本 －15
　　贷:材料成本差异——包装物成本差异 －15

(6) 注销已报废和无法收回的包装物时:

借:包装物——包装物摊销 1 500
　　贷:包装物——出租包装物 1 500

(7) 抵扣租金收入和没收部分押金,其余押金退回时:

$$应退押金 = 38 \times 200 - 600 = 7\ 000(元)$$

借:其他应付款 8 000
　　贷:其他业务收入 885
　　　　应交税费——应交增值税(销项税额) 115
　　　　银行存款 7 000

(8) 收回可用包装物30个入库时:

借:包装物——库存已用包装物 4 500
　　贷:包装物——出租包装物 4 500

二、低值易耗品

(一) 低值易耗品概述

低值易耗品是指不能作为固定资产的各种用具物品,如工具、管理用具、玻璃器皿,以及在经营过程中周转使用的包装容器等。

为了进行低值易耗品的收入、发出、摊销和结存的总分类核算,应设立"低值易耗品"总账账户进行核算。

低值易耗品的日常核算也与原材料核算一样,既可以按照实际成本进行,又可以按照计划成本进行。在按计划成本核算的情况下,为了核算低值易耗品的成本差异,还应在"材料成本差异"总账账户下增设"低值易耗品成本差异"二级账户。

低值易耗品采购、在库阶段的核算与原材料核算相同,低值易耗品的在用、发出的核算与原材料不同。下面主要介绍低值易耗品在用、摊销的核算。

(二) 低值易耗品摊销

低值易耗品在领用以后,其价值应该摊销计入有关的成本、费用中。低值易耗品摊销在产品成本中所占比重较小,没有专设成本项目,因此,用于生产、应计入产品成本的低值易耗品摊销应先计入制造费用;用于组织和管理生产经营活动的低值易耗品摊销,应计入管理费用等。

低值易耗品的摊销,应该根据具体情况采用一次摊销法、分次摊销法和五五摊销法。

1. 一次摊销法

一次摊销法是在领用低值易耗品时,就将其全部价值一次计入当月成本、费用的方法。企业领用低值易耗品时,借记"制造费用""管理费用"等账户,贷记"低值易耗品"账户。在低值易耗品报废时,应将报废的残料价值作为当月低值易耗品摊销的减少,冲减有关的成本、费用,借记"原材料"等账户,贷记"制造费用""管理费用"等账户。

在按计划成本进行低值易耗品日常核算的情况下,领用低值易耗品的会计分录应按计划成本编制,同时分配低值易耗品成本差异。

【例 4-22】 天河公司某生产车间领用低值易耗品一批,其计划成本 500 元,差异分配率为 -2%,采用一次摊销法。编制会计分录如下:

借:制造费用　　　　　　　　　　　　　　　　　　　　　　　　　　500
　　贷:低值易耗品　　　　　　　　　　　　　　　　　　　　　　　　500

借:制造费用　　　　　　　　　　　　　　　　　　　　　　　　　　-10
　　贷:材料成本差异——低值易耗品差异　　　　　　　　　　　　　　-10

一次摊销法适用于单位价值较低或使用期限较短,而且一次领用数量不多,以及玻璃器皿等容易破损的低值易耗品。

2. 五五摊销法

低值易耗品五五摊销法是指低值易耗品在领用时摊销其价值的一半,报废时再摊销其价值的另一半的方法。为了核算在库、在用低值易耗品的价值和低值易耗品的摊余价值,应在"低值易耗品"总账账户下分设"在库低值易耗品""在用低值易耗品"和"低值易耗品摊销"三个二级账户。在按计划成本进行低值易耗品日常核算的情况下,前两个二级账户应按计划成本登记。

【例 4-23】 天河公司管理部门本月领用低值易耗品,其计划成本为 3 000 元;同时报废某生产车间以前月份领用的低值易耗品一批,其计划成本为 2 000 元,收回残料价值 100 元入库。月末材料成本差异分配率为 -1%。编制会计分录如下:

(1)领用。

借:低值易耗品——在用低值易耗品　　　　　　　　　　　　　　3 000
　　贷:低值易耗品——在库低值易耗品　　　　　　　　　　　　　　3 000

(2)领用时摊销一半。

借:管理费用　　　　　　　　　　　　　　　　　　　　　　　　1 500
　　贷:低值易耗品——低值易耗品摊销　　　　　　　　　　　　　　1 500

(3)某生产车间报废低值易耗品时,摊销其价值的另一半。

借:制造费用　　　　　　　　　　　　　　　　　　　　　　　　1 000
　　贷:低值易耗品——低值易耗品摊销　　　　　　　　　　　　　　1 000

(4)收到残料入库。

借：原材料	100
贷：制造费用	100

（5）报废低值易耗品分配材料成本差异 2 000×(−1%)＝−20(元)。

借：制造费用	−20
贷：材料成本差异——低值易耗品差异	−20

（6）注销报废低值易耗品的计划成本。

借：低值易耗品——低值易耗品摊销	2 000
贷：低值易耗品——在用低值易耗品	2 000

上述(1)(2)笔分录是管理部门领用值易耗品的会计分录；(3)(4)(5)(6)笔分录是生产车间报废值易耗品的会计分录，两者没有联系。

采用五五摊销法摊销低值易耗品的价值，能够对在用低值易耗品实行价值监督；在各月成本、费用负担的合理程度和核算工作量方面，介于一次摊销法与分次摊销法之间。这种方法一般适用于每月领用和报废的数量比较均衡，各月摊销额相差不多的低值易耗品。这种方法要核算在用低值易耗品的价值，因此，需要按照车间、部门进行在用低值易耗品数量和金额明细核算的企业，应该采用这种方法。

3. 分次摊销法

分次摊销法是指根据周转材料可供使用的估计次数，将其成本分期计入有关成本费用的一种摊销方法。各期周转材料摊销额的计算公式为：

$$某期摊销额＝(周转材料账面价值÷预计可使用次数)×该期实际使用次数$$

分次摊销法的核算原理与五五摊销法相同，只是周转材料的价值是分期计算摊销的，而不是在领用和报废时各摊销一半。

第六节　存货的期末计价

为了在资产负债表中更合理地反映期末存货的价值，企业应当选择适当的计价方法对期末存货进行再计量。我国企业会计准则规定，资产负债表日，存货应当按照成本与可变现净值孰低法计量。

一、成本与可变现净值孰低法的含义

成本与可变现净值孰低法是指按照存货的成本与可变现净值两者之中的较低者对期末存货进行计量的一种方法。采用这种方法，当期末存货的成本低于可变现净值时，存货仍按成本计量；当期末存货的可变现净值低于成本时，存货则按可变现净值计量。

成本是指期末存货的实际成本，即采用先进先出法、加权平均法等存货计价方法，对发出存货(或期末存货)进行计价所确定的期末存货账面成本。如果存货日常核算采用计划成本法的，存货成本则指期末结存存货的计划成本通过差异调整后的实际成本。

可变现净值是指在日常活动中,存货的估计售价减去至完工时估计将要发生的成本、估计的销售费用及相关税费后的金额。可变现净值实质上是在正常生产经营环境下,假定要将某些存货变现可给企业带来的预计净现金流入。

采用成本与可变现净值孰低法对期末存货进行计量,当某项存货的可变现净值跌至成本以下时,表明该项存货为企业带来的未来经济利益将低于账面成本,企业应按可变现净值低于成本的差额确认存货跌价损失,并将其从存货价值中扣除,否则,就会虚计当期利润和存货价值;而当可变现净值高于成本时,企业则不能按可变现净值高于成本的金额确认这种尚未实现的存货增值收益,否则,也会虚计当期利润和存货价值。因此,成本与可变现净值孰低法体现了谨慎性会计原则的要求。

二、存货可变现净值的确定

根据存货的账面记录,可以很容易地获得存货的成本资料,因此,运用成本与可变现净值孰低法对期末存货进行计量的关键,是合理确定存货的可变现净值。

(一) 确定存货可变现净值应考虑的主要因素

1. 确定存货的可变现净值应以确凿的证据为基础

这里所讲的"确凿证据"是指对确定存货的可变现净值有直接影响的确凿证明,如产品或商品的市场销售价格、与企业产品或商品相同或类似商品的市场销售价格、供货方提供的有关资料、销售方提供的有关资料、生产成本资料等。

2. 确定存货的可变现净值应考虑持有存货的目的

(1) 产成品、商品和用于销售的材料等直接用于出售的商品存货,在正常生产经营过程中,应当以该存货的估计售价减去估计的销售费用和相关税费后的金额,确定可变现净值。其中又分为有合同约定的存货和没有合同约定的存货。

(2) 需要经过加工的材料存货,如原材料、在产品、自制半成品等,其持有目的是用于生产产成品,而不是出售,该类存货的价值将体现在用其生产的产成品上。确定该类存货的可变现净值时,需要考虑比较以其生产的产成品的可变现净值是否高于产成品的成本。

3. 确定存货的可变现净值还应考虑资产负债表日后事项的影响

即在确定资产负债表日存货的可变现净值时,不仅要考虑资产负债表日与该存货相关的价格与成本波动,而且应考虑未来的相关事项。也就是说,不仅限于财务会计报告批准报出日之前发生的相关价格与成本波动,还应考虑以后期间发生的相关事项。资产负债表日后事项的影响,主要是指预计未来产品更新换代、消费者偏好改变等市场情况。

(二) 存货估计售价的确定

在确定存货的可变现净值时,应合理确定估计售价、至完工将要发生的成本、估计的销售费用和相关税费。其中,存货估计售价的确定对于计算存货可变现净值至关重要。

企业在确定存货的估计售价时,应当以资产负债表日为基准。但是,如果当月存货价格变动较大,则应当以当月该存货平均销售价格或资产负债表日最近几次销售价格的平均数,作为确定估计售价的基础。此外,企业还应当根据存货是否有约定销售的合同,按照以下原则确定存货的估计售价:

(1) 执行销售合同或者劳务合同而持有的存货,通常应当以产成品或商品的合同价格作为其可变现净值的计量基础。

(2) 如果企业持有存货的数量多于销售合同订购数量,超出部分的存货可变现净值应当以产成品或商品的一般销售价格作为计量基础。

(3) 没有销售合同或者劳务合同约定的存货,其可变现净值应当以产成品或商品一般销售价格或原材料的市场价格作为计量基础。

三、材料存货的期末计量

企业持有的材料主要用于生产产品,但也有直接对外出售的情况。会计期末,在运用成本与可变现净值孰低法对材料存货进行计量时,需要考虑持有材料的不同目的和用途。

(一) 出售而持有的材料

对于出售而持有的材料,应直接比较材料的成本和根据材料估计售价确定的可变现净值。

【例 4-24】 2×25 年 11 月 1 日,天河公司根据市场需求的变化,决定停止生产 Y1 型机器。为减少不必要的损失,决定将库存原材料中专门用于生产 Y1 型机器的外购原材料——A 材料全部出售,2×25 年 12 月 31 日,其账面成本为 500 万元,数量为 10 吨。据市场调查,A 材料的市场销售价格为 30 万元/吨,同时可能发生销售费用及相关税费共计为 5 万元。

在本例中,企业已决定不再生产 Y1 型机器,因此,该批 A 材料的可变现净值不能以 Y1 型机器的销售价格作为其计算基础,而应按其本身的市场销售价格作为计算基础。即:

$$该批 A 材料的可变现净值 = 30 \times 10 - 5 = 295 (万元)$$

(二) 用于生产而持有的材料

对用于生产而持有的材料(包括原材料、在产品、委托加工材料等),应当将材料的期末计量与所生产的产成品期末价值减损情况联系起来,按以下原则处理。

(1) 如果用该材料生产的产成品的可变现净值预计高于生产成本,则该材料应当按成本计量。

【例 4-25】 2×25 年 12 月 31 日,天河公司库存原材料——B 材料的账面成本为 3 000 万元,市场销售价格总额为 2 800 万元,假定不发生其他销售费用。用 B 材料生产的产成品——Y2 型机器的可变现净值高于成本。

根据上述资料可知,2×25 年 12 月 31 日,B 材料的账面成本高于其市场价格。但是用其生产的产成品——Y2 型机器的可变现净值高于成本,也就是用该原材料生产的最终产品,此时并没有发生价值减损,因此,B 材料即使其账面成本已高于市场价格,也不应计提存货跌价准备,仍应按 3 000 万元列示在 2×25 年 12 月 31 日的资产负债表的存货项目之中。

(2) 如果材料价格的下降表明产成品的可变现净值低于生产成本,则该材料应当按可变现净值计量。

【例 4-26】 2×25 年 12 月 31 日,天河公司库存原材料——C 材料的账面成本为 600 万元,单位成本为 6 万元/件,数量为 100 件,可用于生产 100 台 Y3 型机器。C 材料的市场销售价格为 5 万元/件。

C 材料市场销售价格下跌,导致用 C 材料生产的 Y3 型机器的市场销售价格也下跌,由此造成 Y3 型机器的市场销售价格由 15 万元/台降为 13.5 万元/台,但生产成本仍为 14 万元/台。将每件 C 材料加工成 Y3 型机器尚需投入 8 万元,估计发生运杂费等销售费用 0.5 万元/台。

根据上述资料,可按照以下步骤确定 C 材料的可变现净值。

首先,计算用该原材料所生产的产成品的可变现净值:

$$Y3 \text{ 型机器的可变现净值} = Y3 \text{ 型机器估计售价} - \text{估计销售费用} - \text{估计相关税费}$$
$$= 13.5 \times 100 - 0.5 \times 100 = 1\,300 (\text{万元})$$

其次,将用该原材料所生产的产成品的可变现净值与其成本进行比较:

Y3 型机器的可变现净值 1 300 万元小于其成本 1 400 万元,即 C 材料价格的下降表明 Y3 型机器的可变现净值低于成本,因此 C 材料应当按可变现净值计量。

最后,计算该原材料的可变现净值:

$$C \text{ 材料的可变现净值} = \frac{Y3 \text{ 型机器的}}{\text{售价总额}} - \frac{\text{将 C 材料加工成 Y3 型}}{\text{机器尚需投入的成本}} - \frac{\text{估计销售}}{\text{费用}} - \frac{\text{估计相关}}{\text{税费}}$$
$$= 13.5 \times 100 - 8 \times 100 - 0.5 \times 100 = 500 (\text{万元})$$

C 材料的可变现净值 500 万元小于其成本 600 万元,因此 C 材料的期末价值应为其可变现净值 500 万元,即 C 材料应按 500 万元列示在 2×20 年 12 月 31 日资产负债表的存货项目之中。

四、存货跌价准备的计提方法

企业应当定期对存货进行全面检查,如果由于存货毁损、全部或部分陈旧过时或销售价格低于成本等原因,使存货可变现净值低于其成本,应按可变现净值低于成本的部分,计提存货跌价准备。

(一) 存货减值的判断依据

企业在对存货进行定期检查时,如果存在下列情况之一,应当考虑计提存货跌价准备。

(1) 该存货的市场价格持续下跌,并且在可预见的未来无回升的希望。

(2) 企业使用该项原材料生产的产品的成本高于产品的销售价格。

(3) 企业因产品更新换代,原有库存原材料已不适应新产品的需要,而该原材料的市场价格又低于其账面成本。

(4) 因企业所提供的商品或劳务过时或消费者偏好改变而使市场的需求发生变化,导致市场价格逐渐下跌。

(5) 其他足以证明该项存货实质上已经发生减值的情形。

(二) 存货跌价准备的计提和转回

企业通常应当按照单个存货项目计提存货跌价准备,即应当将每一存货项目的成本与可变现净值分别进行比较,按每一存货项目可变现净值低于成本的差额作为计提各该存货项目跌价准备的依据。但在某些特殊情况下,也可以合并计提存货跌价准备。此外,对于数量繁多、单价较低的存货,也可以按存货类别计提存货跌价准备。

资产负债表日,企业计提存货跌价准备时,首先应确定本期存货的减值金额,即本期存货可变现净值低于成本的差额;然后将本期存货的减值金额与"存货跌价准备"账户原有的余额进行比较(同坏账准备),按下列公式计算确定本期应计提的存货跌价准备金额:

$$\text{某期应计提的存货跌价准备} = \text{当期可变现净值低于成本的差额} - \text{"存货跌价准备"账户原有余额}$$

根据上述公式,如果计提存货跌价准备前,"存货跌价准备"账户无余额,则应按本期可变现净值低于成本的差额计提存货跌价准备;如果本期存货可变现净值低于成本的差额大于"存货跌价准备"账户原有的贷方余额,则应按两者之差补提存货跌价准备;如果本期存货可变现净值低于成本的差额与"存货跌价准备"账户原有的贷方余额相等,则不需要计提存货跌价准备;如果本期存货可变现净值低于成本的差额小于"存货跌价准备"账户原有的贷方余额,表明以前引起存货减值的影响因素已经部分消失,存货的价值又得以部分恢复,则企业应当相应地恢复存货的账面价值,即按两者之差冲减已计提的存货跌价准备;如果本期存货可变现净值高于成本,表明以前引起存货减值的影响因素已经完全消失,存货的价值全部得以恢复,企业应将存货的账面价值恢复至账面成本,即应将已计提的存货跌价准备全部转回。

【例 4-27】 2×25 年 12 月 31 日,天河公司 Y4 型机器的账面成本为 500 万元,但由于 Y4 型机器的市场价格下跌,预计可变现净值为 400 万元,由此计提了存货跌价准备 100 万元。假定:

(1) 2×26 年 6 月 30 日,Y4 型机器的账面成本仍为 500 万元,但由于 Y4 型机器市场价格有所上升,使得 Y4 型机器的预计可变现净值变为 475 万元。

(2) 2×26 年 12 月 31 日,Y4 型机器的账面成本仍为 500 万元,由于 Y4 型机器的市场价格进一步上升,预计 Y4 型机器的可变现净值为 555 万元。

本例中:

(1) 2×26 年 6 月 30 日,由于 Y4 型机器市场价格上升,Y4 型机器的可变现净值有所恢复,应计提的存货跌价准备为 25 万元(500－475),则当期应冲减已计提的存货跌价准备 75 万元(100－25)且小于已计提的存货跌价准备 100 万元,因此,应转回的存货跌价准备为 75 万元。编制会计分录如下:

借:存货跌价准备　　　　　　　　　　　　　　　　　　　　750 000
　　贷:资产减值损失——存货减值损失　　　　　　　　　　　　　750 000

(2) 2×26 年 12 月 31 日,Y4 型机器的可变现净值又有所恢复,应冲减存货跌价准备为 55 万元(500－555),但是对 Y4 型机器已计提的存货跌价准备的余额为 25 万元,因此,当期应转回的存货跌价准备为 25 万元而不是 55 万元(即以将对 Y4 型机器已计提的"存货跌价准备"余额冲减至零为限)。编制会计分录如下:

借:存货跌价准备　　　　　　　　　　　　　　　　　　　　250 000
　　贷:资产减值损失——存货减值损失　　　　　　　　　　　　　250 000

（三）存货跌价准备的结转

已经计提了跌价准备的存货，在生产经营领用、销售或其他原因转出时，应当根据不同情况，对已计提的存货跌价准备进行适当会计处理。

1. 生产经营领用的存货

领用时一般可不结转相应的存货跌价准备，待期末计提存货跌价准备时一并调整。如需要同时结转已计提的存货跌价准备，则应：

借：存货跌价准备
　　贷：生产成本

2. 销售等原因转出的存货

在结转销售成本的同时，应结转相应的存货跌价准备。

借：存货跌价准备
　　贷：主营业务成本/其他业务成本

3. 可变现净值为零的存货

应当将其账面余额全部转销，同时转销相应的存货跌价准备。当存货存在以下情况之一时，表明存货的可变现净值为零。

（1）已霉烂变质的存货。
（2）已过期且无转让价值的存货。
（3）生产中已不再需要，并且已无使用价值和转让价值的存货。
（4）其他足以证明已无使用价值和转让价值的存货。

【例 4-28】　天河公司库存的 E 材料已霉烂变质，不能再使用或对外销售。该材料账面成本为 50 000 元，已计提存货跌价准备 10 000 元。编制会计分录如下：

借：资产减值损失　　　　　　　　　　　　　　　　　　　　　　　40 000
　　存货跌价准备　　　　　　　　　　　　　　　　　　　　　　　10 000
　　贷：原材料　　　　　　　　　　　　　　　　　　　　　　　　　　50 000

如果存货是按类别计提跌价准备的，在销售及债务重组等转出存货时，应按比例同时结转相应的存货跌价准备。

【关键术语】

存货　原材料　产成品　周转材料　包装物　低值易耗品　先进先出法
全月一次加权平均法　计划成本法　成本与可变现净值孰低法　可变现净值

【问题思考】

1. 什么是存货？存货有哪些特征？
2. 如何确定外购存货的采购成本？
3. 实际成本法下发出存货的计价方法有哪些？各有什么优缺点和适用性？
4. 发出存货的计价方法对企业财务状况与经营成果有何影响？
5. 什么是计划成本法？为什么会有这种方法？

6. 计划成本法如何核算存货的收发存?
7. 周转材料与原材料在会计核算上有何不同?
8. 如何进行存货跌价准备的计提和会计处理?

练 习 题

第一部分 客观题

第二部分 主观题

第四章 客观题

五、计算题

1. 资料

   甲存货月初结存数量 3 000 件,结存金额 8 700 元。本月进货情况如下：

日　期	单价(元/件)	数量(件)	金额(元)
9 日	3.10	4 100	12 710
12 日	3.20	6 000	19 200
20 日	3.30	4 500	14 850
26 日	3.40	1 800	6 120

   1 月 10 日、13 日、25 日分别销售甲存货 2 500 件、5 500 件和 7 000 件。

   要求

   采用下列方法分别计算甲存货本月的销售成本、期末结存金额：

   (1) 加权平均法；

   (2) 先进先出法。

2. 资料

   天河公司 2×25 年 8 月 1 日结存材料的计划成本为 2 万元,本月收入材料的计划成本为 18 万元,本月发出材料的计划成本为 15 万元,原材料成本差异月初数额为节约 400 元,本月收入材料成本差异为超支 3 000 元。

   要求：

   (1) 计算材料成本差异；

   (2) 发出材料应负担的成本差异；

   (3) 发出材料实际成本；

   (4) 结存材料应负担的成本差异；

   (5) 结存材料的实际成本。

六、业务实训

(一) 业务实训一

1. 目的

   练习原材料按实际成本计价的核算。

2. 资料

   天河公司原材料按实际成本计价,发生以下经济业务:

   (1) 购进甲种原材料一批,价款 2 万元,增值税额 0.26 万元,共计 2.26 万元,以银行存款支付,材料尚未运到。

   (2) 购进乙种原材料一批,价款 2.5 万元,增值税额 3 250 元,共计 2.825 万元,材料验收入库,款项以银行存款支付。

   (3) 购进甲种材料运到并验收入库。(参看经济业务 1)

   (4) 购进丙种材料一批,合同价 4 万元,材料验收入库,结算凭证尚未到达。

   (5) 月末购进丙种材料的结算凭证仍未到达,按暂估价 4 万元入账。

   (6) 下月初冲回入库未付款材料款。

   (7) 购进丙种材料的结算凭证到达,价款 4 万元,增值税额 0.52 万元,共计 4.52 万元,以银行存款支付。

   (8) 根据乙种材料"发料凭证汇总表"所列,生产车间领用 1.5 万元,管理部门领用 0.4 万元。

3. 要求

   根据以上经济业务编制会计分录。

(二) 业务实训二

1. 目的

   练习原材料按计划成本计价的核算。

2. 资料

   天河公司 2×25 年 7 月发生下列经济业务:

   (1) 1 日,赊购 A 材料一批,共计 200 件,价值 20 000 元,增值税额 2 600 元,发票已到,材料尚未运到。

   (2) 5 日,仓库转来收料单,本月 1 日赊购的 A 材料已验收入库。该批材料计划成本为每件 110 元。

   (3) 11 日,生产车间领用 A 材料 230 件用于直接生产。

   (4) 15 日,与甲公司签订购货合同,购买 A 材料 400 件,每件 125 元,根据合同规定,先预付货款 50 000 元的 40%,其余货款在材料验收入库后支付。

   (5) 16 日,购入 B 材料一批,材料已运到并验收入库,月末尚未收到发票等结算凭证。该材料的同期市场价格为 12 000 元。

   (6) 25 日,收到 15 日购买的 A 材料并验收入库,以银行存款支付其余货款。

   (7) 月初,A 材料账面结存 50 件,"材料成本差异"科目贷方余额为 1 855 元。

3. 要求

   根据以上经济业务编制会计分录。

（三）业务实训三

1. 目的

综合练习有关存货业务的会计处理。

2. 资料

天河公司为增值税一般纳税人,适用税率为13%。有关存货资料如下:

(1) A材料账面成本为80 000元,2×24年12月31日由于市场价格下跌,预计可变现净值为70 000元;2×25年6月30日,由于市场价格上升,预计可变现净值为75 000元。2×25年6月购入B材料,账面成本100 000元,6月30日,由于市场价格下跌,预计可变现净值为95 000元。天河公司按单项计提存货跌价准备。

(2) 2×25年6月30日对存货进行盘点,发现甲商品盘亏10件,每件账面成本为150元;盘盈乙商品2件,每件账面成本50元。均无法查明原因。后查明原因,盘亏是由于定额内的合理损耗,盘盈是计量误差造成的,经批准对盘盈及盘亏商品进行了处理。

(3) 2×25年7月24日,委托N企业加工原材料一批,发出材料成本为7 000元。

(4) 2×25年8月6日,收回由N企业加工的原材料,支付加工费1 100元(不含增值税),并由N企业代扣代缴消费税,税率为10%。天河公司收回的原材料用于继续生产应税消费品,双方增值税税率均为13%。

3. 要求

根据以上经济业务编制会计分录。

（四）业务实训四

1. 目的

练习成本与可变现净值孰低法的核算。

2. 资料

天河公司采用成本与可变现净值孰低法进行存货计价,并且用备抵法进行账务处理。

(1) 2×24年年末A种存货账面成本为50万元,预计可变现净值为48万元,计提存货跌价准备2万元。

(2) 2×25年年末A种存货的预计可变现净值有所恢复,恢复的数额为8 000元。

(3) 2×26年年末A种存货的可变现净值已恢复到原账面成本以上,冲减计提的存货跌价损失准备。

3. 要求

根据以上经济业务编制会计分录。

七、案例分析题

（一）案例一

天河公司为增值税一般纳税人,适用增值税税率为13%。2×25年2月底,因需要更换公司的仓库,因此进行了财产清查。在清查中发现,库存A原材料短缺5 000元,经查短缺的原材料不含运费,是仓库管理员管理不善造成;盘存B原材料短缺18 000元,其中含分摊的运输费用为1 500元,经查是由于被盗引起的;由于遭受水灾,损失产成品成本为50 000元,产成品成本中外购项目金额比例为50%;价值6 000元半成品因设备更新无法使用,准备削价处理;到期承租经营一车间积压产成品原值50 000元,经资产评估减值至20 000元。

思考：上述库存原材料、产成品毁损、半成品削价、资产评估减值等情况造成的库存减少或减值，是否均为非正常损失、作进项税额转出处理？

(二) 案例二

天河公司是生产电子产品的上市公司，为增值税一般纳税人，企业按单项存货按年计提跌价准备。2×25年12月31日，该公司期末存货有关资料如表4-5所示。

表4-5 天河公司期末存货有关资料

存货品种	数量	单位成本（万元）	账面余额（万元）	备注
A产品	280台	15	4 200	
B产品	500台	3	1 500	
C产品	1 000台	1.7	1 700	
D配件	400件	1.5	600	用于生产C产品
合计			8 000	

2×25年12月31日，A产品市场销售价格为每台13万元，预计销售费用及税金为每台0.5万元；B产品市场销售价格为每台3万元。天河公司已经与某企业签订一份不可撤销销售合同，约定在2×25年2月1日以合同价格为每台3.2万元的价格向该企业销售B产品300台。B产品预计销售费用及税金为每台0.2万元；C产品市场销售价格为每台2万元，预计销售费用及税金为每台0.15万元；D配件的市场价格为每件1.2万元，现有D配件可用于生产400台C产品，用D配件加工成C产品后预计C产品单位成本为1.75万元。

2×24年12月31日，A产品和C产品的存货跌价准备余额分别为800万元和150万元，对其他存货未计提存货跌价准备；2×24年销售A产品和C产品分别结转存货跌价准备200万元和100万元。

要求：

根据上述资料，分析计算天河公司2×25年12月31日应计提或转回的存货跌价准备，并编制相关的会计分录。

第五章 金融资产

章前导引

教学目标

本章主要介绍了金融资产的相关理论知识及其账务处理方法。通过本章的学习,学生应了解金融资产的含义与确认,理解和掌握各种金融资产的初始计量、持有期间的计量、期末计量的基本原理和会计处理方法,理解和掌握金融资产处置和重分类的会计处理方法,具备对各种金融资产的取得、持有、减值、处置等进行会计处理的技能。

重点难点

重点是各种金融资产的初始计量,持有期间的计量,期末计量的会计处理方法,以及金融资产的处置的会计处理;难点是以摊余成本计量的金融资产和以公允价值计量的金融资产的核算,以及金融资产重分类、金融资产减值的账务处理。

课程思政

暖阳公司是一家羽绒制品生产企业,由于2018年的冬季寒冷,羽绒制品销量大增,回流资金大大多于往年。2019年1月20日,公司有闲置资金2 500万元(扣除公司的日常开支需要)。根据以往经验,每年2月至9月为羽绒制品销售淡季。为下一销售旺季大量采购羽绒原料需要资金约1 000万元,但原料的采购一般在五六月份进行。为了进一步提高公司的销量,扩大知名度,公司正在研制新的羽绒制品生产项目,预计项目成功可能会大大增加公司的生产量,需要额外加大羽绒原料的采购量,估算约需增加资金500万元。

当时资金市场非常活跃,有公开上市发行的5年期国债,年利率为4.8%,到期一次还本付息;10年期国债,年利率为5.4%,每年年末付息,到期偿还本金;股票市场人气旺盛,人们预测2019年8月前可能有较好的行情。暖阳公司为了获取较好的收益,拟将2 500万闲置资金进行投资,于是财务经理要求财务主管出具具体的投资方案。

思考:假如你是该公司的财务主管,你打算对暖阳公司现有的2 500万元闲置资金作怎样的投资策划(重点分析如何划分交易性金融资产、债权投资、其他债权投资等的比例)?

第一节 金融资产概述

一、金融工具与金融资产

金融工具是指形成一个企业的金融资产,并形成另一个企业金融负债或权益工具的合同,包括金融资产、金融负债和权益工具。其中,金融资产主要有库存现金、银行存款、应收账款、应收票据、股权投资、债权投资等;金融负债主要包括应付账款、应付票据、应付债券等;权益工具则指企业发行的普通股股票、认股权证等。

金融工具按其内容和复杂程度可分为基础金融工具和衍生金融工具。基础金融工具主要包括现金、存款、股票、债券、各种应收、应付款项等。衍生金融工具,是在基础金融工具基础上衍生出来的金融工具,具体是指具有以下特征的金融工具或其他合同:①其价值随着特定利率、金融工具价格、商品价格、汇率、价格指数、费率指数、信用等级、信用指数或其他类似变量的变动而变动,如互换合约。②不要求初始净投资,或与对市场情况变化有类似反应的其他类型合同相比,要求很少的初始净投资,如期货合约保证金等。③在未来一定日期结算,如利率互换、远期合同等。

二、金融资产的分类

金融资产的分类是其确认和计量的基础。我国《企业会计准则第22号——金融工具确认和计量》(2017年修订版)规定,企业应当根据其管理金融资产的业务模式和金融资产的合同现金流量特征,将金融资产在初始确认时划分为以摊余成本计量的金融资产、以公允价值计量且其变动计入其他综合收益的金融资产、以公允价值计量且其变动计入当期损益的金融资产三类。

企业管理金融资产的业务模式是指企业如何管理其金融资产以产生现金流量。业务模式决定企业所管理的金融资产的现金流量的来源是收取合同现金流量、出售金融资产还是两者兼有。金融资产的合同现金流量特征是指金融资产合同约定的,反映相关金融资产经济特征的现金流量属性。

(一)以摊余成本计量的金融资产

金融资产同时符合以下两个条件时,可划分为以摊余成本计量的金融资产:
(1)企业管理该金融资产的业务模式是以收取合同现金流量为目标。
(2)该金融资产的合同条款规定,在特定日期产生的现金流量仅为本金和以未偿付的本金金额为基础的利息支付。

例如,企业购买的公司债券、国债等金融资产,其合同现金流量是到期收回本金和在一定期限内按规定的利率收到固定的利息,如果企业管理这些金融资产的业务模式是以收取合同现金流量为目标,则应将其分类为以摊余成本计量的金融资产。

以摊余成本计量的金融资产主要包括长期债权投资和企业在日常活动中形成的应收账

款、应收票据、其他应收款、预付账款等应收及预付款项。应收及预付款项的核算在本书的第三章已经阐述,本章只介绍债权投资的核算。

(二) 以公允价值计量且其变动计入其他综合收益的金融资产

金融资产同时符合以下两个条件时,可划分为以公允价值计量且其变动计入其他综合收益的金融资产:

(1) 企业管理该金融资产的业务模式既以收取合同现金流量为目标,又以出售该金融资产为目标。

(2) 该金融资产的合同条款规定,在特定日期产生的现金流量仅为本金和以未偿付的本金金额为基础的利息支付。

以公允价值计量且变动计入其他综合收益的金融资产与以摊余成本计量的金融资产,两者的联系在于所要求的合同现金流量特征相同,即相关金融资产在特定日期产生的现金流量仅为本金和以未偿付的本金金额为基础的利息支付;两者的区别仅在于企业管理金融资产的业务模式不同。例如,企业购买的公司债券、国债等金融资产,如果企业管理该金融资产的业务模式既以收取合同现金流量为目标,又以出售该金融资产为目标,则应划分为以公允价值计量且其变动计入其他综合收益的金融资产。

此类金融资产为其他金融工具投资(包括其他债权投资和其他权益工具投资)。此外,《企业会计准则》允许企业将持有的非交易性权益工具投资(如企业持有的限售股等)指定为以公允价值计量且变动计入其他综合收益的金融资产,该指定一经作出,不得撤销。

(三) 以公允价值计量且变动计入当期损益的金融资产

《企业会计准则》规定,凡不属于以摊余成本计量的金融资产,也不属于以公允价值计量且变动计入其他综合收益的金融资产,应归类为以公允价值计量且变动计入当期损益的金融资产。企业购买的普通股股票、基金、可转换债券等可归为此类金融资产。

此类金融资产主要包括交易性金融资产和指定为以公允价值计量且其变动计入当期损益的金融资产。

上述三类金融资产中,应收款项已在本书第三章中涉及,长期股权投资将在第六章学习。所以,本章主要阐述交易性金融资产、债权投资、其他金融工具投资的核算。

三、金融资产的重分类

企业购买的债券根据业务管理模式不同可以分为交易性金融资产、债权投资、其他债权投资。当企业由于外部或内部经营情况的变化,需要改变其管理金融资产的业务模式(这种情况极其少见)时,应当对相关金融资产进行重分类。

金融资产的重分类是指债券投资的重分类。企业对于权益工具投资的金融资产一般不能进行重分类。因为,其一,权益工具投资不符合以摊余成本计量的条件,不能分类为以摊余成本计量的金融资产;其二,非交易性权益工具投资可以指定为以公允价值计量且变动计入其他综合收益的金融资产,该指定一经作出,不得撤销。

金融资产重分类,应当自重分类日起采用未来适用法进行会计处理,不得对以前已经确认的利得、损失(包括减值损失或利得)或利息进行追溯调整。重分类日是指导致企业对金融资产进行重分类的业务模式发生变更的首个报告期的第一天。

第二节 交易性金融资产

一、交易性金融资产的含义

交易性金融资产是企业购买的能够随时变现、以获得交易差价的各种证券投资。满足下列条件之一的金融资产,应当划分为交易性金融资产。

(1) 取得该金融资产的目的主要是为了近期内出售或回购,如企业以赚取差价为目的从二级市场购入的股票、债券、基金等。

(2) 属于进行集中管理的可辨认金融工具组合的一部分,且有客观证据表明企业近期采用短期获利方式对该组合进行管理,如企业基于其投资策略和风险管理的需要,将某些金融资产进行组合从事短期获利活动。在此种情况下,即使组合中的某个组成项目持有期稍长,仍可作为交易性金融资产。

(3) 属于衍生工具,如国债期货、远期合同、股指期货等。但是,被指定且为有效套期工具的衍生工具、属于财务担保合同的衍生工具、与在活跃市场中没有报价且其公允价值不能可靠地计量的权益工具投资挂钩并须通过交付该权益工具结算的衍生工具除外。

企业应设立"交易性金融资产"账户核算企业为交易目的所持有的债券投资、股票投资、基金投资等交易性金融资产的公允价值。该账户应当按照交易性金融资产的类别和品种,分别设置"成本""公允价值变动"明细账户进行明细分类核算。

【知识链接】

"交易性金融资产"账户的设置要求

企业持有的直接指定为以公允价值计量且其变动计入当期损益的金融资产,也在"交易性金融资产"账户核算。

衍生金融资产在"衍生工具"账户核算,一般不通过"交易性金融资产"账户核算。

二、交易性金融资产的初始计量

企业取得交易性金融资产时,应当按照取得时的公允价值作为其初始计量金额;取得交易性金融资产所发生不含增值税的相关交易费用,包括支付给代理机构、咨询公司、券商等的不含增值税的手续费和佣金及其他必要支出应当直接计入当期损益;为取得交易性金融资产所支付的价款中所包含的已宣告未发放的现金股利或已到期未支付的债券利息应确认为应收项目,不计入交易性金融资产的初始入账金额。企业取得交易性金融资产,按其公允价值,借记"交易性金融资产(成本)"账户,按发生的交易费用,借记"投资收益"账户,按照可抵扣的增值税额,借记"应交税费——应交增值税(进项税款)"账户,按实际支付的价款中所含的已到付息期但尚未领取的利息或已宣告但尚未发放的现金股利,借记"应收利息"或"应收股利"账户,按实际支付的金额,贷记"银行存款"等账户。

三、交易性金融资产持有期间取得现金股利或利息的确认

交易性金融资产持有期间被投资单位宣告发放的现金股利,或在资产负债表日按分期付息、一次还本债券投资的票面利率计算的利息,借记"应收股利"或"应收利息"账户,贷记"投资收益"账户。实际收到股利或利息时,借"银行存款"等账户,贷"应收股利""应收利息"账户。

四、交易性金融资产的期末计量

资产负债表日,交易性金融资产应按公允价值计量,公允价值与账面余额之间的差额通过"公允价值变动损益"账户核算,计入当期损益。期末公允价值高于其账面余额的差额,借记"交易性金融资产(公允价值变动)"账户,贷记"公允价值变动损益"账户;公允价值低于其账面余额的差额,做相反的会计分录。

五、交易性金融资产的处置

企业在出售交易性金融资产时,应将处置收入与所处置资产账面价值的差额计入投资收益,同时还应将该交易性金融资产在持有期累计已确认的公允价值变动净损益转入处置当期的投资收益。如果处置交易性金融资产时,原已计入应收项目的现金股利或债券利息尚未收到,还应从处置净收入中扣除这些现金股利或债券利息后再确定投资收益。即应按实际收到的金额,借记"银行存款"等账户,贷记"交易性金融资产(成本)"账户,贷记或借记"交易性金融资产(公允价值变动)"账户,按原已确认尚未收回的应收股利或应收利息,贷记"应收股利"或"应收利息"账户,按其差额,贷记或借记"投资收益"账户。

【例5-1】 2×25年1月20日,天河公司委托某证券公司从上海证券交易所购入A上市公司股票100万股,并将其划分为交易性金融资产。该笔股票投资在购买日的公允价值为1 000万元。天河公司为购买该股票另支付相关交易费用3万元,并支付增值税0.18万元。上述款项以存入该证券公司的投资款支付。编制会计分录如下:

(1) 2×25年1月20日,购买A上市公司股票时:

借:交易性金融资产——成本　　　　　　　　　　　　　　　　　　　　10 000 000
　　贷:其他货币资金——存出投资款(银行存款)　　　　　　　　　　　10 000 000

(2) 支付相关交易费用时:

借:投资收益　　　　　　　　　　　　　　　　　　　　　　　　　　　　30 000
　　应交税费——应交增值税(进项税额)　　　　　　　　　　　　　　　1 800
　　贷:其他货币资金——存出投资款(银行存款)　　　　　　　　　　　31 800

【例5-2】 2×25年2月1日,天河公司购入乙公司股票1万股,每股买价为6元(含0.1元已宣告但尚未发放的现金股利),另付相关税费3 000元,并支付增值税180元,将其划分为交易性金融资产。4月1日,天河公司收到现金股利。6月30日,该股票每股公允价值

为5元。8月20日,天河公司将所购的1万股乙公司股票全部出售,收到8万元存入银行。编制会计分录如下:

(1) 借:交易性金融资产——成本　　　　　　　　　　　　　　　　59 000
　　　应收股利　　　　　　　　　　　　　　　　　　　　　　　　　1 000
　　　投资收益　　　　　　　　　　　　　　　　　　　　　　　　　3 000
　　　应交税费——应交增值税(进项税额)　　　　　　　　　　　　　180
　　　贷:银行存款　　　　　　　　　　　　　　　　　　　　　　　63 180

(2) 借:银行存款　　　　　　　　　　　　　　　　　　　　　　　　1 000
　　　贷:应收股利　　　　　　　　　　　　　　　　　　　　　　　1 000

(3) 借:公允价值变动损益　　　　　　　　　　　　　　　　　　　　9 000
　　　贷:交易性金融资产——公允价值变动　　　　　　　　　　　　9 000

(4) 借:银行存款　　　　　　　　　　　　　　　　　　　　　　　80 000
　　　交易性金融资产——公允价值变动　　　　　　　　　　　　　 9 000
　　　贷:交易性金融资产——成本　　　　　　　　　　　　　　　59 000
　　　　 投资收益　　　　　　　　　　　　　　　　　　　　　　30 000

【例5-3】 2×25年1月8日,天河公司购入丙公司发行的公司债券,该笔债券于2×25年1月2日发行,面值为2 500万元,票面利率为4%,债券利息按年支付。天河公司将其划分为交易性金融资产,支付价款为2 650万元(其中包含已到期未支付的债券利息100万元),另支付交易费用30万元,并支付增值税1.8万元。2×25年2月5日,天河公司收到该笔债券利息100万元。假定2×25年6月30日,天河公司购买的该笔债券的市价为2 580万元;2×25年12月31日,天河公司购买的该笔债券的市价为2 560万元。2×25年12月31日,天河公司确认购买的丙公司债券利息收入100万元,该利息收入于2×26年2月10日实际收到。假定2×26年2月15日,天河公司出售了所持有的丙公司债券,售价为2 565万元。编制会计分录如下:

(1) 2×25年1月8日,购入丙公司的公司债券时:

借:交易性金融资产——成本　　　　　　　　　　　　　　　　25 500 000
　　应收利息　　　　　　　　　　　　　　　　　　　　　　　 1 000 000
　　投资收益　　　　　　　　　　　　　　　　　　　　　　　　 300 000
　　应交税费——应交增值税(进项税额)　　　　　　　　　　　　 18 000
　　贷:银行存款　　　　　　　　　　　　　　　　　　　　　26 818 000

(2) 2×25年2月5日,收到购买价款中包含的已到期未支付的债券利息时:

借:银行存款　　　　　　　　　　　　　　　　　　　　　　　 1 000 000
　　贷:应收利息　　　　　　　　　　　　　　　　　　　　　 1 000 000

(3) 2×25年6月30日,确认公允价值变动损益时:

借:交易性金融资产——公允价值变动　　　　　　　　　　　　　 300 000
　　贷:公允价值变动损益　　　　　　　　　　　　　　　　　　 300 000

(4) 2×25年12月31日,确认公允价值变动损益时:

借：公允价值变动损益 200 000
　　贷：交易性金融资产——公允价值变动 200 000

(5) 2×25年12月31日,确认丙公司债券利息收入时：

借：应收利息 1 000 000
　　贷：投资收益 1 000 000

(6) 2×26年2月10日,收到持有丙公司的公司债券利息时：

借：银行存款 1 000 000
　　贷：应收利息 1 000 000

(7) 2×26年2月15日,出售所持有的丙公司债券时：

借：银行存款 25 650 000
　　贷：交易性金融资产——成本 25 500 000
　　　　　　　　　　　　——公允价值变动 100 000
　　　　投资收益 50 000

注：中国企业会计准则指南规定,交易性金融资产公允价值变动在出售时不必结转"投资收益"。

第三节 债权投资

一、债权投资的含义和特征

(一) 债权投资的含义

债权投资是指企业购入的到期日固定、回收金额固定或可确定,且企业有明确意图和能力持有至到期的国债和企业债券等各种债权投资。债权投资是一种通过分期或到期一次收取利息并收回本金的投资方式。

(二) 债权投资的特征

债权投资的特征如下：

(1) 从企业管理该金融资产的业务模式来看,管理者的意图是持有到期,不准备随时出售,因而主要是以收取合同现金流量为目标。

(2) 债权投资的合同现金流量特征是在到期日收取的合同现金流量仅为本金和以未偿付本金为基础的利息。

上述特征表明,债权投资应划分为以摊余成本计量的金融资产。

二、债权投资的初始计量

债权投资初始确认时,应当按照公允价值和相关交易费用(不包含可以抵扣的增值税进项税额)之和作为初始入账金额。实际支付的价款中包括的已到付息期但尚未领取的债券利息,应单独确认为应收项目。

债权投资初始确认时,应当计算确定其实际利率,并在该项债权投资预期存续期间或适用的更短期间内保持不变。

实际利率是指将金融资产或金融负债在预期存续期间或适用的更短期间内的未来现金流量,折现为该金融资产或金融负债当前账面价值所使用的利率。企业在确定实际利率时,应当在考虑金融资产或金融负债所有合同条款(包括提前还款权、看涨期权、类似期权等)的基础上预计未来现金流量,但不应考虑未来信用损失。

金融资产合同各方之间支付或收取的、属于实际利率组成部分的各项收费、交易费用及溢价或折价等,应当在确定实际利率时予以考虑。金融资产的未来现金流量或存续期间无法可靠预计时,应当采用该金融资产在整个合同期内的合同现金流量。

三、债权投资的后续计量

债权投资的持有期间,企业应当采用实际利率法,按摊余成本对其进行后续计量。

实际利率法是指按照金融资产或金融负债(含一组金融资产或金融负债)的实际利率计算其摊余成本及各期利息收入或利息费用的方法。

摊余成本是指该金融资产的初始确认金额经下列调整后的结果:①扣除已偿还的本金。②加上或减去采用实际利率法将该初始确认金额与到期日金额之间的差额进行摊销形成的累计摊销额。③扣除累计计提的减值准备。

企业应在债权投资持有期间,采用实际利率法,按照摊余成本和实际利率计算确认利息收入,计入投资收益。实际利率应当在取得债权投资时确定,实际利率与票面利率差别较小的,也可按票面利率计算利息收入,计入投资收益。

四、债权投资的到期兑现与提前处置

债权投资到期时,投资企业应收回面值及应收未收的利息。如果是分期付息的债券,利息已经逐期收到,到期收回债券面值;如果是到期一次付息的债券,到期收回债券面值和全部利息。

企业提前处置以摊余成本计量的债权投资时,应将所收到的处置净收入(出售价格－处置费用)与债权投资账面价值之间的差额计入投资收益。债券投资的账面价值是指债权投资的账面余额减除已计提的减值准备后的差额,即摊余成本。如果处置债权投资时,已记入应收项目的债券利息尚未收回,还应从处置净收入中扣除该部分债券利息之后,再确认处置损益。

五、债权投资的减值

债权投资减值是指以预期信用损失为基础确认的价值减损。预期信用损失是指以发生违约的风险为权重的债权投资信用损失的加权平均值。

信用损失是指企业按照实际利率折现的、根据合同现金流量与预期收取的所有现金流量之间的差额,即全部现金短缺的现值。对于债权投资,企业应按照经信用调整后的实际利率折现。预期信用损失考虑付款的金额和时间分布,因此,即使企业可以全部收回但收款时间晚于合同规定的到期期限,也会产生信用损失。

资产负债表日,企业应该对债券投资的账面价值进行检查,有客观证据表明该项投资的信用风险已经显著增加,应当计提减值准备。

债权投资发生减值时,应当将该债权投资的账面价值减记至预计未来现金流量的现值,减记的金额确认为信用减值损失,计入当期损益。

债权投资确认减值损失后,如有客观证据表明该项资产的价值得以恢复,且客观上与确认该损失后发生的事项有关,原确认的减值损失应当予以转回,计入当期损益,但是,该转回后的账面价值不应超过假定不计提减值准备情况下该债权投资在转回日的摊余成本。

【知识链接】

金融资产发生信用减值的客观证据

当对金融资产预期未来现金流量具有不利影响的一项或多项事件发生时,该金融资产成为已发生信用损失的金融资产。金融资产已发生信用减值的客观证据包括下列可观察的信息:

(1) 发行方或债务人发生重大财务困难。
(2) 债务人违反合同条款,如偿付利息或本金发生违约或逾期等。
(3) 债权人出于与债务人财务困难有关的经济或合同考虑,给予债务人在任何其他情形下都不会做出的让步。
(4) 债务人很可能破产或进行其他财务重组。
(5) 发行方或债务人财务困难导致该金融资产的活跃市场消失。
(6) 以大幅折扣购买一项金融资产,该折扣反映了发生信用损失的事实。

金融资产发生信用减值,有可能是多个事件的共同作用所致,未必是可单独识别的事件所致。

六、债权投资的账务处理

企业应设置"债权投资"账户核算企业债权投资的摊余成本。"债权投资"账户可按投资的类别和品种,设置"成本""利息调整""应计利息"等明细分类账户进行明细核算。其中,"成本"明细账户反映债券投资的面值;"利息调整"明细账户反映债券投资的初始入账金额与面值的差额,以及按照实际利率法分期摊销后的该差额的摊余金额;"应计利息"明细账户反映到期一次还本付息债券应计未付的利息。

(一) 债权投资的取得

企业取得的债权投资,应按该投资的面值,借记"债权投资——成本"账户,按支付的价款中包含的已到付息期但尚未领取的利息,借记"应收利息"账户,按实际支付的金额,贷记"银行存款"等账户,按其差额借记或贷记"债权投资——利息调整"账户。

(二) 分期计息并分摊利息调整

资产负债表日,企业应按实际利率法计算确认债权投资的收益并分摊利息调整。在实际利率法下,实际利息收入、应收利息、利息调整摊销额之间的关系可用公式表示为:

实际利息收入＝债权投资摊余成本×实际利率　　　（应计制）
应收利息＝面值(到期日金额)×票面利率(名义利率)　（现金制）
利息调整摊销额＝实际利息－应收利息

实际利息即投资收益,在折价购买债券情形下,投资收益必定大于应收利息,因折价在购买时事先得到的补偿,应分摊各期,在票面利息的基础上增加摊销金额。

在债权投资既不存在已偿还本金也未发生减值损失的情况下,其摊余成本可用公式表示为:

摊余成本＝初始入账金额＋(－)利息调整累计摊销额

或

＝面值＋(－)利息调整摊余金额

期末,按票面利率计算确认的应收未收利息,借记"应收利息"账户(分期付息、到期还本的债券投资)或者"债权投资——应计利息"账户(到期一次还本付息的债券投资),按债权投资摊余成本和实际利率计算确定的利息收入,贷记"投资收益"账户,按其差额,借记或贷记"债权投资——利息调整"账户。

(三) 债权投资的减值

资产负债表日,债权投资发生减值的,应按确定的减值金额计提减值准备,借记"信用减值损失"账户,贷记"债权投资减值准备"账户;已计提减值准备的债权投资,其价值在以后期间又得到恢复的,应在原已计提的减值准备金额内,按应恢复的价值,借记"债权投资减值准备"账户,贷记"信用减值损失"账户。

(四) 债权投资的处置

提前出售债权投资时,应按实际收到的金额,借记"银行存款"等账户,按其账面余额,贷记"债权投资——成本、利息调整、应计利息"账户,处置的债权投资若有尚未收到的应收利息,则贷记"应收利息",按其差额,贷记或借记"投资收益"账户。已计提减值准备的,还应同时结转减值准备。

【例5-4】 2×23年1月1日,天河公司从活跃市场上购入甲公司当日发行的面值500 000元、期限5年、票面利率6%、每年12月31日付息、到期还本的债券作为债权投资,实际支付的购买价款(包括交易费用)为520 000元,手续费8 000元,增值税480元。会计处理如下:

(1) 购买债券时:

借:债权投资——甲公司债券(成本)　　　　　　　　　　　　　　500 000
　　　　——甲公司债券(利息调整)　　　　　　　　　　　　　　 28 000
　　应交税费——应交增值税　　　　　　　　　　　　　　　　　　 480
　　贷:银行存款　　　　　　　　　　　　　　　　　　　　　　　528 480

(2) 该债券在持有期间采用实际利率法确认利息收入并确定摊余成本:

A. 计算实际利率。甲公司债券的初始确认金额高于其面值,因此,该项债权投资的实际利率一定低于票面利率,先按5%作为折现率进行测算。查年金现值系数表和复利现值系数表可知,5期、5%的年金现值系数和复利现值系数分别为4.329 476 67和0.783 526 17。甲公司债券的利息和本金按5%作为折现率的现值计算如下:

债券年利息额＝500 000×6%＝30 000(元)
利息和本金的现值＝30 000×4.329 476 67＋500 000×0.783 526 17＝521 647(元)

上述计算结果(521 647元)小于甲公司债券的初始确认金额(528 000元),说明实际利率小于5%,再按4%作为折现率进行测算。查年金现值系数表和复利现值系数表可知,5期、4%的年金现值系数和复利现值系数分别为4.451 822 33和0.821 927 11。甲公司债券的利息和本金按4%作为折现率计算的现值如下:

利息和本金的现值＝30 000×4.451 822 33＋500 000×0.821 927 11＝544 518(元)

上述计算结果(544 518元)大于甲公司债券的初始确认金额(528 000元),说明实际利率大于4%。因此,实际利率介于4%和5%之间。使用插值法估算实际利率如下:

实际利率＝4%＋(5%－4%)×(544 518－528 000)÷(544 518－521 647)＝4.72%

B. 采用实际利率法编制利息收入与摊余成本计算表。天河公司采用实际利率法编制的利息收入与摊余成本计算表,见表5-1。

表5-1　利息收入与摊余成本计算表

(实际利率法)　　　　　　　　　　　　　　金额单位:元

日　　期	应收利息	实际利率	利息收入	利息调整摊销	摊余成本
2×23年1月1日					528 000
2×23年12月31日	30 000	4.72%	24 922	5 078	522 922
2×24年12月31日	30 000	4.72%	24 682	5 318	517 604
2×25年12月31日	30 000	4.72%	24 431	5 569	512 035
2×26年12月31日	30 000	4.72%	24 168	5 832	506 203
2×27年12月31日	30 000	4.72%	23 797	6 203	500 000
合　　计	150 000	—	122 000	28 000	—

C. 编制各年确认利息收入和摊销利息调整的会计分录。

a. 2×23年12月31日:

借:应收利息　　　　　　　　　　　　　　　　　　　　　　　　　　　30 000
　　贷:投资收益　　　　　　　　　　　　　　　　　　　　　　　　　　24 922
　　　　债权投资——甲公司债券(利息调整)　　　　　　　　　　　　　　5 078

b. 2×24年12月31日:

借:应收利息　　　　　　　　　　　　　　　　　　　　　　　　　　　30 000
　　贷:投资收益　　　　　　　　　　　　　　　　　　　　　　　　　　24 682
　　　　债权投资——甲公司债券(利息调整)　　　　　　　　　　　　　　5 318

c. 2×25年12月31日:

借:应收利息　　　　　　　　　　　　　　　　　　　　　　　　　　　30 000
　　贷:投资收益　　　　　　　　　　　　　　　　　　　　　　　　　　24 431
　　　　债权投资——甲公司债券(利息调整)　　　　　　　　　　　　　　5 569

d. 2×26年12月31日:

借:应收利息　　　　　　　　　　　　　　　　　　　　　　　　　　　30 000
　　贷:投资收益　　　　　　　　　　　　　　　　　　　　　　　　　　24 168
　　　　债权投资——甲公司债券(利息调整)　　　　　　　　　　　　　　5 832

e. 2×27年12月31日：

借：应收利息　　　　　　　　　　　　　　　　　　　　　　　30 000
　　贷：投资收益　　　　　　　　　　　　　　　　　　　　　　　23 797
　　　　债权投资——甲公司债券（利息调整）　　　　　　　　　　 6 203

(3) 债券到期，收回债券本金时：

借：银行存款　　　　　　　　　　　　　　　　　　　　　　　500 000
　　贷：债权投资——甲公司债券（成本）　　　　　　　　　　　 500 000

【例5-5】2×23年1月1日，天河公司购入乙公司面值400 000元、期限5年（发行日为2×22年1月1日）、票面利率5%、每年12月31日付息、到期还本的债券作为持有至到期投资，初始入账金额为389 250元（实际支付的购买价款409 250元扣除买价中所含已到付息期尚未支付的利息20 000元）。会计处理如下：

(1) 2×23年1月1日，购买债券时：

借：债权投资——乙公司债券（成本）　　　　　　　　　　　　400 000
　　应收利息　　　　　　　　　　　　　　　　　　　　　　　 20 000
　　贷：银行存款　　　　　　　　　　　　　　　　　　　　　 409 250
　　　　债权投资——乙公司债券（利息调整）　　　　　　　　　 10 750

(2) 收到买价中所含利息：

借：银行存款　　　　　　　　　　　　　　　　　　　　　　　 20 000
　　贷：应收利息　　　　　　　　　　　　　　　　　　　　　　20 000

(3) 该债券在持有期间采用实际利率法确认利息收入并确定摊余成本时：

采用实际利率法编制利息收入与摊余成本计算表，经估算乙公司债券实际利率为5.78%（估算过程参见［例5-4］）。天河公司采用实际利率法编制的利息收入与摊余成本计算表，如表5-2所示。

表5-2　利息收入与摊余成本计算表
（实际利率法）　　　　　　　　　　　　　　　　　　　　　　　金额单位：元

日期	应收利息（现金制）	实际利率	利息收入（应计制）	利息调整摊销	摊余成本
2×23年1月1日					389 250
2×23年12月31日	20 000	5.78%	22 499	2 499	391 749
2×24年12月31日	20 000	5.78%	22 643	2 643	394 392
2×25年12月31日	20 000	5.78%	22 796	2 796	397 188
2×26年12月31日	20 000	5.78%	22 812	2 812	400 000
合　计	80 000	—	90 750	10 750	—

各年确认利息收入和摊销利息调整的会计分录如下：

A. 2×23年12月31日：

借：应收利息	20 000	
债权投资——乙公司债券（利息调整）	2 499	
贷：投资收益		22 499

B. 2×24 年 12 月 31 日：

借：应收利息	20 000	
债权投资——乙公司债券（利息调整）	2 643	
贷：投资收益		22 643

C. 2×25 年 12 月 31 日：

借：应收利息	20 000	
债权投资——乙公司债券（利息调整）	2 796	
贷：投资收益		22 796

D. 2×26 年 12 月 31 日：

借：应收利息	20 000	
债权投资——乙公司债券（利息调整）	2 812	
贷：投资收益		22 812

（4）债券到期，收回债券本金和最后一期利息时：

借：银行存款	420 000	
贷：债权投资——乙公司债券（成本）		400 000
应收利息		20 000

【例 5-6】 2×23 年 1 月 1 日，天河公司购入面值 200 000 元、期限 5 年（发行日为 20×2 年 7 月 1 日）、票面利率 5%、每年 6 月 30 日付息的丙公司债券，并将其分类为以摊余成本计量的金融资产。2×25 年 1 月 18 日，天河公司将该债券全部出售，实际收到价款 203 250 元。出售日，丙公司债券账面余额为 198 600 元，其中，成本为 200 000 元，利息调整（贷方余额）为 1 400 元。2×24 年 12 月 31 日，天河公司计提了丙公司的债券利息 5 000 元。该项债权投资处置时，天河公司应编制会计分录如下：

借：银行存款	203 250	
债权投资——丙公司债券（利息调整）	1 400	
投资收益	350	
贷：债权投资——丙公司债券（成本）		200 000
应收利息		5 000

第四节　其他金融工具投资

一、其他债权投资

（一）其他债权投资概述

其他债权投资是指同时符合下列条件的金融资产：

（1）企业管理该金融资产的业务模式既以收取合同现金流量为目标又以出售该金融资产为目标。

（2）在特定日期产生的现金流量,仅为对本金和以未偿付本金金额为基础的利息支付。

也就是说,企业可能持有其他债权投资到期,也可能在到期前提前出售。该金融资产划分为以公允价值计量且变动计入其他综合收益的金融资产。

为核算其他债权投资的取得、计算确认利息收益、公允价值变动、处置等情况,企业应设置"其他债权投资"账户,并在其下按投资的类别和品种设置"成本""利息调整""应计利息""公允价值变动"等明细分类账户进行明细分类核算。

（二）其他债权投资的取得

其他债权投资应当按照取得时的公允价值和相关交易费用(不含可以抵扣的增值税进项税额)之和作为初始入账价值,所支付的价款中包含已到付息期但尚未领取的利息,应单独确认为应收利息,不计入初始入账金额。企业取得其他债权投资时,应按照其面值,借记"其他债权投资——成本"账户,按支付的价款中包含已到付息期但尚未领取的利息,借记"应收利息"账户,按实际支付的价款,贷记"银行存款"等账户,按其差额,借记或贷记"其他债权投资——利息调整"账户。

（三）其他债权投资的利息收入的确认

其他债权投资在持有期应比照债权投资,采用实际利率法计算确认利息收入并分摊利息调整,将实际利息收入计入投资收益。借记"应收利息"账户(分期付息、到期还本的债券投资)或者"其他债权投资——应计利息"账户(到期一次还本付息的债券投资),按其摊余成本和实际利率计算确定的利息收入,贷记"投资收益"账户,按其差额,借记或贷记"其他债权投资——利息调整"账户。

（四）其他债权投资的期末计价

资产负债表日,其他债权投资应以公允价值计量,公允价值与账面价值的差额(即公允价值的变动)应计入其他综合收益,直到该资产终止确认时才转入当期损益中。资产负债表日,其他债权投资的公允价值高于其账面余额的差额,借记"其他债权投资——公允价值变动"账户,贷记"其他综合收益——其他债权投资公允价值变动"账户;公允价值低于其账面余额的差额,做相反的会计分录。

（五）其他债权投资的处置

出售其他债权投资时,应按实际收到的金额,借记"银行存款"等账户,按其他债权投资的账面余额,贷记"其他债权投资"账户,按其差额,贷记或借记"投资收益"账户。同时,将原记入"其他综合收益"账户的累计公允价值变动对应处置部分的金额转出,计入当期损益。借记或贷记"其他综合收益"账户,贷记或借记"投资收益"账户。

（六）其他债权投资的减值

如果其他债权投资的公允价值预期发生了信用损失,应当确认为减值损失,计提减值准备。

为核算其他债权投资的减值准备的计提、转回和核销等,企业应在"其他综合收益"账户下设置"信用减值准备"明细账户。该明细账户的贷方登记计提的其他债权投资减值准备,借方登记转回或核销的其他债权投资减值准备。其他债权投资的减值准备的计提、转回等不影响该项金融资产的账面价值。企业期末确认其他债权投资信用减值损失时,借记"信用减值损失"账户,贷记"其他综合收益——信用减值准备"账户;当该金融资产减值恢复时,应做相反的会计分录。

【例 5-7】 2×25 年 1 月 1 日,天河公司支付价款 10 282 440 元,用于购入丁公司发行的 3 年期公司债券,该公司债券的票面总金额为 10 000 000 元,票面利率为 4%,实际利率为 3%,利息每年年末支付,本金到期支付。天河公司将购买的丁公司债券划分为其他债权投资。2×25 年 12 月 31 日,该债券的公允价值为 10 000 940 元,天河公司预计丁公司债券未来现金流量现值为 9 990 940 元,且逆转的可能性很小,期末计提减值准备。假定不考虑交易费用和其他因素的影响,天河公司的账务处理如下:

(1) 2×25 年 1 月 1 日,购入债券时:

借:其他债权投资——成本　　　　　　　　　　　　　　　　　　　　　10 000 000
　　　　　　　　——利息调整　　　　　　　　　　　　　　　　　　　　　282 440
　　贷:银行存款　　　　　　　　　　　　　　　　　　　　　　　　　　 10 282 440

(2) 2×25 年 12 月 31 日,收到债券利息、确认公允价值变动时:

实际利息=10 282 440×3%=308 473.20(元)

年末摊余成本=10 282 440+308 473.20-400 000=10 190 913.20(元)

借:应收利息　　　　　　　　　　　　　　　　　　　　　　　　　　　　400 000.00
　　贷:投资收益　　　　　　　　　　　　　　　　　　　　　　　　　　 308 473.20
　　　　其他债权投资——利息调整　　　　　　　　　　　　　　　　　　　91 526.80

借:银行存款　　　　　　　　　　　　　　　　　　　　　　　　　　　　400 000
　　贷:应收利息　　　　　　　　　　　　　　　　　　　　　　　　　　 400 000

(3) 2×25 年 12 月 31 日,确认公允价值变动时:

借:其他综合收益——其他债权投资公允价值变动　　　　　　　　　　　 189 973.20
　　贷:其他债权投资——公允价值变动　　　　　　　　　　　　　　　　 189 973.20

(4) 2×25 年 12 月 31 日,计提减值准备时:

借:信用减值损失　　　　　　　　　　　　　　　　　　　　　　　　　　10 000
　　贷:其他综合收益——信用减值准备　　　　　　　　　　　　　　　　 10 000

2×25 年年末,该金融资产在资产负债表上列示的金额为 10 000 940 元(即 2×25 年年末时的公允价值),资产减值不影响其列示金额。

二、其他权益工具投资

(一)其他权益工具投资概述

其他权益工具投资主要是指企业的非交易性股票及不具有控制、共同控制和重大影响的且没有公允价值的股权投资。例如,企业持有的上市公司限售股,其在活跃市场上有报价,但由于出售受限制,不能随时出售,可以指定为以公允价值计量且其变动计入其他综合收益的金融资产。又如,企业持有的在活跃市场上没有报价且对被投资单位不存在控制、共同控制和重大影响的股权投资,因无法随时出售,也应确认为其他权益工具投资,可以成本代表其公允价值。

为核算其他权益工具投资的取得、处置公允价值变动等情况,企业应设置"其他权益工具投资"账户,并分设"成本""公允价值变动"明细分类账户。

(二) 其他权益工具投资的取得

其他权益工具投资应按照取得时的公允价值和相关交易费用(不含可以抵扣的增值税进项税额)之和作为初始投资成本,如果实际支付的价款中包含已宣告未发放的现金股利,应单独确认为应收股利,不构成其他权益工具投资的初始投资成本。

企业取得其他权益工具投资时,按照确定的初始投资成本,借记"其他权益工具投资——成本"账户,按照支付的价款中包含的已宣告未发放的现金股利,借记"应收股利"账户,贷记"银行存款"等账户。

(三) 其他权益工具投资的收益

企业收到的属于取得该股权投资支付的价款中包含的已宣告未发放的现金股利,借记"银行存款"账户,贷记"应收股利"账户。在该股权持有期间被投资单位宣告发放现金股利时,投资企业按照享有的份额,借记"应收股利"账户,贷记"投资收益"账户。实际收到发放的股利时,借记"银行存款"账户,贷记"应收股利"账户。

(四) 其他权益工具投资的期末计价

资产负债表日,其他权益工具投资应按照公允价值计价,公允价值与账面价值的差额(即公允价值的变动)计入其他综合收益。借记或贷记"其他权益工具投资——公允价值变动"账户,贷记或借记"其他综合收益——其他权益工具投资公允价值变动"账户。其他权益工具投资期末不计提减值准备。

(五) 其他权益工具投资的出售

企业出售其他权益工具投资时,应将实际收到的价款与其账面价值的差额计入其他综合收益;同时,还要将累计确认的其他综合收益转入留存收益。企业应按照实际收到的价款,借记"银行存款"等账户,贷记"其他权益工具投资——成本"账户,贷记或借记"其他权益工具投资——公允价值变动"账户,按其差额,贷记或借记"其他综合收益——其他权益工具投资公允价值变动"账户;同时,根据累计公允价值变动计入其他综合收益的金额对应处置部分的金额转出,借记或贷记"其他综合收益——其他权益工具投资公允价值变动"账户,贷记或借记"盈余公积""利润分配——未分配利润"账户。

【例5-8】 天河公司发生了以下金融资产投资业务:

(1) 2×23年1月5日,从二级市场上购买戊公司的股票100 000股,每股买价为12元,另支付交易费用10 600元(其中包括可抵扣的增值税额600元),该股票在购买后的1年内不得出售,天河公司将其划分为其他权益工具投资。

(2) 2×23年3月10日,戊公司宣告分派现金股利每股0.3元。

(3) 2×23年3月20日,天河公司收到戊公司发放的现金股利30 000元。

(4) 2×24年12月31日,戊公司股票市价每股为13元。

(5) 2×25 年 2 月 15 日,天河公司将持有的戊公司股票全部出售,收到价款 1 450 000 元(已扣除相关税费)。

天河公司每年按照净利润的 10% 计提法定盈余公积,假定不考虑其他因素,天河公司对该项投资应做如下账务处理:

(1) 2×23 年 1 月 5 日,购买戊公司股票时:

借:其他权益工具投资——成本　　　　　　　　　　　　　　1 210 000
　　应交税费——应交增值税(进项税额)　　　　　　　　　　　　　600
　　贷:银行存款　　　　　　　　　　　　　　　　　　　　　1 210 600

(2) 2×23 年 3 月 10 日,戊公司宣告分派现金股利时:

借:应收股利　　　　　　　　　　　　　　　　　　　　　　　30 000
　　贷:投资收益　　　　　　　　　　　　　　　　　　　　　　30 000

(3) 2×23 年 3 月 20 日,收到戊公司发放的现金股利时:

借:银行存款　　　　　　　　　　　　　　　　　　　　　　　30 000
　　贷:应收股利　　　　　　　　　　　　　　　　　　　　　　30 000

(4) 2×24 年 12 月 31 日,确认公允价值变动时:

借:其他权益工具投资——公允价值变动　　　　　　　　　　　90 000
　　贷:其他综合收益——其他权益工具投资公允价值变动　　　　90 000

(5) 2×25 年 2 月 15 日,出售戊公司股票时:

借:银行存款　　　　　　　　　　　　　　　　　　　　　1 450 000
　　贷:其他权益工具投资——成本　　　　　　　　　　　　1 210 000
　　　　　　　　　　　　——公允价值变动　　　　　　　　　90 000
　　　　其他综合收益　其他权益工具投资公允价值变动　　　150 000

(6) 2×25 年 2 月 15 日,结转累计计入其他综合收益的公允价值变动金额时:

借:其他综合收益——其他权益工具投资公允价值变动　　　　240 000
　　贷:盈余公积　　　　　　　　　　　　　　　　　　　　　24 000
　　　　利润分配——未分配利润　　　　　　　　　　　　　216 000

【关键术语】

金融资产　交易性金融资产　债权投资　实际利率法　实际利率　摊余成本　其他债权投资　其他权益工具投资

【问题思考】

1. 什么是金融资产?我国《企业会计准则》规定,金融资产在初始确认时划分为哪几种?
2. 什么是交易性金融资产?怎样对其进行初始计量与后续计量?
3. 什么是债权投资?其特征有哪些?
4. 债权投资取得时如何计量?其期末时如何计量?
5. 如何确定债权投资各期的投资收益?

6. 什么情况下要确认债权投资的减值损失？如何对其进行确认？
7. 什么是其他债权投资？它有哪些特征？
8. 其他债权投资在取得时如何计量？其在期末时如何计量？
9. 其他权益工具投资如何核算？

练 习 题

第一部分 客观题

第五章 客观题

第二部分 主观题

五、业务实训

(一) 业务实训一

1. 目的

练习交易性金融资产的核算。

2. 资料

天河公司 2×25 年有关交易性金融资产的资料如下:

(1) 3 月 1 日以银行存款购入 A 公司股票 50 000 股,并准备随时变现,每股买价 16 元,同时支付相关税费 4 240 元(其中包括可抵扣的增值税 240 元)。

(2) 4 月 20 日 A 公司宣告发放现金股利每股 0.4 元。

(3) 4 月 21 日又购入 A 公司股票 50 000 股,并准备随时变现,每股买价 18.4 元(其中包含已宣告发放尚未支取的股利每股 0.4 元),同时支付相关税费 6 360 元(其中包括可抵扣的增值税 360 元)。

(4) 4 月 25 日收到 A 公司发放的现金股利 20 000 元。

(5) 6 月 30 日 A 公司股票市价为每股 16.4 元。

(6) 7 月 18 日天河公司以每股 17.5 元的价格转让 A 公司股票 60 000 股,扣除相关税费 10 000 元,实得金额为 1 040 000 元。

(7) 12 月 31 日 A 公司股票市价为每股 18 元。

3. 要求

根据上述业务编制有关会计分录。

(二) 业务实训二

1. 目的

练习债权投资的核算。

2. 资料

2×25 年年初,天河公司购买了一项债券,剩余年限 5 年,划分为债权投资,买价(公允价值)为90万元,交易费用为5.3万元(其中包含可抵扣的增值税0.3万元),每年年末按票面利率可获得固定利息4万元。该债券在第五年年末兑付(不能提前兑付)时可得本金110万元。

3. 要求

(1) 按实际利率法计算天河公司各年应确认的投资收益。

(2) 编制天河公司有关该项投资的会计分录。

(三) 业务实训三

1. 目的

练习其他权益工具投资的核算。

2. 资料

天河公司发生有关金融资产业务如下:

(1) 2×25年2月5日,天河公司以银行存款从二级市场购入甲公司股票100 000股,划分为其他权益工具投资,每股买价12元,同时支付相关税费10 600元(其中包含可抵扣的增值税600元)。

(2) 2×25年4月10日,甲公司宣告发放现金股利,每股0.5元。

(3) 2×25年4月20日,收到甲公司发放的现金股利50 000元。

(4) 2×25年12月31日,甲公司股票市价为每股14元。

(5) 2×25年12月31日,甲公司股票市价发生暂时性下跌,市价为每股13元。

(6) 2×26年1月18日,天河公司出售甲公司股票100 000股,取得价款146万元(已扣除相关税费)。

3. 要求

根据上述业务编制天河公司有关会计分录。

(四) 业务实训四

1. 目的

练习金融资产的重分类业务。

2. 资料

天河公司有关购入、持有和出售乙公司发行的不可赎回债券的资料如下:

(1) 2×24年1月1日,天河公司支付价款1 100万元(含交易费用),从活跃市场购入乙公司当日发行的面值为1 000万元、5年期的不可赎回债券。该债券票面年利率为10%,利息按单利计算,到期一次还本付息,实际年利率为6.4%。当日,天河公司将其划分为债权投资,按年确认投资收益。2×24年12月31日,该债券未发生减值。

(2) 2×25年1月1日,该债券市价总额为1 200万元。当日,为筹集生产线扩建所需资金,天河公司出售债券的80%,将扣除手续费后的款项955万元存入银行;该债券剩余的20%重分类为其他债权投资。

3. 要求

(1) 编制2×24年1月1日天河公司购入该债券的会计分录。

(2) 计算2×24年12月31日天河公司该债券投资收益、应计利息和利息调整摊销额,并编制相应的会计分录。

(3) 计算2×25年1月1日天河公司出售该债券的损益,并编制相应的会计分录。

(4) 计算 2×25 年 1 月 1 日天河公司该债券剩余部分的摊余成本,并编制重分类为其他债权投资的会计分录(答案中的金额单位用"万元"表示)。

(五) 业务实训五

1. 目的

练习其他权益工具投资的核算。

2. 资料

天河公司有关投资资料如下:

(1) 2×24 年 2 月 5 日,天河公司以银行存款从二级市场购入 B 公司股票 100 000 股,划分为其他权益工具投资,每股买价 12 元,同时支付相关税费 10 600 元(其中含可以抵扣的增值税 600 元)。

(2) 2×24 年 4 月 10 日,B 公司宣告发放现金股利,每股 0.5 元。

(3) 2×24 年 4 月 20 日,收到 B 公司发放的现金股利 50 000 元。

(4) 2×24 年 12 月 31 日,B 公司股票市价下跌为每股 11 元。

(5) 2×25 年 12 月 31 日,B 公司股票市价下跌为每股 9.5 元。

(6) 2×26 年 1 月 31 日,天河公司以每股 9.2 元的价格(已扣除相关税费)将 B 公司的股票全部出售。

3. 要求

根据上述经济业务编制有关会计分录。

六、案例分析题

(一) 案例一

1. 资料

浙江雅戈尔股份有限公司董事会 20×0 年 1 月 4 日对外发布对苏宁电器的投资公告,公告的主要内容如下:

(1) 对外投资的基本情况。公司与苏宁电器签署了《苏宁电器股份有限公司 20×9 年度非公开发行 A 股股票之认购协议》,投资 688 000 000 元,以 17.20 元/股的价格认购苏宁电器非公开发行的股票 40 000 000 股,并承诺于本次认购完成后 12 个月内不得转让。

苏宁电器非公开发行股票后总股本为 4 664 141 244 元,公司占 0.86%。

本次投资不构成关联交易。

(2) 由于该项投资金额为 688 000 000 元,根据《雅戈尔集团股份有限公司董事会议事规则》第三十一条"董事会闭会期间董事长职权:(一)不超过公司最近一期经审计净资产总额 10%比例的对外投资;……"的规定,该事项由公司董事长批准后实施。

对外投资合同的主要内容:公司以现金出资投资 688 000 000 元,以 17.20 元/股的价格认购苏宁电器非公开发行的股票 40 000 000 股,占苏宁电器非公开发行股票后总股本的 0.86%,投资金额占雅戈尔集团股份有限公司最近一期经审计净资产的 7.64%。

公司承诺于本次认购完成后 12 个月内不得转让。

思考:若雅戈尔集团对苏宁电器投资成功,则雅戈尔集团应当将该项投资作为何种资产核算？能不能作为本章中所论述的金融资产核算？为什么？

资料来源：本案例根据雅戈尔集团 20×0 年 1 月 4 日投资公告整理而成。

2. 解读提示

结合本章所学新的金融资产的概念与分类进行分析。

(二) 案例二

1. 资料

长江公司于 2×24 年 1 月 1 日从证券市场购入黄河公司 2×23 年 1 月 1 日发行的债券，债券是 5 年期，票面年利率是 5%，每年 1 月 5 日支付上年度的利息，到期日为 2×27 年 1 月 1 日，到期日一次归还本金和最后一期的利息。长江公司购入债券的面值为 1 000 万元，实际支付的价款是 1 005.35 万元，另外，支付相关的费用 10.6 万元(含可抵扣的增值税 0.6 万元)，长江公司购入以后将其划分为债权投资，购入债券实际利率为 6%，假定按年计提利息，2×24 年 12 月 31 日，黄河公司发生财务困难，该债券的预计未来现金流量的现值为 930 万元(不属于暂时性的公允价值变动)。2×25 年 1 月 5 日，长江公司将该项投资重分类为其他债权投资，且其公允价值为 925 万元。2×25 年 2 月 25 日，长江公司以 890 万元的价格出售所持有的黄河公司的债券。

2. 要求

(1) 编制 2×24 年 1 月 1 日，长江公司购入债券时的会计分录。

(2) 编制 2×24 年 1 月 5 日收到利息时的会计分录。

(3) 编制 2×24 年 12 月 31 日确认投资收益的会计分录。

(4) 计算 2×24 年 12 月 31 日应计提的减值准备的金额，并编制相应的会计分录。

(5) 编制 2×25 年 1 月 5 日债权投资重分类为其他债权投资的会计分录。

(6) 编制 2×25 年 2 月 25 日出售债券的会计分录。

第六章 长期股权投资

章前导引

教学目标

本章主要介绍长期股权投资的确认和计量。通过本章的学习,学生应了解长期股权投资的范围,了解成本法与权益法之间的转换的处理,理解和掌握不同取得方式下长期股权投资的初始计量,理解和掌握长期股权投资后续计量的成本法与权益法,理解和掌握长期股权投资期末计价和处置的会计处理方法,具备对长期股权投资取得时的核算、持有期的核算、期末减值损失的核算、处置时的核算的技能。

重点难点

重点是不同取得方式下长期股权投资的初始计量,长期股权投资后续计量的成本法与权益法,长期股权投资期末计价和处置的会计处理方法;难点是长期股权投资核算的权益法,成本法与权益法之间的转换的会计处理。

课程思政

阳光股份有限公司(以下简称阳光公司)是一家隶属于东方国有控股集团公司(以下简称东方集团)的制药企业。根据未来市场竞争情况,阳光公司将在2×25年进行战略调整,全面提升企业竞争优势和综合实力。为此,阳光公司2×25年发生如下事项并进行了会计处理。

(1) 经东方集团批准,2×25年1月,阳光公司以发行债券的方式筹集资金3 000万元购买了东方集团下属的药物原料生产企业安华公司60%的股权。安华公司生产的药物原料是阳光公司生产产品的主要原材料,其供给的稳定情况直接决定阳光公司生产经营的连续性。并购安华公司以控制其生产经营决策,有助于优化阳光公司的上游产业链。阳光公司的会计人员对在合并中取得的资产和负债,按照合并日在安华公司的公允价值进行计量;对合并成本大于合并中取得的被购买方可辨认净资产公允价值份额的差额,确认为商誉,并且为并购安华公司而发行的企业债券发生的30万元的相关手续费计入了当期损益。阳光公司对安华公司的该项投资的后续计量采用成本法进行核算。

(2) 阳光公司为取得稳定的持续的发展,决定投资基础产业。2×25年8月,阳光公司斥资5 000万元购买了外省某市的一家自来水公司100%的股份,使其成为阳光公司的全资子公司。阳光公司的会计人员对合并中取得的资产和负债,按照合并日其在自来水公司的账面价值计量;合并方取得的净资产账面价值与支付的合并对价账面价值的差额,调整了资本公积;不足冲减的部分,调整了留存收益。阳光公司对自来水公司投资的后续计量采用权益法处理。

思考：阳光公司会计人员的上述会计处理是否正确？如果你担任阳光公司的会计主管，你会如何对阳光公司上述两项投资业务进行会计处理？

第一节 长期股权投资概述

一、长期股权投资的性质

长期股权投资是指投资方对被投资单位实施控制、共同控制和重大影响的权益性投资。长期股权投资具有以下特征：

（1）从性质上来看，属于权益性投资，而不是债权性投资，从而区别于金融资产中的债权投资和其他债权投资。

（2）从持有的目的来看，企业意图长期持有，从而不同于金融资产中的交易性金融资产和其他权益工具投资等。企业持有长期股权投资，除了获得投资收益外，更重要的是要成为被投资方的长期股东，控制或影响被投资方的财务和经营政策，从被投资方的生产经营活动中获取长期的利益。

二、长期股权投资按对被投资企业影响程度的分类

企业的长期股权投资依据对被投资企业产生的影响程度划分为以下三种类型。

（一）对子公司的投资

企业持有的能够对被投资单位实施控制的权益性投资，即对子公司投资。投资方属于《企业会计准则第33号——合并财务报表》规定的投资性主体且子公司不纳入合并财务报表的情况除外。

按照《企业会计准则第33号——合并财务报表》规定，控制是指投资方拥有对被投资方的权力，通过参与被投资方的相关活动而享有可变回报，并且有能力运用对被投资方的权力影响其回报金额。

投资方能够对被投资单位实施控制的，被投资单位为其子公司。

除非有确凿证据表明其不能主导被投资方相关活动，下列情况，表明投资方对被投资方拥有权力，从而能够控制被投资方。

（1）投资方持有被投资方半数以上的表决权的。

（2）投资方持有被投资方半数或半数以下的表决权，但通过与其他表决权持有人之间的协议能够控制半数以上表决权的。

（3）投资方持有被投资方半数或半数以下的表决权且未与其他表决权持有人之间签订协议不能够控制半数以上表决权，但综合考虑下列事实和情况后，判断投资方持有的表决权足以使其目前有能力主导被投资方相关活动的，视为投资方对被投资方拥有控制的权力：①投资方持有的表决权相对于其他投资方持有的表决权份额较大，且其他投资方持有的表

决权相对比较分散。②投资方和其他投资方持有的被投资方的潜在表决权,如可转换公司债券、可执行认股权证等。③其他合同安排产生的权利。④被投资方以往的表决权行使情况等其他相关事实和情况。

(4) 某些情况下,投资方可能难以判断其享有的权利是否足以使其拥有对被投资方控制的权力。在这种情况下,投资方应当考虑其具有实际能力以单方面主导被投资方相关活动的证据,从而判断其是否拥有对被投资方的控制的权力。投资方应考虑的因素包括但不限于下列事项:①投资方能否任命或批准被投资方的关键管理人员。②投资方能否出于其自身利益决定或否决被投资方的重大交易。③投资方能否掌控被投资方董事会等类似权力机构成员的任命程序,或者从其他表决权持有人手中获得代理权。④投资方与被投资方的关键管理人员或董事会等类似权力机构中的多数成员是否存在关联方关系。

投资方应当在综合考虑所有相关事实和情况的基础上对是否控制被投资方进行判断。

(二) 对合营企业的投资

合营企业属于合营安排中的一种。合营安排是指一项由两个或两个以上的参与方共同控制的安排。合营安排具有下列特征:①各参与方均受到该安排的约束;两个或两个以上的参与方对该安排实施共同控制。②任何一个参与方都不能够单独控制该安排,对该安排具有共同控制的任何一个参与方均能够阻止其他参与方或参与方组合单独控制该安排。合营安排不要求所有参与方都对该安排实施共同控制。合营安排参与方既包括对合营安排享有共同控制的参与方(即合营方),也包括对合营安排不享有共同控制的参与方。

共同控制是指按照相关约定对某项安排所共有的控制,并且该安排的相关活动必须经过分享控制权的参与方一致同意后才能决策。在判断是否存在共同控制时,应当首先判断所有参与方或参与方组合是否集体控制该安排,其次再判断该安排相关活动的决策是否必须经过这些集体控制该安排的参与方一致同意。

合营安排分为共同经营和合营企业。合营企业是指合营方仅对该安排的净资产享有权利的合营安排。

(三) 对联营企业的投资

企业持有的能够对被投资单位施加重大影响的权益性投资,即对联营企业投资。

重大影响是指投资方对被投资单位的财务和经营政策有参与决策的权力,但并不能够控制或者与其他方一起共同控制这些政策的制定。一般来说,如果投资方在被投资单位的董事会中派有董事,或能够参与被投资单位的财务和经营政策的制定,但不构成控制或共同控制,则可以认为对被投资单位有重大影响。在确定能否对被投资单位施加重大影响时,应当考虑投资方和其他方持有的被投资单位当期可转换公司债券、当期可执行认股权证等潜在表决权因素。

投资方能够对被投资单位施加重大影响的,被投资单位为其联营企业。

应当注意的是,只有上述三种类型的权益性投资作为长期股权投资。风险投资机构、共同基金及类似主体持有的、在初始确认时按照《企业会计准则第22号——金融工具确认和计量》的规定以公允价值计量且其变动计入当期损益的金融资产,投资性主体对不纳入合并财务报表的子公司的权益性投资,以及本准则未予规范的其他权益性投资,适用《企业会计准则第22号——金融工具确认和计量》,不能作为长期股权投资进行核算。

第二节 长期股权投资的初始计量

企业长期股权投资的取得,可以分为两大类:一类是企业合并取得的,另一类是非企业合并取得的。企业合并取得的长期股权投资,又分为:同一控制下企业合并和非同一控制下企业合并取得的长期股权投资。不同方式取得的长期股权投资,其初始投资成本的确定和会计处理方法有所不同。

一、企业合并取得的长期股权投资

(一) 同一控制下企业合并取得的长期股权投资

同一控制下的企业合并是指参与合并的企业在合并前后均受同一方或相同的多方最终控制,且该控制并非暂时性的。例如,A公司为B公司和C公司的母公司,A公司将其持有C公司60%的股权转让给B公司。转让股权后,B公司持有C公司60%的股权,但B公司和C公司仍由A公司所控制。

同一控制下的企业合并,在合并日取得对其他参与合并企业控制权的一方为合并方,参与合并的其他企业为被合并方。合并方实际取得对被合并方控制权的日期称为合并日。

同一控制下的企业合并,合并双方的合并行为不完全是自愿进行和完成的,这种企业合并一般不属于交易行为,而是参与合并各方资产和负债的重新组合。从能够对参与合并各方在合并前及合并后均实施最终控制的一方来看,最终控制方在合并前及合并后能够控制的资产负债并未发生变化,因此,合并方对被合并方长期股权投资的初始投资成本,应当在合并日按照被合并方所有者权益在最终控制方合并财务报表中的账面价值的份额确定。

(1) 合并方以支付现金、转让非现金资产或承担债务等方式作为合并对价的,应当在合并日按照被合并方所有者权益在最终控制方合并财务报表中的账面价值的份额作为长期股权投资的初始投资成本。长期股权投资初始投资成本与支付的现金、转让的非现金资产及所承担债务账面价值之间的差额,应当调整资本公积;资本公积不足冲减的,调整留存收益。即按确定的初始投资成本,借记"长期股权投资——投资成本"账户;按照支付现金或转让非现金资产、承担债务的账面价值,贷记"银行存款"账户及相应的资产或负债账户;按照长期股权投资初始投资成本与支付的现金、转让的非现金资产及所承担债务账面价值之间的差额贷记"资本公积"或借记"资本公积""盈余公积""利润分配——未分配利润"账户。

(2) 合并方以发行权益性证券作为合并对价的,应当在合并日按照被合并方所有者权益在最终控制方合并财务报表中的账面价值的份额作为长期股权投资的初始投资成本。按确定的初始投资成本,借记"长期股权投资——投资成本"账户;按照发行股份的面值总额作为股本,贷记"股本"账户;按照长期股权投资初始投资成本与所发行股份面值总额之间的差额,调整资本公积,资本公积不足冲减的,调整留存收益,贷记"资本公积"或借记"资本公积""盈余公积""利润分配——未分配利润"账户。

(3) 合并方发生的审计、法律服务、评估咨询等中介费用及其他相关管理费用，应当于发生时计入当期损益，借记"管理费用"账户，借记"应交税费——应交增值税（进项税额）"账户，贷记"银行存款"等账户。

(4) 合并方发行债券或承担其他债务支付的手续费、佣金等，应当计入所发行债券及其他债务的初始成本。企业合并中发行权益性证券发生的手续费、佣金等费用，应当抵减权益性证券溢价收入，溢价收入不足冲减的，冲减留存收益。

需要说明的是：合并方支付的价款中如果含有被投资单位已宣告但尚未发放的现金股利，应作为应收债权处理，借记"应收股利"账户，不计入长期股权投资成本。

【例6-1】 A公司为天河公司和B公司的母公司。2×25年1月1日，A公司将其持有B公司60%的股权转让给天河公司，双方协商确定的价格为8 000 000元，以货币资金支付；此外，天河公司还以货币资金支付审计、评估费10 600元（其中包含可以抵扣的增值税600元）。合并日，B公司财务报表中所有者权益的账面价值为10 000 000元，B公司之前为A公司于2×13年以非同一控制下企业合并方式收购的全资子公司，A公司合并财务报表中的B公司所有者权益的账面价值为12 000 000元；天河公司资本公积余额为2 000 000元。不考虑相关税费等其他影响因素，编制相关会计分录如下：

天河公司初始投资成本＝12 000 000×60%＝7 200 000（元）

借：长期股权投资——B公司（投资成本）	7 200 000
资本公积	800 000
管理费用	10 000
应交税费——应交增值税（进项税额）	600
贷：银行存款	8 010 600

【例6-2】 2×25年1月6日，天河公司向同一集团内的另一公司C公司的原股东定向增发10 000 000股普通股（每股面值为1元，每股市价为8元），取得C公司100%股权，天河公司以银行存款支付发行股票手续费212 000元（其中含可抵扣的增值税12 000元）。天河公司当日起能够控制C公司，合并后C公司仍维持其独立的法人资格继续经营，两公司合并前的会计政策相同。合并日，被合并的C公司所有者权益在最终控制方合并会计报表中的账面价值为60 000 000元。根据以上资料，编制天河公司取得长期股权投资的会计分录如下：

借：长期股权投资——C公司（投资成本）	60 000 000
应交税费——应交增值税（进项税额）	12 000
贷：股本	10 000 000
银行存款	200 000
资本公积	49 800 000

（二）非同一控制下企业合并取得的长期股权投资

非同一控制下的企业合并是指参与合并的各方在合并前后不受同一方或相同的多方最终控制。相对于同一控制下的企业合并而言，非同一控制下的企业合并是合并各方自愿进行的交易行为，作为一种公平的交易，应当以公允价值为基础进行计量。非同一控制下的企业合并，在购买日取得对其他参与合并企业控制权的一方为购买方，参与合并的其他企业为被购买方。购买日是指购买方实际取得对被购买方控制权的日期。

非同一控制下的企业合并,购买方在购买日应当按照《企业会计准则第 20 号——企业合并》的有关规定确定的合并成本作为长期股权投资的初始投资成本。按照企业合并准则的规定,合并成本包括购买方付出的资产、发生或承担的负债、发行的权益证券的公允价值,也即购买方所付出的合并对价的公允价值。该公允价值与付出的资产、发生或承担负债的账面价值的差额作为处置资产、负债的损益计入当期损益。

具体进行会计处理时,购买方在购买日以支付现金的方式取得被购买方的股权,应以支付的现金作为初始投资成本,借记"长期股权投资——投资成本"账户,贷记"银行存款"等账户。

购买方在购买日以付出非货币性资产的方式取得被购买方的股权,应按照付出非货币性资产的公允价值作为初始投资成本,借记"长期股权投资——投资成本"账户;贷记"主营业务收入""其他业务收入""固定资产清理""应交税费——应交增值税(销项税额)"等账户,同时,结转资产成本,确认资产转让损益。其中,付出资产为固定资产、无形资产的,其处置损益计入资产处置损益;处置资产为金融资产的,其处置损益计入投资收益,所付出的金融资产在持有期间的公允价值变动也要一并转入投资收益;付出资产为存货的,视为存货销售处理。涉及增值税的,还应进行相应处理。

购买方在购买日以承担负债的方式取得被购买方的股权,应按照负债的公允价值作为初始投资成本,借记"长期股权投资——投资成本"账户;贷记"应付债券""其他应付款"等负债账户。

购买方在购买日以发行股票的方式取得被购买方的股权,应按照所发行股票的公允价值作为初始投资成本,借记"长期股权投资——投资成本"账户;按照发行股票的面值,贷记"股本"账户;按照其差额,贷记"资本公积——股本溢价"账户。

购买方支付的价款中如果含有被购买方已宣告但尚未发放的现金股利,应作为应收债权处理,借记"应收股利"账户,不计入长期股权投资成本。购买方为进行长期股权投资发生的各项直接相关费用也应计入管理费用。

【例 6-3】 天河公司于 2×25 年 1 月 1 日以货币资金 10 000 000 元及一批库存商品、机器设备购入 D 公司 70% 股权。库存商品的账面价值为 900 000 元,未计提存货跌价准备,不含增值税的公允价值为 1 000 000 元,增值税销项税额为 130 000 元;机器设备的原始价值为 8 000 000 元(不含增值税),累计折旧为 3 000 000 元,不含增值税的公允价值为 6 000 000 元,增值税销项税额为 780 000 元。此外,天河公司还以货币资金支付审计、评估费 212 000元(其中包含可以抵扣的增值税 12 000 元)。购买日,D 公司所有者权益的账面价值为 25 000 000 元,天河公司与 D 公司不属于关联方。根据以上资料,编制天河公司取得长期股权投资的会计分录如下:

天河公司初始投资成本 = 10 000 000 + 1 000 000 + 6 000 000 + 910 000 = 17 910 000(元)

(1) 借:长期股权投资——D公司(投资成本)　　　　　　　17 910 000
　　　　管理费用　　　　　　　　　　　　　　　　　　　　　　200 000
　　　　应交税费——应交增值税(进项税额)　　　　　　　　　 12 000
　　　贷:银行存款　　　　　　　　　　　　　　　　　　　　　10 212 000
　　　　　主营业务收入　　　　　　　　　　　　　　　　　　　 1 000 000
　　　　　固定资产清理　　　　　　　　　　　　　　　　　　　 6 000 000
　　　　　应交税费——应交增值税(销项税额)　　　　　　　　 　910 000

(2) 借:主营业务成本　　　　　　　　　　　　　　　　　　　　900 000
　　　贷:库存商品　　　　　　　　　　　　　　　　　　　　　　　900 000

(3) 借:固定资产清理　　　　　　　　　　　　　　　　　　　　5 000 000
　　　累计折旧　　　　　　　　　　　　　　　　　　　　　　3 000 000
　　　贷:固定资产　　　　　　　　　　　　　　　　　　　　　　8 000 000

(4) 借:固定资产清理　　　　　　　　　　　　　　　　　　　　1 000 000
　　　贷:资产处置损益　　　　　　　　　　　　　　　　　　　　1 000 000

【例 6-4】 天河公司与 E 公司为两个独立的法人企业,两者不存在任何关联方关系。天河公司和 E 公司达成合并协议,天河公司以发行每股面值 1 元的普通股股票 10 000 000 股作为合并对价取得 E 公司 80% 股权。2×25 年 1 月 3 日,天河公司完成了股票增发手续,当日天河公司股票每股市价为 2.5 元,增发股票支付的发行费 212 000 元(其中含可抵扣的增值税 1 200 元),天河公司另以银行存款支付审计费、评估费、法律服务费等共计 190 800 元(其中含可以抵扣的增值税 10 800 元)。天河公司在购买日的账务处理如下:

(1) 确认合并成本时:
　　　　　　　合并成本=10 000 000×2.5=25 000 000(元)

借:长期股权投资——E公司(投资成本)　　　　　　　　　　25 000 000
　　贷:股本　　　　　　　　　　　　　　　　　　　　　　　　10 000 000
　　　　资本公积——股本溢价　　　　　　　　　　　　　　　　15 000 000

(2) 支付股票发行费时:

借:资本公积——股本溢价　　　　　　　　　　　　　　　　　200 000
　　应交税费——应交增值税进项税额　　　　　　　　　　　　1 200
　　贷:银行存款　　　　　　　　　　　　　　　　　　　　　　212 000

(3) 支付直接相关费用时:

借:管理费用　　　　　　　　　　　　　　　　　　　　　　　180 000
　　应交税费——应交增值税(进项税额)　　　　　　　　　　　10 800
　　贷:银行存款　　　　　　　　　　　　　　　　　　　　　　190 800

二、非企业合并取得的长期股权投资

除企业合并形成的长期股权投资以外,其他方式取得的长期股权投资,其初始投资成本的确定与非同一控制下企业合并取得的长期股权投资成本的确定方法基本相同,区别在于投资企业为进行长期股权投资发生的各项直接相关费用也应计入长期股权投资成本。具体规定如下:

(1) 以支付现金或转出非现金资产等取得的长期股权投资,应当按照实际支付的现金或转出的非现金资产的公允价值加上与取得长期股权投资直接相关的费用(不含可以抵扣的增值税)及其他必要支出作为初始投资成本。

(2) 以发行权益性证券取得的长期股权投资,应当按照发行权益性证券的公允价值作为初始投资成本。与发行权益性证券直接相关的费用,应当按照《企业会计准则第 37

号——金融工具列报》的有关规定确定。

【例 6-5】 天河公司于 2×25 年 1 月 1 日购入珠江公司 20% 的股权作为长期股权投资，以银行存款支付价款 4 000 000 元，另以银行存款支付相关税费 100 000 元（其中含可以抵扣的增值税 6 000 元）；购买日，珠江公司所有者权益的账面价值为 9 000 000 元，公允价值为 10 500 000 元。编制会计分录如下：

借：长期股权投资——珠江公司（投资成本） 4 094 000
　　应交税费——应交增值税（进项税额） 6 000
　贷：银行存款 4 100 000

【例 6-6】 2×25 年 2 月 5 日，天河公司通过增发 20 000 000 股本公司的普通股（每股面值 1 元）取得白云公司 20% 的股权，从而能够对白云公司的财务和生产经营决策施加重大影响，所增发的股票的公允价值为 50 000 000 元，天河公司为增发该部分股份向证券承销机构支付了 1 060 000 元（其中含可抵扣的增值税 60 000 元）的佣金和手续费。编制会计分录如下：

（1）借：长期股权投资——白云公司（投资成本） 50 000 000
　　　贷：股本 20 000 000
　　　　　资本公积——股本溢价 30 000 000

（2）借：资本公积——股本溢价 1 000 000
　　　　应交税费——应交增值税进项税额 60 000
　　　贷：银行存款 1 060 000

【知识链接】

其他方式取得长期股权投资初始投资成本的确定

投资者投入的长期股权投资，即投资者以其持有的对第三方的投资作为出资投入企业形成的长期股权投资，应以投资合同或协议约定的价值作为初始投资成本，如果合同或协议约定的价值不公允，则以取得的长期股权投资的公允价值作为初始投资成本。通过非货币性资产交换取得的长期股权投资，其初始投资成本应当按照《企业会计准则第 7 号——非货币性资产交换》的有关规定确定。通过债务重组取得的长期股权投资，其初始投资成本应当按照《企业会计准则第 12 号——债务重组》的有关规定确定。

第三节　长期股权投资的后续计量

长期股权投资在持有期间，按照投资企业对被投资单位的影响程度及是否存在活跃市场、公允价值能否可靠地计量等划分，有成本法和权益法两种不同的方法。

一、长期股权投资的成本法

(一) 成本法的概念和适用范围

成本法是指长期股权投资通常按投资成本计价,除追加或收回投资外,一般不对股权投资的账面价值进行调整的一种会计处理方法。

成本法适用于投资方能够对被投资单位实施控制的长期股权投资,即对子公司的投资。

(二) 成本法的基本核算程序

采用成本法核算的长期股权投资应当按照初始投资成本计价,除追加或收回投资应当调整长期股权投资的成本外,无论被投资单位经营情况如何,净资产是否增减,投资方都不调整长期股权投资的账面价值。被投资单位宣告分派的现金股利或利润时,除取得投资时实际支付的价款或对价中包含的已宣告尚未发放的现金股利或利润外,投资方按照持股比例计算享有的部分应当确认为当期投资收益,不论有关利润分配是属于对取得投资前还是对取得投资后被投资单位实现净利润的分配。被投资单位宣告分派股票股利时,投资方应于除权日在备查簿中登记增加的股数,从而降低每股成本。

投资企业在确认自被投资单位应分得的现金股利或利润后,应当考虑有关长期股权投资是否发生减值。在判断该类长期股权投资是否存在减值迹象时,应当关注长期股权投资的账面价值是否大于享有被投资单位净资产(包括商誉)账面价值的份额等情况。出现类似情况时,则应进行减值测试,计提减值准备。

【例 6-7】天河公司 2×25 年 5 月 15 日以银行存款购买诚信股份有限公司的股票 1 000 000 股作为长期股权投资,从而拥有诚信公司 90% 股权,能够对诚信公司财务与经营政策实施控制。该股票每股买价为 10 元,每股价格中包含有 0.2 元的已宣告分派的现金股利,另支付相关税费 742 000 元(其中包含可抵扣的增值税 42 000 元)。天河公司 2×25 年 6 月 20 日收到诚信股份有限公司已宣告分派的股利 200 000 元。2×26 年 5 月 15 日,诚信公司宣告分派现金股利,天河公司按照持股比例计算可分得 300 000 元。会计处理如下:

(1) 2×25 年 5 月 15 日,购入股票时:

借:长期股权投资　　　　　　　　　　　　　　　　　　　9 800 000
　　管理费用　　　　　　　　　　　　　　　　　　　　　　　700 000
　　应交税费——应交增值税(进项税额)　　　　　　　　　　　42 000
　　应收股利　　　　　　　　　　　　　　　　　　　　　　　200 000
　贷:银行存款　　　　　　　　　　　　　　　　　　　　　10 742 000

(2) 2×25 年 6 月 20 日,收到买价中所含的已宣告未发放的现金股利时:

借:银行存款　　　　　　　　　　　　　　　　　　　　　　200 000
　贷:应收股利　　　　　　　　　　　　　　　　　　　　　　200 000

(3) 2×26 年 5 月 15 日,诚信公司宣告分派现金股利时:

借:应收股利　　　　　　　　　　　　　　　　　　　　　　300 000
　贷:投资收益　　　　　　　　　　　　　　　　　　　　　　300 000

二、长期股权投资的权益法

(一) 权益法的概念与适用范围

权益法是指长期股权投资最初以投资成本计价,以后则要根据投资方享有被投资单位所有者权益份额的变动,对长期股权投资的账面价值进行相应的调整,使长期股权投资的账面价值始终能够反映投资方在被投资单位所有者权益中应享有份额的一种会计处理方法。

投资方对被投资单位具有共同控制或重大影响的长期股权投资,即对合营企业和对联营企业的长期股权投资,应采用权益法核算。

投资方对联营企业的权益性投资,其中一部分通过风险投资机构、共同基金、信托公司或包括投连险基金在内的类似主体间接持有的,无论以上主体是否对这部分投资具有重大影响,投资方都可以按照《企业会计准则第 22 号——金融工具确认和计量》的有关规定,对间接持有的该部分投资选择以公允价值计量且其变动计入损益,并对其余部分采用权益法核算。

(二) 权益法核算的账户设置

采用权益法进行长期股权投资的核算,可以在"长期股权投资"账户下,设置"投资成本""损益调整""其他综合收益调整""其他权益变动"等明细账户。

"长期股权投资"的账户余额,反映全部投资成本。其中:"投资成本"明细账户反映购入股权时在被投资企业可辨认净资产公允价值中占有的份额及初始投资成本大于占有份额形成的商誉;"损益调整"明细账户反映购入股权以后随着被投资企业留存收益的增减变动而享有份额的调整数;"其他综合收益调整"明细账户反映购入股权以后随着被投资企业其他综合收益的增减变动而享有份额的调整数;"其他权益变动"明细账户反映购入股权以后随着被投资企业除了净损益、利润分配、其他综合收益以外的所有者权益其他变动中享有份额的调整数。

(三) 权益法下初始投资成本的调整

采用权益法进行长期股权投资的核算,为了更为客观地反映在被投资企业所有者权益中享有的份额,应将初始投资成本按照被投资企业可辨认净资产公允价值和持股比例进行调整。可辨认净资产的公允价值是指被投资企业可辨认资产的公允价值减去负债及或有负债公允价值后的余额。

(1) 长期股权投资的初始投资成本大于投资时应享有被投资企业可辨认净资产公允价值份额的,该差额从本质上是投资方在取得投资过程中通过购买作价体现出的与所取得股权份额相对应的商誉及被投资企业不符合确认条件的资产价值。该差额不要求调整长期股权投资的初始投资成本。

(2) 长期股权投资的初始投资成本小于投资时应享有被投资企业可辨认净资产公允价值份额的,该差额体现为双方在交易作价过程中转让方的让步,该部分经济利益流入应作为收益处理,计入取得投资当期的营业外收入,同时调整增加长期股权投资的账面价值,借记"长期股权投资——投资成本"账户,贷记"营业外收入"账户。

【例 6-8】 天河公司于 2×25 年 1 月 1 日购入 F 公司 20% 的股权作为长期股权投资,以银行存款支付价款 2 000 000 元,天河公司对 F 公司有重大影响;购买日 F 公司所有者权益的账面价值为 9 000 000 元,公允价值为 10 500 000 元。账务处理如下:

(1) 取得投资时：

借：长期股权投资——投资成本　　　　　　　　　　　　2 000 000
　　贷：银行存款　　　　　　　　　　　　　　　　　　　　　　2 000 000

(2) 天河公司调整初始投资成本与享有 F 公司可辨认净资产公允价值份额的差额时：

天河公司享有 F 公司可辨认净资产公允价值的份额＝10 500 000×20％＝2 100 000(元)
天河公司应调整投资成本＝2 100 000－2 000 000＝100 000(元)

借：长期股权投资——投资成本　　　　　　　　　　　　100 000
　　贷：营业外收入　　　　　　　　　　　　　　　　　　　　　　100 000

(3) 本例中，若天河公司取得 F 公司 20％的股权时支付的价款为 2 300 000 元，其他情况不变，则天河公司取得投资时：

借：长期股权投资——投资成本　　　　　　　　　　　　2 300 000
　　贷：银行存款　　　　　　　　　　　　　　　　　　　　　　2 300 000

此时，天河公司长期股权投资的初始投资成本 2 300 000 元大于取得投资时应享有 F 公司可辨认净资产公允价值的份额 2 100 000 元(10 500 000×20％)，两者之间的差额不调整长期股权投资的账面价值。

(四) 权益法下投资损益的确认

1. 投资收益的确认

企业持有的对联营企业或合营企业的投资，一方面应按照享有被投资企业净利润的份额确认为投资收益，另一方面作为追加投资，借记"长期股权投资——损益调整"账户，贷记"投资收益"账户。

权益法下，长期股权投资的初始投资成本已经按照被投资企业可辨认净资产的公允价值进行了调整。因此，被投资企业的净利润应以其各项可辨认资产等的公允价值为基础进行调整后加以确定，不应仅按照被投资企业的账面净利润与持股比例计算的结果简单确定。

基于重要性原则，通常应考虑的调整因素为：以取得投资时被投资企业固定资产、无形资产的公允价值为基础计提的折旧额或摊销额及减值准备的金额对被投资企业净利润的影响。其他项目如为重要的，也应进行调整。

【知识链接】

存在下列情况之一的，可以按照被投资单位的账面净损益与持股比例计算确认投资损益，但应当在附注中说明这一事实及其原因。

(1) 无法可靠确定投资时被投资单位各项可辨认资产等的公允价值。
(2) 投资时被投资单位可辨认资产等的公允价值与其账面价值之间的差额较小。
(3) 其他原因导致无法对被投资单位净损益进行调整。

【例 6-9】承[例 6-8]，天河公司 2×25 年 1 月 1 日取得投资时 F 公司的固定资产账面价值为 3 000 000 元，公允价值为 4 500 000 元，其他可辨认资产的公允价值与账面价值一致。按照固定资产账面价值计提的年折旧额为 200 000 元，按照公允价值应计提的年折旧额为300 000元。F公司2×25年度实现的账面净利润为1 500 000元。账务处理如下：

不考虑所得税影响，按照被投资企业的账面净利润计算确定的投资收益应为300 000元（1 500 000×20%）。基于投资时固定资产的公允价值调整的净利润为1 400 000元[1 500 000－（300 000－200 000）]，天河公司公司按照持股比例计算确认的当期投资收益应为280 000元（1 400 000×20%）。

借：长期股权投资——损益调整　　　　　　　　　　　　280 000
　　贷：投资收益　　　　　　　　　　　　　　　　　　　　　　280 000

投资方计算确认应享有或应分担被投资单位的净损益时，与联营企业、合营企业之间发生的未实现内部交易损益按照应享有的比例计算归属于投资方的部分，应当予以抵销，在此基础上计算确认投资收益。投资方与被投资单位发生的未实现内部交易损失，按照《企业会计准则第8号——资产减值》等的有关规定属于资产减值损失的，应当全额确认。投资方对于纳入其合并范围的子公司与其联营企业及合营企业之间发生的内部交易损益，也应按照上述原则进行抵销，在此基础上确认投资收益。

应当注意的是，该未实现内部交易损益的抵销既包括顺流交易也包括逆流交易。其中，顺流交易是指投资方向其联营企业、合营企业出售资产；逆流交易则是指联营企业或合营企业向投资方出售资产。

【例6-10】　天河公司持有甲公司20%的表决权股份，能够对甲公司生产经营决策施加重大影响，采用权益法核算对甲公司投资。天河公司于2×25年10月，将账面价值为2 000 000元的一批产品以3 200 000元的价格出售给了甲公司，甲公司将购入的该批产品作为存货入账，至2×25年年底，甲公司尚未对外出售该批产品。天河公司在取得甲公司20%股权时，甲公司各项可辨认净资产公允价值与账面价值相同，双方以前期间未发生内部交易。2×25年度，甲公司实现净利润4 800 000元。假定不考虑所得税因素。天河公司按照权益法计算确认应享有甲公司2×25年度净损益时的账务处理如下：

调整后的甲公司净利润＝4 800 000－（3 200 000－2 000 000）＝3 600 000（元）
天河公司应享有的份额＝3 600 000×20%＝720 000（元）

借：长期股权投资——甲公司（损益调整）　　　　　　　　720 000
　　贷：投资收益　　　　　　　　　　　　　　　　　　　　　　720 000

【例6-11】　天河公司持有乙公司20%的表决权股份，能够对乙公司生产经营决策施加重大影响，采用权益法核算对乙公司投资。乙公司于2×25年11月，将账面价值为10 000 000元的一批产品以12 000 000元的价格出售给了天河公司，天河公司将购入的该批产品作为管理用固定资产入账，折旧年限为10年，采用直线法计提折旧，不考虑净残值。天河公司在取得乙公司20%股权时，乙公司各项可辨认净资产公允价值与账面价值相同，双方以前期间未发生内部交易。2×25年度，乙公司实现净利润2 000 000元。假定不考虑所得税因素。天河公司按照权益法计算确认应享有乙公司2×25年度净损益时的账务处理如下：

调整后的乙公司净利润＝2 000 000－（12 000 000÷10－10 000 000÷10）＝1 800 000（元）
天河公司应享有的份额＝1 800 000×20%＝360 000（元）

借：长期股权投资——乙公司（损益调整）　　　　　　　　360 000
　　贷：投资收益　　　　　　　　　　　　　　　　　　　　　　360 000

2. 投资损失的确认

如果被投资企业发生亏损,投资企业也应按持股比例确认应分担的损失,借记"投资收益"账户,贷记"长期股权投资——损益调整"账户。

被投资企业的净亏损也应以其各项可辨认资产等的公允价值为基础进行调整后加以确定。

投资企业承担有限责任,因此投资企业在确认投资损失时,应以长期股权投资的账面价值及其他实质上构成对被投资企业净投资的长期权益减记至零为限,负有承担额外损失义务的除外。

其他实质上构成对被投资企业净投资的长期权益,通常是指长期性的应收项目,如企业对被投资企业的长期应收款,该款项的清偿没有明确的计划且在可预见的未来期间难以收回的,实质上构成长期权益。

企业确认应分担被投资企业发生的亏损时,应当按照以下顺序进行处理:

(1) 减记长期股权投资的账面价值,同时确认投资损失。

(2) 长期股权投资的账面价值减记至零时,如果存在实质上构成对被投资企业净投资的长期权益,应以该长期权益的账面价值为限减记长期权益的账面价值,同时确认投资损失。

(3) 长期权益的价值减记至零时,如果按照投资合同或协议约定需要企业承担额外义务的,应按预计承担的金额确认为投资损失,同时确认预计负债。

(4) 按照以上顺序处理后,如果仍有尚未确认的投资损失,投资企业应在备查簿上登记。

在确认了有关的投资损失以后,当被投资企业以后期间实现盈利时,投资企业应按其收益分享额弥补未确认的亏损分担额后,恢复确认收益分享额。即按与以上相反的顺序分别减记账外备查簿中登记的未确认亏损分担额、已确认的预计负债,恢复其他长期权益及长期股权投资的账面价值,同时确认投资收益。

【例 6-12】 天河公司持有丙公司 30% 的股权作为长期股权投资进行管理,并采用权益法进行会计处理。2×25 年 12 月 31 日,该项股权投资的账面价值为 12 000 000 元("投资成本"为 10 000 000 元,"损益调整"为 2 000 000 元);天河公司另有一项对丙公司的长期应收款,账面价值为 3 000 000 元,属于实质上构成对丙公司净投资的长期权益。2×25 年度,丙公司发生巨额亏损,以可辨认净资产公允价值为基础调整后的净亏损为 52 000 000 元。2×26 年度,丙公司以可辨认净资产公允价值为基础调整后实现的净利润为 8 000 000 元。根据以上资料,编制天河公司调整投资损益的会计分录如下:

(1) 2×25 年年末相关会计处理。

应分担的投资损失 = 52 000 000 × 30% = 15 600 000(元)

以长期股权投资和其他长期权益账面价值为限实际确认的投资损失 = 12 000 000 + 3 000 000 = 15 000 000(元)

未确认应分担的投资损失 = 15 600 000 − 15 000 000 = 600 000(元)

借:投资收益——损益调整　　　　　　　　　　　　　15 000 000
　　贷:长期股权投资　　　　　　　　　　　　　　　　　　12 000 000
　　　　长期应收款减值准备　　　　　　　　　　　　　　　3 000 000

2×25 年年末:

长期股权投资账面价值:0。

长期应收款账面价值:0。

备查簿中登记的未确认亏损分担额:600 000元。

(2) 2×26年度相关会计处理。

$$应享有的投资收益 = 8\,000\,000 \times 30\% = 2\,400\,000(元)$$
$$实际确认的投资收益 = 2\,400\,000 - 600\,000 = 1\,800\,000(元)$$

借:长期应收款减值准备　　　　　　　　　　　　　　　　1 800 000
　　贷:投资收益　　　　　　　　　　　　　　　　　　　　　　　1 800 000

2×26年年末:

长期股权投资账面价值:0。

长期应收款账面价值:1 800 000元。

(五) 权益法下被投资单位分派股利的调整

采用权益法进行长期股权投资的核算,被投资企业分派的现金股利,应视为投资的收回。投资企业应按照被投资企业宣告分派的现金股利按持股比例计算的应分得现金股利,相应减少长期股权投资的账面价值,借记"应收股利"账户,贷记"长期股权投资——损益调整"账户。

被投资单位分派股票股利时,投资企业不作账务处理,但应于除权日登记所增加的股数,以反映股份的变化情况。

【例6-13】 承[例6-8],2×25年4月10日,F公司宣告分派现金股利1 000 000元。4月25日,F公司实际发放现金股利1 000 000元。天河公司应编制以下会计分录:

(1) 4月10日,F公司宣告分派现金股利时:

借:应收股利　　　　　　　　　　　　　　　　　　　　　　　200 000
　　贷:长期股权投资——损益调整　　　　　　　　　　　　　　　200 000

(2) 4月25日,实际收到现金股利时:

借:银行存款　　　　　　　　　　　　　　　　　　　　　　　200 000
　　贷:应收股利　　　　　　　　　　　　　　　　　　　　　　　200 000

(六) 权益法下被投资企业其他综合收益变动的调整

采用权益法进行长期股权投资的核算,当被投资企业确认其他综合收益及其变动时,投资企业按照持股比例计算应分享或分担的份额,调整长期股权投资的账面价值,同时计入其他综合收益。借记或贷记"长期股权投资——其他综合收益调整"账户,贷记或借记"其他综合收益"账户。

【例6-14】 承[例6-8],F公司2×25年其他综合收益增加了500 000元。根据上述业务,编制天河公司确认其他综合收益的调整分录如下:

借:长期股权投资——其他综合收益调整(500 000×20%)　　100 000
　　贷:其他综合收益　　　　　　　　　　　　　　　　　　　　　100 000

(七) 权益法下被投资企业其他权益变动的调整

采用权益法进行长期股权投资的核算,被投资企业除净损益、利润分配、其他综合收益以外所有者权益的其他变动,投资企业应调整长期股权投资的账面价值,并计入资本公积,借记或贷记"长期股权投资——其他权益变动"账户,贷记或借记"资本公积——其他资本公积"账户。

【例 6-15】 承[例 6-8],F 公司 2×26 年度因为股份支付而计入资本公积的金额为 300 000 元。天河公司的会计分录如下:

借:长期股权投资——其他权益变动(300 000×20%)   60 000
    贷:资本公积——其他资本公积   60 000

第四节 长期股权投资的减值和处置

一、长期股权投资减值

(一) 长期股权投资减值金额的确定

企业对子公司、合营企业及联营企业的长期股权投在资产负债表日存在可能发生减值的迹象时,其可收回金额低于账面价值的,应当将该长期股权投资的账面价值减记至可收回金额,减记的金额确认为减值损失,计入当期损益,同时计提相应的资产减值准备。长期股权投资的可收回金额是指长期股权投资的公允价值减去处置费用后的净额与长期股权投资预计未来现金流量现值两者中的较高者。

(二) 长期股权投资减值的会计处理

企业计提长期股权投资减值准备,应当设置"长期股权投资减值准备"账户核算。企业按应减记的金额,借记"资产减值损失"账户,贷记"长期股权投资减值准备"账户。

长期股权投资减值损失一经确认,在以后会计期间不得转回。

【例 6-16】 承[例 6-8],2×25 年 12 月 31 日,天河公司对 F 公司长期股权投资的账面价值为 2 340 000 元,可收回金额为 2 000 000 元,确认减值损失 340 000 元。会计处理如下:

借:资产减值损失   340 000
    贷:长期股权投资减值准备   340 000

二、长期股权投资的处置

处置长期股权投资时,按实际取得的价款与长期股权投资账面价值的差额确认为投资损益,并应同时结转已计提的长期股权投资减值准备。其会计处理是:企业处置长期股权投资时,应按实际收到的金额,借记"银行存款"等账户;按原已计提的减值准备,借记"长期股权投资减值准备"账户,按该长期股权投资的账面余额,贷记"长期股权投资"账户,按尚未领取的现金股利或利润,贷记"应收股利"账户,按其差额,贷记或借记"投资收益"账户。采用权益法核算的长期股权投资处置时,还应结转原记入其他综合收益和资本公积的相关金额,借记或贷记"其他综合收益""资本公积——其他资本公积"账户,贷记或借记"投资收益"账户。部分处置某项长期股权投资时,应按该项投资的总平均成本确定其处置部分的成本,并按相应比例结转已计提的减值准备、其他综合收益和资本公积。

【例6-17】 承[例6-8],2×26年1月5日,天河公司将持有的F公司的股权全部出售,收到价款2 200 000元。此时,天河公司对F公司长期股权投资的账面价值为2 000 000元。其中,长期股权投资——投资成本2 100 000元,长期股权投资——损益调整80 000元,长期股权投资——其他综合收益调整100 000元,长期股权投资——其他权益变动60 000元,长期股权投资减值准备340 000元。

会计处理如下:

借:银行存款　　　　　　　　　　　　　　　　　　2 200 000
　　长期股权投资减值准备　　　　　　　　　　　　　340 000
　　贷:长期股权投资——成本　　　　　　　　　　　2 100 000
　　　　　　　　　　——损益调整　　　　　　　　　　80 000
　　　　　　　　　　——其他综合收益调整　　　　　100 000
　　　　　　　　　　——其他权益变动　　　　　　　　60 000
　　　　投资收益　　　　　　　　　　　　　　　　　200 000

同时,结转与F公司投资有关的其他综合收益和资本公积——其他资本公积:

借:其他综合收益　　　　　　　　　　　　　　　　　100 000
　　资本公积——其他资本公积　　　　　　　　　　　　60 000
　　贷:投资收益　　　　　　　　　　　　　　　　　160 000

第五节　长期股权投资的转换

一、追加投资导致核算方法的转换

(一)追加投资由金融资产转为对联营企业、合营企业投资:公允价值计量转为权益法核算

投资方因追加投资等原因能够对被投资单位实施共同控制或施加重大影响时,核算方法的转换模式是由金融资产转为长期股权投资——权益法核算。此时需要将金融资产公允价值加上新增投资成本之和,作为改按权益法核算的长期股权投资初始投资成本。原金融资产公允价值与账面价值之间的差额,以及原计入其他综合收益的累计公允价值变动应当转入改按权益法核算的当期损益。

【例6-18】 天河公司于2×25年7月1日以银行存款5 000 000元购入X公司5%的股权,天河公司将其确认为其他权益工具投资。2×25年12月31日,该项投资的公允价值为6 000 000元,当日天河公司又对X公司追加投资20 000 000元,取得X公司20%股权,至此,天河公司对X公司持股25%,对X公司具有重大影响,改按权益法核算,转换日X公司可辨认净资产的公允价值为100 000 000元。天河公司所作的会计处理如下:

(1) 2×25 年 7 月 1 日,对 X 公司投资时:

借:其他权益工具投资——成本　　　　　　　　　　　　　　5 000 000
　　贷:银行存款　　　　　　　　　　　　　　　　　　　　　　　　5 000 000

(2) 2×25 年 12 月 31 日,确认对 X 公司投资的公允价值变动时:

借:其他权益工具投资——公允价值变动　　　　　　　　　　1 000 000
　　贷:其他综合收益　　　　　　　　　　　　　　　　　　　　　　1 000 000

(3) 2×25 年 12 月 31 日,对 X 公司追加投资并具有重大影响时:

借:长期股权投资——投资成本　　　　　　　　　　　　　　20 000 000
　　贷:银行存款　　　　　　　　　　　　　　　　　　　　　　　　20 000 000

(4) 2×25 年 12 月 31 日,将其他权益工具投资转为长期股权投资时:

借:长期股权投资——投资成本　　　　　　　　　　　　　　6 000 000
　　贷:其他权益工具投资——成本　　　　　　　　　　　　　　　　5 000 000
　　　　　　　　　　　　——公允价值变动　　　　　　　　　　　1 000 000

(5) 2×25 年 12 月 31 日,将其他综合收益转为投资收益。

借:其他综合收益　　　　　　　　　　　　　　　　　　　　1 000 000
　　贷:投资收益　　　　　　　　　　　　　　　　　　　　　　　　1 000 000

采用权益法核算的长期股权投资的初始投资成本为 26 000 000 元,大于按照累计持股比例计算的转换日应享有的 X 公司可辨认净资产公允价值的份额 25 000 000 元(100 000 000×25%),不需要调整初始投资成本。

(二) 追加投资由金融资产转为对子公司投资:公允价值计量的金融资产转为成本法核算

投资方因追加投资等原因实现非同一控制下企业合并时,核算方法的转换模式为:由金融资产转为长期股权投资——成本法核算。此时,合并方应当按照原持有的股权投资购入账面价值加上新增投资成本之和,作为改按成本法核算的长期股权投资初始投资成本。原计入其他综合收益的累计公允价值变动应当在改按成本法核算时转入当期损益。

【例 6-19】 2×25 年 8 月 1 日,天河公司以银行存款 10 000 000 元购入 Y 公司 10% 的股权,对 Y 公司无重大影响,天河公司将其确认为其他权益工具投资。2×25 年 10 月 31 日,该笔投资的公允价值为 11 000 000 元,当日天河公司又以银行存款 60 000 000 元从其他投资者手中购得 Y 公司 60% 股份,对 Y 公司实现了非同一控制下企业合并。会计处理如下:

(1) 2×25 年 8 月 1 日,对 Y 公司投资时:

借:其他权益工具投资——成本　　　　　　　　　　　　　　10 000 000
　　贷:银行存款　　　　　　　　　　　　　　　　　　　　　　　　10 000 000

(2) 2×25 年 10 月 31 日,确认对 Y 公司投资的公允价值变动时:

借:其他权益工具投资——公允价值变动　　　　　　　　　　1 000 000
　　贷:其他综合收益　　　　　　　　　　　　　　　　　　　　　　1 000 000

(3) 2×25 年 10 月 31 日,对 Y 公司追加投资 60 000 000 元时:

借：长期股权投资——投资成本　　　　　　　　　　　　　　60 000 000
　　贷：银行存款　　　　　　　　　　　　　　　　　　　　　　　60 000 000

(4) 2×25年10月31日,将其他权益工具投资转为长期股权投资时：

借：长期股权投资——投资成本　　　　　　　　　　　　　　11 000 000
　　贷：其他权益工具投资——成本　　　　　　　　　　　　　　10 000 000
　　　　　　　　　　　　——公允价值变动　　　　　　　　　　1 000 000

(5) 2×25年10月31日,将其他综合收益转为投资收益时：

借：其他综合收益　　　　　　　　　　　　　　　　　　　　1 000 000
　　贷：投资收益　　　　　　　　　　　　　　　　　　　　　　　1 000 000

(三) 追加投资由对联营企业、合营企业投资转为对子公司投资：权益法核算转为成本法核算

投资方因追加投资等原因实现非同一控制下企业合并,转换模式为：由长期股权投资——权益法转为长期股权投资——成本法核算。此时合并方应当按照原来持有的股权投资账面价值加上新增投资成本之和,作为改按成本法核算的初始投资成本,也就是不用再追溯调整了。购买日之前持有的股权投资因采用权益法核算而确认的其他综合收益和其他权益变动,购买日不作处理,等到处置该项投资时采用与被投资单位直接处置相关资产或负债相同的基础进行会计处理。

【例6-20】 2×25年7月1日,天河公司以银行存款40 000 000购入Z公司40%的股权,对Z公司具有重大影响,当日Z公司可辨认净资产的公允价值为110 000 000元。2×25年Z公司全年实现净利润2 000 000元(其中下半年实现净利润1 000 000元)。2×26年6月30日,Z公司宣告并发放现金股利800 000元,2×26年1~6月实现净利润1 200 000元。2×26年7月1日,天河公司再出资25 000 000元购入的Z公司20%的股权,从而实现对Z公司的控制。会计处理如下：

(1) 2×25年7月1日,对Z公司投资时：

借：长期股权投资——投资成本　　　　　　　　　　　　　　40 000 000
　　贷：银行存款　　　　　　　　　　　　　　　　　　　　　　　40 000 000

借：长期股权投资——投资成本(110 000 000×40%－40 000 000)　　4 000 000
　　贷：营业外收入　　　　　　　　　　　　　　　　　　　　　　4 000 000

(2) 2×25年,Z公司全年实现净利润2 000 000元(下半年实现净利润1 000 000元)时：

借：长期股权投资——损益调整(1 000 000×40%)　　　　　　　400 000
　　贷：投资收益　　　　　　　　　　　　　　　　　　　　　　　400 000

(3) 2×26年6月30日,Z公司宣告并发放现金股利800 000元,2×26年1月至6月实现净利润1 200 000元时：

借：应收股利(800 000×40%)　　　　　　　　　　　　　　　　320 000
　　贷：长期股权投资——损益调整　　　　　　　　　　　　　　　320 000

借：长期股权投资——损益调整（1 200 000×40%）	480 000
贷：投资收益	480 000

（4）2×26 年 7 月 1 日，天河公司购入 Z 公司 20% 股权时：

借：长期股权投资——投资成本	25 000 000
贷：银行存款	25 000 000

（5）将原权益法核算的长期股权投资的账面价值转为成本法核算的初始投资成本时：

借：长期股权投资——成本	44 560 000
贷：长期股权投资——成本	44 000 000
——损益调整	560 000

购买日，天河公司对 Z 公司长期股权投资的账面价值＝（40 000 000＋4 000 000＋400 000－320 000＋480 000）＋25 000 000＝69 560 000（元）。

二、处置投资导致核算方法的转换

（一）处置投资由对联营企业、合营企业投资转为金融资产：权益法核算转为公允价值计量的金融资产

对被投资单位减资导致丧失了对被投资单位的共同控制或重大影响，此时，需要将剩余的长期股权投资转为交易性金融资产或可供出售的金融资产。其转换模式为：由长期股权投资——权益法转为金融资产核算。转换日剩余股权投资的公允价值与原账面价值之间的差额计入当期损益或其他综合收益。原股权投资因采用权益法核算而确认的其他综合收益或资本公积——其他资本公积也应当计入当期损益或其他综合收益。

【例 6-21】 天河公司于 2×25 年 7 月 1 日取得 A 公司 30% 的股权，成本为银行存款 30 000 000 元，对 A 公司具有重大影响。2×25 年 7 月 1 日至 12 月 31 日，A 公司实现净利润 2 000 000 元，2×26 年年初至 6 月 30 日，A 公司实现净利润 1 000 000 元。2×26 年 7 月 1 日，天河公司处置了所持有的 A 公司 20% 的股权，处置价款为 21 000 000 元。处置后不再对 A 公司具有重大影响，处置当日剩余 10% 股权的公允价值为 14 000 000 元。会计处理如下：

（1）2×25 年 7 月 1 日，对 A 公司投资时：

借：长期股权投资——投资成本	30 000 000
贷：银行存款	30 000 000

（2）2×25 年 12 月 31 日，确认投资收益时：

借：长期股权投资——损益调整	600 000
贷：投资收益	600 000

（3）2×26 年 6 月 30 日，确认投资收益时：

借：长期股权投资——损益调整	300 000
贷：投资收益	300 000

（4）2×26 年 7 月 1 日，确认处置 A 公司 20% 投资的投资收益时：

借：银行存款 21 000 000
　　贷：长期股权投资——投资成本 20 000 000
　　　　　　　　　　——损益调整 600 000
　　　　投资收益 400 000

(5) 2×26年7月1日,对A公司不再具有重大影响时:

A. 若剩余股权投资转换为交易性金融资产,则:

借：交易性金融资产——成本 14 000 000
　　贷：长期股权投资——投资成本 10 000 000
　　　　　　　　　　——损益调整 300 000
　　　　投资收益 3 700 000

B. 若剩余股权投资转换为其他权益工具投资,则:

借：其他权益工具投资——成本 14 000 000
　　贷：长期股权投资——投资成本 10 000 000
　　　　　　　　　　——损益调整 300 000
　　　　其他综合收益 3 700 000

(二) 处置投资由对子公司投资转为对联营企业、合营企业投资：成本法核算转为权益法核算

投资方因处置部分权益性投资等原因丧失了对被投资单位的控制但能够对被投资单位施加重大影响或实施共同控制,转换模式为：由长期股权投资——成本法转为长期股权投资——权益法核算。此时应对剩余股权视同自取得时即采用权益法核算进行调整,也就是需要追溯调整。

[例6-22] 2×25年7月1日,天河公司支付现金60 000 000元,取得B公司60%股权,并取得对B公司的控制权。当日B公司可辨认净资产公允价值80 000 000元。次年6月30日,天河公司处置持有B公司的40%股权,取得处置价款50 000 000元,处置后天河公司对B公司的持股比例降为20%,丧失了对B公司的控制权,但仍对B公司有重大影响。B公司在2×25年7月1日至2×26年6月30日实现的净利润为15 000 000元(其中,2×25年7～12月B公司实现净利润5 000 000元,2×26年年初至6月30日实现净利润10 000 000元)。B公司按照净利润的10%比例计提法定盈余公积。会计处理如下：

(1) 2×25年7月1日,对B公司投资应当按照实际支付的购买价款作为初始投资成本时：

借：长期股权投资——投资成本 60 000 000
　　贷：银行存款 60 000 000

(2) 2×26年6月30日,天河公司确认长期股权投资处置损益时：

借：银行存款 50 000 000
　　贷：长期股权投资(60 000 000÷60%×40%) 40 000 000
　　　　投资收益 10 000 000

(3) 2×26年6月30日,天河公司处置长期股权投资损益后,长期股权投资由成本法转为权益法,进行追溯调整时：

A. 剩余20%股权账面价值20 000 000元(60 000 000÷60%×20%),与原投资时享有

的可辨认净资产份额之间差额 4 000 000 元(2 000－8 000×20％)为商誉,不需要调整长期股权投资账面价值。

B. 剩余 20％股权应享有 A 公司自购买日至处置日期间实现的净损益为 3 000 000 元(15 000 000×20％),应调增长期股权投资账面价值,同时调整留存收益或当期损益,其中,享有 2×26 年 1～6 月当期实现的净利润份额为 2 000 000 元(10 000 000×20％)。

借:长期股权投资　　　　　　　　　　　　　　　　　　　　　　　3 000 000
　　贷:盈余公积　　　　　　　　　　　　　　　　　　　　　　　　　100 000
　　　　利润分配——未分配利润　　　　　　　　　　　　　　　　　　900 000
　　　　投资收益　　　　　　　　　　　　　　　　　　　　　　　　2 000 000

(三)处置投资由对子公司投资转为金融资产:成本法核算转为公允价值计量的金融资产

投资方因处置部分权益性投资等原因丧失了对被投资单位的控制的,转换模式为:由长期股权投资——成本法转为金融工具核算。此时应将其在丧失控制之日的公允价值与账面价值间的差额计入当期损益或其他综合收益。

【例 6-23】 2×25 年 7 月 1 日,天河公司以银行存款 70 000 000 元购入 C 公司 70％的股权,对 C 公司具有控制权。次年 7 月 1 日,天河公司将持有的 C 公司 60％的股权以 66 000 000 元的价格出售给 D 公司(非 C 公司关联方),出售股权后天河公司持有 C 公司 10％的股权,对 C 公司不再具有重大影响,改按其他权益工具投资进行会计核算,剩余 10％的股权公允价值为 11 000 000 元。会计处理如下:

(1) 2×25 年 7 月 1 日,对 C 公司投资时:

借:长期股权投资——投资成本　　　　　　　　　　　　　　　　70 000 000
　　贷:银行存款　　　　　　　　　　　　　　　　　　　　　　　70 000 000

(2) 2×26 年 7 月 1 日,确认长期股权投资处置损益时:

借:银行存款　　　　　　　　　　　　　　　　　　　　　　　　66 000 000
　　贷:长期股权投资(70 000 000÷70％×60％)　　　　　　　　60 000 000
　　　　投资收益　　　　　　　　　　　　　　　　　　　　　　6 000 000

(3) 2×26 年 7 月 1 日,转换为其他权益工具投资时:

借:其他权益工具投资——成本　　　　　　　　　　　　　　　　11 000 000
　　贷:长期股权投资(70 000 000÷70％×10％)　　　　　　　　10 000 000
　　　　其他综合收益(11 000 000－1 000 000)　　　　　　　　1 000 000

【关键术语】

长期股权投资　初始投资成本　投资收益　控制　共同控制　重大影响　子公司　合营企业　联营企业　成本法　权益法

【问题思考】

1. 企业持有的哪些权益性投资应划为长期股权投资?
2. 什么是同一控制下的企业合并?怎样确定其初始投资成本?

3. 什么是非同一控制下的企业合并？怎样确定其初始投资成本？

4. 什么是成本法？其适用范围是什么？其核算要点有哪些？什么是权益法？其适用范围是什么？其核算要点有哪些？成本法与权益法会计处理的主要区别在哪里？

5. 长期股权投资核算方法的转换有哪几种情况？如何处理？怎样计提长期股权投资的减值准备？

6. 如何计算确认长期股权投资的处置损益？

【实训案例】

新光公司2×25年1月1日以原材料一批、非专利技术一项、机器设备一台对长城公司投资，新光公司持有长城公司股份60万股，占长城公司股权比例为60%。原材料账面价值为20万元，计税价格为30万元，增值税税率为13%，消费税税率为10%；非专利技术账面价值为10万元，已提减值准备为1万元，计税价格为10万元，增值税税率为6%；机器设备的账面价为20万元，已提折旧2万元，已计提减值准备1万元，计税价格为16万元，增值税税率为13%。新光公司采用成本法核算，具体会计处理如下。

（1）1月1日投资时：

借：长期股权投资——长城公司　　　　　　　　　　　　　　　555 800
　　累计折旧　　　　　　　　　　　　　　　　　　　　　　　 20 000
　　固定资产减值准备　　　　　　　　　　　　　　　　　　　 10 000
　　无形资产减值准备　　　　　　　　　　　　　　　　　　　 10 000
　　贷：固定资产　　　　　　　　　　　　　　　　　　　　　200 000
　　　　无形资产　　　　　　　　　　　　　　　　　　　　　100 000
　　　　原材料　　　　　　　　　　　　　　　　　　　　　　200 000
　　　　应交税费——应交增值税(销项税额)[(300 000+160 000)×13%+100 000×6%]　65 800
　　　　　　　　——应交消费税(300 000×10%)　　　　　　　 30 000

（2）4月2日，长城公司宣告分派现金股利，每股分派现金0.1元时：

借：应收股利　　　　　　　　　　　　　　　　　　　　　　　60 000
　　贷：投资收益　　　　　　　　　　　　　　　　　　　　　 60 000

（3）4月15日，收到现金股利时：

借：银行存款　　　　　　　　　　　　　　　　　　　　　　　60 000
　　贷：应收股利　　　　　　　　　　　　　　　　　　　　　 60 000

（4）2×25年12月31日，新光公司所持长城公司股票的市价为42万元，长期股权投资与市价的差额为135 800元(555 800—420 000)，新光公司提取长期投资减值准备的会计处理为：

借：资产减值损失　　　　　　　　　　　　　　　　　　　　　135 800
　　贷：长期股权投资减值准备　　　　　　　　　　　　　　　135 800

思考：试根据所学的长期股权投资会计核算的知识，分析新光公司对长城公司长期股权投资的会计处理是否正确。

练 习 题

第一部分　客观题

第六章　客观题

第二部分　主观题

五、业务实训

(一) 业务实训一

1. 目的

练习同一控制下合并形成长期股权投资的核算。

2. 资料

天河公司和 A 公司为同一母公司所属的两个子公司。天河公司和 A 公司达成合并协议，约定天河公司以固定资产和银行存款作为合并对价，取得 A 公司 60% 的股权。天河公司投出固定资产的账面原价为 2 600 万元，已计提折旧 600 万元，未计提固定资产减值准备，投出银行存款 1 500 万元。企业合并日，A 公司所有者权益在最终控制方合并报表中的账面价值为 6 000 万元。

3. 要求

编制天河公司通过同一控制下的企业合并取得长期股权投资的下列会计分录：

(1) 将参与合并的固定资产转入清理。

(2) 确认企业合并取得的长期股权投资。

(二) 业务实训二

1. 目的

练习非同一控制下合并形成长期股权投资的核算。

2. 资料

天河公司和 B 公司为两个互不关联的独立企业，合并之前不存在任何投资关系。天河公司和 B 公司达成合并协议，约定天河公司以无形资产和发行的权益性证券作为合并对价，取得 B 公司 60% 的股权。天河公司付出无形资产的账面余额为 1 000 万元，累计摊销为 500 万元，公允价值为 600 万元；增发的权益性证券为每股面值 1 元的普通股，共发行 1 200 万股，每股公允价值 2.50 元。在该项企业合并中，天河公司以银行存款支付审计费用、评估费用、法律服务费用等直接合并费用共计 31.8 万元(其中含可抵扣的增值税 1.8 万元)。

要求

编制天河公司通过非同一控制下的企业合并取得长期股权投资的会计分录。

(三) 业务实训三

1. 目的

   练习企业合并方式取得长期股权投资的核算及成本法的核算。

2. 资料

   天河公司和珠江公司在2×25年以前不具有任何关联方关系,均为上市公司。2×25年1月1日,天河公司用银行存款66 000万元从证券市场上购入珠江公司发行在外80%的股份并能够控制珠江公司。同日,珠江公司账面所有者权益为80 000万元(与可辨认净资产公允价值相等),其中:股本为60 000万元,资本公积(股本溢价)为4 000万元,盈余公积为1 600万元,未分配利润为14 400万元。

   珠江公司2×25年度实现净利润8 000万元,提取盈余公积800万元;2×26年宣告分派2×25年现金股利2 000万元,无其他所有者权益变动。2×26年实现净利润10 000万元,提取盈余公积1 000万元,2×27年宣告分派2×26年现金股利2 200万元。

3. 要求

   (1) 编制天河公司2×25年和2×26年与长期股权投资业务有关的会计分录。

   (2) 若合并日以前天河公司和珠江公司都是江河公司的子公司,做出天河公司取得该项股权投资时的会计处理。假定合并日珠江公司所有者权益在江河公司合并报表上的账面价值为82 000万元。

(四) 业务实训四

1. 目的

   练习长期股权投资权益法核算。

2. 资料

   天河公司发生有关长期股票投资(假定为非企业合并)的经济业务如下:

   (1) 2×25年6月5日,购入G股份公司股票200万股(对方总股本1 000万股,具有重大影响),每股8元,其中包括G公司已宣告未发放的现金股利每股0.30元,另支付相关税费135 680元(假设包含可抵扣的增值税7 680元)。投资日G公司所有者权益总额为6 000万元。假定被投资单位可辨认净资产公允价值与所有者权益的账面价值相同。

   (2) 2×25年7月5日,收到G公司发放的现金股利。

   (3) 2×25年度G公司实现年度净利润840万元,按持股比例计算本企业应分享的份额。(假定G公司每月净利润均衡发生)

   (4) 2×26年2月2日,G公司宣告发放现金股利400万元,即每10股发放4元,计算本企业应收股利并转账。

   (5) 3月2日,收到G公司发放的现金股利,存入银行。

   (6) 2×26年度G公司发生净亏损200万元,计算本企业应负担亏损额并转账。

3. 要求

   根据上述资料编制有关的会计分录。

(五) 业务实训五

1. 目的

   练习长期股权投资权益法的核算。

2. 资料

天河公司 2×25 年至 2×27 年投资业务有关的资料如下：

(1) 2×25 年 1 月 1 日，天河公司以银行存款 1 000 万元，购入甲股份有限公司（以下简称甲公司）股票，占甲公司有表决权股份的 30%，对甲公司的财务和经营政策具有重大影响，不考虑相关费用。2×25 年 1 月 1 日，甲公司所有者权益总额为 3 000 万元，与公允价值相同。

(2) 2×25 年 5 月 2 日，甲公司宣告发放 2×24 年度的现金股利 200 万元，并于 2×25 年 5 月 26 日实际发放。

(3) 2×25 年度，甲公司实现净利润 1 200 万元。

(4) 2×26 年 5 月 2 日，甲公司宣告发放 2×25 年度的现金股利 300 万元，并于 2×26 年 5 月 20 日实际发放。

(5) 2×26 年度，甲公司发生净亏损 600 万元。

(6) 2×26 年 12 月 31 日，天河公司预计对甲公司长期股权投资的可收回金额为 900 万元。

(7) 2×27 年 6 月，甲公司获得债权人豁免其债务并进行会计处理后，增加利润总额 200 万元。

(8) 2×27 年 9 月 3 日，天河公司与 Y 股份有限公司（以下简称 Y 公司）签订协议，将其所持有甲公司的 30% 的股权全部转让给 Y 公司。股权转让协议如下：①股权转让协议在经天河公司和 Y 公司的临时股东大会批准后生效；②股权转让价款总额为 1 100 万元，协议生效日 Y 公司支付股权转让价款总额的 80%，股权过户手续办理完成时支付股权转让价款总额的 20%。

2×27 年 10 月 31 日，天河公司和 Y 公司分别召开临时股东大会批准了上述股权转让协议。当日，天河公司收到 Y 公司支付的股权转让价款总额的 80%。截至 2×27 年 12 月 31 日，上述股权转让的过户手续尚未办理完毕。

(9) 2×27 年度，甲公司实现净利润 400 万元，其中 1 月至 10 月份实现净利润 300 万元。假定除上述交易或事项外，甲公司未发生导致其所有者权益发生变动的其他交易或事项。

3. 要求

编制天河公司 2×25 年至 2×27 年投资业务相关的会计分录。（"长期股权投资"科目要求写出明细科目；答案中的金额单位用万元表示。）

(六) 业务实训六

1. 目的

综合练习长期股权投资权益法核算。

2. 资料

天河公司 2×25 年至 2×27 年投资业务有关的资料如下：

(1) 2×25 年 1 月 1 日，天河公司以银行存款 6 100 万元，购入乙股份有限公司（以下简称乙公司）股票，占乙公司有表决权股份的 25%，对乙公司的财务和经营政策具有重大影响，不考虑相关费用。2×25 年 1 月 1 日，乙公司所有者权益总额为 24 400 万元。假定被投资单位可辨认净资产公允价值与所有者权益的账面价值相同。

(2) 2×25年5月2日,乙公司宣告发放2024年度的现金股利600万元,并于2×25年5月26日实际发放。

(3) 2×25年度,乙公司实现净利润3 800万元。

(4) 2×26年度,乙公司发生净亏损1 900万元。

(5) 2×26年12月31日,因乙公司发生严重财务困难,天河公司预计对乙公司长期股权投资的可收回金额为5 000万元。

(6) 2×27年5月,乙公司因接受外币资本投资,进行会计处理后,资本公积增加1 000万元。

3. 要求

编制天河公司2×25年至2×27年投资业务相关的会计分录。

六、案例分析题
(一) 案例一

1. 资料

(1) 按照天河公司5年发展规划,计划在2×28年引进一条现代化的生产线,该生产线需要一笔巨额资金,目前企业的积累与所需要的资金还有一定的差距。经董事会决议动用存在银行的资金向昌盛公司进行投资,一方面可以调动闲置的资金增加积累;另一方面生产线上马时,可将投资出售,收回资金用于生产线建设的需要。2×24年至2×26年投资业务的有关资料如下:

① 2×24年11月1日,天河公司与昌盛公司签订股权转让协议。该股权转让协议规定:天河公司收购昌盛公司股份总额的40%,收购价格为350万元。

② 2×25年1月1日,昌盛公司股东权益总额为800万元,其中股本为500万元,资本公积为100万元,未分配利润为200万元(均为2×24年度实现的净利润)。

③ 2×25年1月1日,天河公司以银行存款支付收购股权价款350万元,并办理了相关的股权划转手续。

④ 2×25年5月10日,昌盛公司股东大会通过2×24年度利润分配方案。该分配方案如下:按实现净利润的10%提取法定盈余公积;按实现净利润的5%提取任意盈余公积金;分配现金股利100万元。

⑤ 2×25年6月10日,天河公司收到昌盛公司分派的现金股利。

⑥ 2×25年7月20日,昌盛公司的一项其他债权投资公允价值发生增值60万元,并进行了相应的会计处理。

⑦ 2×25年度,昌盛公司实现净利润300万元。

⑧ 2×26年度,昌盛公司发生净亏损200万元。

⑨ 2×26年12月31日,天河公司对昌盛公司的投资预计可收回金额为364万元。

⑩ 2×27年1月2日,天河公司将其持有的昌盛公司股份全部对外转让,转让价款为354万元,相关的股权划转手续已办妥,转让价款已存入银行。假定天河公司在转让股份过程中没有发生相关税费。

上述投资业务发生后,负责投资核算的王会计曾向财务经理请示过:"股权投资如果采用权益法核算比较复杂,由于我们公司投资业务不多,该笔投资业务就采用成本法核算吧!"财务经理听后,没有同意王会计的建议。
(2) 天河公司考虑到股权投资的风险,决定购入宏大公司一批债券。在董事会会议上,董事长先让财务部制定一个筹资方案,就下列问题作出说明:
① 与股权投资相比,债券投资的优势表现在哪些方面?
② 购入债券有三种价格,哪种价格对企业有利?
③ 设计一套债券投资方案,让内部审计部门对其可行性进行验证。

2. 要求
(1) 试比较股权投资成本法和权益法账务处理的特点。
(2) 指出财务经理为什么没有同意王会计的建议,请按照权益法对该项股权投资作出会计处理。
(3) 根据资料(2),请回答董事长的问题。

3. 解读提示
综合运用第五、第六章所学的知识分析和解决现实问题。

第七章 固定资产

章前导引

教学目标

本章主要介绍固定资产确认、初始计量与后续计量,以及相关的账务处理。通过本章的学习,学生应掌握固定资产的含义、特征及确认条件、固定资产购置的核算、固定资产自行建造的核算、固定资产折旧方法与核算、固定资产后续支出的核算、固定清理的核算,理解固定资产减值的计算方法与相关核算,具备日常管理与核算企业固定资产的技能。

重点难点

重点是固定资产的性质、取得计价、折旧及处置,难点是固定资产的后续支出。

课程思政

自改革开放以来,我国经济经历了30余年的高速增长,GDP年均增长率接近10%,这一趋势直到2012年才发生转变。在我国经济步入中高速增长的"新常态"下,原本依靠投资拉动增长的产业,如钢铁、水泥、平板玻璃、有色金属等,开始出现产能过剩。一方面,随着供求关系的失衡,产品市场竞争加剧,产品价格下跌,以上行业的企业收入增速出现下滑、盈利能力也出现明显下降,有些企业的营业收入甚至出现负增长。另一方面,居高不下的固定资产折旧费用使单位产出的成本费用增高,由此致使企业进入经营业绩下滑、偿债压力上升的经营困境。按照A股市场的上市规则,若上市公司连续2年亏损,其股票将被标识为退市风险警示(ST);若连续3年亏损,股票将暂停上市,如果上市公司在规定的整改期限内仍然无法扭亏则会被强制退市。受此监管法规的影响,来自产能过剩行业的上市公司集中而频繁地发生固定资产折旧会计估计变更,典型的做法包括延长固定资产折旧年限、提高固定资产预计净残值、改变折旧计提方法,其结果是公司在会计估计变更当年成功实现扭亏或增厚业绩。

思考:这些上市公司利用改变固定资产相关的会计估计和会计政策,以达到调节企业盈余的目的,这样的做法是否合法合规?据此编制的报表是否符合会计信息质量的要求?会计人员面对此时的企业困境,应该怎么做才能坚守会计人员的职业道德呢?

第一节 固定资产的性质与分类

一、固定资产的含义与特征

固定资产一般来说是指具有实物形态的耐用资产,它可供生产经营使用,使用期限较长。

按照我国《企业会计准则第4号——固定资产》的规定,固定资产是指同时具有以下特征的有形资产:①为生产商品、提供劳务、出租或经营管理而持有的。②使用寿命超过一个会计年度。

从固定资产的定义看,固定资产具有以下特征:

(1) 固定资产是有形资产。固定资产具有实物特征,可以看得见、摸得着。这一资产形态特征将固定资产与企业的无形资产、长期股权投资、应收账款、其他应收款等资产区别开来。如无形资产也为生产商品、提供劳务而持有,使用寿命也超过一个会计年度,但是因为其不具有实物形态,所以不属于固定资产。

(2) 为生产商品、提供劳务、出租或经营管理而持有。企业持有固定资产的目的是生产商品、提供劳务、出租或经营管理,即企业持有的固定资产是企业的劳动工具或手段,而非用于出售或投资。其中,"出租"的固定资产是指企业以经营租赁方式出租的机器设备类固定资产,不包括以经营租赁方式出租的建筑物,后者属于企业的投资性房地产,不属于固定资产。

(3) 可供企业长期使用。固定资产属于长期耐用资产,其使用寿命通常超过一个会计年度,因此固定资产属于非流动资产。固定资产的使用寿命是指企业使用固定资产的预计期间,或者该固定资产所能生产产品或提供劳务的数量。如自用房屋建筑物的使用寿命以使用年限表示;机器设备或运输设备等固定资产,其使用寿命往往表现为以该固定资产所能生产或提供劳务的数量来表示,如汽车或飞机等按其预计行驶里程估计使用寿命。

(4) 未来能为企业带来可衡量的经济利益。资产最重要的特征之一就是预期会给企业带来经济利益,作为非流动资产的固定资产同样如此。企业取得固定资产的目的是获得未来的经济利益,如企业取得生产设备是为生产产品并出售以换取其他形态的资产(如货币资金),这种经济利益是可以用货币加以合理计量的。

二、固定资产的分类

在企业中,固定资产的数量很多,企业根据不同的管理需要和核算要求及分类标准,可将固定资产进行不同的分类,主要有以下几种分类方法。

(一) 按固定资产的经济用途分类

按固定资产的经济用途,固定资产可分为生产经营用固定资产和非生产经营用固定资产。

(1) 生产经营用固定资产是指直接参加或直接服务于生产经营过程的各种固定资产。

如企业生产经营的厂房、机器设备、电子设备、运输设备等。

（2）非产生经营用固定资产是指不直接参加或服务于生产经营过程的各种固定资产。如为职工福利、卫生保健、休闲娱乐等提供的职工宿舍、食堂等。

（二）按固定资产的使用情况分类

按固定资产的使用情况，固定资产可分为使用中固定资产、暂时闲置固定资产、持有待售固定资产。

（1）使用中固定资产是指企业正在使用的经营性和非经营性固定资产。由于季节性生产经营或进行大修理等原因而暂时停止使用及存放企业内部备用、轮换使用的固定资产，仍属于企业使用中的固定资产。

（2）暂时闲置固定资产是指企业已购建完成尚未交付使用的新增固定资产及暂停使用的固定资产。

（3）持有待售固定资产是指企业不需要待处置的固定资产。

（三）按固定资产的所有权分类

按固定资产的所有权，固定资产可分为自有固定资产和租入固定资产。

（1）自有固定资产是指企业拥有的可供企业自由支配使用的固定资产。

（2）租入固定资产是指企业采用租赁方式从其他单位租入的固定资产。租入固定资产可分为经营租入固定资产和融资租入固定资产。在经营租赁下，承租企业对租入固定资产依照租赁合同拥有使用权，同时负有支付租金的义务，但资产的所有权仍属于出租企业，因此租赁资产应作为出租企业的固定资产核算。在融资租赁下，虽然承租企业未必最终拥有租赁资产的法定所有权，但承租企业承担了资产的大部分的风险和享有资产带来的大部分报酬(收益)，因此租赁资产作为承租企业的固定资产核算。

（四）按固定资产的实物形态分类

按固定资产的实物形态，固定资产可分为土地、房屋及建筑物、各类设备。

（1）土地是指没有建筑物等附着设施的土地。在西方，土地可归私人所有，所有土地作为固定资产核算。而在我国，土地归国家或集体所有，企业拥有的是土地使用权，通常归入无形资产核算。

（2）房屋及建筑物是指为人们活动、设备运转及储备物资提供的场所。如果土地的价值和建筑物的价值难以分离，那么土地和建筑物合并作为建筑物类的资产进行核算。注意，企业持有的用来出租获取资金或出售用于赚取差价的房屋及建筑物属于企业的投资性房地产，不属于企业的固定资产。

（3）各类设备是指企业生产经营过程中使用的各种机器设备、电子设备、运输设备和其他设备、工具器具等。

除上述基本分类外，固定资产还可以按其他标准进行分类，如按固定资产的性能分类，可分为房屋和建筑物、机器设备、运输设备、管理工具等；按固定资产的来源渠道分类，可分为外购的固定资产、自行建造的固定资产、投资者投入的固定资产、接受抵债的固定资产、改建扩建新增的固定资产、非货币性资产交换换入的固定资产、接受捐赠的固定资产、盘盈的固定资产等。

在会计实务中，企业的经营性质不同，经营规模各异，企业为了更好地满足固定资产管理和核算的需要,可以根据自身的具体情况制定适合于本企业的固定资产目录、分类方法、每类或每项固定资产的折旧年限、折旧方法,作为进行固定资产核算的依据。

第二节 固定资产的取得与计价

一、固定资产的初始计量原则

固定资产的初始计量是指企业最初取得固定资产时对其入账价值的确定。根据《企业会计准则第4号——固定资产》的规定,固定资产应当按照成本进行初始计量。固定资产成本包括企业为购建某项固定资产达到预定可使用状态前所发生的一切合理、必要的支出。这些支出包括直接发生的价款、运杂费、包装费和安装成本等;也包括间接发生的支出,如固定资产达到预定可使用状态前所承担的借款利息、外币借款折算差额及应分摊的其他间接费用。

固定资产取得方式的不同决定了其入账价值所包含的经济内容也不同,其账务处理也体现不同的特点。

二、不同方式取得固定资产的初始计量

(一) 外购固定资产

企业外购固定资产的成本,包括购买价款、相关税费、使固定资产达到预定可使用状态前所发生的可归属于该项资产的运输费、装卸费、安装费和专业人员服务费等。

由此可见,外购固定资产是否达到预定可使用状态的判断十分重要。如果购入不需要安装的固定资产,购入后即可使用,因此购入后即可达到预定可使用状态。如果购入需要安装的固定资产,只有安装调试后,达到设计要求或合同标准,该项固定资产才能发挥作用,才意味着达到预定可使用状态。

1. 购入不需要安装的固定资产

在这种情况下,企业购入的固定资产不需要安装就可以直接交付使用。取得成本为企业实际支付的购买价款、包装费、运杂费、保险费、专业人员服务费和相关税费(不含可抵扣的增值税进项税额)等。其账务处理为:按应计入固定资产成本的金额,借记"固定资产""应交税费——应交增值税(进项税额)"账户,贷记"银行存款""其他应付款""应付票据"账户等。

【例 7-1】 天河公司为一般纳税企业。2×25年5月1日,该公司购入一台不需要安装的设备,发票价款为50 000元,增值税税率为13%;发生运费700元,增值税税率为9%;发生保险费300元,增值税税率为6%。款项均以银行存款支付。账务处理如下:

购置设备的成本 = 50 000 + 700 + 300 = 51 000(元)

增值税进项税额 = 6 500 + 700 × 9% + 300 × 6% = 6 581(元)

借：固定资产	51 000	
应交税费——应交增值税(进项税额)	6 581	
贷：银行存款		57 581

【知识链接】

增值税进项税额的抵扣

根据《财政部　国家税务总局关于全国实施增值税转型改革若干问题的通知》规定：自2009年1月1日起，增值税一般纳税人(以下简称纳税人)购进(包括接受捐赠、实物投资)或者自制(包括扩建、安装)固定资产发生的进项税额，可根据《中华人民共和国增值税暂行条例》和《中华人民共和国增值税暂行条例实施细则》的有关规定，凭增值税专用发票、海关进口增值税专用缴款书和运输费用结算单据从销项税额中抵扣。2017年12月份国务院发布《关于废止〈中华人民共和国营业税暂行条例〉和修改〈中华人民共和国增值税暂行条例〉的决定》，标志着营业税正式废止。

2. 购入需要安装的固定资产

购入需要安装的固定资产是指企业购入的固定资产需要经过安装调试才能达到预定可使用状态。固定资产的取得成本为企业实际支付的购买价款、包装费、运杂费、保险费、专业人员服务费和相关税费(不含可抵扣的增值税进项税)，加上安装调试成本等。其账务处理为：第一步，按应计入固定资产成本的金额(包含上述购买价款、包装费、运杂费、保险费等，以及安装调试成本)，记入"在建工程"账户；按可抵扣的增值税进项税额，借记"应交税费——应交增值税(进项税额)"账户。第二步，安装调试完毕交付使用后再从"在建工程"账户转入"固定资产"账户。

【例7-2】　天河公司为一般纳税企业，适用的增值税税率为13%。2×25年5月1日，天河公司以银行存款购入一台需要安装的生产设备，增值税专用发票上注明的设备买价为50 000元，增值税额为6 500元；支付运费700元，增值税税率为9%；支付保险费300元，增值税税率为6%。安装设备时负担安装工人工资2 000元。账务处理如下：

(1) 支付设备价款、税金、运输费、保险费时：

购置设备的成本=50 000+700+300+2 000=53 000(元)

增值税进项税额=6 500+700×9%+300×6%=6 581(元)

借：在建工程——设备安装工程	51 000	
应交税费——应交增值税(进项税额)	6 581	
贷：银行存款		57 581

(2) 负担安装工人工资时：

借：在建工程——设备安装工程	2 000	
贷：应付职工薪酬		2 000

(3) 设备安装调试完毕交付使用时：

借：固定资产 53 000
　　贷：在建工程——设备安装工程 53 000

3. 采用一揽子方式购进的固定资产

在实务中，企业可能以一笔款项同时购入多项没有单独标价的资产。如果这些资产都符合固定资产的定义和确认条件，则应将各项资产单独确认为固定资产，并按各项固定资产的公允价值的比例对购进总成本进行分配，分别确定各项固定资产的取得成本。

【例7-3】 天河公司为一般纳税企业，适用的增值税税率为13%。2×25年5月1日，天河公司为了降低采购成本，一揽子购买3种不同型号且具有不同生产能力的设备A、B和C，支付设备价款3 900 000元，增值税进项税额为507 000元；支付运费60 000元，增值税进项税额为5 400元。3项资产的公允价值分别为1 500 000元、1 200 000元和1 300 000元。假设A、B和C 3种设备均满足固定资产的定义及确认条件，且均不需要安装。账务处理如下：

（1）确定一揽子购买的固定资产总成本（包括购买价款和运费）。

$$购置设备的成本 = 3\ 900\ 000 + 60\ 000 = 3\ 960\ 000(元)$$

$$增值税进项税额 = 507\ 000 + 5\ 400 = 512\ 400(元)$$

（2）确定设备A、B和C的价值分配比例。

A设备应分配的固定资产价值比例 = 1 500 000 ÷ (1 500 000 + 1 200 000 + 1 300 000) × 100% = 37.5%
B设备应分配的固定资产价值比例 = 1 200 000 ÷ (1 500 000 + 1 200 000 + 1 300 000) × 100% = 30%
C设备应分配的固定资产价值比例 = 1 300 000 ÷ (1 500 000 + 1 200 000 + 1 300 000) × 100% = 32.5%

（3）确定A、B和C设备各自的成本。

A设备成本 = 3 960 000 × 37.5% = 1 485 000(元)
B设备成本 = 3 960 000 × 30% = 1 188 000(元)
C设备成本 = 3 960 000 × 32.5% = 1 287 000(元)

（4）会计处理。

借：固定资产——A设备 1 485 000
　　　　　　——B设备 1 188 000
　　　　　　——C设备 1 287 000
　　应交税费——应交增值税(进项税额) 512 400
　　贷：银行存款 4 472 400

4. 分期付款购入的固定资产

企业有时会采用分期付款方式购买资产，且在合同中规定的付款期限比较长，超过了正常信用条件。在这种情况下，该项购货合同实质上具有融资性质，因此购入固定资产的成本不能以各期付款额之和确定，而应按各期支付价款的现值之和确定。其账务处理为：购入固定资产时，按购买价款的现值借记"固定资产"或"在建工程"等账户，按应支付的金额贷记"长期应付款"账户，按两者差额借记"未确认融资费用"账户。各期实际支付价款与其现值之间的差额，采用实际利率法摊销，在固定资产达到预定可使用状态前符合《企业会计准则第17号——借款费用》中规定的资本化条件的，通过"在建工程"账户计入固定资产成本，不符合资本化条件的部分应在信用期内确认为发生当期的财务费用。

【例 7-4】 天河公司为一般纳税企业,适用的增值税税率为 13%。2×23 年 1 月 1 日,天河公司与乙公司签订一项购货合同,从乙公司购入一台需要安装的大型机器设备。合同约定,天河公司采用分期付款方式支付价款。该设备价款共计 5 000 000 元(不含增值税),分 5 期平均支付,首期款项 1 000 000 元于 2×23 年 1 月 1 日支付,其余款项在 2023 年及以后每年年末支付。支付款项时收到增值税专用发票。

2×23 年 1 月 1 日,设备如期运抵并开始安装,发生运费 260 000 元,增值税额为 23 400 元,已用银行存款付讫。

2×23 年 12 月 31 日,设备达到预定可使用状态,发生安装费 360 000 元,增值税额为 21 600元,已用银行存款付讫。天河公司按照合同约定用银行存款如期支付了款项。假定折现率为 10%[$(P/A, 10\%, 4)=3.169\ 986\ 5$]。账务处理如下:

$$购买价款的现值 = 1\ 000\ 000 + 1\ 000\ 000 \times (P/A, 10\%, 4)$$
$$= 1\ 000\ 000 + 1\ 000\ 000 \times 3.169\ 986\ 5$$
$$= 4\ 169\ 986.5(元)$$

(1) 2×23 年 1 月 1 日,购入设备时:

借:在建工程——×设备　　　　　　　　　　　　　　　　　　　4 169 986.5
　　未确认融资费用　　　　　　　　　　　　　　　　　　　　　830 013.5
　　　贷:长期应付款——乙公司　　　　　　　　　　　　　　　　5 000 000.0
借:长期应付款——乙公司　　　　　　　　　　　　　　　　　　1 000 000
　　应交税费——应交增值税(进项税额)　　　　　　　　　　　　130 000
　　　贷:银行存款　　　　　　　　　　　　　　　　　　　　　1 130 000
借:在建工程——×设备　　　　　　　　　　　　　　　　　　　260 000
　　应交税费——应交增值税(进项税额)　　　　　　　　　　　　23 400
　　　贷:银行存款　　　　　　　　　　　　　　　　　　　　　283 400

确认信用期间未确认融资费用的分摊额,如表 7-1 所示。

表 7-1　未确认融资费用分摊表

2×23 年 1 月 1 日　　　　　　　　　　　　　　　　　　　　单位:元

日期 ①	分期付款额 ②	确认的融资费用 ③=期初⑤×10%	应付本金减少额 ④=②-③	应付本金余额 期末⑤=期初⑤-④
2×23.01.01				4 169 986.5
2×23.01.01	1 000 000		1 000 000	3 169 986.5
2×23.12.31	1 000 000	316 999	683 001	2 486 985.5
2×24.12.31	1 000 000	248 699	751 301	1 735 684.5
2×25.12.31	1 000 000	173 568	826 432	909 252.5
2×26.12.31	1 000 000	90 747.5	909 252.5	0
合　计	5 000 000	830 013.5	4 169 986.5	0

注:2×26 年 12 月 31 日,未确认融资费用是"倒挤"得到的。830 013.5−316 999−248 699−173 568=90 747.5;90 747.5+90 925.5=1 000 000。

(2) 2×23 年 12 月 31 日：

2×23 年 1 月 1 日至 12 月 31 日为设备的安装期间，未确认融资费用的分摊符合资本化条件，应计入固定资产成本。

借：在建工程——×设备　　　　　　　　　　　　　　316 999
　　贷：未确认融资费用　　　　　　　　　　　　　　　　316 999

借：在建工程——×设备　　　　　　　　　　　　　　360 000
　　应交税费——应交增值税（进项税额）　　　　　　 21 600
　　贷：银行存款　　　　　　　　　　　　　　　　　　 381 600

借：长期应付款——乙公司　　　　　　　　　　　　1 000 000
　　应交税费——应交增值税（进项税额）　　　　　　130 000
　　贷：银行存款　　　　　　　　　　　　　　　　　1 130 000

　　　　该设备的总成本＝4 169 986.5＋260 000＋316 999＋360 000＝5 106 985.5(元)

借：固定资产　　　　　　　　　　　　　　　　　　5 106 985.5
　　贷：在建工程　　　　　　　　　　　　　　　　　5 106 985.5

(3) 2×24 年 12 月 31 日：

借：财务费用　　　　　　　　　　　　　　　　　　　248 699
　　贷：未确认融资费用　　　　　　　　　　　　　　　248 699

借：长期应付款——乙公司　　　　　　　　　　　　1 000 000
　　应交税费——应交增值税（进项税额）　　　　　　130 000
　　贷：银行存款　　　　　　　　　　　　　　　　　1 130 000

以后期间的常务处理与 2×24 年 12 月 31 日相同（各期确认的融资费用金额参照表 7-1），此处从略。

（二）自行建造固定资产

企业生产经营所需的固定资产，除了通过外购等方式取得外，还可根据生产经营需要由企业自行建造。

自行建造固定资产的成本，由建造该项资产达到预定可使用状态前所发生的必要支出构成。自行建造固定资产的成本包括工程用物资成本、人工成本、交纳的相关税费、应予资本化的借款费用及应分摊的间接费用等。

企业自行建造固定资产包括自营建造和出包建造两种方式。无论采用何种方式，所建工程都应当按照实际发生的支出确定其工程成本。

所建造的固定资产在达到预定可使用状态前，发生的与工程相关的成本均通过"在建工程"账户核算。当固定资产达到预定可使用状态时，企业应及时办理竣工决算手续，并将工程价值转入"固定资产"账户。如果资产已达到预定可使用状态，但尚未办理竣工决算手续，企业应当自达到预定使用状态之日起，根据工程预算、造价或工程实际成本等，按暂估价值转入固定资产，并计提固定资产折旧。待办理竣工决算手续后再调整固定资产的暂估价值，但不需要调整原已计提的折旧额。

1. 自营建造的固定资产

企业自营建造固定资产，应当按照建造该固定资产达到预定可使用状态前所发生的一切必要支出确定其工程成本,并单独核算。

企业自营工程采购的工程物资,其购买价款、运费、保险费等相关支出(不包括可以抵扣的增值税进项税额)以实际发生的成本记入"工程物资"账户。待领用时转入工程成本,借记"在建工程"账户,贷记"工程物资"账户。盘盈、盘亏、报废、毁损的工程物资,减去保险公司、过失人赔偿部分后的余额,分情况处理:如果工程尚未达到预定可使用状态,冲减或计入工程项目成本;如果工程已达到预定可使用状态,计入当期的营业外收支。

企业自营工程领用本企业原材料时,如果自营工程为增值税应税项目,则应将原材料的实际成本计入工程成本,借记"在建工程"账户,贷记"原材料"等账户。如果自营工程为企业职工集体福利设施工程等非增值税应税项目,领用的原材料原已支付的增值税进项税额不得抵扣,应将其转出,计入工程成本,借记"在建工程"账户,贷记"应交税费——应交增值税(进项税额)"账户。

企业自营工程领用本企业自产的产成品时,如果自营工程为增值税应税项目,则应将产成品的实际成本计入自营工程成本,借记"在建工程"账户,贷记"库存商品"等账户。如果自营工程为企业职工集体福利设施工程等非增值税应税项目,领用产成品应视同销售,需按库存商品的计税价格计算增值税销项税额,并计入工程成本,借记"在建工程"账户,贷记"库存商品""应交税费——应交增值税(销项税额转出)"账户。

企业自营工程中实际发生的职工薪酬,应借记"在建工程"账户,贷记"应付职工薪酬"账户。

企业的辅助经营部门为自营工程提供的水、电、设备安装等产品或劳务时,如果自营工程为增值税应税项目,则应根据实际成本,借记"在建工程"账户,贷记"生产成本"账户。如果自营工程为企业职工集体福利设施工程等非增值税应税项目,辅助生产经营部门提供水、电等产品原支付的增值税进项税额不得抵扣,应将其转出,计入工程成本。借记"在建工程"账户,贷记"生产成本""应交税费——应交增值税(进项税额转出)"科目。

企业自营工程在达到预定可使用状态前所承担的借款费用,符合资本化条件的应计入自营工程成本,借记"在建工程"账户,贷记"应付利息"等账户。

企业自营工程达到预定可使用状态前发生的试运行费用,应当记入"在建工程——待摊支出"账户;试运行生产的产品对外销售或转为库存商品的,应借记"银行存款""应收账款""库存商品"等账户,贷记"在建工程——待摊支出"账户,并核算相应的增值税额。

当自营工程达到预定可使用状态时,企业应及时办理竣工决算手续,将工程实际成本转入固定资产,借记"固定资产"账户,贷记"在建工程"账户。自营建造的固定资产核算如图7-1所示。

【例7-5】 2×25年1月1日,天河公司自行建造生产设备一台,用银行存款购入为工程准备的物资50 000元,支付增值税额6 500元,全部用于该工程;从仓库领用原材料一批,实际成本为20 000元,增值税额为2 600元;领用产成品一批,市场价格11 000元,增值税1 430元;支付工程人员工资10 000元;辅助车间为工程提供水电支出3 000元。2×25年12月31日,该工程达到预定可使用状态并交付使用。账务处理如下:

(1) 购入工程物资并领用时:

借:工程物资　　　　　　　　　　　　　　　　　　　　　　　　50 000
　　应交税费——应交增值税(进项税额)　　　　　　　　　　　　6 500
　　贷:银行存款　　　　　　　　　　　　　　　　　　　　　　　　　56 500

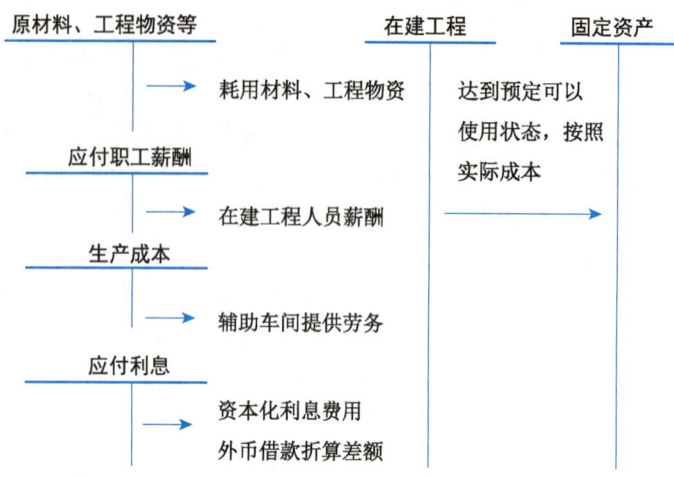

图 7-1 自营建造的固定资产核算

借：在建工程——生产设备　　　　　　　　　　　　50 000
　　　贷：工程物资　　　　　　　　　　　　　　　　　　　50 000

(2) 领用原材料时：

借：在建工程——生产设备　　　　　　　　　　　　20 000
　　　贷：原材料　　　　　　　　　　　　　　　　　　　　20 000

(3) 领用库存商品时，视同销售：

借：在建工程——生产设备　　　　　　　　　　　　12 430
　　　贷：主营业务收入　　　　　　　　　　　　　　　　　11 000
　　　　　应交税费——应交增值税（销项税额）　　　　　　1 430

(4) 支付工程人员工资时：

借：在建工程——生产设备　　　　　　　　　　　　10 000
　　　贷：应付职工薪酬　　　　　　　　　　　　　　　　　10 000

(5) 辅助车间发生水电支出时：

借：在建工程——生产线　　　　　　　　　　　　　3 000
　　　贷：生产成本——辅助生产成本　　　　　　　　　　　3 000

(6) 工程达到预定可使用状态时：

工程总成本＝50 000＋20 000＋12 430＋10 000＋3 000＝95 430（元）

借：固定资产　　　　　　　　　　　　　　　　　　95 430
　　　贷：在建工程——生产设备　　　　　　　　　　　　　95 430

【例 7-6】 2×25 年 1 月 1 日，天河公司自行建造职工生活福利用房一幢，用银行存款购入为工程准备的物资 800 000 元，支付增值税额 104 000 元，全部用于该工程；从仓库领用原材料一批，实际成本为 100 000 元，增值税进项税额为 13 000 元；领用产成品一批，成本为 200 000 元，计税价格为 250 000 元，增值税销项税额为 32 500 元；支付工程人员工资 80 000 元；辅助车间为工程提供水电支出 50 000 元，增值税进项税额为 3 000 元。2×25 年 12 月 31 日，该工程达到预定可使用状态并交付使用。有关账务处理如下：

(1) 购入工程物资并领用时：

借：工程物资　　　　　　　　　　　　　　　　　　　　　800 000
　　应交税费——应交增值税(进项税额)　　　　　　　　　104 000
　　　贷：银行存款　　　　　　　　　　　　　　　　　　　　　904 000
借：在建工程　　　　　　　　　　　　　　　　　　　　　904 000
　　贷：工程物资　　　　　　　　　　　　　　　　　　　　　800 000
　　　　应交税费——应交增值税(进项税额转出)　　　　　　104 000

(2) 领用原材料时：

借：在建工程　　　　　　　　　　　　　　　　　　　　　113 000
　　贷：原材料　　　　　　　　　　　　　　　　　　　　　　100 000
　　　　应交税费——应交增值税(进项税额转出)　　　　　　13 000

(3) 领用库存商品时：

借：在建工程　　　　　　　　　　　　　　　　　　　　　232 500
　　贷：库存商品　　　　　　　　　　　　　　　　　　　　　200 000
　　　　应交税费——应交增值税(销项税额)　　　　　　　　32 500

(4) 支付工程人员工资时：

借：在建工程　　　　　　　　　　　　　　　　　　　　　80 000
　　贷：应付职工薪酬　　　　　　　　　　　　　　　　　　　80 000

(5) 辅助车间发生水电支出时：

借：在建工程　　　　　　　　　　　　　　　　　　　　　53 000
　　贷：生产成本——辅助生产成本　　　　　　　　　　　　50 000
　　　　应交税费——应交增值税(进项税额转出)　　　　　　3 000

(6) 工程达到预定可使用状态时：

工程总成本＝904 000＋113 000＋232 500＋80 000＋53 000＝1 382 500(元)

借：固定资产　　　　　　　　　　　　　　　　　　　　　1 382 500
　　贷：在建工程　　　　　　　　　　　　　　　　　　　　　1 382 500

2. 出包工程建造的固定资产

出包工程是指企业(发包方)委托建筑承包商(即施工企业)等其他单位进行固定资产建造工程。企业以出包方式建造固定资产，其成本由建造该项固定资产达到预定可使用状态前所发生的必要支出构成，包括发生的建筑工程支出、安装工程支出及需分摊计入各固定资产价值的待摊支出。对于发包企业而言，建筑工程支出、安装工程支出是构成在建工程成本的重要内容。发包企业按照合同规定的结算方式和工程进度定期与建筑承包商办理工程价款结算，结算的工程价款计入在建工程成本。待摊支出是指在建设期间发生的，不能直接计入某项固定资产价值，而应由多项所建造的固定资产共同承担的相关费用，如建造工程发生的管理费、监理费、公证费、相关税金、符合资本化条件的借款费用等。

在出包方式下，企业支付给建造承包商的工程价款，作为工程成本应借记"在建工程"

"应交税费——应交增值税(进项税额)"账户,贷记"银行存款""预付账款"等账户。待工程完工达到预定可使用状态时,借记"固定资产"账户,贷记"在建工程"账户。

【例7-7】 天河公司以出包方式建造一座仓库,合同总金额为1 500 000元(不含增值税)。按照与承包单位签订承包合同的规定,公司需事前支付工程款1 000 000元,剩余工程款于工程完工结算时补付。在工程竣工达到预定可使用状态前,公司为该工程发生长期借款利息200 000元。3个月后工程完成交付使用,用银行存款补付工程款500 000元。账务处理如下:

(1) 预付工程款时:

借:预付账款　　　　　　　　　　　　　　　　　　　　　　　1 000 000
　　贷:银行存款　　　　　　　　　　　　　　　　　　　　　　　1 000 000

(2) 发生长期借款利息时:

借:在建工程——建筑工程　　　　　　　　　　　　　　　　　　200 000
　　贷:长期借款　　　　　　　　　　　　　　　　　　　　　　　200 000

(3) 工程完工结算时:

借:在建工程——建筑工程　　　　　　　　　　　　　　　　　1 500 000
　　应交税费——应交增值税(进项税额)　　　　　　　　　　　　135 000
　　贷:预付账款　　　　　　　　　　　　　　　　　　　　　　　1 000 000
　　　　银行存款　　　　　　　　　　　　　　　　　　　　　　　635 000

(4) 工程交付使用时:

借:固定资产——仓库　　　　　　　　　　　　　　　　　　　1 700 000
　　贷:在建工程——建筑工程　　　　　　　　　　　　　　　　　1 700 000

(三) 其他方式取得的固定资产

除了通过外购、自建固定资产,企业还可以通过其他途径获得固定资产,如投资者投入、接受捐赠、盘盈、非货币性资产交换、债务重组、企业合并等。

1. 投资者投入的固定资产

投资者投入的固定资产,应当按照投资合同或协议约定的价值确定其入账成本,但合同或协议约定价值不公允的除外。当投资合同或协议约定价值不公允的情况下,应按照该固定资产的公允价值作为入账价值。

2. 接受捐赠的固定资产

如果捐赠方提供了有关凭据,则按凭据上标明的金额加上应支付的相关税费确定入账价值;如果捐赠方没有提供有关凭据,则按同类或类似资产市场价格估计的金额加上应支付的相关税费计价入账,同类或类似资产没有活跃市场的,则按预计未来现金流量的现值加上应支付的相关税费计价入账。

3. 盘盈的固定资产

在会计期末,企业通常要对固定资产进行清查。固定资产盘盈应作为前期差错处理,通过"以前年度损益调整"账户核算。这是因为企业资产尤其是固定资产由于企业无法控制的因素而造成盘盈的可能性极小,甚至是不可能的。这些资产如果出现盘盈,必定是企业自身

"主观"原因所造成的,或者说以前会计期间少计或漏计该些资产等会计差错而形成的,因此应当按照前期差错进行更正处理。盘盈固定资产的入账价值应根据同类或类似资产的市场价格减去按照新旧程度估计价值损耗后的余额确定,没有同类或类似资产市场价格的,则按盘盈资产的预计未来现金流量现值计价入账。

[例7-8] 天河公司于2×25年8月30日对企业全部的固定资产进行盘查,盘盈一台全新的机器设备,该设备同类产品市场价格为100 000元,企业所得税税率为25%。账务处理如下:

(1) 盘盈固定资产时:

借:固定资产　　　　　　　　　　　　　　　　　　　　　　　　100 000
　　贷:以前年度损益调整　　　　　　　　　　　　　　　　　　　　　　100 000

(2) 调整所得税时:

借:以前年度损益调整　　　　　　　　　　　　　　　　　　　　　25 000
　　贷:应交税费——应交所得税　　　　　　　　　　　　　　　　　　　25 000

注:"以前年度损益调整"账户是调整增加的"营业外收入"账户的金额,增加了企业的净利润,税法上也将资产盘盈作为应税收入,会计与税法规定一致,要交纳所得税。

(3) 结转以前年度损益调整时:

借:以前年度损益调整　　　　　　　　　　　　　　　　　　　　　75 000
　　贷:利润分配——未分配利润　　　　　　　　　　　　　　　　　　　75 000

4. 通过非货币性资产交换、债务重组、企业合并等方式取得的固定资产

企业通过上述方式取得的固定资产,其成本应当分别按照《企业会计准则第7号——非货币性资产交换》《企业会计准则第12号——债务重组》《企业会计准则第20号——企业合并》等的固定确定。相关内容会在本教材相关章节及"高级财务会计"课程中介绍。

第三节 固定资产折旧

一、固定资产折旧的意义

我国《企业会计准则第4号——固定资产》对固定资产折旧的定义是:固定资产折旧是指在固定资产使用寿命内,按照确定的方法对应计折旧额进行系统分摊。

固定资产在使用过程中会发生有形或无形的损耗,由此带来的价值减损就是固定资产的折旧。有形的损耗是指固定资产在使用过程中由于磨损而发生的使用性损耗和由于受自然力影响而发生的自然损耗;无形损耗是指由于技术进步、消费者偏好的变化及经营规模扩大等原因而引起的损耗。一般而言,有形损耗决定固定资产的最长使用年限,即物质使用年限;无形损耗决定固定资产的实际使用年限,即经济使用年限。

固定资产的价值在使用过程中不断减损,但却为企业未来带来了经济利益。基于成本与收入配比的原则,固定资产的价值(即取得成本)就通过不同方法、比例逐渐转入营业成本或费用中去。因此,固定资产折旧是固定资产价值的"搬运工",折旧的过程实际上就是一个持续的成本分配过程。换言之,折旧实质上是企业采用合理而系统的分配方法将固定资产的价值在固定资产的经济使用年限内进行合理分配,使之与各期的收入相配比,以正确确认企业的损益。

二、影响固定资产折旧的因素与折旧范围

(一) 影响固定资产折旧的因素

影响固定资产折旧的因素主要由四个:固定资产原值、预计净残值、预计使用寿命和已计提的固定资产减值准备累计金额。有关计算公式为:

固定资产的应计折旧额＝固定资产原值－预计净残值－已计提的固定资产减值准备

(1) 固定资产原值是指固定资产的初始成本。

(2) 预计净残值是指假定固定资产预计使用寿命已满,企业预计从该项资产处置中获得的扣除预计处置费用后的金额。在我国,预计净残值一般根据固定资产原值乘以预计净残值率计算。预计净残值率是指预计净残值与固定资产原值的比率。

(3) 预计使用寿命是指企业使用固定资产预计的经济使用年限,或者该固定资产所能生产的产品或提供劳务的总量。企业在确定固定资产使用寿命时,需要考虑以下因素:①该资产的预计生产能力或实物产量。②该资产的有形损耗,如设备使用中发生磨损、房屋建筑物受到自然侵蚀等。③该资产的无形损耗,如因技术更新换代而使现有的资产技术相对陈旧、市场需求变化使其所生产的产品过时等。④法律或者类似规定对该项资产使用的限制。如对于融资租赁租入的固定资产,根据《企业会计准则第21号——租赁》的规定,能够合理确定租赁期届满时将会取得租赁资产所有权的,应当在租赁资产使用寿命内计提折旧;如果无法合理确定租赁期届满时能够取得租赁资产所有权的,应当在租赁期与租赁资产使用寿命两者中较短的期间内计提折旧。

(4) 已计提的固定资产减值准备累计金额。固定资产计提减值准备后,应当在剩余使用寿命内根据调整后的固定资产账面价值(即固定资产账面余额扣减累计折旧和累计减值准备后的金额)和预计净残值重新计算确定折旧率和折旧额。

(二) 固定资产的折旧范围

根据《企业会计准则第4号——固定资产》的规定,企业应当对所有固定资产计提折旧。但是,已提足折旧仍继续使用的固定资产和单独计价入账的土地除外。在考虑固定资产折旧的范围时,需特别注意以下几点:

(1) 固定资产应当按月计提折旧。固定资产应自达到预定可使用状态时开始计提折旧,终止确认时或划分为持有待售非流动资产时停止计提折旧,当月增加的固定资产,当月不计提折旧,从下月起计提折旧;当月减少的固定资产,当月仍计提折旧,从下月起不计提折旧。

(2) 固定资产提足折旧后,不论能否继续使用,均不再计提折旧,提前报废的固定资产也不再补提折旧。所谓提足折旧是指已经提足该项固定资产的应计折旧额。

(3) 处于更新改造过程停止使用的固定资产,不计提折旧。因为固定资产已转入在建工程,不属于固定资产核算范围,所以不计提折旧。

(4) 因大修理而停用、未使用的固定资产，照提折旧。

(5) 已达到预定可使用状态但尚未办理竣工决算手续的固定资产，应当按照暂估价值确定其成本，并计提折旧；待办理竣工决算后再按实际成本调整固定资产的价值，但不需要调整已计提的折旧额。

(6) 持有待售固定资产不计提折旧。

三、固定资产折旧方法

企业应当根据与固定资产有关的经济利益的预期实现方式合理选择折旧方法。可选用的折旧方法包括年限平均法、工作量法、双倍余额递减法和年数总和法等。其中，双倍余额递减法和年数总和法也称加速折旧法。

企业选用不同的固定资产折旧方法，对企业各期成本费用、利润、所得税和资产计价的影响都是不同的。因此，固定资产的折旧方法一经确定，不得随意变更。

（一）年限平均法

年限平均法又称直线法，是指将固定资产的应计折旧额平均地分摊到固定资产预计使用寿命内的一种方法。有关计算公式为：

$$年折旧率 = (1 - 预计净残值率) \div 预计使用寿命 \times 100\%$$

$$月折旧率 = 年折旧率 \div 12$$

$$月折旧额 = 固定资产原值 \times 月折旧率$$

不难看出年限平均法简便易学，容易操作，因此在会计实务中得到了广泛应用。但这种方法存在着一些明显的局限性：用年限平均法计算出的折旧额在各会计期都相等，但实际上固定资产通常在使用前期的工作效能较高，能创造更多的经济效益；而在使用后期，工作效能逐渐下降，带来的经济效益逐渐减少。基于收入与成本配比的原则，年限平均法显然是不合理的。因此，年限平均法适用于各期提供的服务效能大致相同、耗费的使用成本较为均衡的固定资产。

【例 7-9】 天河公司一台机器设备原始价值为 92 000 元，预计净残值率为 4%，预计使用 5 年，采用年限平均法计提折旧。则：

$$年折旧率 = (1 - 4\%) \div 5 \times 100\% = 19.2\%$$

$$月折旧率 = 19.2\% \div 12 = 1.6\%$$

$$年折旧额 = 92\,000 \times 19.2\% = 17\,664(元)$$

$$月折旧额 = 92\,000 \times 1.6\% = 1\,472(元)$$

该设备使用年限平均法计算的各年折旧额如表 7-2 所示。

表 7-2 年限平均法计算的各年折旧额

单位：元

使用年次	年折旧额	累计折旧额	固定资产账面净值
购置时			92 000
第 1 年	17 664	17 664	74 336
第 2 年	17 664	35 328	56 672

(续表)

使用年次	年折旧额	累计折旧额	固定资产账面净值
第3年	17 664	52 992	39 008
第4年	17 664	70 656	21 344
第5年	17 664	88 320	3 680
合 计	88 320		

(二) 工作量法

工作量法是根据实际工作量计算每期应提折旧额的一种方法。有关计算公式为：

单位工作量折旧额＝固定资产原值×(1－预计净残值率)÷预计工作总量

固定资产月折旧额＝固定资产当月工作量×单位工作量折旧额

工作量法是根据工作的产量或劳动的完成程度来计算的，它认为产量或劳动服务所造成的陈旧或损耗是在使用过程中造成的有形磨损。因此认为固定资产服务潜力的降低在各个会计期间是不相等的，产量或劳动服务量越高，折旧额也越高。

【例7-10】 天河公司的一台施工机械按工作量法计提折旧。原始价值为150 000元，预计净残值率为3‰，预计可工作20 000个台班时数。该设备投入使用后，各年的实际工作台班时数假定为：第1年7 200小时，第2年6 800小时，第3年4 500小时，第4年1 500小时。该施工机械的各年折旧额计算如下：

单位台班小时折旧额＝[150 000×(1－3‰)]÷20 000＝7.275(元)

第1年折旧额＝7.275×7 200＝52 380(元)

第2年折旧额＝7.275×6 800＝49 470(元)

第3年折旧额＝7.275×4 500＝32 737.5(元)

第4年折旧额＝7.275×1 500＝10 912.5(元)

该机械按工作量法计算的各年折旧额如表7-3所示。

表7-3 工作量法计算的各年折旧额

单位：元

使用年次	年折旧额	累计折旧额	固定资产账面净值
购置时			150 000
第1年	52 380	52 380	97 620
第2年	49 470	101 850	48 150
第3年	32 737.5	134 587.5	15 412.5
第4年	10 912.5	145 500	4 500
合计	145 500		

对比年限平均法和工作量法，可以看出两者都是将应计折旧额按照一定的总量标准均匀地加以分摊。前者的总量标准是固定资产的预计使用寿命，而后者则包括固定资产工作过程中机器时间、里程和工作产出的产量等标准。

相对于年限平均法而言,工作量法的优点在于考虑了固定资产的使用程度,但这种方法没有考虑到自然损耗和无形损耗对固定资产的影响,因此工作量法适用于折旧的发生主要由实物磨损引起的,而资产的使用在各年度有大幅度变化的情况。

(三)双倍余额递减法

双倍余额递减法是指在不考虑预计净残值的情况下,以固定资产的期初账面净值作为折旧基数、以直线法折旧率的双倍作为折旧率来计算各期折旧额的方法。有关计算公式为:

年折旧率 = 2 ÷ 预计使用寿命(年) × 100%

年折旧额 = 年初固定资产账面净值 × 年折旧率

月折旧额 = 年折旧额 ÷ 12

用双倍余额计算折旧时应特别注意以下几项:

(1)年初固定资产账面净值等于固定资产原值减去以前年度的累计折旧额。但如果固定资产不是年初购得,则从开始计提折旧的月份划分年度。

(2)由于年初固定资产账面净值没有扣除预计净残值,即不等于可折旧额,所以在双倍余额递减法下,固定资产账面净值在使用寿命结束时往往不等于固定资产的预计净残值,需作出调整。调整的方法为:在固定资产使用年限的最后2年,改用年限平均法(即直线法)计提折旧。有关计算公式为:

最后2年的年折旧额 = (固定资产在倒数第2年年初的账面净值 − 预计净残值) ÷ 2

【例7-11】 天河公司于2×23年3月1日以508 000元购入设备一台,当月投入使用。预计使用年限为4年,预计净残值为9 000元。该设备使用双倍余额递减法计提折旧。

由于该设备3月份购入,所以应从4月开始计提折旧,则:

第1、第2年年折旧率 = 2 ÷ 4 × 100% = 50%

2×23年4月初设备的账面净值 = 508 000(元)

2×23年4月至2×24年3月应计提的折旧额 = 508 000 × 50% = 254 000(元)

2×24年4月初设备的账面净值 = 508 000 − 254 000 = 254 000(元)

2×24年4月至2×25年3月应计提的折旧额 = 254 000 × 50% = 127 000(元)

最后2年改用直线法计提折旧。

最后2年的年折旧额 = (127 000 − 9 000) ÷ 2 = 59 000(元)

该设备用双倍余额递减法计算的各年折旧额如表7-4所示。

表7-4 双倍余额递减法计算的各年折旧额

单位:元

使用年度	折旧率	年折旧额	累计折旧	固定资产账面净值
购置时				508 000
2×23.04~2×24.03	50%	254 000	254 000	254 000
2×24.04~2×25.03	50%	127 000	381 000	127 000

(续表)

使用年度	折旧率	年折旧额	累计折旧	固定资产账面净值
2×25.04~2×26.03	—	59 000	440 000	68 000
2×26.04~2×27.03	—	59 000	499 000	9 000
合　计		499 000		

（四）年数总和法

年数总和法是按照固定资产尚可使用年限除以预计使用寿命的年数总和来计算年折旧率的一种方法。有关计算公式为：

$$年折旧率 = 尚可使用年限 \div 各年尚可使用年数之和 \times 100\%$$
$$月折旧率 = 年折旧率 \div 12$$
$$月折旧额 = (固定资产原值 - 预计净残值) \times 月折旧率$$

由上述公式可见，年数总和法下各年的折旧率不同，且各年折旧率是逐期递减的。各年折旧率以折旧当年年初固定资产尚可使用年数作分子，以各年年初固定资产尚可使用年数的总和作分母，分别确定各年折旧率，然后用各年折旧率乘以应提折旧总额计算每年折旧额的一种方法。

假如固定资产的使用年限为 n 年，计提折旧当年以 t 表示，可用公式表示为：

$$各年折旧率 = \frac{(n-t)+1}{n(n+1) \div 2}$$

【例 7-12】 天河公司一台设备采用年数总和法计算折旧。该设备原始价值为 100 000 元，预计使用 5 年，预计净残值为 3 100 元。则：

$$该设备的可折旧额 = 100\ 000 - 3\ 100 = 96\ 900(元)$$

该设备年数总和法计算的各年的折旧额如表 7-5 所示。

表 7-5　年数总和法计算的各年折旧额

单位：元

使用时间	尚可使用期限	折旧率	可折旧额	每年折旧额
第 1 年	5	5÷15	96 900	32 300
第 2 年	4	4÷15	96 900	25 840
第 3 年	3	3÷15	96 900	19 380
第 4 年	2	2÷15	96 900	12 960
第 5 年	1	1÷15	96 900	6 460
合　计				96 900

双倍余额递减法和年数总和法都属于加速折旧法。在加速折旧法下，固定资产在使用年限内折旧额逐渐减少。双倍余额递减法的年折旧率不变，但计提折旧的基础（年初账面净值）逐年减少；年数总和法的年折旧率逐年减少，但计提折旧的基础（应计折旧额）不变。

在实务中,固定资产在前期的性能较好,为企业带来的经济收益较大,并产生较少的维护费、修理费,而在后期则相反。因此,采用加速折旧法与固定资产的使用情况更为吻合,也符合收入与成本费用配比的原则。加速折旧法尤其适用于受技术进步等无形损耗影响较大的固定资产。

四、固定资产折旧的账务处理

计提固定资产折旧过程是将资产价值分配到各类成本或费用的过程,因此折旧的账务处理关键要根据资产的受益对象将折旧额分配记入有关的成本或费用账户中。例如,生产部门使用的固定资产计提的折旧费用,应计入制造费用;专设销售机构使用的固定资产计提的折旧费用,应计入销售费用;企业管理部门使用的固定资产计提的折旧费用,应计入管理费用;自行建造固定资产过程中使用的固定资产计提的折旧费用,应计入在建工程成本;未使用的固定资产计提的折旧费用,应计入管理费用;企业用于经营出租的固定资产计提的折旧费用,应计入其他业务成本。账务处理为,借记"制造费用""管理费用""销售费用""其他业务成本""在建工程"等账户,贷记"累计折旧"账户。

【例7-13】 2×25年8月,天河公司生产车间的固定资产折旧额362 600元,厂部使用的固定资产折旧额58 800元;用于经营出租的固定资产折旧额3 000元。账务处理如下:

```
借：制造费用                                        362 600
    管理费用                                         58 800
    其他业务成本                                      3 000
  贷：累计折旧                                                 424 400
```

第四节 固定资产的后续支出

固定资产的后续支出是指固定资产在使用过程中发生的更新改造支出、修理费用等。企业的固定资产在投入使用后,往往需要进行维护、修理、改建、扩建或者改良,以维持或提高固定资产的使用效能,适应新技术发展的需要。

固定资产的后续支出,满足固定资产确认条件的,应当计入固定资产成本(即资本化),如有被替换的部分,应扣除替换部分的账面价值;不满足固定资产确认条件的修理费用等,应计入当期损益(即费用化)。

一、资本化的后续支出

固定资产发生可资本化的后续支出时,企业一般应将固定资产的原价、已计提的累计折旧和减值准备转销,将其账面价值转入在建工程,并在此基础上重新确定固定资产原价。因为转入在建工程,所以停止计提折旧。发生的可资本化的后续支出,通过"在建工程"账户核算。在固定资产发生的后续支出完工并达到预定可使用状态时,再从在建工程转为固定资产,并按重新确定的固定资产原价、使用寿命、预计净残值和折旧方法计提折旧。

【例 7-14】 天河公司因生产产品的需要,将一台设备交付改造。该设备原价为 235 000 元,累计折旧 85 000 元,采用出包方式进行改造,用银行存款支付工程款 43 000 元,支付增值税额 3 870 元,设备改造中拆除部分的残料作价 2 000 元,作为原材料入库。账务处理如下:

(1) 厂房扩建,注销原固定资产的原价、累计折旧,将账面价值转入在建工程时:

借:在建工程 150 000
　　累计折旧 85 000
　贷:固定资产 235 000

(2) 支付扩建支出,增加扩建工程成本时:

借:在建工程 43 000
　　应交税费——应交增值税(进项税额) 3 870
　贷:银行存款 46 870

(3) 残料作价入库时:

借:原材料 2 000
　贷:在建工程 2 000

(4) 改造工程完工,固定资产达到预计可使用状态时:

借:固定资产 191 000
　贷:在建工程 191 000

通过[例 7-14]我们可以看出,设备经过改造后,由于对扩建净支出的资本化,使得设备的原始价值发生了变化,达到 191 000 元。改造后达到预定可使用状态的固定资产,其影响折旧计算的因素需重新确定。假定该固定资产改造后预计使用寿命是 10 年,预计净残值率是重新确定的原价的 4%,折旧方法仍然采用年限平均法,则固定资产的年折旧率是 9.6%[(1-4%)÷10×100%],月折旧率是 0.8%(9.6%÷12),年折旧额是 18 336 元(191 000×9.6%),月折旧额是 1 528 元(191 000×0.8%)。

二、费用化的后续支出

与固定资产有关的修理费用、固定资产更新改造支出等后续支出,不符合固定资产确认条件的,应当根据不同情况分别在发生时计入当期损益。

在一般情况下,固定资产投入使用之后,由于固定资产磨损、各组成部分耐用程度不同,可能导致固定资产的局部损坏,为了维护固定资产的正常运转和使用,充分发挥其使用效能,企业会对固定资产进行必要的维护。

企业生产车间和行政管理部门等发生的固定资产修理费用等后续支出计入管理费用;企业专设销售机构的,其发生的与专设销售机构相关的固定资产修理费用等后续支出,计入销售费用。

融资租入固定资产发生的固定资产后续支出,比照上述原则处理。经营租入固定资产发生的改良支出,应通过"长期待摊费用"账户核算,并在剩余租赁期与租赁资产尚可使用年限两者中较短的期间内,采用合理的方法进行摊销。

第五节 固定资产的处置

一、固定资产终止确认的条件

固定资产处置包括固定资产的出售、转让、报废或毁损、对外投资、非货币性资产交换、债务重组等。

固定资产满足下列条件之一的,应当予以终止确认。

1. 固定资产处于处置状态

处于处置状态的固定资产不再用于生产商品、提供劳务、出租或经营管理,因此不再符合固定资产的定义,应予终止确认。

2. 该资产预期通过使用或处置不能产生经济利益

固定资产的确认条件之一是"与该固定资产有关的经济利益很可能流入企业",如果一项固定资产预期通过使用或处置不能产生经济利益,那么,它就不再符合固定资产的定义和确认条件,应予终止确认。

二、固定资产处置的账务处理

固定资产处置一般通过"固定资产清理"账户进行核算。企业应将固定资产处置收入扣除账面价值和相关税费后的金额计入当期损益。固定资产的账面价值是指固定资产成本扣减累计折旧和累计减值准备后的金额。

固定资产处置的会计处理一般经过以下几个步骤:

第一,固定资产清理。将固定资产账面价值(即固定资产原值扣减已计提的累计折旧和已计提的累计减值损失后的净额)借记"固定资产清理"账户,按已计提的累计折旧,借记"累计折旧"账户,按已计提的减值准备,借记"固定资产减值准备"账户,按固定资产原价,贷记"固定资产"账户。

第二,发生清理费用。固定资产清理过程中发生的清理费用和相关税费,应借记"固定资产清理"账户,贷记"银行存款""应付职工薪酬""应交税费"等账户。

第三,固定资产出售收入和残料等的处理。企业收回出售固定资产的价款、残料价值和变价收入等,应冲减清理支出。按实际收到的价款及残料变价收入等,借记"银行存款""原材料"等账户,贷记"固定资产清理""应交税费——应交增值税(销项税额)"等账户。

第四,保险赔偿的处理。企业计算或收到的应由保险公司或过失人赔偿的损失,应冲减清理支出,借记"其他应收款""银行存款"等账户,贷记"固定资产清理"账户。

第五,清理净损益的处理。因已经丧失使用功能或因自然灾害发生毁损等原因而报废清理产生的利得或损失记入"营业外收入"或"营业外支出"账户;因出售、转让等原因产生的利得或损失记入"资产处置损益"账户。

【例7-15】 天河公司出售一台机器设备,原价为50 000元,累计折旧为30 000元,未计提减值准备,以现金支付清理费用200元(未取得增值税专用发票),收到出售设备价款23 000元和增值税额2 990元,已存入银行。有关账务处理如下:

(1) 固定资产转入清理时:

借:固定资产清理 20 000
　　累计折旧 30 000
　贷:固定资产 50 000

(2) 发生清理费用时(未取得增值税专用发票):

借:固定资产清理 200
　贷:库存现金 200

(3) 收到出售设备价款和增值税时:

借:银行存款 25 990
　贷:固定资产清理 23 000
　　　应交税费——应交增值税(销项税额) 2 990

(4) 结转固定资产净损益时:

机器设备清理的净损益=23 000-20 000-200=2 800(元)

借:固定资产清理 2 800
　贷:资产处置损益 2 800

【例7-16】 天河公司有设备一台,因使用期满经批准报废。该设备原价为190 000元,累计已计提折旧178 000元、减值准备2 000元。在清理过程中,公司以银行存款支付清理费用3 500元(未取得增值税专用发票),收到残料变卖收入5 500元,增值税额为715元。账务处理如下:

(1) 固定资产转入清理时:

借:固定资产清理——××设备 10 000
　　累计折旧 178 000
　　固定资产减值准备——××设备 2 000
　贷:固定资产——××设备 190 000

(2) 发生清理费用和相关税费时:

借:固定资产清理——××设备 3 500
　贷:银行存款 3 500

(3) 收到残料变价收入和增值税额时:

借:银行存款 6 215
　贷:固定资产清理——××设备 5 500
　　　应交税费——应交增值税(销项税额) 715

(4) 结转固定资产净损益时:

借:营业外支出——处置非流动资产损失 8 000
　贷:固定资产清理——××设备 8 000

上述账务处理过程如图7-2所示。

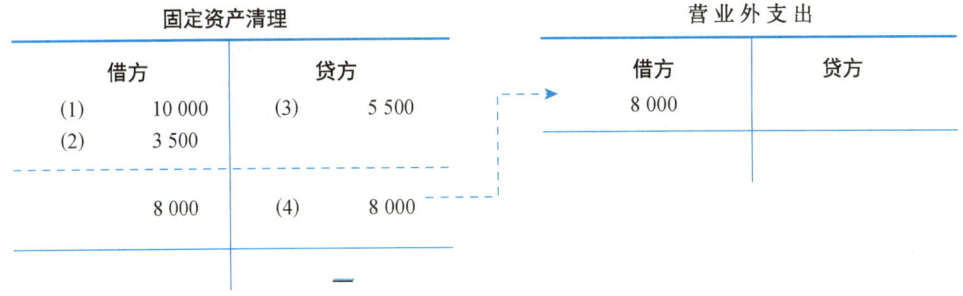

图7-2 固定资产处置的账务处理过程

三、固定资产盘亏的会计处理

固定资产价值较高、使用期较长,且具有实物形态,因此对于管理规范的企业而言,盘盈、盘亏固定资产并不常见。企业应定期或至少于每年年末对固定资产进行清查盘点,以保证固定资产核算的真实性和完整性。清查中发现固定资产损益的,应及时查明原因,在期末结账前报批处理完毕。

固定资产盘亏造成的损失,应计入当期损益。按盘亏固定资产的账面价值借记"待处理财产损溢——待处理固定资产损溢"账户,按已计提的累计折旧借记"累计折旧"账户,按已计提的减值准备借记"固定资产减值准备"账户,按固定资产原值贷记"固定资产"账户。待报经批准后,按责任归属借记"其他应收款"等账户,按应计入当期损益的金额借记"营业外支出——盘亏损失"账户,贷记"待处理财产损溢——待处理固定资产损溢"账户。

第六节 固定资产减值准备

固定资产减值是指固定资产的可收回金额低于其账面价值。可收回金额是指资产的公允价值减去处置费用后的净额与资产预计未来现金流量的现值两者之间的较高者。其中,处置费用包括与资产处置有关的法律费用、相关税费、搬运费及使资产达到可销售状态所发生的直接费用等。

一、固定资产减值的判断

每年年末,企业应对固定资产的账面价值进行检查。如果出现下列情况之一,表明该固定资产已出现减值迹象,应对固定资产的可收回金额进行估计。

(1)固定资产的市价当期大幅度下跌,其跌幅明显高于因时间的推移或者正常使用而预计的下跌。

(2)企业经营所处的经济、技术或者法律等环境及固定资产所处的市场在当期或者将在近期发生重大变化,从而对企业产生不利影响。

(3) 市场利率或者其他市场投资报酬率在当期已经提高,从而影响企业计算固定资产预计未来现金流量现值的折现率,导致固定资产可收回金额大幅度降低。

(4) 有证据表明固定资产已经陈旧过时。

(5) 固定资产已经或者将被闲置、终止使用或者计划提前处置。

(6) 企业内部报告的证据表明固定资产的经济绩效已经低于或者将低于预期,如固定资产所创造的净现金流量或者实现的营业利润(或者亏损)远远低于(或者高于)预计金额等。

(7) 其他表明固定资产可能已经发生减值的迹象。

二、固定资产减值的账务处理

固定资产可收回金额若低于其账面价值,应当将固定资产的账面价值减记至可收回金额,借记"资产减值损失"账户,贷记"固定资产减值准备"账户。固定资产减值损失确认后,未来固定资产的折旧费用应作出相应调整,以使固定资产在剩余使用寿命内,系统地分摊减值调整后的固定资产账面价值。特别注意,我国《企业会计准则第8号——资产减值》规定,包括非流动资产(包括固定资产)的减值损失一经确认,在以后会计期间不得转回。

【例7-17】 天河公司2×18年1月31日购入一条生产线,原值为400 000元,预计净残值为10 000元,使用年限为10年,采用年限平均法计提折旧。2×23年12月31日,该生产线发生减值,公允价值减去处置费用后的金额为100 000元,未来现金流量的现值为120 000元。计提减值准备后,该生产线的剩余使用年限预计为2年,预计净残值为20 000元。

(1) 计算该生产线至2×23年12月31日的累计折旧。

$$月折旧额=(400\ 000-10\ 000)\div10\times1\div12=3\ 250(元)$$
$$累计折旧额=3\ 250\times71=230\ 750(元)$$

(2) 计算该生产线2×23年12月31日的净值。

$$净值=400\ 000-230\ 750=169\ 250(元)$$

(3) 计提减值准备。可收回金额为公允价值减去处置费用后的金额与未来现金流量的现值两者中较高者,即120 000元。账务处理为:

$$应计提减值准备=169\ 250-120\ 000=49\ 250(元)$$

借:资产减值损失　　　　　　　　　　　　　　　　　　　　　　49 250
　　贷:固定资产减值准备　　　　　　　　　　　　　　　　　　　　49 250

(4) 计算该生产线2×24年1月1日起的月折旧额。

$$月折旧额=(120\ 000-20\ 000)\div2\times1\div12=4\ 166.67(元)$$

【关键术语】

　　固定资产　　在建工程　　折旧　　应计折旧额　　年限平均法　　工作量法　　双倍余额递减法
年数总和法　　固定资产清理　　固定资产减值准备

【问题思考】

1. 什么是固定资产？它具有哪些特点？
2. 固定资产的确认条件是什么？
3. 固定资产的分类方法有哪些？请查询上市公司的年报，说明实务中常用的分类方法。
4. 不同取得方式下固定资产的入账价值如何确定？
5. 什么是固定资产折旧？影响折旧的因素有哪些？
6. 如何确定固定资产的折旧范围？
7. 比较固定资产折旧方法各自的优缺点及使用范围。
8. 固定资产后续支出的核算原则是什么？哪些后续支出应该资本化？哪些应该费用化？
9. 简述固定资产终止确认的条件。
10. 在什么情况下固定资产会发生减值？

练 习 题

第一部分 客观题

第七章 客观题

第二部分 主观题

五、计算题

1. 资料

   某公司为增值税一般纳税人,适用增值税税率为13%。2×26年购入需要安装的生产设备,相关经济业务如下：

   (1) 2×26年12月1日,购买生产设备一台,价款为5 000 000元,增值税税率13%,以银行存款支付,购入后可直接投入安装。

   (2) 购买材料80 000元,增值税税率为13%,以银行存款支付,直接用于生产设备的安装。

   (3) 支付安装工人工资35 000元。

   (4) 2×26年12月20日,安装完成,设备交付使用。

   (5) 设备预计使用10年,净残值率3%,采用年限平均法计提折旧,计算年折旧额。

   (6) 该设备于2×30年12月30日出售,售价4 000 000万元,增值税税率为13%,支付清理费用3 000元(假定不考虑增值税)。

   要求：

   (1) 根据以上资料计算该生产设备的入账价值、月折旧额,以及处置时的该生产设备账面价值。

   (2) 编制有关会计分录。

2. 资料

   (1) 甲公司为一般纳税人,适用的增值税税率为13%。2×25年1月1日,甲公司与乙公司签订一项购货合同,甲公司从乙公司购入一台需要安装的大型机器设备。合同约定,甲公司采用分期付款方式支付价款。该设备价款共计60 000 000元(不含增值税),分6期平均支付,首期款项10 000 000元于2×25年1月1日支付,其余款项在5年期间平均支付,每年的付款日期为当年12月31日,支付款项时收到增值税发票。

   (2) 2×25年1月1日,设备如期运抵并开始安装,发生运费2 600 000元,增值税234 000元,已用银行存款付讫。2×25年12月31日,设备达到预定可使用状态,发生安装费3 600 000元,增值税324 000元,已用银行存款付讫。

(3) 甲公司按照合同约定用银行存款如期支付了款项。假定折现率为10%。[(P/A,10%,5)＝3.790 8]

(4) 假定2×27年12月31日甲公司与丙公司签订该固定资产转让协议，将2×25年1月1日从乙公司取得的固定资产转让给丙公司，转让价款为50 000 000元。同时，甲公司、乙公司与丙公司签订协议，约定甲公司因取得该固定资产尚未支付乙公司的款项20 000 000元由丙公司负责偿还。当日，甲公司开出增值税发票，价款为50 000 000元，增值税为650 000元，同日，收到丙公司支付的款项36 500 000元，甲公司与丙公司办理完成了固定资产的权利变更手续。

要求：
(1) 计算该机器设备的入账价值、每年的未确认融资费用额。
(2) 编制有关会计分录。

3. 资料

某公司为一般纳税人，增值税税率为13%。在生产经营期间以自营方式同时建造一条生产线和一座生活福利用房。2×25年1月至7月发生的有关经济业务如下：

(1) 1月10日，为建造生产线购入A工程物资一批，收到的增值税专用发票上注明的价款为2 000 000元，增值税额为260 000元；为建造生活福利用房购入B工程物资一批，收到的增值税专用发票上注明的价款为1 000 000元，增值税额为130 000元，款项已支付。

(2) 1月20日，建造生产线领用A工程物资1 800 000元，建造生活福用房领用B工程物资1 130 000元。

(3) 6月30日，建造生产线和生活福利用房的工程人员职工薪酬合计1 650 000元，其中生产线为1 150 000元，生活福利用房为500 000元。

(4) 6月30日，工程建设期间领用生产用原材料合计为450 000元，其中生产线耗用原材料为350 000元，生活福利用房耗用原材料为100 000元。

(5) 6月30日，工程建设期间对A工程物资进行清查，发现A工程物资减少20 000元，经调查属保管员过失造成，根据企业管理规定，保管员应赔偿5 000元，剩余A工程物资转用于在建的生活福利用房。

(6) 7月1日，生产线发生负荷联合试车费2万元，以银行存款支付。

(7) 7月30日，生产线和生活福利用房达到预定可使用状态并交付使用。

要求：
(1) 计算生产线和生活福利用房的入账价值。
(2) 编制有关会计分录。

4. 资料

天河公司于2×25年12月1日采购一台需要安装的设备机器设备，增值税专用发票上注明设备价款90 000，应交增值税11 700元。采购设备时发生运费1 600元，应交增值税144元，另支付安装费8 400元，应交增值税756元，均已通过银行支付。该设备于当月交付使用，预计使用5年，预计净残值为3 100元。

要求：
(1) 请计算该机器设备的原值，并编制购置该设备的相关会计分录。

(2) 请用直线法计算该设备 2×26 年应计提的折旧额。
(3) 请用双倍余额递减法计算该设备 2×26 年应计提的折旧额。
(4) 请用年数总和法计算该设备 2×26 年应计提的折旧额。

六、业务实训
(一) 业务实训一

1. 目的
　掌握固定资产的相关账务处理与核算。
2. 资料
　甲股份有限公司(以下简称甲公司),属于增值税一般纳税人,适用的增值税税率为13%,所得税率25%。2×26 年至 2×28 年甲公司与固定资产相关的业务资料如下:
(1) 2×26 年 1 月 1 日,甲公司购入一台不需安装的机器设备,增值税专用发票上注明价款 100 000 元,应交增值税 13 000 元,另支付运费 3 000 元,增值税 270 元,上述款项均已通过银行支付。该设备预计使用年限 10 年,预计残值 3 000,采用年限平均法计提折旧。
(2) 2×26 年 1 月 2 日,甲公司因业务发展需要与乙公司、丙公司签订了投资协议。按投资协议的规定,乙公司以一栋厂房作为投资入股甲公司,经评估确认,该厂房的价值为 4 500 000 元,按协议可折换成每股面值 1 元,数量为 4 000 000 股股票。丙公司以生产设备作为投资投入甲公司,经评估,确认设备的价值为 350 000 元,按协议可折换成每股 1 元、数量为 300 000 元的股票,厂房与设备的增值税发票一并全部交付甲公司,厂房的增值税为 405 000 元,设备的增值税额为 45 500 元。厂房的尚可使用年限为 20 年,预计残值为零;设备尚可使用年限 5 年,预计残值 2 000 元。厂房、设备均采用年限平均法计提折旧。
(3) 2×26 年 1 月 15 日,甲公司购入一台需要安装的生产线,增值税专用发票上注明价款 2 000 000 元,应交增值税 260 000 元,发生保险费 20 000 元,增值税 1 200 元,上述费用均已通过银行存款支付。当日,甲公司开始以自营方式安装当日购入的生产线。安装期间领用生产原材料 120 000 元,发生安装工人工资 10 000 元,没有发生其他相关税费。该原材料未计提存货跌价准备。
(4) 2×26 年 12 月 31 日,该生产线达到预定可使用状态,当日投入使用。该生产线预计使用年限为 10 年,预计净残值 50 000 元,采用年限平均法计提折旧。
(5) 2×27 年 3 月 1 日,甲公司对固定资产进行日常维护,用银行存款支付维修费 1 900 元,增值税 171 元。
(6) 2×27 年 12 月 31 日,甲公司对所有固定资产进行减值测试,发现 2×26 年 1 月 15 日购入的生产线已经发生减值。甲公司预计该生产线未来 8 年现金流量的净现值为 1 200 000 元;该生产线的公允价值减去处置费用后的净额为 1 300 000 元。该生产线的预计尚可使用年限为 5 年,预计净残值为 30 000 元,仍采用年限平均法计提折旧。
(7) 2×28 年 6 月 30 日,甲公司采用出包方式对 2×24 年 1 月 15 日购入的生产线进行改良。在改良过程中,甲公司以银行存款支付工程总价款 600 000 元,增值税 78 000 元。

(8) 2×28年9月30日,改良工程完工验收合格并当日投入使用,预计尚可使用年限为6年,预计净残值为20 000元,采用年限平均法计提折旧。2×28年12月31日,该生产线并未发生减值。

(9) 2×28年12月31日,甲公司对固定资产进行清查,结果发现盘盈一台仪器设备,市场价格8 000元,估计折旧3 000元;盘亏一台辅助设备,原始价值5 000元,已计提折旧2 000元。

3. 要求

请核算上述相关经济业务。

七、案例分析题

1. 资料

   天河公司于2×26年对本公司的固定资产进项了整修,包括如下事项:

   (1) 12月底对一台生产设备进行大修理,当月完成。实际发生修理费用52 000元,增值税6 760元,用银行存款支付,此项支出不符合资本化确认条件。

   (2) 将另一台加工设备上的附属独立装置拆卸下来,进行报废处理,同时购买了一个新的装置替换在该加工设备上。该设备原始价值为480 000元,已计提折旧170 000元,被拆卸装置的成本为14 400元,企业购买新装置时支付款项15 820元。

   (3) 为节约空间,天河公司将一台2×24年5月购买的设备出售,售价40 000元,增值税5 200元。该设备原始价值为76 000元,已提折旧28 200元,所得款项已存入银行。

   (4) 为提高工作效率,天河公司将一台已提足折旧但尚可使用的设备报废。报废设备的原始价值为124 000元,已计提折旧119 040元。报废时发生清理费用600元,残料收入900元。

   (5) 一台包装设备因使用性能下降,公司决定对其重新安装。该设备原始价值为640 000元,已提折旧217 600元,初始安装成本18 000元。安装完毕后,共发生新的安装成本19 200元。

   (6) 2×26年年末,天河公司发现一台机器设备因实体受损严重,导致可收回金额大大降低。经理估计可收回金额为166 000元,该机器设备此时的账面净值为224 000元,已计提减值准备12 000元。

   (7) 同时,天河公司已签订协议将一台机床1年内完成转让,企业将其转为待售固定资产,该机床原始价值254 000元,已提折旧206 000元,公允价值减去处置费用后的净额为40 000元。

2. 问题

   (1) 上述业务中,哪些属于资本性支出业务?为什么?
   (2) 各项业务对公司固定资产原始价值的影响金额是多少?
   (3) 上述业务对公司最终损益的影响金额是多少?
   (4) 编制各项经济业务的会计分录。

第八章
无形资产与投资性房地产

章前导引

教学目标

本章主要介绍无形资产与投资性房地产的确认、初始计量与后续计量,以及相关的账务处理。通过本章的学习,学生应掌握无形资产与投资性房地产的含义、特征及确认条件;购入与自行研发无形资产的核算、无形资产摊销的核算、无形资产出租的核算、无形资产处置的核算;投资性房地产出租收入的核算、投资性房地产后续计量的核算、投资性房地产转换的核算;理解无形资产减值的核算;了解无形资产的性质、分类;投资性房地产的性质;具备日常管理与核算企业无形资产与投资性房地产的技能。

重点难点

重点是无形资产的定义和基本特征、无形资产的初始计量及后续计量、投资性房地产的定义及基本特征、投资性房地产的初始计量及后续计量。自行研发无形资产的核算、投资性房地产的转换是本章难点。

课程思政

某房地产企业2023年因建设完工项目销售情况不佳,故将大批存货、固定资产中的房产转为以公允价值计量的投资性房地产,该划转部分资产账面原值为33亿元,转为投资性房地产后账面价值48亿元,净资产规模增加15亿元,年末投资性房地产账面价值较年初大幅增长43%。然而,后期相关资产出租情况调查显示,多个转换为投资性房地产的物业出租率低于30%,部分物业出租率甚至为0。

思考:会计计量属性有哪几种?它们各有何优缺点?该房地产企业转换资产类别的行为是否符合"实质重于形式"的会计信息质量要求?

第一节 无 形 资 产

一、无形资产概述

(一)无形资产的定义及基本特征

无形资产是指企业拥有或控制的没有实物形态的可辨认非货币性资产。相对于其他资产,无形资产具有以下特征。

1. 不具有实体形态

这一特征主要与固定资产等具有实物形态的资产相对而言。无形资产通常表现为某种权利、某种技术或某种获取超额利润的综合能力。比如,土地使用权、非专利技术等。没有实物形态并不是无形资产独有的特征,还有许多资产也并不具有实物形态,如应收账款、长期股权投资等。

2. 具有可辨认性

作为无形资产核算的资产必须是能够区别于其他资产,可以单独辨认的。符合以下条件之一,即认为该资产有"可辨认性":①该资产可从企业其他资产中分离,并能单独或者与相关合同、资产或负债一起,用于出售、转移、授予许可、租赁或者交换。②源自合同性权利或者其他法定权利,无论这些是否可从企业或其他权利和义务中转移或者分离。商誉是指能在未来期间为企业经营带来超额利润的潜在经济价值,或一家企业预期的获利能力超过可辨认资产正常获利能力(如社会平均投资回报率)的资本化价值,是企业整体价值的组成部分。商誉产生于企业合并,是购买方投资成本超过被合并企业净资产公允价值的差额。因为商誉是与企业整体价值联系在一起的,所以商誉不可辨认。因此,商誉虽然也属于没有实物形态的非货币性资产,但不能确认为无形资产。

3. 属于非货币性资产

这一特征主要与应收账款等不具有实物形态的货币性资产相对而言。货币性资产主要有现金、银行存款、应收账款、应收票据和短期有价证券等,它们的共同特征是直接表现为固定的货币数额,或者将来收到一定货币数额的权利。"非货币性资产"是指企业持有的货币资产和将以固定或可确定的金额收取的资产以外的其他资产。无形资产一般不容易转化成现金,在持有过程中为企业带来未来经济利益的情况不确定,不属于以固定或可确定的金额收取的资产,属于非货币性资产。

4. 长期性

无形资产应在较长时间内(通常在1年以上)供企业使用。这一特征也可使得无形资产与应收账款等没有实物形态的流动资产区别开来。

5. 不确定性

无形资产的使用期限及能为企业带来多少未来经济利益都具有较大的不确定性。现代科技日新月异,使得许多无形资产(如专利技术、非专利技术等)的经济寿命难以预计,相应的该资产能为企业带来的未来经济利益情况也难以预计。这一特征,使无形资产区别于长期股权投资等既没有实物形态又能在较长时间内供企业使用的资产。

(二) 无形资产的内容

无形资产通常包括专利权、非专利技术、商标权、著作权、特许权、土地使用权等。

1. 专利权

专利权是指国家专利主管机关依法授予发明创造专利申请人对其发明创造在法定期限内所享有的独占实施权,是知识产权的一种。专利权包括发明专利权、实用新型专利权和外观设计专利权。在我国,通常发明专利权的保护期限为20年,实用新型和外观设计专利的保护期限为10年。

2. 非专利技术

非专利技术也称为专有技术,是指不为外界所知、在生产经营活动中已采用了的、不享有法律保护的、可以带来经济利益的各种技术、经验和诀窍。非专利技术一般包括工业专有技术、商业贸易专有技术、管理专有技术等。非专利技术不是专利法的保护对象,非专利技术用自我保密的方式来维持其独占性,具有机密性、经济性和动态性的特点。

3. 商标权

商标是用来辨认特定的商品或劳务的标记。商标权是专门在某类指定的商品或产品上使用特定的名称或图案的权利。商标权包括独占使用和禁止权两个方面。经商标局核准注册的商标叫注册商标;商标注册人享有商标专用权,受法律保护。注册商品的有效期为10年,自核准注册之日起计算。

4. 著作权

著作权又称版权。它是指作者对其创作的文学、科学和艺术作品依法享有的某些特殊权利。著作权包括精神权利(人身权利)和经济权利(财产权利)。前者包括发表权、署名权、修改权及保护作品完整权,这些权利的保护期不受限制。后者指以出版、表演、广播、展览、录制唱片、摄制影片的方式使用作品及因授权他人使用作品而获得经济利益的权利,这些权利的保护期为作者终生及其死亡后50年,截至作者死亡后第50年的12月31日。

5. 特许权

特许权又称经营特许权、专营权。它是指企业在某一地区经营或销售某种特定商品的权利,或是一家企业接受另一家企业使用其商标、商号、技术秘密等的权利。通常有两种形式:一种是政府机构授权,准许企业使用或在一定地区享有经营某种业务的特权,如水、电、邮电通信等专营权、烟草专卖权等;另一种是指企业间依照签订的合同,有期限或无期限使用另一家企业的某些权利。

6. 土地使用权

在我国,土地归国家所有,任何单位或个人只能拥有土地使用权,没有土地所有权。土地使用权指国家准许某些企业在一定期间内对国有土地享有开发、利用、经营的权利。企业取得土地使用权的方式通常有几种:行政划拨取得、外购取得(企业交纳土地出让金)及投资者投入取得。我国相关法律、法规规定,根据土地的具体用途,土地使用权的期限通常为:住宅用地70年;工业用地50年;商业、旅游、娱乐用地40年;教育、科技、文化、卫生、体育等公益事业性用地无期限;综合或其他用地50年。

7. 数据资源

企业通过外购或数据加工方式取得的数据资源,若该数据资源的目的不是出售,则该数据资源是企业无形资产的构成部分。

(三) 无形资产的确认

企业取得的无形资产,只有在其产生的经济利益很可能流入企业且其成本能够可靠地计量的情况下,才能加以确认。这资产确认的条件是一致的,企业取得的某项资源如果不能满足资产确认的条件,便不可能确认为无形资产。

二、无形资产的初始计量

无形资产通常按照实际成本进行初始计量,即以取得无形资产并使之达到预定用途而发生的全部支出作为无形资产的成本。对于不同来源取得的无形资产,其成本不尽相同。

(一) 外购的无形资产

企业外购方式取得的无形资产应当按照取得成本进行初始计量。外购无形资产的成本,包括购买价款、相关税费及直接归属于使该资产达到预定用途所发生的其他支出。但不包括为引入新产品进行宣传发生的广告费、管理费用及其他间接费用,也不包括在无形资产已经达到预定用途后发生的费用。企业应根据购入无形资产的实际成本,借记"无形资产""应交税费——应交增值税(进项税额)"账户;根据支付的全部价款,贷记"银行存款"账户。

【例8-1】 天河公司购买越秀公司某产品的商标权,价款为 500 000 元,增值税额为 30 000 元,并支付相关费用 80 000 元(未取得增值税专用发票),价款已通过银行存款支付。

相关账务处理如下所示。

商标权初始入账价值＝500 000＋80 000＝580 000(元)

借:无形资产——商标权　　　　　　　　　　　　　　580 000
　　应交税费——应交增值税(进项税额)　　　　　　　 30 000
　　贷:银行存款　　　　　　　　　　　　　　　　　　　　　610 000

企业取得的土地使用权,通常应当按照取得时所支付的价款及相关税费确认为无形资产。但属于投资性房地产的土地使用权,应当按照投资性房地产进行会计处理。

若企业购买无形资产的价款超过正常信用条件延期支付,实质上具有融资性质的,无形资产的成本应以购买价款的现值为基础确认。实际支付的价款与购买价款的现值之间的差额作为未确认融资费用,在付款期间内采用实际利率法进行摊销,摊销金额满足资本化条件的应当计入无形资产成本,不满足资本化条件的应当在信用期内确认为财务费用。

(二) 投资者投入的无形资产

投资者投入的无形资产,应按照投资合同或协议约定的价值确定,但合同或协议约定价值不公允的除外。

【例8-2】 天河公司为有限责任公司,接受甲公司以专利技术作价的投资,投资合同约定该专利技术的价值为 10 000 0000 元(假设该价值公允),天河公司收到的增值税专用发票上注明的增值税额为 600 000 元。该项投资折合为天河公司股票 6 000 000 股。账务处理如下:

借:无形资产——专利技术　　　　　　　　　　　　10 000 000
　　应交税费——应交增值税(进项税额)　　　　　　　600 000
　　贷:股本——甲公司　　　　　　　　　　　　　　　　6 000 000
　　　　资本公积——股本溢价　　　　　　　　　　　　　4 600 000

(三) 接受捐赠的无形资产

接受捐赠的无形资产的入账价值,应分别以下情况确定。

(1) 捐赠方提供了有关凭据的,按凭据上标明的金额加上应支付的相关税费确定。

(2) 捐赠方没有提供有关凭据的,存在活跃市场的有同类或类似无形资产,应按参照同类或类似无形资产的市场价格估计的金额,加上应支付的相关税费确定;若没有存在活跃市场的同类或类似无形资产,按该捐赠无形资产的预计未来现金流量现值确定。

(四) 自行研发的无形资产

企业还可通过自行研究开发取得无形资产。《企业会计准则第6号——无形资产》规定,企业内部研究开发项目的支出,应当注意区分支出是发生在研究阶段还是开发阶段。研究阶段是指为获取并理解新的科学或技术知识而进行的独创性的有计划调查。该阶段的特点是探索性,其活动是为进一步的开发活动进行资料及相关方面的准备,从已经进行的研究活动看,将来是否会转入开发、开发后是否会形成无形资产等具有较大的不确定性。开发阶段是相对于研究阶段而言的。所谓"开发"是指在进行商业性生产或使用前,将研究成果或其他知识应用于某项计划或设计,以生产出新的或具有实质性改进的材料、装置、产品等。显然,在开发阶段,企业已取得了阶段性成果,形成一项新产品或新技术的基本条件已经具备,往往形成无形资产的可能性较大。

根据研究阶段和开发阶段的上述特点,各阶段相关支出的账务处理如下。

1. 研究阶段的支出

企业内部研究开发项目,包括企业内部数据资源研究开发项目在内,其研究阶段的支出,应予以费用化,于发生时计入当期损益。支出发生时,借记"研发支出——费用化支出""应交税费——应交增值税(进项税额)"账户,贷记"银行存款""应付职工薪酬"等账户;会计期期末应根据发生的全部研究支出,借记"管理费用"账户,贷记"研发支出——费用化支出"账户。

2. 开发阶段的支出

企业内部研究开发项目,包括内部数据资源的研究开发在内,其开发阶段的支出,同时满足下列条件的,应予以资本化,否则应当计入当期损益(管理费用)。

(1) 完成该无形资产以使其能够使用或出售,在技术上具有可行性。

(2) 具有完成无形资产并使用或出售的意图。

(3) 无形资产产生经济利益的方式,包括能够证明运用该无形资产生产的产品存在市场或无形资产自身存在市场,无形资产将在内部使用的,应当证明其有用性。

(4) 有足够的技术、财务资源和其他资源支持,以完成该无形资产的开发,并有能力使用或出售该无形资产。

(5) 归属于该资产开发阶段的支出能够可靠地计量。

企业开发阶段发生的直接用于新产品、新技术、新工艺的原材料、职工薪酬等支出,应予以资本化;发生的用于管理、培训等方面的支出,应以费用化。企业开发阶段的符合资本化条件的支出在发生时,借记"研发支出——资本化支出""应交税费——应交增值税(进项税额)"账户,贷记"银行存款""应付职工薪酬"等账户;待最终形成无形资产并达到预定用途时,借记"无形资产"账户,贷记"研发支出——资本化支出"账户。企业开发阶段发生的费用化支出,其核算方法与研究阶段发生支出的核算方法相同。

3. 无法区分研究阶段和开发阶段的支出

无法区分研究阶段和开发阶段的支出,应当在发生时费用化,计入当期的管理费用。

【例 8-3】 天河公司开始研发某种数据资源,该项目的研发获得了天河公司董事会在技术、财务等资源上的大力支持,一旦研发成功将为天河公司带来长期利润。研发过程中发生的相关必要支出如下:研究和开发阶段的应予以费用化的支出 5 950 000 元,开发阶段发生符合资本化条件的支出 9 500 000 元,支付增值税额 927 000 元。开发成功后发生数据权属鉴证、质量评估、登记及安全管理登记费 100 000 元,增值税额为 6 000 元。账务处理如下:

(1) 发生各项研发支出时:

借:研发支出——资本化支出　　　　　　　　　　　　　　　9 500 000
　　　　　　——费用化支出　　　　　　　　　　　　　　　　5 950 000
　　应交税费——应交增值税(进项税额)　　　　　　　　　　　927 000
　贷:银行存款　　　　　　　　　　　　　　　　　　　　　　16 377 000

(2) 期末,将不符合资本化条件的研发支出转入当期管理费用时:

借:研发费用　　　　　　　　　　　　　　　　　　　　　　　5 950 000
　贷:研发支出——费用化支出　　　　　　　　　　　　　　　5 950 000

(3) 开发成功,权属鉴证、登记及安全管理形成无形资产时:

借:无形资产——数据资源　　　　　　　　　　　　　　　　　9 600 000
　　应交税费——应交增值税(进项税额)　　　　　　　　　　　6 000
　贷:研发支出——资本化支出　　　　　　　　　　　　　　　9 500 000
　　　银行存款　　　　　　　　　　　　　　　　　　　　　　106 000

(五)土地使用权的处理

土地使用权用于自行开发建造厂房等地上建筑物时,土地使用权的账面价值不与地上建筑物合并计算其成本,应单独作为无形资产进行核算;土地使用权与地上建筑物分别作为无形资产和固定资产分别进行摊销和计提折旧。但下列情况除外。

(1) 房地产开发企业取得的土地使用权用于建造对外出售的房屋建筑物,相关的土地使用权应当计入所建造的房屋建筑物成本。

(2) 企业外购房屋建筑物所支付的价款中包括土地使用权和建筑物的价值的,应当对实际支付的价款按照合理的方法(如公允价值相对比例)在土地使用权与地上建筑物之间进行分配;如果确实无法在土地使用权与地上建筑物之间进行合理分配的,应当全部作为固定资产,按照固定资产确认和计量的原则进行会计处理。

三、无形资产的后续计量

无形资产的后续计量以其使用寿命为基础。企业应当于取得无形资产时分析判断其使用寿命。

(一)无形资产使用寿命的确定

根据无形资产的经济寿命期限,无形资产分为使用期限确定的无形资产和使用期限不确定的无形资产。

1. 期限确定的无形资产

这些无形资产的取得源自合同性权利或其他法定权利,其使用寿命不应超过合同性权利或其他法定权利的期限。但如果企业使用资产的预期期限(或该资产为企业带来未来经济利益的期限)短于合同性权利或其他法定权利规定的期限,则应当按照企业预期使用的期限(或为企业带来经济利益的期限)确定其使用寿命。总而言之,对于期限确定的无形资产,其使用寿命应于合同期限、法定期限、经济寿命三者中取较短者确定。

2. 期限不确定的无形资产

对某些无形资产而言,没有相应法律或合同规定其有效期限,且其经济寿命难以预先准确估计,如非专利技术,其经济寿命取决于技术进步的快慢及技术保密工作的好坏等因素,一旦被新技术替代或被泄露,其价值自然贬值或毫无价值可言。使用期限不确定的无形资产不应摊销。

在估计无形资产的使用寿命时,企业应当综合考虑各方面相关因素的影响,其中通常应当考虑的因素有以下几项。

(1) 运用该资产生产的产品通常的寿命周期、可获得的类似资产使用寿命的信息。

(2) 技术、工艺等方面的现实状况及对未来发展的估计。

(3) 以该资产生产的产品或提供的服务的市场需求情况。

(4) 现在或潜在的竞争者预期将采取的行动。

(5) 为维持该资产产生未来经济利益的能力预期的维护支出,以及企业预计支付有关支出的能力。

(6) 对该资产的控制预期,以及对该资产使用的法律或类似限制,如特许使用期间、租赁期等。

(7) 与企业持有的其他资产使用寿命的关联性。

企业至少在每年年度终了,对使用寿命有限的固定资产的使用寿命进行复核。如果有证据表明无形资产的使用寿命与以前估计不同的,应当改变其摊销期限,并按照会计估计变更进行处理。同时,企业应当在每个会计期间对使用寿命不确定的无形资产的使用寿命进行复核。如果有证据表明该无形资产的使用寿命是有限的(或可以确定的),则应当按照《企业会计准则第 28 号——会计政策、会计估计变更和差错更正》进行处理,并按照使用寿命有限的无形资产的处理原则进行会计处理。

(二) 无形资产的摊销

使用期限确定的无形资产,应在其预计的使用寿命内采用系统合理的方法对应摊销金额进行摊销。使用期限不确定的无形资产,不摊销,而是在每年年末进行减值测试。

1. 无形资产摊销的影响因素

影响无形资产摊销的因素通常有:无形资产的成本、预计残值、使用寿命、已计提的无形资产减值准备。

应摊销金额是指无形资产的成本扣除预计残值和累计减值准备后的金额。但在实务操作中,使用寿命有限的无形资产,其残值一般视为零。但如果有第三方承诺在无形资产使用寿命结束时购买该无形资产,或可以根据活跃市场得到预计净残值信息,并且该市场在无形资产使用寿命结束时很可能存在,则可以预计其净残值。

2. 无形资产的摊销期限

无形资产摊销的起始和停止日期为:当月增加的无形资产,当月开始摊销;当月减少的无形资产,当月不再摊销。

3. 无形资产的摊销方法

无形资产的摊销方法包括:年限平均法、产量法、双倍余额递减法和年数总和法等。无法可靠确定预期实现方式的,应当采用年限平均法(这也是实务操作中最常见的无形资产摊销方法)。

4. 无形资产摊销的账务处理

在实务操作中,企业通常按月计提无形资产摊销额,设置"累计摊销"这一资产备抵账户。摊销无形资产价值时,根据无形资产的收益对象,借记"管理费用""制造费用""其他业务成本"等账户,贷记"累计摊销"账户。

【例8-4】 承[例8-3],假定天河公司已为该新型技术申请专利,原值为9 510 000元,该项专利权法律规定的有效期限为20年,公司合理预计该新型技术的预计使用期限为15年,采用年限平均法摊销,预计无残值。相关账务处理如下:

$$年摊销额 = 9\ 510\ 000 \div 15 = 634\ 000(元)$$
$$月摊销额 = 634\ 000 \div 12 = 52\ 833.33(元)$$

每月月末摊销该新型技术时:

借:制造费用　　　　　　　　　　　　　　　　　　　　　　　52 833.33
　　贷:累计摊销　　　　　　　　　　　　　　　　　　　　　　52 833.33

四、无形资产的出租

企业将其拥有的无形资产的使用权让渡给他人,并收取租金,属于与企业日常经营活动相关的其他经营活动取得的收入,在满足收入确认条件的情况下,应确认相关的收入及成本。借记"银行存款"等账户,贷记"其他业务收入""应交税费——应交增值税(销项税额)"账户;同时摊销出租无形资产的成本及与让渡使用权相关的各种相关费用支出,借记"其他业务成本"账户,贷记"累计摊销""银行存款"等账户。

【例8-5】 2×25年2月1日,天河公司与越秀公司签订专利技术出租合同,将其拥有的专利技术出租给越秀公司使用,该专利技术的账面余额为8 000 000元,摊销期为10年,出租合同承租方每销售一件用该专利技术生产的产品,必须支付给出租方10元专利权技术使用费。假定:承租方当年销售该产品100 000件,租金收入总额为1 000 000元,增值税额为60 000元。账务处理如下:

(1) 取得该项专利技术使用费时:

借:银行存款　　　　　　　　　　　　　　　　　　　　　　　1 060 000
　　贷:其他业务收入　　　　　　　　　　　　　　　　　　　　1 000 000
　　　　应交税费——应交增值税(销项税额)　　　　　　　　　　60 000

(2) 按年对该项专利技术进行摊销时:

借:其他业务成本　　　　　　　　　　　　　　　　　　　　　　800 000
　　贷:累计摊销　　　　　　　　　　　　　　　　　　　　　　800 000

五、无形资产的期末计价与处置

(一) 无形资产的期末计价

在资产负债表日,企业对无形资产进行摊销之后,还应对其进行减值测试,如果无形资产已经发生减值,应对其计提减值准备。衡量无形资产是否发生减值的标准是其可收回金额。

1. 无形资产的可收回金额

每年年末,企业应对无形资产的账面价值进行检查,如果出现减值迹象,应对无形资产的可收回金额进行估计。可收回金额应当根据无形资产的公允价值减去处置费用后的净额与无形资产预计未来现金流量的现值两者之间较高者确定。

2. 无形资产的减值损失

无形资产可收回金额的计量价值表明,资产的可收回金额低于其账面价值的,企业应当将无形资产的账面价值减记至可收回金额,借记"资产减值损失"账户,贷记"无形资产减值准备"账户。

无形资产减值损失确认后,减值无形资产的摊销费用应当在未来期间作相应调整,以使该无形资产在剩余使用寿命内,系统地分摊调整后的无形资产账面价值。

无形资产减值损失一经确认,在以后会计期间不得转回。

(二) 无形资产的处置

无形资产的处置包括无形资产的出售、报废、对外捐赠等行为。此时,企业应对无形资产转销并终止确认。

1. 出售

企业出售无形资产,代表放弃了该无形资产的所有权,一方面企业应转销无形资产的账面价值,另一方面应核算因转让资产而取得的利得或损失(利得或损失的金额为转让收入与无形资产账面价值的差额)。相关账务处理为:按处置资产获得的收入金额借记"银行存款"等账户,按已计提的累计摊销额借记"累计摊销"账户,若已计提的累计减值准备金额借记"无形资产减值准备"账户,按其账面余额贷记"无形资产"账户,按适用增值税税率贷记"应交税费——应交增值税(销项税额)"账户,按其差额借记(或贷记)"资产处置损益"账户。

【例 8-6】 2×25 年 3 月 1 日,天河公司(一般纳税人)出售某项商标权,取得收入 2 500 000 元,增值税额为 150 000 元。该商标权的成本为 5 000 000 元,已摊销金额为 2 800 000 元,已计提的减值准备为 200 000 元。账务处理如下:

借:银行存款	2 500 000
累计摊销	2 800 000
无形资产减值准备	200 000
贷:无形资产——商标权	5 000 000
应交税费——应交增值税(销项税额)	150 000
资产处置损益	350 000

2. 报废

如果无形资产预期不能为企业带来未来经济利益,则不再符合无形资产的确认条件,应将其报废并予以转销,其账面价值转作当期损益。转销时,应按已计提的累计摊销额借记"累计摊销"账户,按已计提的累计减值准备金额借记"无形资产减值准备"账户,按其账面余额贷记"无形资产"账户,按其差额借记"营业外支出"账户。

【例 8-7】 天河公司拥有某项非专利技术,根据当前市场调研结果显示,该技术生产的产品已没有市场。2×25 年 12 月 1 日,天河公司将该非专利技术予以转销。该非专利技术的成本为 9 000 000 元,累计摊销 6 000 000 元,已计提减值准备 1 000 000 元,假定不考虑相关因素。

2×25 年 12 月 1 日,天河公司的相关账务处理如下:

借:累计摊销 6 000 000
　　无形资产减值准备 1 000 000
　　营业外支出 2 000 000
　　贷:无形资产——非专利技术 9 000 000

第二节　投资性房地产

一、投资性房地产概述

(一) 投资性房地产的定义

房地产是土地与房屋及其权属的总称。《企业会计准则第 3 号——投资性房地产》规定:投资性房地产是指为了赚取租金或资本增值,或两者兼有而持有的房地产。其主要包括:用于出租的建筑物、用于出租的土地使用权、持有并准备增值后转让的土地使用权。企业持有投资性房地产,无论是用于出租还是用于增值,都是企业为完成经营目标所从事的经常性活动及与之相关的其他活动形成的经济利益总流入,因此相关的经济利益总流入构成企业的收入。

需要特别注意的是:企业持有自用房地产是企业为了生产商品、提供劳务或者经营管理而持有,应确认为固定资产或无形资产;房地产开发企业在正常经营过程中销售的或为销售而正在开发的商品房和土地,应作为房地产开发企业的存货核算;企业持有的用于赚取租金或资本增值的房屋建筑物和土地使用权,则应确认为投资性房地产。

(二) 投资性房地产的确认条件

投资性房地产只有在符合定义的前提下,同时满足下列条件,才能予以确认。

(1) 与投资性房地产有关的经济利益很可能流入企业。
(2) 该投资性房地产的成本能够可靠地计量。

投资性房地产的确认时点,按以下原则处理:

(1) 已出租的土地使用权、已出租的建筑物,其作为投资性房地产的确认时点一般为租赁开始日,即土地使用权、建筑物进入出租状态开始赚取租金的日期。

(2) 企业持有以备经营出租的空置建筑物,董事会或类似机构作出书面决议,明确表明将其用于经营出租且持有意图短期内不再发生变化的,即使尚未签订租赁协议,也应视为投资性房地产。空置建筑物是指企业新购入、自行建造或开发完工但尚未使用的建筑物,以及不再用于日常生产经营活动且整理后达到可经营出租状态的建筑物。

(3) 持有并准备增值后转让的土地使用权,其作为投资性房地产的确认时点为企业将自用土地使用权停止使用、准备增值后转让的日期。

二、投资性房地产的初始计量

投资性房地产应当按照成本进行初始计量。借记"投资性房地产——成本""应交税费——应交增值税(进项税额)"账户,贷记"银行存款"等账户。投资性房地产的成本一般应当包括取得投资性房地产时和使得该项投资性房地产达到预定可使用状态前所实际发生的各项必要的、合理的支出。如购买价款、建筑安装成本、应予以资本化的借款费用等。其取得成本的确认与计量方法与取得固定资产或无形资产的方法相同。

三、投资性房地产后续计量与后续支出

投资性房地产的后续计量模式有成本模式和公允价值模式两种。通常情况下,企业采用成本模式对投资性房地产进行后续计量,但有确凿证据表明投资性房地产的公允价值能够持续可靠取得的,也可以采用公允价值模式对投资性房地产进行后续计量。一个企业的投资性房地产只能选用一种计量模式,不得对一部分投资性房地产采用成本模式进行后续计量,而对另一部分投资性房地产采用公允价值模式进行后续计量。计量模式一经确定,不得随意变更。

(一) 采用成本模式后续计量的投资性房地产

采用成本模式计量的投资性房地产,应按照固定资产或无形资产的会计处理要求,按期(月)计提折旧或摊销,借记"其他业务成本"账户,贷记"投资性房地产累计折旧(摊销)"账户。取得的租金收入,借记"银行存款"账户,贷记"其他业务收入""应交税费——应交增值税(销项税额)"等账户。

投资性房地产存在减值迹象的,根据《企业会计准则第 8 号——资产减值》的有关规定,经减值测试后确定发生减值的,应当计提减值准备,借记"资产减值损失"账户,贷记"投资性房地产减值准备"账户。投资性房地产的减值准备一经计提,在以后会计期间不得转回。

【例 8-8】 2×24 年 1 月 1 日,天河公司与越秀公司之间签订经营租赁合同,天河公司将其持有的一栋大楼出租给越秀公司使用,并确认为投资性房地产,采用成本模式进行后续计量。该大楼的成本为 24 000 000 元,按照直线法计提折旧,预计使用寿命为 20 年,无残值。按合同规定,越秀公司每月支付天河公司租金 110 000 元,增值税额 9 900 元。2×21 年年底,该大楼发生了减值迹象,经减值测试,其可收回金额为 18 000 000 元。账务处理如下:

(1) 2×24 年 1 月 1 日起,每月计提折旧时:

月折旧额 = 24 000 000 ÷ 20 × 1 ÷ 12 = 100 000(元)

借:其他业务成本 100 000
  贷:投资性房地产累计折旧 100 000

(2) 2×24 年 1 月 1 日起,每月核算相关租金收入时:

```
借：银行存款                                    119 900
    贷：其他业务收入                            110 000
        应交税费——应交增值税(销项税额)           9 900
```

(3) 截至 2×25 年 12 月 31 日，减值测试前，该房产的账面价值为 21 600 000 元 (24 000 000－100 000×24)，应计提减值准备 3 600 000 元(21 600 000－18 000 000)。

```
借：资产减值损失                               3 600 000
    贷：投资性房地产减值准备                    3 600 000
```

(二) 采用公允价值模式进行后续计量的投资性房地产

投资性房地产采用公允价值模式进行后续计量，应当同时满足以下条件：①投资性房地产所在地有活跃的房地产交易市场。②企业能够从活跃的房地产交易市场上取得同类或类似房地产的市场价格及其他相关信息，从而对投资性房地产的公允价值作出合理估计。

《企业会计准则第 39 号——公允价值计量》中规定，所谓"公允价值"是指市场参与者在计量日发生的有序交易中，出售一项资产所能收到或者转移一项负债所需支付的价格。有序交易是指在计量日前一段时期内相关资产或负债具有惯常市场活动的交易。清算等被迫交易不属于有序交易。确定投资性房地产的公允价值时，可以参照活跃市场上同类或类似房地产的现行市场价格(市场公开报价)；无法取得同类或类似房地产现行市场价格的，可以参照活跃市场上同类或类似房地产的最近交易价格，并考虑交易情况、交易日期、所在区域等因素，对投资性房地产的公允价值作出合理估计；也可以基于预计未来获得的租金收益和相关现金流量的现值计量。

投资性房地产采用公允价值进行后续计量的，不计提折旧或摊销，应以资产负债表日的公允价值计量。资产负债表日，按投资性房地产的公允价值与账面价值之间的差额，调增或调减投资性房地产的账面余额，同时确认公允价值变化带来的收益或损失。相关账务处理为：资产公允价值高于账面余额时，借记"投资性房地产——公允价值变动"账户，贷记"公允价值变动损益"账户；资产公允价值低于账面余额时，借记"公允价值变动损益"账户，贷记"投资性房地产——公允价值变动"账户。

【例 8-9】 2×23 年 1 月 1 日，天河公司与越秀公司之间签订经营租赁合同，天河公司将其持有的一栋大楼出租给越秀公司使用，并确认为投资性房地产，采用公允价值模式进行后续计量。该大楼的成本为 24 000 000 元，按照直线法计提折旧，预计使用寿命为 20 年，无残值。按合同规定，越秀公司每月支付天河公司租金 110 000 元，增值税额为 9 900 元。2×21 年年底，该大楼的公允价值为 18 000 000 元。假定天河公司因对其投资性房地产采用公允价值模式进行后续计量，因此该大楼无需计提折旧。账务处理如下：

(1) 2×23 年 1 月 1 日起，每月核算相关租金收入时：

```
借：银行存款                                    119 900
    贷：其他业务收入                            110 000
        应交税费——应交增值税(销项税额)           9 900
```

(2) 截至 2×24 年 12 月 31 日，账面价值 24 000 000 元＞公允价值 18 000 000 元，调减资产价值至公允价值时：

借：公允价值变动损益　　　　　　　　　　　　　　　　　　　　　　6 000 000
　　　　贷：投资性房地产——公允价值变动　　　　　　　　　　　　　　　　　6 000 000

(三) 投资性房地产后续计量模式的变更

为保证会计信息的可比性，企业投资性房地产的后续计量模式一经确定，不得随意变更。只有在房地产市场比较成熟、有确凿证据表明投资性房地产的公允价值能持续可靠取得、可以满足采用公允价值模式条件的情况下，企业才能将投资性房地产的计量从成本模式转为公允价值模式，作为会计政策变更处理，进行追溯调整。首先，应将以前年度和当年计提的折旧和摊销额予以冲销，将投资性房地产的账面价值还原为初始成本，并调整期初留存收益及当年的其他业务成本，借记"投资性房地产累计折旧(摊销)"账户，贷记"盈余公积""利润分配——未分配利润"和"其他业务成本"账户；其次，将投资性房地产初始成本按照变更日当年年初的公允价值进行调整，借记或贷记"投资性房地产——公允价值变动"账户，贷记或借记"盈余公积""利润分配——未分配利润"账户；最后，将投资性房地产变更日当年年初的公允价值调整为变更日的公允价值，借记或贷记"投资性房地产——公允价值变动"账户，贷记或借记"公允价值变动损益"账户。

已采用公允价值模式计量的投资性房地产，不得从公允价值模式转为成本模式。

【例8-10】　天河公司持有一栋大楼用于出租赚取租金，作为投资性房地产核算，采用成本计量模式。由于该大楼所在地的房地产市场已比较成熟，大楼的公允价值可以持续可靠地取得，满足采用公允价值模式计量的条件，天河公司决定从2×24年7月1日起，对该大楼采用公允价值计量模式进行后续计量。该大楼的成本24 000 000元、已计提累计折旧1 200 000元，其中2×24年计提的累计折旧300 000元。2×24年1月1日，该大楼的公允价值为30 000 000元；2×24年7月1日，该大楼的公允价值为32 000 000元。天河公司按净利润的10%提取盈余公积。账务处理如下：

(1) 将投资性房地产账面价值还原为初始成本时：

　　　　应调整盈余公积=(1 200 000−300 000)×10%=90 000(元)
　　　　应调整利润分配——未分配利润=1 200 000−300 000−90 000=810 000(元)

　　借：投资性房地产累计折旧　　　　　　　　　　　　　　　　　　　　1 200 000
　　　　贷：盈余公积　　　　　　　　　　　　　　　　　　　　　　　　　　90 000
　　　　　　利润分配——未分配利润　　　　　　　　　　　　　　　　　　　810 000
　　　　　　其他业务成本　　　　　　　　　　　　　　　　　　　　　　　　300 000

(2) 将投资性房地产初始成本按照变更日当年年初的公允价值进行调整时：

　　　　应调整公允价值变动额=30 000 000−24 000 000=6 000 000(元)

　　借：投资性房地产——公允价值变动　　　　　　　　　　　　　　　　6 000 000
　　　　贷：盈余公积　　　　　　　　　　　　　　　　　　　　　　　　　600 000
　　　　　　利润分配——未分配利润　　　　　　　　　　　　　　　　　5 400 000

(3) 将投资性房地产变更日当年年初的公允价值调整为变更日的公允价值时：

　　　　调整公允价值：32 000 000−30 000 000=2 000 000(元)

　　借：投资性房地产——公允价值变动　　　　　　　　　　　　　　　　2 000 000
　　　　贷：公允价值变动损益　　　　　　　　　　　　　　　　　　　　2 000 000

四、投资性房地产的转换

由于企业经营目的、经营策略的变化,企业所拥有的房地产用途可能会发生变化。房地产的转换,是因房地产用途发生改变而对房地产进行的重新分类。企业必须有确凿证据表明房地产用途发生了改变,才能将投资性房地产转化为非投资性房地产,或相反。确凿证据包括两个方面:①董事会或类似机构应当就改变房地产用途形成正式的书面决议。②房地产因用途改变而发生实际状态上的改变,如从自用房产变为出租等。

房地产的转换形式包括由非投资性房地产(自用房地产或存货)转换为投资性房地产,以及由投资性房地产转换为非投资性房地产(自用房地产或存货)。投资性房地产的转换如图 8-1 所示。

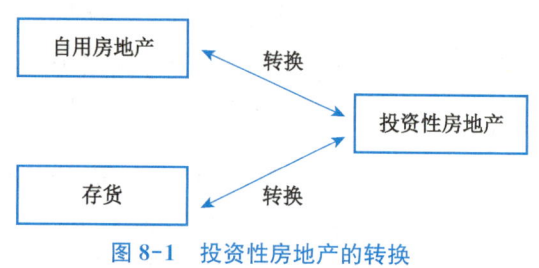

图 8-1 投资性房地产的转换

(一) 非投资性房地产转换为投资性房地产

1. 非投资性房地产转换为采用成本模式计量的投资性房地产

在成本模式下,企业应将非投资性房地产转换前的账面价值作为转换后的投资性房地产的入账价值。其中,资产的原始价值转入投资性房地产的原值,借记"投资性房地产——成本"账户,贷记"固定资产""无形资产""库存商品"等账户;资产的累计折旧或累计摊销,转入投资性房地产的累计折旧或累计摊销,借记"累计折旧"(或"累计摊销")账户,贷记"投资性房地产——累计折旧"(或"投资性房地产——累计摊销")等账户。如果非投资性房地产发生减值,计提的减值准备也应一并结转。

2. 非投资性房地产转换为采用公允价值计量模式的投资性房地产

非投资性房地产转换为采用公允价值计量模式的投资性房地产时,应将转换当日的公允价值作为投资性房地产的入账价值。

(1) 转换当日的公允价值若小于原资产账面原值的,其差额计入当期损益,借记"投资性房地产——成本""累计折旧"(或"累计摊销")"公允价值变动损益"等账户,贷记"固定资产""无形资产""库存商品"等账户。

(2) 转换当日的公允价值大于原资产账面价值的,其差额计入其他综合收益,借记"投资性房地产——成本""累计折旧"(或"累计摊销")等账户,贷记"固定资产""无形资产""库存商品""其他综合收益"等账户。如果非投资性房地产发生减值,计提的减值准备也应一并结转。

(二) 投资性房地产转换为非投资性房地产

投资性房地产转换为非投资性房地产时,应根据转换前投资性房地产的后续计量模式进行相应的会计处理。

1. 原采用成本模式进行后续计量的投资性房地产转换为非投资性房地产

原采用成本模式进行后续计量的投资性房地产,应将转换前的账面价值作为转换后的账面价值。

(1) 投资性房地产转换为自用房地产。企业将投资性房地产转换为自用房地产时,应将转换前投资性房地产的成本转换为固定资产的原值,转换前投资性房地产的累计折旧转换为对应固定资产的累计折旧。按资产成本借记"固定资产"账户,贷记"投资性房地产——成本"账户;按已计提的累计折旧借记"投资性房地产累计折旧"账户,贷记"累计折旧"账户。

(2) 投资性房地产转换为存货。这种情况通常是指房地产企业将用于经营出租的房地产收回,重新开发利用对外销售。企业应将转换前投资性房地产的账面价值作为存货的入账价值。借记"投资性房地产累计折旧"(已计提减值准备的还应借记"投资性房地产减值准备")账户,贷记"投资性房地产——成本"账户,按差额借记"开发产品"账户。

2. 原采用公允价值模式计量的投资性房地产转换为非投资性房地产

原采用公允价值模式计量的投资性房地产,转换为自用房地产,应当以转换前的公允价值作为自用房地产的账面价值,公允价值与原账面价值的差额记入"公允价值变动损益"账户。

【例 8-11】 天河公司持有的大楼原已出租给越秀公司使用,2×25 年 12 月 31 日租赁期结束。因业务发展的需要,天河公司决定收回该栋大楼且立即作为公司办公大楼使用。出租期间,天河公司将该大楼作为投资性房地产核算,并采用成本模式进行后续计量。大楼的成本为 24 000 000 元,已计提累计折旧额 6 000 000 元。转换日,相关会计处理如下:

借:固定资产	24 000 000
投资性房地产累计折旧	6 000 000
贷:投资性房地产——成本	24 000 000
累计折旧	6 000 000

【例 8-12】 天河公司持有的大楼原已出租给越秀公司使用,2×25 年 12 月 31 日租赁期结束。因业务发展的需要,天河公司决定收回该栋大楼且立即作为公司办公大楼使用。出租期间,天河公司将该大楼作为投资性房地产核算。大楼原账面价值 25 000 000 元,其中,成本 24 000 000 元,公允价值变动(截至 2×14 年 12 月 31 日)1 000 000 元。2×25 年 12 月 31 日,该大楼的公允价值为 27 500 000 元。转换日,相关会计处理如下:

借:固定资产	27 500 000
贷:投资性房地产——成本	24 000 000
投资性房地产——公允价值变动	1 000 000
公允价值变动损益	2 500 000

以公允价值计量的投资性房地产与自用房地产转换的会计处理如图 8-2 所示。

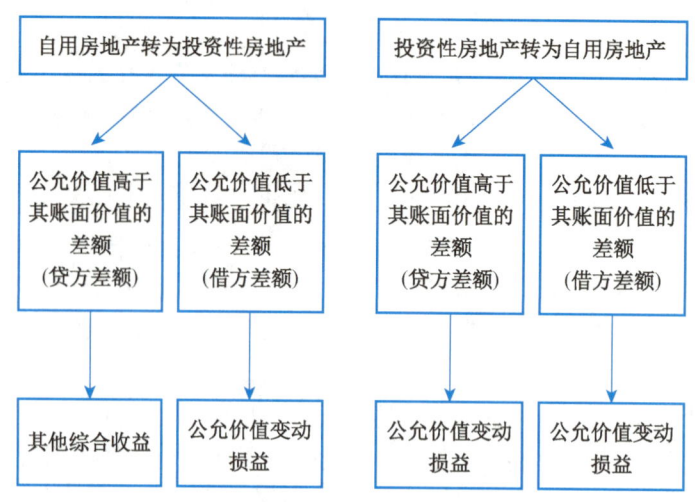

图 8-2 以公允价值计量的投资性房地产与自用房地产转换的会计处理

五、投资性房地产处置

与其他资产一样,投资性房地也会面临处理的问题。投资性房地产的处置主要指投资性房地产的出售、报废和毁损,也包括对外投资、非货币性资产交换、债务重组等原因转出投资性房地产的情形。

(一)采用成本模式计量的投资性房地产的处置

处置采用成本模式进行后续计量的投资性房地产,其账务处理按如下步骤进行。

(1)确认处置投资性房地产的收入。按实际收到的金额,借记"银行存款"等账户,贷记"其他业务收入""应交税费——应交增值税(销项税额)"账户。

(2)结转投资性房地产的成本。按已计提的累计折旧或摊销借记"投资性房地产累计折旧(摊销)"账户(原已计提减值准备的,还应借记"投资性房地产减值准备"账户);按该投资性房地产的账面余额贷记"投资性房地产——成本"账户;根据其差额,借记"其他业务成本"账户。

【例 8-13】 天河公司(一般纳税人)将其出租的一栋写字楼确认为投资性房地产,采用成本模式计量。租赁期届满后,天河公司将该写字楼出售给白云公司,合同价款为 50 000 000 元(不含税),增值税额 4 500 000 元,白云公司已用银行存款付清。出售时,该写字楼的成本为 38 000 000 元,已计提折旧 8 000 000 元。假设不考虑相关税金。会计处理如下:

(1)确认处置投资性房地产的收入时:

借:银行存款   54 500 000
    贷:其他业务收入   50 000 000
        应交税费——应交增值税(销项税额)   4 500 000

(2)结转投资性房地产的成本时:

借:其他业务成本   30 000 000
    投资性房地产累计折旧   8 000 000
    贷:投资性房地产——成本   38 000 000

（二）采用公允价值模式计量的投资性房地产的处置

处置采用公允价值模式进行后续计量的投资性房地产,其账务处理按如下步骤进行。

(1) 确认处置投资性房地产的收入。按实际收到的金额,借记"银行存款"等账户,贷记"其他业务收入"账户。

(2) 结转投资性房地产的成本。按投资性房地产的初始成本,贷记"投资性房地产——成本"账户;根据公允价值变动,借记或贷记"投资性房地产——公允价值变动"账户。根据投资性房地产的账面价值,借记"其他业务成本"账户。同时,还要按投资性房地产公允价值变动额,借记或贷记"公允价值变动损益"账户,贷记或借记"其他业务成本"账户。如果其他资产转换为投资性房地产时有记入"其他综合收益"账户的金额,也应一并结转,借记"其他综合收益"账户,贷记"其他业务成本"账户。

【例 8-14】 天河公司(一般纳税人)持有一栋大楼用于出租赚取租金,作为投资性房地产核算,采用成本计量模式。该大楼于 2×23 年 12 月 1 日购入,成本为 25 000 000 元,增值税为 2 250 000 元,预计使用年限为 50 年,无残值,采用直线法计提折旧。天河公司自 2×24 年 1 月 1 日起将大楼出租给白云公司,每月取得租金收入 100 000 元(不含税),增值税额为 9 000 元。由于该大楼所在地的房地产市场已比较成熟,大楼的公允价值可以持续可靠地取得,满足采用公允价值模式计量的条件,天河公司决定从 2×27 年 1 月 1 日起,对该大楼采用公允价值计量模式进行后续计量。2×27 年 1 月 1 日,该大楼的公允价值为 30 000 000 元;2×27 年 12 月 31 日,该大楼公允价值为 35 000 000 元;2×28 年 12 月 31 日,该大楼公允价值为 33 000 000 元;2×24 年 12 月 31 日,该大楼公允价值为 37 000 000 元。2×29 年 12 月 31 日,天河公司以 40 000 000 元的价格将该大楼出售给白云公司,收取增值税额 3 600 000 元,价款全部以银行存款收讫。假设天河公司按净利润的 10% 提取盈余公积,不考虑相关税金。账务处理如下:

(1) 2×23 年 12 月 1 日购入大楼时:

借:投资性房地产　　　　　　　　　　　　　　　　　　　25 000 000
　　应交税费——应交增值税(进项税额)　　　　　　　　 2 250 000
　　贷:银行存款　　　　　　　　　　　　　　　　　　　　27 250

(2) 2×24 年 1 月至 2×26 年 12 月(共 36 个月),每月核算租金收入,并计提折旧时:

借:银行存款　　　　　　　　　　　　　　　　　　　　　109 000
　　贷:其他业务收入　　　　　　　　　　　　　　　　　　100 000
　　　　应交税费——应交增值税(销项税额)　　　　　　　　9 000

月折旧额 = 25 000 000 ÷ 50 × 1 ÷ 12 ≌ 41 666.67(元),36 个月累计折旧额为 1 500 000 元。每月计提折旧分录如下:

借:其他业务成本　　　　　　　　　　　　　　　　　　　41 666.67
　　贷:投资性房地产累计折旧　　　　　　　　　　　　　　41 666.67

(3) 2×27 年 1 月 1 日,将该投资性房地产的后续计量模式由成本模式改为公允价值计量模式时:

借：投资性房地产——成本　　　　　　　　　　　　　　30 000 000
　　投资性房地产累计折旧　　　　　　　　　　　　　1 500 000
　　　贷：投资性房地产　　　　　　　　　　　　　　　25 000 000
　　　　　盈余公积　　　　　　　　　　　　　　　　　　650 000
　　　　　利润分配——未分配利润　　　　　　　　　　5 850 000

(4) 2×27年1月至2×29年12月，每月核算租金收入时：

借：银行存款　　　　　　　　　　　　　　　　　　　　109 000
　　贷：其他业务收入　　　　　　　　　　　　　　　　　100 000
　　　　应交税费——应交增值税(销项税额)　　　　　　　9 000

(5) 2×27年12月31日，调整大楼的公允价值时：

借：投资性房地产——公允价值变动　　　　　　　　　 5 000 000
　　贷：公允价值变动损益　　　　　　　　　　　　　　5 000 000

(6) 2×28年12月31日调整大楼的公允价值时：

借：公允价值变动损益　　　　　　　　　　　　　　　 2 000 000
　　贷：投资性房地产——公允价值变动　　　　　　　　2 000 000

(7) 2×29年12月31日调整大楼的公允价值时：

借：投资性房地产——公允价值变动　　　　　　　　　 4 000 000
　　贷：公允价值变动损益　　　　　　　　　　　　　　4 000 000

(8) 2×29年12月31日出售大楼时：

A. 确认收入时：

借：银行存款　　　　　　　　　　　　　　　　　　　43 600 000
　　贷：其他业务收入　　　　　　　　　　　　　　　　40 000 000
　　　　应交税费——应交增值税(销项税额)　　　　　　3 600 000

B. 结转成本时：

借：其他业务成本　　　　　　　　　　　　　　　　　37 000 000
　　贷：投资性房地产——成本　　　　　　　　　　　　25 000 000
　　　　　　　　　　——公允价值变动　　　　　　　　12 000 000

C. 结转公允价值变动损益时：

借：公允价值变动损益　　　　　　　　　　　　　　　 7 000 000
　　贷：其他业务成本　　　　　　　　　　　　　　　　7 000 000

【关键术语】

无形资产　摊销　研究阶段　开发阶段　投资性房地产　成本模式　公允价值模式

【问题思考】

1. 什么是无形资产？无形资产一般具有哪些特点？

2. 无形资产的确认条件是什么？
3. 不同来源的无形资产的入账价值如何确定？
4. 内部研究开发的无形资产相关研发费用的确认和计量原则是什么？
5. 该如何确定无形资产的摊销期限？摊销方法如何选择？
6. 什么是投资性房地产？投资性房地产一般具有哪些特点？
7. 投资性房地产的后续计量模式有哪些？
8. 采用公允价值模式对投资性房地产进行后续计量，需要满足哪些条件？
9. 如何进行投资性房地产后续计量模式的变更？

【实训案例】

案例一

2×21年1月1日，天河公司购入一项专利权，以银行存款支付全部买价和相关费用共计2 000 000元，增值税额为120 000元。该无形资产的法定有效期限为20年，买卖双方合同规定的有效期限为10年，假定该公司采用直线法对该专利权进行摊销，预计无残值，为方便核算，于每年年末对无形资产进行摊销。2×23年1月1日，该公司将此专利权出售，取得收入1 900 000元，增值税额为114 000元，价款全部存入银行（不考虑其他税费）。

思考：计算该专利权的年摊销额，并编制该公司上述经济业务的相关会计分录。

案例二

2×20年12月，越秀公司将办公大楼用于出租，以赚取租金收入，并与A公司签订租赁协议，租赁开始日为2×21年1月1日，租赁期为3年，年租金为1 200 000元，增值税额为120 000元。该大楼入账价值为25 000 000元，已计提累计折旧额为7 500 000元。越秀公司对投资性房地产存的后续计量采用公允价值模式。2×20年12月31日、2×21年12月31日、2×22年12月31日和2×23年12月31日，该大楼的公允价值分别为17 000 000元、17 300 000元、17 800 000元和17 600 000元。2×24年1月1日，大楼租赁期满，越秀公司将其出售，售价为17 200 000元，增值税额为1 720 000元，相关价款及税金已全部通过银行存款发讫。

思考：为越秀公司的上述经济业务作相应的会计核算。

练 习 题

第一部分 客观题

第八章 客观题

第二部分 主观题

五、计算题

1. 2×25年1月1日,天河公司管理层批准研发某项新产品专利技术,相关资料如下:
   (1) 2×25年该项目发生材料费用3 000 000元,人工费用4 000 000元,均属于研究阶段支出,以银行存款支付人工费用。
   (2) 2×26年年初,研究阶段结束,进入开发阶段,该项目在技术上已具可行性,公司管理层明确表示将为该项目提供足够的资源支持,该新产品专利技术研发成功后,将立即投产。
   (3) 2×26年度,共发生材料费用5 300 000元,人工费用3 700 000元,均用银行存款支付;另发生相关设备折旧费用1 000 000元,2×26年发生的支出均符合资本化条件。
   (4) 2×27年1月1日,该研发项目研发成功,该项新产品专利技术于当日达到预定用途。
   (5) 该公司预计新产品专利技术的使用寿命为5年,该专利的法律保护期限10年,该公司采用直线法摊销、无残值。
   (6) 2×28年年末,该无形资产出现减值迹象,经减值测试,该无形资产的可收回金额为7 200 000元,计提减值后,摊销年限、摊销方法和残值无需变更。

   要求:
   (1) 计算并编制2×25年、2×26年该公司无形资产研发项目的相关会计分录。
   (2) 计算并编制2×27年、2×28年该公司无形资产研发项目及摊销、减值的相关会计分录。(假定不考虑增值税等相关税费)

2. 天河公司有关资料如下:
   (1) 2×23年1月2日,天河公司从乙公司购买一项ERP,由于天河公司资金周转比较紧张,经与乙公司协议采用分期付款方式支付款项。合同规定,该项ERP总计60 000 000元,首期款项10 000 000元,于2×23年1月2日支付,其余款项在2×23年年末至2×27年年末的5年期间平均支付,每年的付款日期为当年12月31日。假定折现率为10%。(P/A,10%,5)=3.790 8。预计使用年限为10年,采用直线法摊销。
   (2) 2×24年1月2日,天河公司与丙公司ERP转让协议,天河公司将该项ERP出售给丙公司,转让价款为 55 000 000 元。同时,天河公司、乙公司与丙公司签订协议,约定天河公司因取得该 ERP 尚未支付乙公司的款项 40 000 000 元由丙公司负责偿还。2×24 年 1 月 5 日,天河公司收到丙公司支付的款项 15 000 000 元。同日,天河公司与丙公司办理完成了 ERP 变更手续。

要求:

计算 2×24 年 1 月 2 日出售 ERP 确认的收益。(假定不考虑增值税等相关税费)

3. 天河公司 2×20 年至 2×25 年发生以下交易事项:

(1) 2×20 年 12 月 31 日购入一栋办公大楼,实际取得成本为 60 000 000 元。该办公大楼预计使用年限 20 年,预计净残值为零。2×23 年 6 月 30 日该公司与南沙公司签订租赁协议。该协议约定:越秀公司将上述办公楼租赁给南沙公司,租赁期开始日为协议签订日,租期 2 年,年租金 300 万元,每半年支付一次。租赁协议签订日该办公大楼的公允价值为 56 000 000 元,至租赁时该办公大楼未计提减值准备。

(2) 天河公司对投资性房地产采用公允价值计量模式进行后续计量。2×23 年 12 月 31 日,该办公楼的公允价值为 44 000 000 元;2×24 年 12 月 31 日,该办公楼的公允价值为 42 000 000 元;2×25 年 6 月 30 日,天河公司将该办公大楼对外出售,售价为 40 000 000 元。

要求(假定不考虑增值税等相关税费):

(1) 确定房地产转换日。

(2) 计算出租办公楼 2×21 年计提折旧额,并编制相关会计分录。

(3) 编制租赁开始日的会计分录。

(4) 编制 2×23 年取得租金的会计分录。

(5) 计算上述交易事项对越秀公司 2×23 年度营业利润的影响金额。

(6) 编制 2×25 年 6 月 30 日出售投资性房地产的会计分录。

4. 甲公司从事房地产开发经营业务,2×26 年度发生的有关交易或事项如下:

(1) 1 月 1 日,因商品房滞销,董事会决定将两栋商品房用于出租。1 月 20 日,甲公司与乙公司签订租赁合同并已将两栋商品房以经营租赁方式提供给乙公司使用。出租商品房的账面余额为 9 000 万元,未计提跌价准备,公允价值为 10 000 万元。该出租商品房预计使用 50 年,预计净残值为零,采用年限平均法计提折旧。

(2) 1 月 5 日,收回租赁期届满的一宗土地使用权,经批准用于建造办公楼。该土地使用权成本为 2 750 万元,未计提减值准备,至办公楼开工之日已摊销 10 年,预计尚可使用 40 年,采用直线法摊销。办公楼于 3 月 1 日开始建造,至年末尚未完工,共发生工程支出 3 500 万元。

(3) 3 月 5 日,收回租赁期届满的商铺,并计划对其重新装修后继续用于出租。该商铺成本为 6 500 万元,至重新装修之日,已计提折旧 2 000 万元,账面价值为 4 500 万元,其中原装修支出的账面价值为 300 万元。装修工程于 8 月 1 日开始,于年末完工并达到预定可使用状态,共发生装修支出 1 500 万元。装修后预计租金收入将大幅增加。

甲公司对出租的商品房、土地使用权和商铺均采用成本模式进行后续计量。

要求：

根据上述资料，不考虑相关税费及其他因素，回答下列问题。

(1) 计算甲公司出租商品房2×26年度应当计提的折旧。

(2) 计算甲公司2×26年12月31日资产负债表项目中"投资性房地产"的列报金额。

（假定不考虑增值税等相关税费）

六、业务实训

(一) 业务实训一

1. 目的

掌握无形资产的相关账务处理与核算。

2. 资料

A房地产开发公司有关业务如下。

(1) 2×22年1月20日，A公司以拍卖方式取得一宗土地使用权，以银行存款转账支付50 000万元，土地使用权的使用年限为50年，并在该土地上出包建造办公楼工程，2×23年3月30日该工程已经完工并达到预定可使用状态，全部建造成本为257 500 000元以银行存款转账支付(不包括土地使用权)。该办公楼的折旧年限为30年。假定不考虑净残值，采用直线法进行摊销和计提折旧。

(2) 2×22年2月20日，A公司以拍卖方式取得一宗土地使用权，以银行存款转账支付1 000 000 000元，土地使用权的使用年限为70年，并在该土地上出包建造住宅小区，建造后对外销售。2×23年12月31日该小区已经完工并达到预定可使用状态，全部开发成本为600 000 000元以银行存款转账支付(不包括土地使用权)。

(3) 2×22年3月20日，A公司签订以经营租赁方式租入一宗土地使用权的协议，A公司从B公司租入一块土地用于建设与住宅小区配套的商贸大楼，并自行经营管理；该土地租赁期限为20年，自2×22年7月1日开始，前10年年租金固定为10 000 000元，后10年度年租金固定为20 000 000元，A公司于租赁期开始日一次性支付20年租金300 000 000元。2×22年7月1日开始建造商贸大楼工程，2×23年12月31日该工程已经完工并达到预定可使用状态，全部建造成本为50 000 000元以银行存款转账支付(不包括土地使用权)。

3. 要求

对上述经济业务进行核算，并编制相关会计分录。（假定不考虑增值税等相关税费）

(二) 业务实训二

1. 目的

掌握投资性房地产的相关账务处理与核算。

2. 资料

2×21年2月1日，天河公司以5 400 000元的价格从市场购入一项土地使用权，用于自行建造一栋办公楼。2×21年3月1日，天河公司预付给办公楼承包商工程价款30 000 000元；2×22年5月20日，工程完工，验收合格，天河公司补付工程款15 000 000元。根据董事会作出的书面决议，办公楼的其中一层对外出租，其余楼层均作为本企业的办公场所。2×22年5月25日，天河公司与一家大型超市签订了经营租赁合同，租期5年，每年租金为1 050 000元,于每年6月1日按年预收租金。租赁开始日为2×22年6月1日。办公大楼一层能够单独计量和出售,建造成本为12 000 000元,土地使用权成本按照建造成本的比例分配。

假定天河公司对投资性房地产采用成本模式进行后续计量。该写字楼预计使用寿命20年,预计净残值为零,采用直线法计提折旧;土地使用权的使用年限为40年,采用直线法进行摊销。2×24年12月31日,办公楼出现减值迹象,经减值测试,确定其可收回金额为9 000 000元。为了方便核算,假定每年的12月31日,天河公司计提办公楼折旧、摊销土地使用权成本、确认租金收入。

3. 要求

编制天河公司下列经济业务的相关会计分录(假定不考虑增值税等相关税费)。

(1) 2×21年2月1日,购入土地使用权。

(2) 2×21年3月1日,预付工程款。

(3) 2×22年5月20日,补付工程款。

(4) 2×22年5月20日,结转工程成本。

(5) 2×22年6月1日,预收租金。

(6) 2×22年12月31日,计提折旧、摊销并确认租金收入。

(7) 2×23年6月1日,预收租金。

(8) 2×23年12月31日,计提折旧、摊销并确认租金收入。

(9) 2×24年6月1日,预收租金。

(10) 2×24年12月31日,计提折旧、摊销并确认租金收入。

(11) 2×24年12月31日,计提资产减值准备。

七、案例分析题

(一) 案例一

1. 资料

荔湾公司为上市公司,第三方会计师事务所对2×24年财务报表进行审计时,对以下交易或事项的会计处理提出疑问:

(1) 2×24年12月31日,荔湾公司无形资产账面价值中包括用于生产A产品的专利技术。该专利技术是荔湾公司于2×24年7月15日购入,入账价值为12 000 000元,预计使用寿命5年,预计净残值为零,采用直线法按月摊销。2×24年10月以来,市场上出现了更先进的生产A产品的技术,荔湾公司预计A产品市场占有率将大幅下滑,预计该专利技术可收回金额为6 000 000元。

2×24年12月31日,荔湾公司相关业务的会计处理如下:

① 荔湾公司计算确定该专利技术的累计摊销额为1 000 000元,账面价值为11 000 000元。

② 荔湾公司按该专利技术可收回金额低于账面价值的差额计提了无形资产减值准备5 000 000元。假定用该专利技术生产的产品已全部对外出售。

(2) 2×24年1月30日,荔湾公司从白云公司购入一项专利权,支付价款4 000 000元,同时支付相关税费300 000元,该专利权自取得当日起用于B产品生产,法律保护期限

15年,荔湾公司预计运用该专利权生产的产品在未来10年内会为其带来经济利益。就该项专利权,萝岗公司向荔湾公司承诺在满5年后以1 000 000元购买该专利权。按照荔湾公司管理层目前的持有计划看,准备在满5年后将其出售给萝岗公司。荔湾公司采用直线法摊销该专利权。2024年1月份发生宣传新产品——B产品的相关广告费用500 000元。荔湾公司会计处理如下:

借:无形资产　　　　　　　　　　　　　　　　　　　　　　4 800 000
　　贷:银行存款　　　　　　　　　　　　　　　　　　　　　　　4 800 000

2×24年无形资产摊销额=4 800 00÷10×(11/12)=440 000(元)

借:生产成本　　　　　　　　　　　　　　　　　　　　　　　440 000
　　贷:累计摊销　　　　　　　　　　　　　　　　　　　　　　　440 000

(3) 经董事会批准,荔湾公司2×24年10月10日与白云公司签订了一个不可撤销的销售合同,将一项专利的所有权转让给白云公司。合同约定,专利权转让价格为2 500 000元,白云公司应于2×25年1月10日前支付上述款项;荔湾公司应协助白云公司于2×25年1月20日前完成专利权所有权的转移手续。

荔湾公司专利权是5年前达到预定用途并投入使用,成本为6 000 000元,预计使用年限10年,无残值,采用直线法摊销,至2×24年9月30日未计提减值准备。

2×24年度,荔湾公司对该专利共摊销了600 000元,相关会计处理如下:

借:管理费用　　　　　　　　　　　　　　　　　　　　　　　600 000
　　贷:累计摊销　　　　　　　　　　　　　　　　　　　　　　　600 000

2. 要求

根据上述资料,判断荔湾公司的会计处理是否正确;如不正确,简要说明理由,并编制更正有关会计分录。(假定不考虑增值税等相关税费)

(二) 案例二

1. 资料

A公司有关投资性房地产资料如下:

(1) 2×21年12月18日,A公司与B公司签订租赁合同,A公司将一栋办公楼整体出租给B公司,租期为3年,年租金为2 000 000元。2×21年12月31日为租赁期开始日,该办公楼的成本为50 000 000元,预计使用年限为50年,预计净残值为零,采用直线法计提折旧,已计提折旧10年。每年均收到租金。如果后续采用成本模式计量,则采用直线法计提折旧。如果后续采用公允模式计量的,则2×21年12月31日的公允价值为60 000 000元。

(2) 2×22年收到租金,2×22年支付办公楼的修理费用20 000元,2×22年年末办公楼公允价值为63 000 000元。

(3) 2×23年收到租金,年末办公楼公允价值为61 000 000元。

(4) 2×24年收到租金,年末办公楼公允价值为62 000 000元。假定2×24年12月31日租赁期满后收回,为了提高办公楼的租金收入,决定在租赁期满后对办公楼进行改扩建,并与C企业签订了经营租赁合同,约定在改扩建完工时将办公楼出租给C公司。随即进入改扩建工程。

(5) 2×25年3月31日,办公楼改扩建工程完工,共发生支出6 000 000元均以银行存款支付。同时出租给 C 公司。

(6) 假定 2×24 年 12 月 31 日租赁期满后(不进行改扩建)直接将其出售,售价为 62 000 000 元。

2. 要求

为 A 公司核算上述经济业务,并计算每年对损益的影响金额。(假定不考虑增值税等相关税费)

第九章
流动负债与或有负债

章前导引

教学目标

本章主要介绍流动负债及或有负债的会计处理。通过本章的学习,学生应理解并掌握短期借款、应付票据、应付账款和预收账款的核算,掌握应付职工薪酬的内容及其核算,掌握应交增值税、应交消费税的核算,熟悉或有负债、预计负债的概念与相关核算,具备综合灵活处理流动负债相关业务的能力。

重点难点

重点是流动负债中应付款项、应付职工薪酬及应交税费的会计核算,以及或有负债的确认与计量;难点是对应交增值税相关会计问题的理解及预计负债的会计确认。

课程思政

自新冠疫情发生后,党中央、国务院先后部署出台了多批支持疫情防控和复工复产的税费优惠政策。其中与增值税相关的主要包括以下几个方面:①在支持物资供应方面:自2020年1月1日起,对疫情防控重点保障物资生产企业全额退还增值税增量留抵税额;纳税人提供疫情防控重点保障物资运输收入免征增值税;纳税人提供公共交通运输服务、生活服务及居民必需生活物资快递收派服务收入免征增值税。②在鼓励公益捐赠方面:单位和个体工商户将自产、委托加工或购买的货物,通过公益性社会组织和县级以上人民政府及其部门等国家机关,或者直接向承担疫情防治任务的医院,无偿捐赠用于应对新型冠状病毒感染的肺炎疫情的,免征增值税、消费税、城市维护建设税、教育费附加、地方教育附加。③在支持复工复产方面:阶段性减免增值税小规模纳税人增值税,其中湖北省小规模纳税人,适用3%征收率的,2020年3月1日至2021年3月31日期间免征增值税,2021年4月1日至2021年12月31日减按1%征收率征收增值税;湖北省以外的小规模纳税人,减按1%征收率征收增值税。同时,对部分受疫情影响较大的企业阶段性免征增值税。例如,自2020年1月1日至2021年12月31日,对纳税人提供电影放映服务取得的收入免征增值税。

思考:增值税纳税机理是怎样的?阶段性税收优惠会对相关企业"应交税费——应交增值税"的会计核算带来哪些影响?

第一节 流动负债的性质与分类

一、流动负债的含义

满足下列条件之一的,应当归类为流动负债:

(1) 预计在一个正常营业周期内清偿的负债,如企业购买材料形成的应付账款、应付票据。

(2) 主要为交易目的而持有的负债,如银行为近期回购而发行的短期票据。

(3) 自资产负债表日起1年内(含1年)到期应予偿付的负债,如企业发行的将在1年之内到期的债券。

(4) 企业无权自主地将清偿期限推迟至资产负债表日后1年以上的负债,如企业购买商品时开出的商业汇票。

流动负债的主要包括短期借款、交易性金融负债、应付票据、应付账款、预收账款、应付职工薪酬、应交税费、应付利息、应付股利、其他应付款等。

二、流动负债的分类

(一) 按照偿付手段分类

1. 货币性流动负债

货币性流动负债是指需要以货币资金来偿还的流动负债,主要包括短期借款、应付票据、应付账款、应付职工薪酬、应付股利、应交税费和其他应付款。

2. 非货币性流动负债

非货币性流动负债是指不需要用货币资金来偿还的流动负债,主要指预收账款。

(二) 按照不确定性程度分类

1. 应付金额确定的流动负债

这类流动负债一般在确认一项义务的同时,根据合同、契约或法律的规定具有确切的金额、债权人和付款日,到期必须偿还。如企业由于购入材料按照合同确定的交易额开出的商业承兑汇票,这一负债具有确定的金额、偿还日期和确定的债权人(卖方),如短期借款、应付账款、应付票据、预收账款等,这类流动负债可以较为精确地计量。

2. 应付金额视经营情况而定的流动负债

这类流动负债需待企业在一定的经营期末,视该经营期的经营情况才能确定负债金额,在该经营期末结束前,负债金额不能用货币计量。如应交所得税、应付投资者的利润等。

3. 应付金额应予估计的流动负债,也称或有负债

或有负债是指过去的交易或事项形成的潜在义务,其存在须通过未来不确定事项的发生或不发生予以证实;或过去的交易或事项形成的现时义务,履行该义务不是很可能导致经济利益流出企业或该义务的金额不能可靠地计量。也就是说,或有负债的存在与否及偿付金额、收款人和偿付日期主要取决于有关的未来事件是否发生,因而在目前带有很大的不确定性,主要包括对外提供担保、商业承兑汇票贴现、未决诉讼、产品质量保证等。

第二节 流动负债的会计处理

一、短期借款

(一) 短期借款的概念

短期借款是指企业向银行或其他金融机构等借入的期限在1年以下(含1年)的各种借款,通常是为了满足正常生产经营的需要。无论借入款项的来源如何,企业均需要向债权人按期偿还借款的本金及利息。在会计核算上,企业要及时如实地反映短期借款的借入、利息的发生和本金及利息的偿还情况,短期借款的利息应当作为财务费用计入当期损益。

(二) 短期借款的会计处理

1. 短期借款取得

企业应通过"短期借款"账户,核算短期借款的取得及偿还情况。该账户贷方登记取得借款的本金数额;借方登记偿还借款的本金数额;余额在贷方,表示尚未偿还的短期借款。该账户可按借款种类、贷款人和币种进行明细核算。企业从银行或其他金融机构取得短期借款时,借记"银行存款"账户,贷记"短期借款"账户。

2. 短期借款利息

在实际工作中,银行一般于每季度末收取短期借款利息,但根据权责发生制,企业的短期借款利息一般采用月末预提的方式进行核算。短期借款利息属于筹资费用,应记入"财务费用"账户。企业应当在每个月末按照计算确定的短期借款利息费用,借记"财务费用"账户,贷记"应付利息"账户;实际支付利息时,根据已预提的利息,借记"应付利息"账户,根据应计利息,借记"财务费用"账户,根据应付利息总额,贷记"银行存款"账户。

3. 短期借款到期偿还

企业应于短期借款到期日偿还短期借款的本金及尚未支付的利息,借记"短期借款""应付利息""财务费用"等账户,贷记"银行存款"账户。

【例9-1】 天河公司于2×25年1月1日向银行借入一笔生产经营用短期借款,借入金额120 000元,期限为9个月,年利率为6%。根据与银行签署的借款协议,该项借款的本金到期后一次归还;利息分月预提,按季支付。会计处理如下:

(1) 1月1日,借入短期借款时:

借:银行存款　　　　　　　　　　　　　　　　　　　　　　　　120 000
　　贷:短期借款　　　　　　　　　　　　　　　　　　　　　　　　120 000

(2) 1月末,计提1月份应计利息时:

借:财务费用　　　　　　　　　　　　　　　　　　　　　　　　　600
　　贷:应付利息　　　　　　　　　　　　　　　　　　　　　　　　600

本月应计提的利息金额＝120 000×6‰÷12＝600(元)。本例中,短期借款利息600元属于企业的筹资费用,应记入"财务费用"账户。

2月末计提2月份利息费用的处理与1月份相同。

(3) 3月末,支付第一季度银行借款利息时:

借:财务费用　　　　　　　　　　　　　　　　　　　　　　　　　600
　　应付利息　　　　　　　　　　　　　　　　　　　　　　　　1 200
　　贷:银行存款　　　　　　　　　　　　　　　　　　　　　　　　1 800

第二、第三季度的会计处理同上。

(4) 10月1日,偿还银行借款本金时:

借:短期借款　　　　　　　　　　　　　　　　　　　　　　　　120 000
　　贷:银行存款　　　　　　　　　　　　　　　　　　　　　　　120 000

二、交易性金融负债

金融负债是负债的组成部分,主要包括短期借款、应付票据、应付债券、长期借款等。金融负债应按照企业会计准则中关于金融工具确认和计量的规定进行会计处理。

企业应当结合自身业务特点和风险管理要求,将承担的金融负债在初始确认时分为以下两类:①以公允价值计量且其变动计入当期损益的金融负债,包括交易性金融负债和直接指定为以公允价值计量且其变动计入当期损益的金融负债。②其他金融负债。其他金融负债是指没有划分为以公允价值计量且其变动计入当期损益的金融负债。在通常情况下,包括企业购买商品或服务形成的应付账款、长期借款、商业银行吸收的客户存款等。

企业应在金融负债初始确认时将其进行分类,之后不能随意变更。确认时划分为以公允价值计量且其变动计入当期损益的金融负债,不能重新分类为其他金融负债,其他金融负债也不能重新分类为以公允价值计量且其变动计入当期损益的金融负债。

(一) 交易性金融负债的定义

交易性金融负债指企业采用短期获利模式进行融资所形成的负债,如应付短期债券。作为交易双方来说,甲方的金融债权就是乙方的金融负债,融资方需要支付利息,因此,就形成了金融负债。交易性金融负债是企业承担的交易性金融负债的公允价值。

满足以下条件之一的金融负债,应当划分为交易性金融负债:

(1) 承担该金融负债的目的,主要是为了近期内出售或回购。

(2) 属于进行集中管理的可辨认金融工具组合的一部分,且有客观证据表明企业近期采用短期获利方式对该组合进行管理。在这种情况下,即使组合中某个组成项目持有的期限稍长也不受影响。

(3) 属于衍生金融工具。企业公允价值能够可靠地计量的金融负债符合以下条件之一的,可以在初始确认时将其直接指定为交易性金融负债:①该指定可以消除或明显减少该金融负债在计量方面存在较大不一致的情况。②企业风险管理或投资策略的书面文件已载明,该金融负债以公允价值为基础进行管理和评价并向关键管理人员报告。

(二)交易性金融负债的会计处理

1. 账户设置

企业应设置"交易性金融负债"账户,该账户核算企业持有的以公允价值计量且其变动计入当期损益的金融负债和直接指定为以公允价值计量且其变动计入当期损益的金融负债。该账户应当按照交易性金融负债类别,分设"交易性金融负债——本金""交易性金融负债——公允价值变动"账户进行明细核算。衍生金融负债不在该账户核算,在"衍生工具"账户核算。该账户期末贷方余额反映企业承担的交易性金融负债的公允价值。

2. 交易性金融负债的主要会计处理

(1) 企业承担交易性金融负债时,应按照其公允价值进行初始计量,相关交易费用应当在发生时直接计入当期损益。其中,金融负债的公允价值,一般应当以市场交易价格为基础确定。企业应按实际收到的金额,借记"银行存款""存放中央银行款项""结算备付金"等账户,按发生的交易费用,借记"投资收益"账户,按交易性金融负债的公允价值,贷记"交易性金融负债——本金"账户。交易费用是指可直接归属于购买、发行或处置金融工具新增的外部费用。新增的外部费用是指企业不购买、发行或处置金融工具就不会发生的费用,包括支付给代理机构、咨询公司、券商等的手续费和佣金及其他必要支出,不包括债券溢价、折价、融资费用、内部管理成本及其他与交易不直接相关的费用。

(2) 资产负债表日,交易性金融负债的公允价值高于其账面余额的差额,借记"公允价值变动损益"账户,贷记"交易性金融负债——公允价值变动"账户;公允价值低于其账面余额的差额,做相反的会计分录。

(3) 出售交易性金融负债时,应按其账面余额,借记"交易性金融负债——本金"账户,借记或者贷记"交易性金融负债——公允价值变动"账户,按实际支付的金额,贷记"银行存款""存放中央银行款项""结算备付金"等账户,按其差额,贷记或借记"投资收益"账户。同时,按该项交易性金融负债的公允价值变动,借记或贷记"公允价值变动损益"账户,贷记或借记"投资收益"账户。

【例 9-2】 2×25 年 10 月 1 日,天河公司经批准在全国银行间债券市场按面值公开发行 100 000 份人民币短期融资券,期限为 1 年,票面年利率 8%,每张面值为 100 元,到期一次性还本付息。所募集资金主要用于公司购买生产经营所需的原材料等。公司将该短期融资券指定为以公允价值计量且其变动计入当期损益的金融负债。假定发行短期融资券相关的交易费用 10 000 元。2×25 年 12 月 31 日,该短期融资券市场价格每张 108 元(不含利息);2×26 年 3 月 31 日,该短期融资券市场价格每张 105 元(不含利息);2×26 年 6 月 30 日,该短期融资券市场价格每张 103 元(不含利息);2×26 年 9 月 30 日,该短期融资券到期兑付完成。账务处理如下:

(1) 2×25 年 10 月 1 日,发行短期融资券时:

借:银行存款　　　　　　　　　　　　　　　　　　　　　　　9 990 000
　　投资收益　　　　　　　　　　　　　　　　　　　　　　　　　10 000
　　贷:交易性金融负债——成本　　　　　　　　　　　　　　　　　　10 000 000

(2) 2×25 年 12 月 31 日,年末确认公允价值变动和利息费用时:

公允价值变动损失＝100 000×(108－100)＝800 000(元)

借：公允价值变动损益　　　　　　　　　　　　　　　　800 000
　　贷：交易性金融负债——公允价值变动　　　　　　　　　　800 000
借：财务费用　　　　　　　　　　　　　　　　　　　　200 000
　　贷：应付利息　　　　　　　　　　　　　　　　　　　　200 000

(3) 2×26年3月31日，季末确认公允价值变动和利息费用时：

公允价值变动收益＝100 000×(108－105)＝300 000(元)

借：交易性金融负债——公允价值变动　　　　　　　　　300 000
　　贷：公允价值变动损益　　　　　　　　　　　　　　　　300 000
借：财务费用　　　　　　　　　　　　　　　　　　　　200 000
　　贷：应付利息　　　　　　　　　　　　　　　　　　　　200 000

(4) 2×26年6月30日，确认公允价值变动和利息费用时：

公允价值变动收益＝100 000×(105－103)＝200 000(元)

借：交易性金融负债——公允价值变动　　　　　　　　　200 000
　　贷：公允价值变动损益　　　　　　　　　　　　　　　　200 000
借：账务费用　　　　　　　　　　　　　　　　　　　　200 000
　　贷：应付利息　　　　　　　　　　　　　　　　　　　　200 000

(5) 2×26年9月30日，短期融资券到期时：

借：财务费用　　　　　　　　　　　　　　　　　　　　200 000
　　贷：应付利息　　　　　　　　　　　　　　　　　　　　200 000
借：交易性金融负债——成本　　　　　　　　　　　　10 000 000
　　　　　　　　　——公允价值变动　　　　　　　　　　300 000
　　　　应付利息　　　　　　　　　　　　　　　　　　　800 000
　　贷：银行存款　　　　　　　　　　　　　　　　　　10 800 000
　　　　投资收益　　　　　　　　　　　　　　　　　　　300 000

按《企业会计准则应用指南》的规定，公允价值变动损益不必结转投资收益。

三、应付票据与应付账款

(一) 应付票据

1. 应付票据的概念

应付票据是由出票人出票，委托付款人在指定日期无条件支付特定的金额给收款人或者持票人的票据。在我国，应付票据是指因企业赊购材料、商品和接受劳务供应等而开出、承兑的商业汇票，包括银行承兑汇票和商业承兑汇票两种。应付票据按是否带息分为带息应付票据和不带息应付票据两种。

2. 应付票据的会计处理

企业应通过"应付票据"账户，核算应付票据的发生、偿付等情况。该账户贷方登记开出、承兑汇票的面值及带息票据的预提利息,借方登记支付票据的金额,余额在贷方,表示企业尚未到期的商业汇票的票面金额。由于应付票据的偿付时间较短,在会计实务中,一般均按照开出、承兑的应付票据的面值入账。

1) 不带息应付票据的处理

不带息应付票据,其到期值就是票据面值。企业因购买材料、商品和接受劳务供应等而开出、承兑的不带息商业汇票,应当按其票面金额作为应付票据的入账金额,借记"原材料""库存商品""应付账款""应交税费——应交增值税(进项税额)"等账户,贷记"应付票据"账户,到期偿还本金。如果开出的是银行承兑汇票,企业支付给银行的手续费应当计入当期的财务费用,借记"财务费用"账户,贷记"银行存款"账户。

【例9-3】 天河公司为增值税一般纳税人。公司于2×24年2月6日开出一张面值为56 500元、期限5个月的不带息商业汇票,用于采购一批材料。增值税专用发票上注明的材料价款为6 500元,增值税额为6 500元。编制会计分录如下:

借:原材料　　　　　　　　　　　　　　　　　　　　　　　　50 000
　　应交税费——应交增值税(进项税额)　　　　　　　　　　　　6 500
　　贷:应付票据　　　　　　　　　　　　　　　　　　　　　　　56 500

企业因购买材料、商品和接受劳务等而开出、承兑商业汇票时,所支付的银行承兑汇票手续费应当计入财务费用。

【例9-4】 承[例9-3],假设该商业汇票为银行承兑汇票,天河公司已交纳承兑手续费25元。编制会计分录如下:

借:财务费用　　　　　　　　　　　　　　　　　　　　　　　　　25
　　贷:银行存款　　　　　　　　　　　　　　　　　　　　　　　　25

2×24年7月6日,商业汇票到期,天河公司通知银行以银行存款支付票款,所作会计分录如下:

借:应付票据　　　　　　　　　　　　　　　　　　　　　　　56 500
　　贷:银行存款　　　　　　　　　　　　　　　　　　　　　　　56 500

在商业汇票到期时,如果企业无力支付票据款,则应根据不同承兑人承兑的商业汇票作不同处理。如果开出并承兑的商业承兑汇票到期时付款企业不能如期支付,则银行将把商业承兑汇票退还给收款人,由收付款双方协商解决。由于该商业汇票已经失效,付款企业应将应付票据转为应付账款,按票面价值借记"应付票据"账户,贷记"应付账款"账户。如果开出并承兑的银行承兑汇票到期,付款企业不能如期支付,则承兑银行将代为支付票据款,并将其转为对付款人的逾期贷款。付款企业应将应付票据转为短期借款,按票面价值借记"应付票据"账户,贷记"短期借款"账户。企业因此而支付的罚息,应记入"财务费用"账户。

2) 带息应付票据的处理

带息票据在票据上注明了利率,到期时同时归还票据本息。对于票据的应付利息,通常企业在期末编制财务报表时,按照票据的票面价值和票据上规定的利率计算应付利息,借记"财务费用"账户,贷记"应付票据"账户。票据到期支付本息时,按票据账面余额,借记"应付票据"账户,按未计提的利息借记"财务费用"账户,按实际支付的金额贷记"银行存款"账户。

【例 9-5】 天河公司于 2×24 年 9 月 1 日购入一批原材料,材料价款为 300 000 元,增值税额为 39 000 元,签发了一张金额为 339 000 元、期限为 6 个月、票面利率为 6% 的带息商业承兑汇票。该公司按实际成本计价。编制会计分录如下:

(1) 2×24 年 9 月 1 日,购入原材料时:

借:原材料	300 000
应交税费——应交增值税(进项税额)	39 000
贷:应付票据	339 000

(2) 2×24 年 12 月 31 日,计提 4 个月的利息费用时:

借:财务费用(339 000×6%×4÷12)	6 780
贷:应付票据	6 780

(3) 2×25 年 3 月 1 日,票据到期偿还本息,并确认 2 个月的利息费用时:

借:应付票据	345 780
财务费用(339 000×6%×2÷12)	3 390
贷:银行存款	349 170

(二)应付账款

应付账款是指企业因购买材料、商品或接受劳务供应等经营活动应支付的款项。

1. 应付账款的入账时间和入账金额

应付账款一般应在与所购买物资所有权相关的主要风险和报酬已经转移,或者所购买的劳务已经接受时确认。在实务工作中,为了使所购入物资的金额、品种、数量和质量等与合同规定的条款相符,避免因验收时发现所购物资存在数量或质量问题而对入账的物资或应付账款金额进行改动,在物资和发票账单同时到达的情况下,一般在所购物资验收入库后,再根据发票账单登记入账,确认应付账款。在所购物资已经验收入库,但是发票账单未能同时到达的情况下,企业应付物资供应单位的债务已经成立,在会计期末,为了反映企业的负债情况,需要将所购物资和相关的应付账款暂估入账,待下月月初作相反分录予以冲回。

2. 应付账款的账务处理

企业应通过"应付账款"账户,核算应付账款的发生、偿还、转销等情况。该账户贷方登记企业购买材料、商品和接受劳务等而发生的应付账款,借方登记偿还的应付账款,或开出商业汇票抵付应付账款的款项,或已冲销的无法支付的应付账款,余额一般在贷方,表示企业尚未支付的应付账款余额。本账户一般应按照债权人设置明细账户进行明细核算。

企业购入材料、商品等或接受劳务所产生的应付账款,应按应付金额入账。购入材料、商品等验收入库,但货款尚未支付,根据有关凭证(发票账单、随货同行发票上记载的实际价款或暂估价值),借记"原材料""材料采购""库存商品"等账户,按可抵扣的增值税额,借记"应交税费——应交增值税(进项税额)"账户,按应付的价款,贷记"应付账款"账户。

应付账款附有现金折扣的,现金折扣属于交易价格中的可变对价,按照可变对价最佳估计数确定应付账款入账金额。

【例9-6】 天河公司2×24年4月2日从A公司购入一批家电产品并已验收入库。增值税专用发票上列明,该批家电的价款为1 000 000元,增值税额为130 000元。按照购货协议的规定,预计天河公司极有可能在折扣期15天内付款货款,将获得1‰的现金折扣。4月13日,实际支付价款1 120 000元,取得现金折扣10 000元(1 000 000×1‰)。编制会计分录如下:

(1) 4月2日,购入商品时:

借:库存商品　　　　　　　　　　　　　　　　　　　　　　990 000
　　应交税费——应交增值税(进项税额)　　　　　　　　　130 000
　　贷:应付账款——A公司　　　　　　　　　　　　　　　　　1 120 000

(2) 4月13日,支付货款时:

借:应付账款——A公司　　　　　　　　　　　　　　　　1 120 000
　　贷:银行存款　　　　　　　　　　　　　　　　　　　　　1 120 000

在某些特殊情况下,付款人可能会因为某些原因确实无法支付某项应付账款。比如,由于销货方意外破产导致债务人无法支付应付账款,则企业应当将该应付账款确认为一项利得,计入营业外收入。

四、应付职工薪酬

(一) 应付职工薪酬的含义及内容

1. 职工薪酬的含义

职工薪酬是指企业为获得职工提供的服务或解除劳动关系而给予的各种形式的报酬或补偿。职工薪酬包括短期薪酬、离职后福利、辞退福利和其他长期职工福利。企业提供给职工配偶、子女、受赡养人、已故员工遗属及其他受益人等的福利,也属于职工薪酬。

这里所指的职工,包括三类人员:一是与企业订立劳动合同的所有人员,含全职、兼职和临时职工;二是未与企业订立劳动合同、但由企业正式任命的企业治理层和管理层人员,如董事会成员、监事会成员等,尽管有些董事会、监事会成员不是本企业员工,未与企业订立劳动合同,但对其发放的津贴、补贴等仍属于职工薪酬;三是在企业的计划和控制下,虽未与企业订立劳动合同或未由其正式任命,但为其提供与职工类似服务的人员,如通过中介机构签订用工合同,为企业提供与本企业职工类似服务的人员。

2. 职工薪酬的内容

从广义上讲,职工薪酬是企业必须付出的人力成本,是吸引和激励职工的重要手段,也就是说,职工薪酬既是职工对企业投入劳动获得的报酬,也是企业的成本费用。具体而言,职工薪酬主要包括以下几方面的内容。

1) 短期薪酬

短期薪酬是指企业在职工提供相关服务的年度报告期间结束后12个月内需要全部予以支付的职工薪酬,因解除与职工的劳动关系给予的补偿除外。短期薪酬具体包括:

(1) 职工工资、奖金、津贴和补贴,即构成工资总额的计时工资、计件工资、支付给职工的超额劳动报酬和增收节支的劳动报酬、为了补偿职工特殊或额外的劳动消耗和因其他特殊原因支付给职工的津贴,以及为了保证职工工资水平不受物价影响支付给职工的物价补贴等。

（2）职工福利费主要是尚未实行医疗统筹企业职工的医疗费用、职工因公负伤赴外地就医路费、职工生活困难补助，以及按照国家规定开支的其他职工福利支出。

（3）医疗保险费、工伤保险费和生育保险费等社会保险费是指企业按照国务院、各地方政府规定的基准和比例计算，向社会保险经办机构交纳的医疗保险费、工伤保险费和生育保险费。企业以购买商业保险形式提供给职工的各种保险待遇属于企业提供的职工薪酬，应当按照职工薪酬的原则进行确认、计量和披露。

（4）住房公积金是指企业按照国家规定的基准和比例计算，向住房公积金管理机构缴存的住房公积金。

（5）工会经费和职工教育经费是指企业为了改善职工文化生活、为职工学习先进技术和提高文化水平和业务素质，用于开展工会活动和职工教育及职业技能培训等相关支出。

（6）短期带薪缺勤是指企业支付工资或提供补偿的职工缺勤，包括年休假、病假、短期伤残、婚假、产假、丧假、探亲假等。

（7）短期利润分享计划是指因职工提供服务而与职工达成的基于利润或其他短期经营成果提供薪酬的协议。比如企业提供给职工以权益形式结算的认股权、以现金形式结算但以权益工具公允价值为基础确定的现金股票增值权等。

（8）非货币性福利是指企业以自己的产品或外购商品发放给职工作为福利，企业提供给职工无偿使用自己拥有的资产或租赁资产供职工无偿使用，比如提供给企业高级管理人员使用的住房等，免费为职工提供诸如医疗保健的服务或向职工提供企业支付了一定补贴的商品或服务等，比如以低于成本的价格向职工出售住房等。

其他短期薪酬是指除上述八种短期薪酬以外的其他为获得职工提供的服务而给予的短期薪酬。

2）离职后福利

离职后福利是指企业为获得职工提供的服务而在职工退休或与企业解除劳动关系后，提供的各种形式的报酬和福利，短期薪酬和辞退福利除外。

离职后福利计划是指企业与职工就离职后福利达成的协议，或者企业为向职工提供离职后福利制定的规章或办法等。企业应当将离职后福利计划分类为设定提存计划和设定受益计划。

设定提存计划是指向独立的基金缴存固定费用后，企业不再承担进一步支付义务的离职后福利计划，我国的养老保险和失业保险均属于设定提存计划。我国的养老保险分为两个层次：第一层次是社会统筹与职工个人账户相结合的基本养老保险，即企业和职工必须依法交纳养老保险费，在职工达到国家规定的退休年龄或因其他原因而退出劳动岗位后，社会保险经办机构依法向其支付养老金等待遇，从而保障其基本生活；第二层次是企业补充养老保险，为更好地保障企业职工退休后的生活，依法参加基本养老保险并履行缴费义务、具有相应的经济负担能力并已建立集体协商机制的企业，经有关部门批准，可申请建立企业年金。企业年金是企业及其职工在依法参加基本养老保险的基础上，自愿建立的补充养老保险制度。但无论是基本养老保险还是补充养老保险制度，企业对职工的义务仅限于按照省、自治区、直辖市或地（市）政府或企业年金计划规定缴费的部分，没有进一步的支付义务，均应当按照设定提存计划处理。

设定受益计划是指企业承诺在职工退休时一次或分期支付一定金额的补充养老金，只要职工退休时企业有能力履行支付义务,企业是否按时提取养老金及提取多少都由企业自行决定。通常是在企业年金计划中根据一定的标准(职工服务年限、工资水平等)确定每个职工退休后每期的年金收益水平,由此倒算出企业每期应为职工缴费的金额。设定受益计划的实施比较麻烦,通常需要精算师确定每期应为职工缴费的金额,会计人员的主要任务是根据精算师精算的结果计算确定企业每期的年金费用水平,并进行相关的确认和列报。

【知识链接】

我国基本养老保险缴费比例的分类

我国基本养老保险费由企业和职工个人共同负担。企业按本企业职工上年度月平均工资总额的20%缴纳(部分省市略有不同),职工个人按本人上年度月平均工资收入的8%缴纳;城镇个体工商户、灵活就业人员和国有企业下岗职工以个人身份参加基本养老保险的,以所在省(直辖市、自治区)上年度社会平均工资为缴费基数,按20%的比例缴纳基本养老保险费,全部由自己负担。

3) 辞退福利

辞退福利包括两方面的内容:一是在职工劳动合同尚未到期前,不论职工本人是否愿意,企业决定解除与职工的劳动关系而给予的补偿。二是在职工劳动合同尚未到期前,为鼓励职工自愿接受裁减而给予的补偿,职工有权利选择继续在职或接受补偿离职。辞退福利还包括当公司控制权发生变动时对辞退的管理层人员进行补偿的情况。辞退福利通常采取解除劳动关系时一次性支付补偿的方式,也有通过提高退休后养老金或其他离职后福利的标准,或者在职工不再为企业带来经济利益后,将职工工资部分支付到辞退后未来某一期间。

在确定企业提供的经济补偿是否为辞退福利时,应当注意以下两个问题。

首先,辞退福利与正常退休养老金应当区分开来。辞退福利是在职工与企业签订的劳动合同到期前,企业根据法律、与职工本人或职工代表(工会)签订的协议,或者基于商业惯例,承诺当其提前终止对职工的雇佣关系时支付的补偿,引发补偿的事项是辞退。因此,企业应当在辞退时进行确认和计量。职工在正常退休时获得的养老金,是其与企业签订的劳动合同到期时,或者职工达到了国家规定的退休年龄时获得的退休后生活补偿金额,此种情况下给予补偿的事项是职工在职时提供的服务而不是退休本身。因此,企业应当在职工提供服务的会计期间确认和计量。职工虽然没有与企业解除劳动合同,但未来不再为企业提供服务,为此企业承诺提供实质上具有辞退福利性质的经济补偿,比照辞退福利处理。

其次,无论职工因何种原因离开都要支付的福利属于离职后福利,不是辞退福利。有些企业对职工本人提出的自愿辞退比企业提出的要求职工非自愿辞退情况下支付较少的补偿,在这种情况下,非自愿辞退提供的补偿与职工本人要求辞退提供的补偿之间的差额,才属于辞退福利。

4) 其他长期职工福利

其他长期职工福利是指除短期薪酬、离职后福利、辞退福利之外所有的职工薪酬,包括长期带薪缺勤、长期残疾福利、长期利润分享计划等。

(二) 应付职工薪酬的确认与计量

企业应当通过"应付职工薪酬"账户,核算应付职工薪酬的提取、结算、使用等情况。该账户贷方登记已分配计入有关成本费用项目的职工薪酬的数额;借方登记实际发放职工薪酬的数额;期末贷方余额反映企业应付未付的职工薪酬。"应付职工薪酬"账户应当按照"工资""职工福利""社会保险费""住房公积金""工会经费""职工教育经费""非货币性福利""离职后福利"等应付职工薪酬项目设置明细账户,进行明细核算。

企业应当在职工为其提供服务的会计期间,将应付的职工薪酬确认为负债,除因解除与职工的劳动关系给予的补偿外,应当根据职工提供服务的受益对象,分别下列情况处理:

(1) 应由生产产品、提供劳务负担的职工薪酬,计入产品成本或劳务成本。

(2) 应由在建工程、无形资产负担的职工薪酬,计入建造固定资产或无形资产成本。自行建造固定资产和自行研究开发无形资产过程中发生的职工薪酬,能否计入固定资产或无形资产成本,取决于相关资产的成本确定原则。比如,企业在研究阶段发生的职工薪酬不能计入自行开发无形资产的成本,在开发阶段发生的职工薪酬,符合无形资产资本化条件的,应当计入自行开发无形资产的成本。

上述两项之外的其他职工薪酬,计入当期损益。除直接生产人员、直接提供劳务人员、符合准则规定条件的建造固定资产人员、开发无形资产人员以外的职工,包括公司总部管理人员、董事会成员、监事会成员等人员相关的职工薪酬,因难以确定直接对应的受益对象,均应当在发生时计入当期损益。

1. 货币性职工薪酬

对于货币性职工薪酬,企业一般应当根据职工提供服务情况和职工货币薪酬的标准,计算应计入职工薪酬的金额,按照受益对象计入有关成本或当期费用,借记"生产成本""管理费用"等账户,贷记"应付职工薪酬"账户,发放时,借记"应付职工薪酬"账户,贷记"银行存款"等账户。

企业在计量货币性职工薪酬时,应当注意是否国家有相关的明确计提标准加以区别处理:一般而言,企业应向社会保险经办机构(或企业年金基金账户管理人)交纳的医疗保险费、养老保险费、失业保险费、工伤保险费等社会保险费,国家(或企业年金计划)统一规定了计提基础和计提比例,应当按照国家规定的标准计提;而职工福利费等职工薪酬,国家(或企业年金计划)没有明确规定计提基础和计提比例,企业应当根据历史经验数据和实际情况,合理预计当期应付职工薪酬。当期实际发生金额大于预计金额的,应当补提应付职工薪酬;当期实际发生金额小于预计金额的,应当冲回多提的应付职工薪酬。

【例9-7】 2×25年6月,天河公司当月应发工资20 000 000元,其中:生产部门直接生产人员工资10 000 000元;生产部门管理人员工资2 000 000元;公司管理部门人员工资3 600 000元;公司专设产品销售机构人员工资1 000 000元;建造厂房人员工资2 200 000元;内部开发存货管理系统人员工资1 200 000元。账务处理如下:

根据所在地政府规定,公司分别按照职工工资总额的10%、12%、2%和10.5%计提医疗保险费、养老保险费、失业保险费和住房公积金,交纳给当地社会保险经办机构和住房公积金管理机构。公司内设医务室,根据2×24年实际发生的职工福利费情况,公司预计2×20年应承担的职工福利费为职工工资总额的2%,职工福利的受益对象为上述所有人员。公司分别按照职工工资总额的2%和1.5%计提工会经费和职工教育经费。假定公司存货管理系统已处于开发阶段,并符合《企业会计准则第 6 号——无形资产》资本化为无形资产的条件。

应计入生产成本的职工薪酬金额 = 10 000 000 + 10 000 000 × (10% + 12% + 2% + 10.5% + 2% + 2% + 1.5%)
= 14 000 000(元)

应计入制造费用的职工薪酬金额 = 2 000 000 + 2 000 000 × (10% + 12% + 2% + 10.5% + 2% + 2% + 1.5%)
= 2 800 000(元)

应计入管理费用的职工薪酬金额 = 3 600 000 + 3 600 000 × (10% + 12% + 2% + 10.5% + 2% + 2% + 1.5%)
= 5 040 000(元)

应计入销售费用的职工薪酬金额 = 1 000 000 + 1 000 000 × (10% + 12% + 2% + 10.5% + 2% + 2% + 1.5%)
= 1 400 000(元)

应计入在建工程成本的职工薪酬金额 = 2 200 000 + 2 200 000 × (10% + 12% + 2% + 10.5% + 2% + 2% + 1.5%)
= 3 080 000(元)

应计入无形资产成本的职工薪酬金额 = 1 200 000 + 1 200 000 × (10% + 12% + 2% + 1.5% + 2% + 2% + 1.5%)
= 1 680 000(元)

公司在分配工资、职工福利费、各种社会保险费、住房公积金、工会经费和职工教育经费等职工薪酬时,应作账务处理如下:

借:生产成本　　　　　　　　　　　　　　　　　　　　　　　　14 000 000
　　制造费用　　　　　　　　　　　　　　　　　　　　　　　　　2 800 000
　　管理费用　　　　　　　　　　　　　　　　　　　　　　　　　5 040 000
　　销售费用　　　　　　　　　　　　　　　　　　　　　　　　　1 400 000
　　在建工程　　　　　　　　　　　　　　　　　　　　　　　　　3 080 000
　　研发支出——资本化支出　　　　　　　　　　　　　　　　　　1 680 000
　　贷:应付职工薪酬——工资　　　　　　　　　　　　　　　　　20 000 000
　　　　　　　　　　——职工福利　　　　　　　　　　　　　　　　 400 000
　　　　　　　　　　——社会保险费　　　　　　　　　　　　　　 2 000 000
　　　　　　　　　　——离职后福利　　　　　　　　　　　　　　 2 800 000
　　　　　　　　　　——住房公积金　　　　　　　　　　　　　　 2 100 000
　　　　　　　　　　——工会经费　　　　　　　　　　　　　　　　 400 000
　　　　　　　　　　——职工教育经费　　　　　　　　　　　　　　 300 000

企业在实际支付货币性职工薪酬时,应当按照实际应支付给职工的金额,借记"应付职工薪酬"账户;按照实际支付的金额,贷记"银行存款"账户;将应由职工个人负担、由企业代扣代缴的职工个人所得税,贷记"应交税费——应交个人所得税"账户;将应由职工个人负担、由企业代扣代缴的医疗保险费、养老保险费和住房公积金等,贷记"其他应付款"账户。

【例 9-8】 天河公司 2×25 年 7 月发放职工工资时,应付职工工资的总额为 20 000 000 元,其中应由公司代扣代缴的个人所得税为 250 000 元,应由公司代扣代缴的由职工个人负担的各种社会保险费和住房公积金为 700 000 元,实发工资部分已由银行转账支付。编制会计分录如下：

借：应付职工薪酬——工资　　　　　　　　　　　　　　　20 000 000
　　贷：银行存款　　　　　　　　　　　　　　　　　　　　19 050 000
　　　　应交税费——应交个人所得税　　　　　　　　　　　　250 000
　　　　其他应付款　　　　　　　　　　　　　　　　　　　　700 000

2. 非货币性职工薪酬

企业向职工提供的非货币性职工薪酬，应当分别以下情况处理。

（1）以自产产品或外购商品发放给职工作为福利。企业以其生产的产品作为非货币性福利提供给职工的，应当按照该产品的公允价值和相关税费，计量应计入成本费用的职工薪酬金额。相关收入及其成本的确认计量和相关税费的处理，与正常商品销售相同。以外购商品作为非货币性福利提供给职工的，应当按照该商品的公允价值和相关税费，计量应计入成本费用的职工薪酬金额。

需要注意的是，在以自产产品或外购商品发放给职工作为福利的情况下，企业在进行账务处理时，应当先通过"应付职工薪酬"账户归集当期应计入成本费用的非货币性薪酬金额，以确定完整准确的企业人工成本金额。

【例9-9】　天河公司为一家生产电冰箱的企业，共有职工100名，2×25年2月，公司以其生产的成本为5 000元的电冰箱和外购的每台不含税价格为500元的微波炉作为春节福利发放给公司职工。该款自产电冰箱的市场售价为每台7 000元，天河公司适用的增值税税率为13%；天河公司购买微波炉开具了增值税专用发票，增值税税率为13%。假定100名职工中85名为直接参加生产的职工，15名为总部管理人员。

分析：企业以自己生产的产品作为福利发放给职工，应计入成本费用的职工薪酬金额以公允价值计量，计入主营业务收入，产品按照成本结转，但要根据相关税收规定，视同销售计算增值税销项税额。

电冰箱的售价总额＝7 000×85＋7 000×15＝595 000＋105 000＝700 000（元）
电冰箱的增值税销项税额＝7 000×85×13%＋7 000×15×13%
　　　　　　　　　　　＝77 350＋13 650＝91 000（元）

公司决定发放电冰箱作为非货币性福利时，应作账务处理如下：

借：生产成本　　　　　　　　　　　　　　　　　　　　　　672 350
　　管理费用　　　　　　　　　　　　　　　　　　　　　　118 650
　　贷：应付职工薪酬——非货币性福利　　　　　　　　　　791 000

实际发放电冰箱作为非货币性福利时，应作账务处理如下：

借：应付职工薪酬——非货币性福利　　　　　　　　　　　　791 000
　　贷：主营业务收入　　　　　　　　　　　　　　　　　　700 000
　　　　应交税费——应交增值税（销项税额）　　　　　　　　91 000
借：主营业务成本　　　　　　　　　　　　　　　　　　　　500 000
　　贷：库存商品　　　　　　　　　　　　　　　　　　　　500 000

微波炉的售价金额＝500×85＋500×15＝42 500＋7 500＝50 000（元）
微波炉的进项税额＝500×85×13%＋500×15×13%＝5 525＋975＝6 500（元）

公司决定发放微波炉作为非货币性福利时,应作账务处理如下:

  借:生产成本   48 025
    管理费用   8 475
    贷:应付职工薪酬——非货币性福利   56 500

购买电磁炉时,公司应作账务处理如下:

  借:应付职工薪酬——非货币性福利   56 500
    贷:银行存款   56 500

（2）将企业拥有的房屋等资产无偿提供给职工使用或租赁住房等资产供职工无偿使用。企业将拥有的房屋等资产无偿提供给职工使用的,应当根据受益对象,将住房每期应计提的折旧计入相关资产成本或费用,同时确认应付职工薪酬。租赁住房等资产供职工无偿使用的,应当根据受益对象,将每期应付的租金计入相关资产成本或费用,并确认应付职工薪酬。难以认定受益对象的,直接计入当期损益,并确认应付职工薪酬。

【例9-10】 天河公司为各部门经理级别以上职工提供汽车免费使用,同时为副总经理以上高级管理人员每人租赁一套住房。该公司共有部门经理以上职工20名,每人提供一辆大众轿车免费使用,假定每辆轿车每月计提折旧1 000元;该公司共有副总经理以上高级管理人员5名,公司为其每人租赁一套两房一厅带家电的公寓,月租金为每套5 000元。每月账务处理如下:

  借:管理费用   45 000
    贷:应付职工薪酬——非货币性福利   45 000
  借:应付职工薪酬——非货币性福利   45 000
    贷:累计折旧   20 000
      银行存款   25 000

3. 辞退福利

1) 辞退福利的确认

辞退福利是指企业在职工劳动合同到期之前解除与职工的劳动关系,或者为鼓励职工自愿接受裁减而提出给予补偿的建议,同时满足下列条件的,应当确认因解除与职工的劳动关系给予补偿而产生的应付职工薪酬,同时计入当期损益。

（1）企业已经制定正式的解除劳动关系计划或提出自愿裁减建议,并即将实施。该计划或建议应当包括拟解除劳动关系或裁减的职工所在部门、职位及数量;根据有关规定按工作类别或职位确定的解除劳动关系或裁减补偿金额,拟解除劳动关系或裁减的时间。

（2）企业不能单方面撤回解除劳动关系计划或裁减建议。如果企业能够单方面撤回解除劳动关系计划或裁减建议,则表明未来经济利益流出不是很可能,因而不符合负债确认条件。

被辞退的职工不再为企业带来未来经济利益,因此,对于满足负债确认条件的所有辞退福利,均应当于辞退计划满足预计负债确认条件的当期计入费用,不计入资产成本。

对于企业实施的职工内部退休计划,由于这部分职工不再为企业带来经济利益,企业应当比照辞退福利处理。在内退计划符合职工薪酬准则规定的确认条件时,按照内退规定,将自职工停止服务日至正常退休日期间,企业拟支付的内退人员工资和交纳的社会保险费等确认为预计负债,一次计入当期管理费用。

2) 辞退福利的计量

企业应当根据职工薪酬和或有事项准则规定,严格按照辞退计划条款的规定,合理预计并确认辞退福利产生的负债。辞退福利的计量因辞退计划中职工有无选择权而有所不同。

(1) 对于职工没有选择权的辞退计划,应当根据计划条款规定拟解除劳动关系的职工数量、每一职位的辞退补偿等计提应付职工薪酬。

(2) 对于自愿接受裁减建议,因接受裁减的职工数量不确定,企业应当参照或有事项的规定,预计将会接受裁减建议的职工数量,根据预计的职工数量和每一职位的辞退补偿等计提应付职工薪酬。

(3) 实质性辞退工作在1年内实施完毕、但补偿款项超过1年支付的辞退计划,企业应当选择恰当的折现率,以折现后的金额计量应计入当期管理费用的辞退福利金额,该项金额与实际应支付的辞退福利之间的差额,作为未确认融资费用,在以后各期实际支付辞退福利款项时,计入财务费用。

在账务处理上,确认因辞退福利产生的负债时,借记"管理费用"账户,贷记"应付职工薪酬——辞退福利"账户;各期支付辞退福利款项时,借记"应付职工薪酬——辞退福利"账户,贷记"银行存款"账户。

五、应交税费

企业根据税法规定应交纳的各种税费包括:增值税、消费税、城市维护建设税、资源税、所得税、土地增值税、房产税、车船税、城镇土地使用税、教育费附加、矿产资源补偿费、印花税、耕地占用税等。目前我国已全面实行营业税改征增值税,已取消原有的营业税,因此本教材不再介绍营业税的核算。

企业应通过"应交税费"账户,总括反映各种税费的交纳情况,并按照应交税费项目进行明细核算。该账户贷方登记应交纳的各种税费等,借方登记实际交纳的税费;期末余额一般在贷方,反映企业尚未交纳的税费,期末余额如在借方,反映企业多交或尚未抵扣的税费。企业交纳的印花税、耕地占用税等不需要预计应交数的税金,不通过"应交税费"账户核算。

营改增,即以前交纳营业税的应税项目改成交纳增值税。2011年,财政部下发营业税改增值税试点方案;2014年年底,"营改增"试点已覆盖交通运输、邮政、电信业和研发技术、信息技术、文化创意、物流辅助、有形动产租赁、鉴证咨询、广播影视等现代服务业;2016年3月18日召开的国务院常务会议决定,自2016年5月1日起,中国全面推开营改增试点,将建筑业、房地产业、金融业、生活服务业全部纳入营改增试点,至此,营业税退出历史舞台,增值税制度将更加规范。"营改增"最大的变化,就是避免了营业税重复征税、不能抵扣、不能退税的弊端,实现了增值税"道道征税,层层抵扣"的目的,能有效降低企业税负。

(一) 应交增值税

1. 增值税概述

增值税是指对我国境内销售货物、提供加工、修理修配劳务、销售服务、无形资产或者不动产,进口货物单位和个人,就其销售货物、劳务、服务、无形资产或者不动产的增值额和进口货物的金额为计税依据征收的一种流转税。增值税的纳税人是在我国境内销售货物、进口货物,或提供加工、修理修配劳务、销售服务、无形资产或者不动产的单位和个人。按照纳税人的经营规模及会计核算的健全程度,增值税纳税人分为一般纳税人和小规模纳税人。一般纳税人资格实行自 2015 年 4 月 1 日以后实行登记制,登记事项由增值税纳税人向其主管税务机关办理。一般纳税人应纳增值税额,根据当期销项额减去当期进项额计算确定;小规模纳税人应纳增值税额,按照销售额和规定的征收率计算确定。

一般纳税人适用的增值税税率,按照业务内容分为以下几档:

(1)基本税率13%。销售或者进口货物,提供加工修理修配劳务、租赁有形动产,适用的税率为 13%。

(2)低税率9%。销售或者进口货物农产品、暖气、石油液化气、天然气、食用植物油、冷气、热水、煤气、居民用煤炭制品、食用盐、农机、饲料、农药、农膜、化肥、沼气、二甲醚、图书、报纸、杂志、音像制品、电子出版物。

(3)低税率6%。销售增值电信服务、邮政、基础电信、不动产租赁服务、销售不动产、转让土地使用权。

(4)零税率。零税率适用于纳税人出口某些货物或者劳务。

2. 一般纳税人应交增值税的核算

实行增值税的一般纳税企业从税务角度看,一是企业销售货物或提供劳务可以开具增值税专用发票;二是购入货物取得的增值税专用发票上注明的增值税额可以用销项税额抵扣;三是如果企业销售货物或者提供劳务采用销售额和销项税额合并定价方法的,按公式"销售额=含税销售额÷(1+增值税税率)"还原为不含税销售额,并按不含税销售额计算销项税额。

根据上述特点,一般纳税企业在账务处理上的主要特点:一是在购进阶段,会计处理时实行价与税的分离,价与税分离的依据为增值税专用发票上注明的价款和增值税,属于价款部分,计入购入货物的成本;属于增值税税额部分,计入进项税额。二是在销售阶段,销售价格中不再含税,如果定价时含税,应还原为不含税价格作为销售收入,向购买方收取的增值税作为销项税额。

1) 增值税进项税额的核算

增值税进项税额是指一般纳税人当期购进货物或者接受应税劳务已交纳的增值税额。按照规定,企业购入货物或接受劳务必须具备以下条件,其进项税额才能予以扣除。

(1)取得增值税扣税凭证。我国的增值税扣税凭证通常包括增值税专用发票和海关完税凭证、农产品收购发票、农产品销售发票和完税凭证。实行增值税以后,一般纳税企业销售货物或者提供应税劳务均应开具增值税专用发票,增值税专用发票记载了销售货物的售价、税率及税额等,购货方以增值税专用发票上记载的购入货物已支付的税额,作为扣税和记账的依据。同时,企业进口货物必须交纳增值税,其交纳的增值税根据从海关取得的完税凭证上注明的增值税额,作为扣税和记账依据。

(2)未取得增值税扣税凭证。企业购进免税农产品或收购废旧物资时,销售方属于免征增值税对象范围,即其不收增值税,因而企业无法取得增值税专用发票。但按税法规定,对于购入的免税农业产品、收购废旧物资等可以按买价(或收购金额)的一定比率计算进项税额,并准予从销项税额中抵扣;这里购入免税农业产品的买价是指企业购进免税农业产品支付给农业生产者的价款。在会计核算时,一是按购进免税农业产品有关凭证上确定的金额(买价)或者按收购金额,扣除一定比例的进项税额,作为购进农业产品(或收购废旧物资)的成本;二是扣除的部分作为进项税额,待以后用销项税额抵扣。例如,在现行税制下,购进农产品的计算扣税比率为9%,即企业应按买价的91%借记"原材料"等账户,按买价的9%借记"应交税费——应交增值税(进项税额)"账户,按买价贷记"银行存款"等账户。

同时,企业购进货物时,支付的价款中如果含有货物的运费(需有运输部门开具的增值税专用发票),按照现行税制规定,可以按照这部分运费的9%作为增值税进项税额进行抵扣。

只有在上述两种情况下,企业可以将增值税的进项税额,借记"应交税费——应交增值税(进项税额)"账户,从而从当期的销项税额中抵扣。

【例9-11】 天河公司购入原材料一批,增值税专用发票注明的价款为40 000元,增值税额为5 200元,材料已经验收入库,款项均已通过银行存款支付。编制会计分录如下:

借:原材料　　　　　　　　　　　　　　　　　　　　　　　　　40 000
　　应交税费——应交增值税(进项税额)　　　　　　　　　　　　5 200
　　贷:银行存款　　　　　　　　　　　　　　　　　　　　　　　45 200

【例9-12】 天河公司购入免税农产品一批,价款100 000元,规定的扣除率为9%,货物尚未到达,货款已用银行存款支付。编制会计分录如下:

借:在途物资　　　　　　　　　　　　　　　　　　　　　　　　91 000
　　应交税费——应交增值税(进项税额)　　　　　　　　　　　　9 000
　　贷:银行存款　　　　　　　　　　　　　　　　　　　　　　　100 000

在某些情况下,企业发生的进项税额不得从销项税额中抵扣。按我国税法规定,下列项目的进项税额不予抵扣,具体包括:①企业购进用于集体福利或个人消费的货物、用于非应税项目和免税项目的购进货物或者应税劳务。②非正常损失的购进货物和非正常损失的在产品、产成品所耗用的购进货物或者应税劳务。③以上购进货物和销售免税货物的运输费用。④财政部和国家税务总局规定的其他情形。

【例9-13】 天河公司为增值税一般纳税人,本期购入一批原材料,增值税专用发票上注明的增值税额为156 000元,材料价款为1 200 000元。材料已入库,货款已经支付(采用实际成本进行核算)。材料入库后,该企业将该批材料全部用于职工宿舍工程建设项目。账务处理如下:

(1) 材料入库时:

借:原材料　　　　　　　　　　　　　　　　　　　　　　　　　1 200 000
　　应交税费——应交增值税(进项税额)　　　　　　　　　　　　156 000
　　贷:银行存款　　　　　　　　　　　　　　　　　　　　　　　1 356 000

(2) 集体福利和项目工程领用材料时,其进项税额不得抵扣:

借:在建工程　　　　　　　　　　　　　　　　　　　　　　　　1 356 000
　　贷:应交税费——应交增值税(进项税额转出)　　　　　　　　156 000
　　　　原材料　　　　　　　　　　　　　　　　　　　　　　　　1 200 000

【例9-14】 天河公司因火灾毁损库存商品一批,其实际成本为 80 000 元,经确认损失外购材料的增值税额 10 400 元。该公司查明事故原因并经过批准,应由责任人赔偿损失 50 000 元,其余部分为净损失。账务处理如下:

(1) 发生火灾损失时:

借:待处理财产损溢——待处理流动资产损溢　　　　　　　　　　　90 400
　　贷:库存商品　　　　　　　　　　　　　　　　　　　　　　　　80 000
　　　　应交税费——应交增值税(进项税额转出)　　　　　　　　　 10 400

(2) 查明原因批准处理后:

借:其他应收款　　　　　　　　　　　　　　　　　　　　　　　　50 000
　　营业外支出　　　　　　　　　　　　　　　　　　　　　　　　40 400
　　贷:待处理财产损溢——待处理流动资产损溢　　　　　　　　　 90 400

2) 增值税销项税额的核算

企业销售货物或者提供应税劳务,按照销售收入和应收取的增值税额,借记"应收账款""应收票据""银行存款"等账户,按增值税专用发票上注明的增值税额,贷记"应交税费——应交增值税(销项税额)"账户,按照实现的销售收入,贷记"主营业务收入""其他业务收入"等账户。发生的销售退回,作相反的会计分录。

【例9-15】 天河公司销售产品一批,价款为 500 000 元,按规定应收取增值税额 65 000 元,提货单和增值税专用发票已交给买方,款项尚未收到。编制会计分录如下:

借:应收账款　　　　　　　　　　　　　　　　　　　　　　　　　565 000
　　贷:主营业务收入　　　　　　　　　　　　　　　　　　　　　 500 000
　　　　应交税费——应交增值税(销项税额)　　　　　　　　　　　 65 000

【例9-16】 天河公司为外单位代加工电脑桌 400 个,每个收取加工费 100 元,适用的增值税税率为 13%,加工完成,款项已收到并存入银行。天河公司的有关会计分录如下:

借:银行存款　　　　　　　　　　　　　　　　　　　　　　　　　 45 200
　　贷:主营业务收入　　　　　　　　　　　　　　　　　　　　　　40 000
　　　　应交税费——应交增值税(销项税额)　　　　　　　　　　　 5 200

企业的有些交易或事项从会计角度看不属于销售行为,不能确认销售收入,但是按照税法规定,应视同对外销售处理,计算应交增值税。视同销售需要交纳增值税的事项包括:①企业将自产或委托加工的货物用于非增值税应税项目、集体福利或个人消费。②将自产、委托加工或购买的货物作为投资、分配给股东或投资者、无偿赠送他人等。在这些情况下,企业应当借记"在建工程""长期股权投资""营业外支出"等账户,贷记"应交税费——应交增值税(销项税额)"账户等。

上述视同销售行为中,用于非增值税应税项目的货物和无偿赠送他人的货物一般按成本转账,不确认收入;将自产货物用于集体福利或个人消费,及用于利润分配的货物,在会计处理上需确认收入,并结转成本;而用于对外投资的货物会计处理遵循《企业会计准则第 7 号——非货币性资产交换》的相关规定,即如果该交换具有商业实质且公允价值能可靠地计量,在会计上确认损益;如果该交换不具有商业实质且公允价值不能可靠地计量,在会计上则不确认损益。

【例 9-17】 天河公司 2×25 年 8 月根据发生的有关销项税业务,编制会计分录。

(1) 本月开始进行福利用房改造,领用本企业生产的水泥 100 吨,每吨成本为 260 元,售价为 300 元,适用增值税税率为 13%。

视同销售销项税额＝300×100×13%＝3 900(元)

借:在建工程 29 900
　　贷:库存商品 26 000
　　　　应交税费——应交增值税(销项税额) 3 900

(2) 本月以自产产品通过非营利组织捐赠给灾区,自产库存商品实际成本为 900 000 元,同类产品在公开市场的不含税售价为 1 000 000 元,适用增值税税率为 13%。

视同销售销项税额＝1 000 000×13%＝130 000(元)

借:营业外支出——对外捐赠 1 030 000
　　贷:库存商品 900 000
　　　　应交税费——应交增值税(销项税额) 130 000

(3) 本月以原材料一批对外投资,原材料的账面价值为 90 000 元,投资双方协商的不含税价值为 100 000 元,增值税按价值的 13% 计算。假设该交换具有商业实质且公允价值能可靠地计量。

借:长期股权投资 113 000
　　贷:其他业务收入 100 000
　　　　应交税费——应交增值税(销项税额) 13 000
借:其他业务成本 90 000
　　贷:原材料 90 000

3) 交纳增值税和期末结转的核算

企业在向税务部门实际交纳本期的增值税税额时,按照实际交纳的增值税金额,借记"应交税费——应交增值税(已交税金)"账户,贷记"银行存款"等账户。

为了分别反映增值税一般纳税人欠交增值税款和待抵扣增值税的情况,确保企业及时足额上交增值税,避免出现企业用以前月份欠交增值税抵扣以后月份未抵扣的增值税的情况,企业应在"应交税费"账户下设置"未交增值税"明细账户,核算企业月份终了从"应交税费——应交增值税"账户转入的当月未交或多交的增值税;同时,在"应交税费——应交增值税"账户下设置"转出未交增值税"和"转出多交增值税"两个专栏。月份终了,企业计算出当月应交未交的增值税,借记"应交税费——应交增值税(转出未交增值税)"账户,贷记"应交税费——未交增值税"账户;当月多交的增值税,借记"应交税费——未交增值税"账户,贷记"应交税费——应交增值税(转出多交增值税)"账户,经过结转后,月份终了,"应交税费——应交增值税"账户的余额反映企业尚未抵扣的增值税。

值得注意的是,企业当月交纳当月的增值税,仍然通过"应交税费——应交增值税(已交税金)"账户核算;当月交纳以前各期未交的增值税,通过"应交税费——未交增值税"核算账户,不通过"应交税费——应交增值税(已交税金)"账户核算。

【例9-18】 天河公司本月累计发生销项税额 84 700 元,进项税额转出 24 500 元,进项税额 20 400 元,本月应交增值税额为 88 800 元,根据企业货币资金状况,以银行存款 60 000 元交纳增值税。本月应交未交增值税 28 800 元,转入"未交增值税"明细账户。编制会计分录如下:

借:应交税费——应交增值税(已交税金) 60 000
    贷:银行存款 60 000
借:应交税费——应交增值税(转出未交增值税) 28 800
    贷:应交税费——未交增值税 28 800

4. 小规模纳税人应交增值税的核算

小规模纳税企业的特点有:一是小规模纳税企业销售货物或提供应税服务,一般情况下,只能开具增值税普通发票,不能开具增值税专用发票;二是小规模纳税企业销售货物或提供应税服务,实行简易办法计算应纳税额,按照销售额的一定比例计算;三是小规模纳税企业的销售额不包括其应纳税额。采用销售额和应纳税额合并定价方法的,按照公式"销售额=含税销售额÷(1+征收率)"还原为不含税销售额计算。

从会计核算角度看,首先,小规模纳税企业购入货物或提供应税服务,无论是否具有增值税专用发票,其支付的增值税额均不计入进项税额,不得由销项税额抵扣,应计入购入货物的成本。相应地,其他企业从小规模纳税企业购入货物或接受应税服务所支付的增值税额,如果不能取得增值税专用发票,也不能作为进项税额抵扣,而应计入购入货物或应税劳务的成本;其次,小规模纳税企业的销售收入按不含税价格计算。因此,小规模纳税企业只需在"应交税费"账户下设置"应交增值税"明细账户,不需要在"应交增值税"明细账户中设置专栏,"应交税费——应交增值税"账户贷方登记应交纳的增值税,借方登记已交纳的增值税;期末贷方余额为尚未交纳的增值税,借方余额为多交纳的增值税。

【例9-19】 天河公司为小规模纳税企业,本月购入材料一批,取得的增值税专用发票上注明的货款为 200 000 元,增值税额为 26 000 元,款项以银行存款支付,材料已验收入库(该企业按实际成本计价核算)。编制会计分录如下:

借:原材料 226 000
    贷:银行存款 226 000

本例中,小规模纳税企业购进货物时支付的增值税额 226 000 元,直接计入有关货物和劳务的成本。

【例9-20】 天河公司本月销售产品一批,所开出的增值税普通发票中注明的货款(含税)为 900 000 元,增值税征收率为 3%,款项已存入银行。编制会计分录如下:

借:银行存款 900 000
    贷:主营业务收入 873 786
        应交税费——应交增值税 26 214

不含税销售额=含税销售额÷(1+征收率)=900 000÷(1+3%)=873 786(元)
应纳增值税=不含税销售额×征收率=873 786×3%=26 214(元)

【例9-21】 承[例9-20],该小规模纳税企业月末以银行存款上交增值税 26 214 元。有关会计处理如下:

借：应交税费——应交增值税　　　　　　　　　　　　　　　　　26 214
　　贷：银行存款　　　　　　　　　　　　　　　　　　　　　　　　26 214

(二) 应交消费税

1. 消费税的计征范围

消费税是在对货物普遍征收增值税的基础上，选择少数消费品再征收的一个税种，主要是为了调节产品结构，引导消费方向，保证国家财政收入，是政府向消费品征收的税项，可从批发商或零售商征收。消费税实行价内税，只在应税消费品的生产、委托加工和进口环节交纳，在以后的批发、零售等环节，因为价款中已包含消费税，因此不用再交纳消费税，税款最终由消费者承担。消费税的纳税人是我国境内生产、委托加工、零售和进口应税消费品的单位和个人。

现行消费税的征收范围主要包括：烟、酒及酒精、鞭炮、焰火、化妆品、成品油、贵重首饰及珠宝玉石、高尔夫球及球具、高档手表、游艇、木制一次性筷子、实木地板、汽车轮胎、摩托车、小汽车等税目，有的税目还进一步划分若干子目。

2. 消费税的征收方法

1) 从价定率计征

实行从价定率办法计征的应纳税额的税基为销售额，其具体计算公式为：

$$应纳税额 = 应税消费品销售额 \times 适用税率$$

如果企业应税消费品的销售额中未扣除增值税款，或者因不能开具增值税专用发票而发生价款和增值税款合并收取的，在计算消费税时，按下列公式换算为不含增值税款的销售额：

$$应税消费品的销售额 = 含增值税的销售额 \div (1 + 增值税税率或征收率)$$

2) 从量定额计征

实行从量定额办法计征的消费税以应税消费品销售数量为基数，乘以适用的定额税率来计算应交消费税的金额。其具体计算公式为：

$$应纳税额 = 应税消费品销售数量 \times 适用税额标准$$

3) 从价定率和从量定额复合计征

实行复合计征法的消费税，即规定了比例税率，又规定了定额税率，其应纳税额实行从价定率和从量定额相结合的复合计征方法。

3. 销售产品应交消费税

企业按规定应交的消费税，在"应交税费"账户下设置"应交消费税"明细账户核算。"应交消费税"明细账户的借方发生额，反映实际交纳的消费税和待扣的消费税；贷方发生额，反映按规定应交纳的消费税；期末贷方余额，反映尚未交纳的消费税；期末借方余额，反映多交或待扣的消费税。

企业将生产的产品直接对外销售的，对外销售产品应纳的消费税，通过"税金及附加"账户核算；企业按规定计算出应交的消费税，借记"税金及附加"账户，贷记"应交税费——应交消费税"账户。

【例 9-22】 天河公司销售所生产的化妆品，售价为 2 260 000 元（含增值税），款项已收

到。适用的消费税税率为30%,增值税税率为13%。编制会计分录如下:

不含增值税销售额=2 260 000÷(1+13%)=2 000 000(元)
应交消费税额=2 000 000×30%=600 000(元)

借:银行存款	2 340 000
贷:主营业务收入	2 000 000
应交税费——应交增值税(销项税额)	260 000
借:税金及附加	600 000
贷:应交税费——应交消费税	600 000

4. 视同销售应交消费税

企业将自产的应税消费品用于在建工程、对外投资、集体福利或个人消费、赠送他人等,除了按规定交纳增值税外,还应视同销售计算交纳消费税。其销售额应该按照生产同类消费品的销售价格计算;没有同类消费品销售价格的,应按照组成计税价格计算。其应纳的消费税,应借记"在建工程""长期股权投资""应付职工薪酬""营业外支出"等账户,贷记"应交税费——应交消费税"等账户。

【例9-23】 天河公司在建工程领用自产产品一批,实际成本50 000元,应交纳增值税7 800元,应交纳消费税6 000元。编制会计分录如下:

借:在建工程	63 800
贷:库存商品	50 000
应交税费——应交增值税(销项税额)	7 800
——应交消费税	6 000

本例中,企业将生产的应税消费品用于在建工程等非生产机构时,按规定应交纳的消费税6 000元应记入"在建工程"账户。

【例9-24】 天河公司下设的职工食堂享受企业提供的补贴,发放自产产品一批作为员工福利,该产品的账面价值为40 000元,市场价格为60 000元(不含增值税),适用的消费税税率为10%,增值税税率为13%。编制会计分录如下:

应记入"应付职工薪酬——非货币性福利"账户的金额=60 000+60 000×13%+60 000×10%
=73 800(元)

借:管理费用	73 800
贷:应付职工薪酬——非货币性福利	73 800

同时,

借:应付职工薪酬——非货币性福利	73 800
贷:主营业务收入	60 000
应交税费——应交增值税(销项税额)	7 800
——应交消费税	6 000
借:主营业务成本	40 000
贷:库存商品	40 000

5. 委托加工应交消费税

按照税法规定，企业委托加工的应税消费品，由受托方在向委托方交货时代扣代缴消费税税款（除受托加工或翻新改制金银首饰按规定由受托方交纳消费税外）。委托加工的应税消费品，委托方收回后用于连续生产应税消费品的，所纳消费税税款准予按规定抵扣。收回的委托加工应税消费品用于直接出售的，不再征收消费税。

在会计处理时，需要交纳消费税的委托加工应税消费品，于委托方提货时，由受托方代收代缴税款。受托方按应扣税款金额，借记"应收账款""银行存款"等账户，贷记"应交税费——应交消费税"账户。委托加工的应税消费品收回后用于连续生产应税消费品，按规定准予抵扣的，委托方应按代收代缴的消费税税款，借记"应交税费——应交消费税"账户，贷记"应付账款""银行存款"等账户，待用委托加工的应税消费品生产出应纳消费税的产品销售时，再交纳消费税；委托加工应税消费品收回后直接用于出售的，委托方应将受托方代收代缴的消费税计入委托加工的应税消费品成本，借记"委托加工物资""生产成本"等账户，贷记"应付账款""银行存款"等账户，待委托加工应税消费品销售时，不需要再交纳消费税。

【例 9-25】 天河公司委托 A 企业代为加工一批应交消费税的化妆品。天河公司提供的材料成本为 2 000 000 元，加工费为 200 000 元，由 A 企业代收代缴的消费税为 110 000 元，增值税税率为 13％。化妆品加工完成，由天河公司收回验收入库，加工费尚未支付。编制会计分录如下：

（1）如果天河公司收回的化妆品是用于继续生产应税消费品的：

借：委托加工物资　　　　　　　　　　　　　　　　　　　　　　　2 000 000
　　贷：原材料　　　　　　　　　　　　　　　　　　　　　　　　　　2 000 000
借：委托加工物资　　　　　　　　　　　　　　　　　　　　　　　　200 000
　　应交税费——应交消费税　　　　　　　　　　　　　　　　　　　110 000
　　　　　　——应交增值税（进项税额）　　　　　　　　　　　　　　34 000
　　贷：应付账款　　　　　　　　　　　　　　　　　　　　　　　　　336 000
借：原材料　　　　　　　　　　　　　　　　　　　　　　　　　　　2 200 000
　　贷：委托加工物资　　　　　　　　　　　　　　　　　　　　　　　2 200 000

（2）如果天河公司收回的化妆品是直接用于对外销售：

借：委托加工物资　　　　　　　　　　　　　　　　　　　　　　　2 000 000
　　贷：原材料　　　　　　　　　　　　　　　　　　　　　　　　　　2 000 000
借：委托加工物资　　　　　　　　　　　　　　　　　　　　　　　　310 000
　　应交税费——应交增值税（进项税额）　　　　　　　　　　　　　34 000
　　贷：应付账款　　　　　　　　　　　　　　　　　　　　　　　　　344 000
借：原材料　　　　　　　　　　　　　　　　　　　　　　　　　　　2 310 000
　　贷：委托加工物资　　　　　　　　　　　　　　　　　　　　　　　2 310 000

（3）A 企业对应收取款项的会计分录如下：

借：应收账款　　　　　　　　　　　　　　　　　　　　　　　　　　336 000
　　贷：其他业务收入　　　　　　　　　　　　　　　　　　　　　　　200 000
　　　　应交税费——应交消费税　　　　　　　　　　　　　　　　　110 000
　　　　　　　　——应交增值税（销项税额）　　　　　　　　　　　　26 000

【知识链接】

"营改增"

"营改增"即以前交纳营业税的应税项目改成交纳增值税。2011年,财政部下发营业税改增值税试点方案。截至2019年年底,"营改增"试点已覆盖交通运输、邮政、电信业和研发技术、信息技术、文化创意、物流辅助、有形动产租赁、鉴证咨询、广播影视等现代服务业。"营改增"最大的变化就是避免了营业税重复征税、不能抵扣、不能退税的弊端,实现了增值税"道道征税,层层抵扣"的目的,能有效降低企业税负。

(三) 其他应交税费

其他应交税费是指除上述应交税费以外的应交税费,包括应交资源税、应交城市维护建设税、应交土地增值税、应交所得税、应交房产税、应交城镇土地使用税、应交车船税、应交教育费附加、应交矿产资源补偿费、应交个人所得税等。企业应交的城市维护建设税,应借记"税金及附加"账户,贷记"应交税费——应交城市维护建设税"账户。

1. 应交城市维护建设税

城市维护建设税是以增值税、消费税为计税依据征收的一种税。其纳税人为交纳增值税、消费税的单位和个人,税率因纳税人所在地不同从1‰~7‰不等。公式为:

$$应纳税额=(应交增值税+应交消费税)\times 适用税率$$

其中,增值税以当月申报交纳的增值税为基数计算。企业应交的城市维护建设税,借记"税金及附加"等账户,贷记"应交税费——应交城市维护建设税"账户。

【例9-26】 天河公司本期实际应上交增值税600 000元,消费税348 000元,适用的城市维护建设税税率为7%。编制会计分录如下:

(1) 计算应交的城市维护建设税。

借:税金及附加　　　　　　　　　　　　　　　　　　　　　66 360
　　贷:应交税费——应交城市维护建设税[(600 000+348 000)×7%]　　66 360

(2) 用银行存款上交城市维护建设税时。

借:应交税费——应交城市维护建设税　　　　　　　　　　　　66 360
　　贷:银行存款　　　　　　　　　　　　　　　　　　　　　　66 360

2. 应交教育费附加

教育费附加是为了发展教育事业而向企业征收的附加费用,企业按应交流转税的一定比例计算交纳。企业应交的教育费附加,借记"税金及附加"等账户,贷记"应交税费——应交教育费附加"账户。

【例9-27】 承[例9-26],天河公司适用的教育费附加税率为3%,则按税法规定计算,本期应交纳教育费附加28 440元[(600 000+348 000)×3%]。款项已经用银行存款支付。编制会计分录如下:

借：税金及附加	28 440
贷：应交税费——应交教育费附加	28 440
借：应交税费——应交教育费附加	28 440
贷：银行存款	28 440

六、其他应付款及预收账款、合同负债

（一）其他应付款

其他应付款是指企业除应付票据、应付账款、预收账款、应付职工薪酬、应交税费、应付利息、应付股利等经营活动以外的其他各项应付、暂收的款项，如应付租入包装租金、存入保证金等。企业应通过"其他应付款"账户，核算其他应付款的增减变动及其结存情况，并按照其他应付款的项目和对方单位（或个人）设置明细账户进行明细核算。该账户贷方登记发生的各种应付、暂收款项，借方登记偿还或转销的各种应付、暂收款项；该账户期末贷方余额，反映企业应付未付的其他应付款项。

企业发生其他各种应付、暂收款项时，借记"管理费用"等账户，贷记"其他应付款"账户；支付或退回其他各种应付、暂收款项时，借记"其他应付款"账户，贷记"银行存款"等账户。

【例 9-28】 天河公司从 2×25 年 1 月 1 日起，以经营租赁方式租入管理用办公设备一批，每月租金为 5 000 元，按季支付，适用的增值税税率为 13%。3 月 31 日，天河公司以银行存款支付应付租金。编制会计分录如下：

(1) 1 月 31 日，计提应付经营租入固定资产租金时：

借：管理费用	5 000
贷：其他应付款	5 850

2 月底计提应付经营租入固定资产租金的会计处理同上。

(2) 3 月 31 日，支付租金时：

借：其他应付款	10 000
管理费用	5 000
贷：银行存款	15 000

（二）预收账款与合同负债

预收账款是指企业向购货单位预收的款项。合同负债是指企业已收或应收客户对价而应向客户转让商品的义务。预收账款与合同负债都是与收入有关的负债，但是预收账款不强调合同是否成立。合同成立前已经收到的款项是预收账款，不能被划分为合同负债，合同成立后预收账款转化为合同负债。

企业应通过"预收账款"账户，核算预收账款的取得、偿付等情况。该账户贷方登记发生的预收账款的数额和购货单位补付账款的数额；借方登记企业向购货方发货后冲销的预收账款数额和退回购货方多付账款的数额；余额一般在贷方，反映企业向购货单位预收款项但尚未向购货方发货的数额；如为借方余额，反映企业尚未转销的款项。企业应当按照购货单位设置明细账户进行明细核算。

企业根据合同向购货单位预收款项时,借记"银行存款"账户,贷记"合同负债"账户;销售实现时,按实现的收入和应交的增值税销项税额,借记"合同负债"账户,按照实现的营业收入,贷记"主营业务收入"账户,按照增值税专用发票上注明的增值税额,贷记"应交税费——应交增值税(销项税额)"等账户;企业收到购货单位根据合同补付的款项,借记"银行存款"账户,贷记"合同负债"账户;向购货单位退回其多付的款项时,借记"预收账款"账户,贷记"银行存款"账户。

【例 9-29】 2×25 年 3 月 1 日,天河公司收到甲企业预付的货款 80 000 元。3 月 5 日,天河公司与甲企业签订供货合同,向其出售一批设备,货款金额共计 100 000 元,应交纳增值税 13 000 元。根据购货合同规定,甲企业在购货合同签订 1 周内,应当向天河公司预付货款 80 000 元,剩余货款在交货后付清。2×20 年 3 月 5 日,天河公司收到甲企业交来的预付款 60 000 元,并存入银行,3 月 16 日天河公司将货物发到甲企业并开出增值税专用发票,甲企业验收合格后付清了剩余货款。编制会计分录如下:

(1) 3 月 1 日,天河公司收到甲企业交来的预付款时:

借:银行存款　　　　　　　　　　　　　　　　　　　　　　　80 000
　　贷:预收账款——甲企业　　　　　　　　　　　　　　　　　　80 000

(2) 3 月 5 日,天河公司与甲企业签订合同时:

借:预收账款　　　　　　　　　　　　　　　　　　　　　　　80 000
　　贷:合同负债　　　　　　　　　　　　　　　　　　　　　　80 000

(3) 3 月 16 日,发货后收到甲企业剩余货款时:

借:银行存款　　　　　　　　　　　　　　　　　　　　　　　33 000
　　合同负债　　　　　　　　　　　　　　　　　　　　　　　80 000
　　贷:主营业务收入　　　　　　　　　　　　　　　　　　　　100 000
　　　　应交税费——应交增值税　　　　　　　　　　　　　　　13 000

此外,在"预收账款"账户核算中值得注意的是,企业预收账款情况不多的,也可不设"预收账款"账户,而将预收的款项直接记入"应收账款"账户的贷方。

第三节　或有负债

一、或有事项

企业在经营活动中有时会面临诉讼、仲裁、债务担保、产品质量保证、重组等具有较大不确定性的经济事项,这些不确定事项对企业的财务状况和经营成果可能会产生较大的影响,其最终结果须由某些未来事项的发生或不发生加以决定。按照权责发生制的要求,企业应当提前考虑该类或有事项可能会给企业带来的风险,对其中符合负债定义和条件的,应当予以确认。

(一) 或有事项

或有事项是指过去的交易或者事项形成的,其结果须由某些未来事项的发生或不发生才能决定的不确定事项。常见的或有事项包括:未决诉讼或未决仲裁、债务担保、产品质量保证(含产品安全保证)、亏损合同、重组义务、承诺、环境污染整治等。

或有事项具有以下特征。

1. 或有事项是由过去的交易或者事项形成的

或有事项作为一种不确定事项,是由企业过去的交易或者事项形成的。由过去的交易或者事项形成,是指或有事项的现存状况是过去交易或者事项引起的客观存在。

例如,未决诉讼是企业因过往的经济行为导致起诉其他单位或被其他单位起诉,是现存的一种状况,而不是未来将要发生的事项。又如,产品质量保证是企业对已售商品或已提供劳务的质量提供的保证,不是为尚未出售商品或尚未提供劳务的质量提供的保证。基于这一特征,未来可能发生的自然灾害、交通事故、经营亏损等事项,都不属于或有事项。

2. 或有事项的结果具有不确定性

或有事项的结果具有不确定性,是指或有事项的结果是否发生具有不确定性或者或有事项的结果预计将会发生,但发生的具体时间或金额具有不确定性。

首先,或有事项的结果是否发生具有不确定性。例如,债务的担保方在债务到期时是否承担和履行连带责任,需要根据被担保方能否按时还款决定,其结果在担保协议达成时具有不确定性。又如,有些未决诉讼,被起诉的一方是否会败诉,在案件审理过程中是难以确定的,需要根据法院判决情况加以确定。

其次,或有事项的结果预计将会发生,但发生的具体时间或金额具有不确定性。例如,某企业因生产过程中排污治理不力并对周围环境造成污染而被起诉,如无特殊情况,该企业很可能败诉。但是,在诉讼成立时,该企业因败诉将支出多少金额,或者何时将发生这些支出,可能是难以确定的。

3. 或有事项的结果须由未来事项决定

由未来事项决定是指或有事项的结果只能由未来不确定事项的发生或不发生才能决定。或有事项发生时,将会对企业产生有利影响还是不利影响,或虽已知是有利影响或不利影响,但影响有多大,在或有事项发生时是难以确定的。这种不确定性的消失,只能由未来不确定事项的发生或不发生才能证实。例如,未决诉讼只能等到法院判决才能决定其结果。

(二) 或有负债

或有事项可以划分为或有资产和或有负债。

或有负债是指过去的交易或事项形成的潜在义务,其存在须通过未来不确定事项的发生或不发生予以证实;或过去的交易或事项形成的现时义务,履行该义务不是很可能导致经济利益流出企业或该义务的金额不能可靠地计量。或有负债涉及两类义务:一类是潜在义务;另一类是现时义务。但或有负债无论是潜在义务还是现时义务,均不符合负债的确认条件,因而不能在报表中予以确认,但应按相关规定在财务报表附注中披露。

或有资产是指过去的交易或者事项形成的潜在资产,其存在须通过未来不确定事项的发生或不发生予以证实。或有资产作为一种潜在资产,其结果具有较大的不确定性,只有随着经济情况的变化,通过某些未来不确定事项的发生或不发生才能证实其是否会形成企业真正的资产。正如或有负债不符合负债确认条件一样,或有资产也不符合资产确认条件,因而也不能在报表中确认。

二、预计负债的确认与计量

(一) 预计负债的确认

根据《企业会计准则第13号——或有事项》的规定,与或有事项有关的义务应当在同时符合以下三个条件时确认为负债,作为预计负债进行确认和计量。

1. 该义务是企业承担的现时义务

该义务是企业承担的现时义务,是指与或有事项相关的义务是在企业当前条件下已承担的义务,企业没有其他现实的选择,只能履行该现时义务。

2. 履行该义务很可能导致经济利益流出企业

履行该义务很可能导致经济利益流出企业,即履行与或有事项相关的现时义务时,导致经济利益流出企业的可能性超过50%,但尚未达到基本确定的程度。

履行或有事项相关义务导致经济利益流出的可能性,通常可以按照一定的概率区间加以判断。一般情况下,发生的概率分为以下几个层次:基本确定、很可能、可能、极小可能。其中,"基本确定"是指发生的可能性大于95%但小于100%;"很可能"是指发生的可能性大于50%但小于或等于95%;"可能"是指发生的可能性大于5%但小于或等于50%;"极小可能"是指发生的可能性大于0但小于或等于5%。

企业因或有事项承担了现时义务,并不说明该现时义务很可能导致经济利益流出企业。例如,2×15年5月1日,甲企业与乙企业签订协议,承诺为乙企业的2年期银行借款提供全额担保。对于甲企业而言,由于担保事项而承担了一项现时义务,但这项义务的履行是否很可能导致经济利益流出企业,需依据乙企业的经营情况和财务状况等因素加以确定。假定2×15年年末,乙企业的财务状况恶化,且没有迹象表明可能发生好转。此种情况出现,表明乙企业很可能违约,从而甲企业履行承担的现时义务将很可能导致经济利益流出企业;反之,如果乙企业财务状况良好,一般可以认定乙企业不会违约,从而甲企业履行承担的现时义务不是很可能导致经济利益流出。

3. 该义务的金额能够可靠地计量

该义务的金额能够可靠地计量,即与或有事项相关的现时义务的金额能够合理地估计。由于或有事项具有不确定性,因或有事项产生的现时义务的金额也具有不确定性,需要估计。要对或有事项确认一项预计负债,相关现时义务的金额应当能够可靠地估计。只有在其金额能够可靠地估计,并同时满足其他两个条件时,企业才能加以确认。

例如,乙公司涉及一起诉讼案。根据以往的审判结果判断,公司很可能败诉,相关的赔偿金额也可以估算出一个区间。在这种情况下,就可以认为该公司因未决诉讼承担的现时义务的金额能够可靠地估计,从而对未决诉讼确认一项因或有事项形成的预计负债。但是如果没有以往的审判结果作为比照,而相关的法律条文没有明确解释,那么即使该公司预计可能败诉,在判决以前也很可能无法合理地估计其须承担的现时义务的金额,这种情况下不应确认为预计负债。

(二) 预计负债的计量

1. 预计负债相关账务处理

为反映因或有事项确认的预计负债,企业会计准则中规定单独设置"预计负债"账户进行核算。企业按规定的预计项目和预计金额确认的预计负债,借记"管理费用""销售费用"等账户,贷记"预计负债"账户。如果能从第三方或其他方获得补偿,则借记"其他应收款"账户,贷记有关账户,即:

借:管理费用(因未决诉讼等可能会承担的诉讼费用)
　　销售费用(因产品质量保证等可能承担的质保金)
　　营业外支出(企业可能承担的罚款、罚息、赔偿支出)
　贷:预计负债(各种或有事项确认的预计负债)

2. 预计负债的初始计量

当与或有事项有关的义务符合确认为负债的条件时应当将其确认为预计负债,预计负债应当按照履行相关现时义务所需支出的最佳估计数进行初始计量。此外,企业清偿预计负债所需支出还可能从第三方或其他方获得补偿。因此,或有事项的计量主要涉及两个问题:一是最佳估计数的确定,二是预期可获得补偿的处理。

1) 最佳估计数的确定

预计负债应当按照履行相关现时义务所需支出的最佳估计数进行初始计量。最佳估计数的确定应当分别以下两种情况处理。

第一,所需支出存在一个连续范围(或区间,下同),且该范围内各种结果发生的可能性相同,则最佳估计数应当按照该范围内的中间值,即上下限金额的平均数确定。

【例9-30】 2×25年12月1日,天河公司因合同违约而被对方公司起诉。2×25年12月31日,天河公司尚未接到人民法院的判决。天河公司预计,最终的法律判决很可能对公司不利。假定预计将要支付的赔偿金额为3 000 000～3 600 000元的某一金额,而且这个区间内每个金额的可能性都大致相同。账务处理如下:

在这种情况下,天河公司应在2×25年12月31日的资产负债表中确认一项预计负债,金额=(3 000 000+3 600 000)÷2=3 300 000(元)。

借:营业外支出——赔偿支出——×公司　　　　　　　　　　　　3 300 000
　贷:预计负债——未决诉讼——×公司　　　　　　　　　　　　　　3 300 000

第二,所需支出不存在一个连续范围,或者虽然存在一个连续范围,但该范围内各种结果发生的可能性不相同。在这种情况下,最佳估计数按照如下方法确定。

(1) 如果或有事项涉及单个项目,最佳估计数按照最可能发生金额确定。"涉及单个项目"指或有事项涉及的项目只有一个,如一项未决诉讼、一项未决仲裁或一项债务担保等。

【例9-31】 2×25年10月2日,天河公司涉及一起诉讼案。截至该年12月31日,天河公司尚未接到人民法院的判决。在咨询了公司的法律顾问后,该公司认为:胜诉的可能性为40%,败诉的可能性为60%;如果败诉,则需要赔偿对方2 000 000元。账务处理如下:

在这种情况下,天河公司在2×25年12月31日的资产负债表中应确认的预计负债金额应为最可能发生的金额,即 2 000 000 元。

借:营业外支出——赔偿支出   2 000 000
　　贷:预计负债——未决诉讼   2 000 000

(2) 如果或有事项涉及多个项目,最佳估计数应按照各种可能结果及相关概率加权计算确定。"涉及多个项目"指或有事项涉及的项目不止一个,如产品质量保证。在产品质量保证中,提出产品保修要求的可能有许多客户,相应地,企业对这些客户负有保修义务。

【例 9-32】 天河公司是生产并销售 A 产品的企业,2×25 年度第一季度共销售 A 产品 30 000 件,销售收入为 180 000 000 元。根据公司的产品质量保证条款,该产品售出后 1 年内,如发生正常质量问题,公司将负责免费维修。根据以前年度的维修记录,如果发生较小的质量问题,发生的维修费用为销售收入的 1‰;如果发生较大的质量问题,发生的维修费用为销售收入的 2‰。根据公司质量部门的预测,本季度销售的产品中,80% 不会发生质量问题;15% 可能发生较小质量问题;5% 可能发生较大质量问题。账务处理如下:

根据上述资料,2×25 年第一季度末丙公司应确认的预计负债金额 = 180 000 000 × (0×80%＋1‰×15%＋2‰×5%) = 450 000(元)。

借:销售费用——产品质量保证——A 产品   450 000
　　贷:预计负债——产品质量保证——A 产品   450 000

2) 预期可获得补偿的处理

如果企业清偿因或有事项而确认的负债所需支出全部或部分预期由第三方或其他方补偿,则此补偿金额只有在基本确定能收到时,才能作为资产单独确认,确认的补偿金额不能超过所确认负债的账面价值。

预期可能获得补偿的情况通常有:发生交通事故等情况时,企业通常可从保险公司获得合理的赔偿;在某些索赔诉讼中,企业可对索赔人或第二方另行提出赔偿要求;在债务担保业务中,企业在履行担保义务的同时,通常可向被担保企业提出追偿要求。

企业预期从第三方获得的补偿,是一种潜在资产,其最终是否会转化为企业真正的资产(即企业是否能够收到这项补偿)具有较大的不确定性,企业只有在基本确定能够收到补偿时才能对其进行确认。根据资产和负债不能随意抵销的原则,预期可获得的补偿在基本确定能够收到时应当确认为一项资产,而不能作为预计负债金额的扣减。

3) 预计负债的计量需要考虑的其他因素

企业在确定最佳估计数时,应当综合考虑与或有事项有关的风险、不确定性、货币时间价值和未来事项等因素。

(1) 风险和不确定性。企业应当充分考虑与或有事项有关的风险和不确定性,既不能忽略风险和不确定性对或有事项计量的影响,也需要避免对风险和不确定性进行重复调整,从而在低估和高估预计负债金额之间寻找平衡点。

(2) 货币时间价值。如果预计负债的确认时点距离实际清偿有较长的时间跨度,货币时间价值的影响重大,那么在确定预计负债的确认金额时,应考虑采用现值计量,即通过对相关未来现金流出进行折现后确定最佳估计数。

(3) 未来事项。企业应当考虑可能影响履行现时义务所需金额的相关未来事项。也就是说,对于这些未来事项,如果有足够的客观证据表明它们将发生,如未来技术进步、相关法规出台等,则应当在预计负债计量中考虑相关未来事项的影响。例如,某核电企业预计,在生产结束时清理核废料的费用将因未来技术的变化而显著降低。那么,该企业因此确认的预计负债金额应当反映有关专家对技术发展及清理费用减少作出的合理预测。但是,这种预计需要取得相当客观的证据予以支持。

(三) 亏损合同

亏损合同是指履行合同义务不可避免地发生的成本超过预期经济利益的合同。企业与其他单位签订的商品销售合同、劳务合同、租赁合同等,均可能变为亏损合同。当待执行合同变为亏损合同,同时该亏损合同产生的义务满足预计负债的确认条件的,应当确认为预计负债。预计负债的计量应当反映退出该合同的最低净成本,即履行该合同的成本与未能履行该合同而发生的补偿或处罚两者之中的较低者。

同时,如果与亏损合同相关的义务不需支付任何补偿即可撤销,企业通常就不存在现时义务,不应确认预计负债;如果与亏损合同相关的义务不可撤销,企业就存在了现时义务,同时满足该义务很可能导致经济利益流出企业且金额能够可靠地计量的,应当确认预计负债。

【例9-33】 天河公司2×25年12月10日与甲公司签订不可撤销合同,约定在2×26年3月1日以每件100元的价格向甲公司提供A产品1 000件,若不能按期交货,将对天河公司处以总价款25%的违约金。签订合同时A产品尚未开始生产,当天河公司准备开始生产A产品时,原材料价格突然上涨,预计生产A产品的单位成本将超过合同单价。不考虑相关税费。账务处理如下:

(1) 若生产A产品的单位成本为110元时:

$$履行合同发生的损失 = 1\ 000 \times (110 - 100) = 10\ 000(元)$$
$$不履行合同支付的违约金 = 1\ 000 \times 100 \times 25\% = 25\ 000(元)$$

本例中,天河公司与甲公司签订了不可撤销合同,但是执行合同不可避免地发生的费用超过了预期获得的经济利益,属于亏损合同。天河公司应当按照履行合同造成的损失与违约金两者中的较低者确认一项预计负债,即应确认预计负债10 000元。

借:营业外支出——亏损合同损失——A产品　　　　　　　　　　　　　　　　10 000
　　贷:预计负债——亏损合同损失——A产品　　　　　　　　　　　　　　　　　　10 000

待产品完工后,将已确认的预计负债冲减产品成本。

借:预计负债——亏损合同损失——A产品　　　　　　　　　　　　　　　　10 000
　　贷:库存商品——A产品　　　　　　　　　　　　　　　　　　　　　　　　　　10 000

(2) 若生产A产品的单位成本为150元时:

$$履行合同发生的损失 = 1\ 000 \times (150 - 100) = 50\ 000(元)$$
$$不履行合同支付的违约金 = 1\ 000 \times 100 \times 25\% = 25\ 000(元)$$

应确认预计负债25 000元。

借:营业外支出——亏损合同损失——A产品　　　　　　　　　　　　　　　　25 000
　　贷:预计负债——亏损合同损失——A产品　　　　　　　　　　　　　　　　　　25 000

支付违约金时。

借：预计负债——亏损合同损失——A 产品　　　　　　　25 000
　　贷：银行存款　　　　　　　　　　　　　　　　　　　　　　　25 000

三、预计负债的列报与披露

在资产负债表中，因或有事项而确认的预计负债应与其他负债项目区别开来，单独反映。如果企业因多项或有事项确认了预计负债，在资产负债表上一般只需通过"预计负债"项目进行总括反映。在将或有事项确认为负债的同时，应确认一项支出或费用。这项费用或支出在利润表中不应单列项目反映，而应与其他费用或支出项目（如"销售费用""管理费用""营业外支出"等）合并反映。比如，企业因产品质量保证确认负债时所确认的费用，在利润表中应作为"销售费用"的组成部分予以反映；又如，企业因对其他单位提供债务担保确认负债时所确认的费用，在利润表中应作为"营业外支出"的组成部分予以反映。

同时，为了使会计报表使用者获得充分、详细的有关或有事项的信息，企业应在会计报表附注中披露以下内容：

第一，预计负债的种类、形成原因及经济利益流出不确定性的说明。
第二，各类预计负债的期初、期末余额和本期变动情况。
第三，与预计负债有关的预期补偿金额和本期已确认的预期补偿金额。

【关键术语】

短期借款　应付账款　应付票据　应付职工薪酬　短期薪酬　离职后福利　辞退福利
应交增值税　进项税额　销项税额　视同销售　应交消费税　其他应付款　预收账款
或有事项　预计负债

【问题思考】

1. 为什么要将负债划分为流动负债和非流动负债？其标准是什么？
2. 核算交易性金融负债应设置哪些账户？账务处理的关键是什么？
3. 应付职工薪酬的会计处理应遵循的基本原则是什么？
4. 请说明不予抵扣的进项税额、视同销售及进项税额转出的区别与联系。
5. 或有事项分为哪几种类型？分别如何进行会计处理？
6. 什么是待执行合同？什么是亏损合同？亏损合同该如何进行会计处理？

练 习 题

第一部分　客观题

第二部分　主观题

第九章　客观题

五、计算题

1. 甲公司因生产经营临时需要,6月1日从银行取得借款200 000元,期限为3个月,年利率为6%,所得借款存入银行。每个月计提一次利息,3个月后到期一次还本付息。

   要求:计算出每个月应计提的利息及到期一次还本付息的金额,并作出相应的会计分录。

2. 2×25年3月23日,企业销售商品收到一张面值为10 000元,票面利率为6%,期限为6个月的商业汇票。5月2日,企业将上述票据到银行贴现,银行贴现率为8%。假定在同一票据交换区域。

   要求:计算票据贴现的利息。

3. 天河公司是生产并销售C产品的企业,2×25第一季度共销售C产品10 000件,销售收入为500万元。根据天河公司的产品质量保证条款,该产品售出后1年内,如发生正常质量问题,公司将负责免费维修。根据以前年度的维修记录,如果发生较小的质量问题,发生的维修费用为销售收入的2%;如果发生较大的质量问题,发生的维修费用为销售收入的3%。根据公司质量部门的预测,本季度销售的产品中,85%不会发生质量问题;10%很可能发生较小质量问题;5%很可能发生较大质量问题。

   要求:计算2×25年3月31日,天河公司对该项产品质量保证应确认的预计负债金额。

4. 2×25年12月1日,甲公司与乙公司签订一项不可撤销的产品销售合同,合同规定,甲公司于3个月后提交乙公司一批产品,合同价款(不含增值税额)为300万元,如甲公司违约,将支付违约金50万元。至2×25年年末,甲公司为生产该产品已发生成本为15万元,因原材料价格上涨,甲公司预计生产该产品的总成本为330万元。

   要求:不考虑其他因素,计算2×25年12月31日,甲公司因该合同确认的预计负债金额。

六、业务实训

(一) 业务实训一

1. 资料

   某化妆品厂甲是增值税一般纳税人,2×25年6月发生下列业务:

(1) 外购化工材料 A,税控发票注明价款 10 000 元,税款 1 300 元。
(2) 外购化工材料 B,税控发票注明价款 20 000 元,税款 2 600 元。
(3) 将 AB 材料验收后交运输公司运送到乙化妆品制造厂(增值税一般纳税人),委托其加工成香水精,支付运输公司运费 300 元,运输业务的增值税率为 9%。
(4) 乙公司为加工该产品从小规模企业购入辅料,取得税务代开的增值税发票,价款 5 000 元,税款 200 元,乙公司收取甲化妆品厂加工费和代垫辅料费 8 000 元(不含增值税),开具专用发票。
(5) 甲化妆品厂将香水精收回后将 70%投入生产,进一步加工成香水,并分装出厂取得含增值税销售额 100 000 元,支付销售运费 800 元。

2. 要求
假定上述取得发票都符合税法抵扣条件要求,请按顺序计算:
(1) 甲公司提货时应交纳的消费税。
(2) 甲公司销售香水应交纳的增值税。
(3) 甲公司销售香水应交纳的消费税。
(4) 乙公司该业务应交纳的税金。

(二) 业务实训二

1. 资料
2×25 年 6 月 A 公司有关业务如下:
(1) 本月职工薪酬共计 200 万元,其中:生产工人工资 100 万元,车间管理人员工资 20 万元,厂部管理人员工资 30 万元,销售部门人员工资 10 万元,内部开发人员工资 40 万元(符合资本化条件),上述工资已经通过银行支付。
(2) 根据所在地政府规定,按照工资总额的 10%、12%、2%和 10.5%分别计提医疗保险费、养老保险费、失业保险费和住房公积金,并以银行存款向相关机构缴纳。
(3) 根据 2×24 年职工福利费实际开支情况,公司预计 2×25 年应承担职工福利费义务金额为工资总额的 5%;此外,按工资的 2%、1.5%分别计提工会经费和职工教育经费。

2. 要求
(1) 计算各项职工薪酬。
(2) 编制全部会计分录。

(三) 业务实训三

1. 资料
甲公司为小家电生产企业,是增值税一般纳税人,适用的增值税税率为 13%。
(1) 甲公司共有职工 500 名,其中 450 名为一线生产人员,50 名为管理人员。2×20 年年底甲公司以其生产的多功能食品加工机作为职工福利发放给公司全部职工,每台成本为 800 元,市场售价为 1 000 元。
(2) 2×25 年 10 月 20 日,管理层决定停止某车间的生产任务,提出职工没有选择权的辞退计划,规定拟辞退生产工人 100 人,总部管理人员 5 名,于 2×26 年 1 月 1 日执行。计划经董事会批准,并已通知本人。辞退补偿为生产工人每人 6 万元,总部管理人员每人 25 万元。

(3) 2×25年公司为高管人员配备的汽车折旧费用为50 000元。
2. 要求
根据以上材料,编制相关会计分录。

(四) 业务实训四

1. 资料

A公司为增值税一般纳税人,存货按实际成本核算,适用的增值税税率为13%,消费税税率为10%,转让无形资产的增值税税率为6%。2×25年5月发生如下经济业务:

(1) 向B公司采购甲材料,专用发票上注明价款900 000元,增值税117 000元,另有运费2 000元,增值税税率9%,发票账单已经到达,材料已验收入库,款项通过银行支付。

(2) 销售乙产品5 000件,单价200元,单位成本150元;该产品需同时交纳增值税和消费税。产品已经发出,货款委托银行收取,托收手续已经办妥。

(3) 转让一项专利的所有权,收入15 000元已经存入银行。该项专利的账面余值为80 000元,累计摊销75 000元。

(4) 收购农产品一批,实际支付价款80 000元,农产品已经验收入库,按规定,增值税扣除率为10%。

(5) 委托D公司加工一批原材料,发出材料成本为100 000元,加工费用为25 000元。加工过程中发生增值税3 250元,消费税2 500元,由受托单位代收代缴。材料加工完毕并验收入库,准备直接对外销售。加工费用和应交的增值税、消费税已通过银行与D公司结算。

(6) 购入设备一台,专用发票上注明价款180 000元,增值税23 400元。设备已投入使用,款项通过银行支付。

(7) 公司在建的办公大楼因施工需要,领用原材料一批,成本为50 000元。

2. 要求:

根据以上资料,完成下列题目。

(1) 根据上述资料,该企业5月份应交纳的增值税进项税额为(　　)元,销项税额为(　　)元。

　　A. 198 250,130 000　　B. 198 250,178 500
　　C. 146 230,130 000　　D. 206 750,130 000

(2) 计算该企业5月份应交纳的消费税。

(3) 关于消费税,下列说法正确的有(　　)。

　　A. 消费税为价内税
　　B. 消费税为价外税
　　C. 消费税是以在中国境内提供应税劳务、转让无形资产或销售不动产的单位和个人征收的一种流转税
　　D. 消费税的纳税人是我国境内生产、委托加工、零售和进口《中华人民共和国消费税暂行条例》规定的应税消费品的单位和个人。

(4) 根据资料(3)和资料(7),分别编制企业有关的会计分录。

七、案例分析题

(一) 案例一

1. 资料

天河公司的财务经理在2×25年年末复核2×25年年度财务报表时,对以下交易或事项的会计处理提出疑问:

(1) 2×25年8月30日,天河公司与西方公司签订不可撤销的销售合同。合同约定,天河公司应当于2×26年3月1日前,销售给西方公司100件A产品,售价总额为100万元,若天河公司违约,则需要向西方公司按照售价总额的10%支付违约金。2×25年12月31日,库存A产品60件,成本为60万元;天河公司开始筹备原材料以生产剩余的40件A产品时,原材料价格突然上涨,预计生产剩余40件A产品的成本为48万元,预计销售100件A产品将发生销售税费10万元。当日100件A产品的市场价格为140万元。

天河公司的会计处理为:天河公司选择执行合同,并确认预计负债26万元,即:

　　借:营业外支出　　　　　　　　　　　　　　　　　　　　26
　　　　贷:预计负债　　　　　　　　　　　　　　　　　　　　　　26

(2) 天河公司因销售残次商品致使消费者受到伤害,因此消费者起诉了天河公司,至2×25年年底存在一项未决诉讼。根据类似案例的经验判断,该项诉讼败诉的可能性为80%。如果败诉,天河公司将须赔偿对方500万元,并承担诉讼费用40万元,且基本确定从第三方收到补偿款60万元。天河公司的会计处理为:

　　借:营业外支出　　　　　　　　　　　　　　　　　　　　440
　　　　管理费用　　　　　　　　　　　　　　　　　　　　　　40
　　　　贷:预计负债　　　　　　　　　　　　　　　　　　　　　480

(3) 天河公司生产B产品,2×25年销售总额达2 000万元。当时产品质量条款规定,产品保修期一年,在一年之内产品如果发生质量问题,公司将免费修理。根据以往经验,预计已售产品中有80%不会出现问题,15%可能出现较小的质量问题,此时维修费为销售额的1%;有5%的可能出现较大的质量问题,此时维修费为销售额的3%。2×25年年初,由于产品结构调整,已停止B产品的生产和销售。2×25年度发生了维修支出4万元。2×25年度天河公司对该事项作出如下会计处理:

　　借:预计负债　　　　　　　　　　　　　　　　　　　　　　4
　　　　贷:银行存款　　　　　　　　　　　　　　　　　　　　　　4

2. 要求

分析判断上述资料中天河公司的会计处理是否正确,并说明理由;若不正确,请说明正确的会计处理。(答案中的金额单位用"万元"表示)

(二) 案例二

1. 资料

天河公司属于增值税一般纳税人,适用的增值税税率为13%。2×25年12月份发生如下经济业务：

(1) 本月应付职工工资总额为 800 万元，工资费用分配汇总表中列示的产品生产工人工资为 300 万元，行政管理人员工资为 220 万元，在建工程人员工资 280 万元。工资尚未支付。公司对该业务的会计处理如下：

  借：生产成本   300
    管理费用   500
    贷：应付职工薪酬——工资   800

(2) 以其自己生产的彩电 10 台发放给公司行政管理人员，每台彩电的成本为 0.6 万元，市场售价为每台 1 万元。公司对该业务会计处理如下：

  借：管理费用(10×1×1.13)   113 000
    贷：应付职工薪酬——非货币性福利   113 000

(3) 处置一项无形资产取得收入 50 万元，无形资产的原值为 60 万元，已累计摊销的金额为 10 万元，无形资产减值准备 3 万元，应交纳增值税额 2.5 万元。公司对该业务的会计处理如下：

  借：银行存款   50
    累计摊销   10
    无形资产减值准备   3
    税金及附加   2.5
    贷：无形资产   60
     资产处置损益   3
     应交税费——应交增值税   2.5

(4) 购入一部办公楼用电梯，该电梯需要安装，价款为 50 万元(含增值税)，已用银行存款支付。安装过程中领用材料一批，实际成本为 2 万元(不含增值税)。公司对该业务的会计处理如下：

  借：在建工程   52
    贷：银行存款   50
     原材料   2

(5) 公司于 2×24 年 12 月 20 日制定了一项辞退计划，计划规定从 2×25 起企业将以职工自愿的方式，辞退部分员工，该项辞退工作计划于一年内实施完毕。基于当前状况，预计发生辞退福利 300 万元。但此款项预计将于 2×26 年年末支付。假设当前市场利率为 8%，(P/F,8%,2)=0.8573。公司对该业务的会计处理如下：

  借：管理费用   300
    贷：应付职工薪酬   300

(6) 自营建造办公楼领用本公司产品一批，该产品实际成本为 120 万元，公允价值为 160 万元(不含增值税)。公司对该业务的会计处理如下：

  借：在建工程   120
    贷：库存商品   120

2. 要求

根据资料(1)至(6),逐项判断天河公司的处理是否正确;如不正确,简要说明理由,并编制更正分录。(涉及差错更正的项目,均作为当期差错处理)。

第十章 长期负债

章前导引

教学目标

本章主要介绍长期借款、应付债券和长期应付款的会计处理。通过本章的学习,学生应理解并掌握长期借款取得及利息的核算,掌握应付债券的内容及其核算,熟练掌握实际利率法下应付债券利息调整的摊销,了解长期应付款的概念及核算,熟悉融资租赁产生的长期应付款的核算,具备综合处理非流动负债相关业务的能力。

重点难点

重点是应付债券的内容和核算,以及融资租赁产生的长期应付款的核算;难点是如何熟练运用实际利率法对应付债券利息调整进行摊销,以及未确认融资费用的相关会计处理。

课程思政

早在2018年10月,就有媒体报道康美药业股份有限公司出现存贷双高、大股东股票质押比例高等情况,质疑康美存在财务造假的嫌疑。2018年12月29日,证监会下发关于信息披露违法违规行为调查的通知书,对康美药业立案调查。近几年来,康美药业主要通过发行新债和新增借款完成资金周转,2019年公司共有4只债券到期,到期总金额高达67.5亿元,公司面临一定的短期集中兑付压力,而公司2018年报显示,公司账面货币资金下降至18.39亿元,截至2019年第三季度,公司货币资金仅剩4.83亿元,难以覆盖短期到期债务。截至2018年年末,公司筹资活动现金流流入金额高达347.64亿元,流出金额为292.77亿元,净流入量为54.87亿元;2019年公司由于涉嫌财务造假未能发行新债,筹资活动现金流流入金额降至78.12亿元(主要来源于新增借款),筹资活动现金流流出金额为123.42亿元,净流出额为45.30亿元。公司面临较大资金压力。2020年1月23日,康美药业发布公告称2019年年度扣非归母净利润约亏损21亿元至24亿元,这也是公司上市以来披露的首次业绩亏损,且公司存在不能及时全额兑付"15康美债"回售本金及利息的风险。2月3日,公司未按时兑付"15康美债"回售款和利息,构成实质违约,违约金额为24亿元。截至2020年1月31日,康美药业累计发行33只债券,发行规模共计516.5亿元,累计兑付金额为347.5亿元。

思考:何为"存贷双高"现象?结合案例思考债券融资方式的优势和劣势。

第一节 长期负债的性质与分类

一、长期负债的概念

长期负债是指偿还期限在1年或超过1年的一个营业周期以上的负债。长期负债是企业向债权人筹集的，可供长期使用的资金，主要包括长期借款、应付债券和长期应付款等。长期负债除了具有负债的共同特点之外，与流动负债相比，还具有偿还期限较长、可以分期偿还、债务金额较大等特点。

二、长期负债的分类

1. 按筹集方式分类

（1）长期借款是指企业向银行或其他金融机构借入的期限在1年以上（不含1年）的各种借款。

（2）应付债券是指企业为筹集（长期）资金而发行债券的本金和利息。企业债券是企业为筹集资金而发行的一种借款性质的书面凭证。企业发行长期债券，就可向债权人筹集可供长期使用的资金，并对债权人负有按期还本付息的责任，形成企业的一种长期负债。

（3）长期应付款是指企业除长期借款和应付债券以外的各种长期应付款项，主要包括应付融资租入固定资产租赁费、应付补偿贸易引进设备款、具有融资性质的延期付款购买资产发生的应付款项等。

（4）专项应付款是指企业取得政府作为企业所有者投入的具有专项或者特定用途的款项。

2. 按利息和偿还方式分类

（1）定期偿还的长期负债是指到期日一次偿还本金的长期负债。企业发行债券通常采用这种方式。

（2）分期偿还的长期负债是指到期日之前分期偿还本金的长期负债。应付融资租入固定资产租赁费通常采用这种方式。

长期负债利息的支付方式也可以分为一次付息和分期付息两种。在现实中，企业债券多数采用到期一次付息的方式，长期借款通常采用分期付息的方式。采用分期偿还本金方式的长期负债的利息也应采用分期付息的方式进行支付。

第二节 长期借款

一、长期借款的性质

长期借款是指企业向银行或其他金融机构借入的期限在1年以上（不含1年）的各种借

款,一般用于固定资产的购建、改扩建工程、大修理工程、对外投资及为了保持长期经营能力等方面。我国股份制企业的长期借款主要是向金融机构借入的各项长期性借款,如从各专业银行、商业银行取得的贷款;除此之外,还包括向财务公司、投资公司等金融企业借入的款项。

二、长期借款的会计核算

企业应通过"长期借款"账户,核算长期借款的借入、归还等情况。该账户可按照贷款单位和贷款种类设置明细账,分别"本金""利息调整"等账户进行明细核算。该账户的贷方登记长期借款本息的增加额;借方登记本息的减少额;贷方余额表示企业尚未偿还的长期借款。企业借入各种长期借款,按实际收到的款项,借记"银行存款"账户,贷记"长期借款——本金"账户;按其差额,借记"长期借款——利息调整"账户。

在资产负债表日,企业应按长期借款的摊余成本和实际利率计算确定的长期借款的利息费用,借记"在建工程""财务费用""制造费用"等账户,按借款本金和合同利率计算确定的应付未付利息,贷记"应付利息"账户(对于一次还本付息的长期借款,贷记"长期借款——应计利息"账户),按其差额,贷记"长期借款——利息调整"账户。

企业归还长期借款,按归还的长期借款本金,借记"长期借款——本金"账户,按转销的利息调整金额,贷记"长期借款——利息调整"账户,按实际归还的款项,贷记"银行存款"账户,按其差额,借记"在建工程""财务费用""制造费用"等账户。

其中,长期借款计算确定的利息费用,应当按以下原则计入有关成本、费用:属于筹建期间的,计入管理费用;属于生产经营期间的,计入财务费用。如果长期借款用于购建固定资产的,在固定资产尚未达到预定可使用状态前,所发生的应当资本化的利息支出数,计入在建工程成本;固定资产达到预定可使用状态后发生的利息支出,以及按规定不予资本化的利息支出,计入财务费用。

【例 10-1】 天河公司为建造一幢厂房,于 2024 年 1 月 1 日借入期限为 2 年的长期专门借款 1 500 000 元,款项已存入银行。借款利率按市场利率确定为 9%,每年付息一次,期满后一次还清本金。2024 年年初,该公司以银行存款支付工程价款共计 900 000 元,2025 年年初,又以银行存款支付工程费用 600 000 元。该厂房于 2025 年 8 月 31 日完工,达到预定可使用状态。假定不考虑闲置专门借款资金存款的利息收入或者投资收益。

分析:每年计息并付息,利息在应付未付之时,是借款企业的流动负债,故应通过"应付利息"账户核算;反之,如果是每年计息但是不付息,而是期满一次性还本付息,则计提利息时应通过"长期借款——应计利息"账户核算,而不是通过"应付利息"账户核算。另外,借款利息是按照市场利率确定的,表明不存在实际利率与名义利率之差,故不通过"长期借款——利息调整"账户核算。为了简化,本题不考虑增值税。天河公司的有关账务处理如下:

(1) 2024 年 1 月 1 日,取得借款时:

借:银行存款 1 500 000
    贷:长期借款——本金 1 500 000

(2) 2024年年初,支付工程款时:

借:在建工程　　　　　　　　　　　　　　　　　　　　　　900 000
　　贷:银行存款　　　　　　　　　　　　　　　　　　　　　　900 000

(3) 2024年12月31日,计算2024年应计入工程成本的利息费用时:

$$借款利息 = 1\,500\,000 \times 9\% = 135\,000(元)$$

借:在建工程　　　　　　　　　　　　　　　　　　　　　　135 000
　　贷:应付利息　　　　　　　　　　　　　　　　　　　　　　135 000

(4) 2024年12月31日,支付借款利息时:

借:应付利息　　　　　　　　　　　　　　　　　　　　　　135 000
　　贷:银行存款　　　　　　　　　　　　　　　　　　　　　　135 000

(5) 2025年年初,支付工程款时:

借:在建工程　　　　　　　　　　　　　　　　　　　　　　600 000
　　贷:银行存款　　　　　　　　　　　　　　　　　　　　　　600 000

(6) 2025年8月31日,工程达到预定可使用状态时:

$$该期应计入工程成本的利息 = (1\,500\,000 \times 9\% \div 12) \times 8 = 90\,000(元)$$

借:在建工程　　　　　　　　　　　　　　　　　　　　　　90 000
　　贷:应付利息　　　　　　　　　　　　　　　　　　　　　　90 000

同时,

借:固定资产　　　　　　　　　　　　　　　　　　　　　　1 725 000
　　贷:在建工程　　　　　　　　　　　　　　　　　　　　　　1 725 000

(7) 2025年12月31日,计算2025年9～12月的利息费用时:

$$应计入财务费用的利息 = (1\,500\,000 \times 9\% \div 12) \times 4 = 45\,000(元)$$

借:财务费用　　　　　　　　　　　　　　　　　　　　　　45 000
　　贷:应付利息　　　　　　　　　　　　　　　　　　　　　　45 000

(8) 2025年12月31日,支付利息时:

借:应付利息　　　　　　　　　　　　　　　　　　　　　　135 000
　　贷:银行存款　　　　　　　　　　　　　　　　　　　　　　135 000

(9) 2026年1月1日,到期还本时:

借:长期借款——本金　　　　　　　　　　　　　　　　　　1 500 000
　　贷:银行存款　　　　　　　　　　　　　　　　　　　　　　1 500 000

第三节 应付债券

一、应付债券的性质与分类

(一) 应付债券的性质

企业可以依照法定程序,以对外发行债券的方式筹集资金。债券是依照法定程序发行的、约定在一定期限内还本付息的一种有价证券。应付债券是企业因发行债券筹措资金而形成的一种长期负债。

企业发行的公司债券,一般要列明以下内容:①企业名称。②债券面值。③票面利率。④还本期限和还本方式。⑤利息的支付方式。⑥债券的发行日期等。

在一般情况下,企业发行公司债券需经董事会及股东会批准。若向社会公众发行,还需通过有关证券管理部门批准,方可发行。

(二) 应付债券的分类

公司债券可按不同的方式进行分类,主要有以下几种。

1. 按偿还本金的方式分类

(1) 一次还本债券:全部在一个固定的到期日偿还本金的债券。

(2) 分期还本债券:按不同到期日分期偿还本金的债券。

2. 按支付利息的方式分类

(1) 到期一次付息债券:在到期日一次支付全部利息的债券。

(2) 分期付息债券:每隔一段时间支付一次利息的债券。例如,每半年付一次息,或每年付一次息。

3. 按可否转换为发行企业股份分类

(1) 可转换债券:可按一定条件转换为企业普通股股票的债券。

(2) 不可转换债券:不能转换为发行企业普通股股票的债券。

4. 按有无担保分类

(1) 抵押债券:发行企业以特定资产作为抵押担保而发行的债券。

(2) 无抵押债券(又称为信用债券):没有特定的抵押资产作为担保,单凭企业的信誉而发行的债券。

5. 按是否记名分类

(1) 记名债券:将持有人的姓名登记于发行公司的债券。

(2) 不记名债券:不将持有人的姓名登记于发行公司的债券。

在很多情况下,债券的种类不同,其会计处理也不相同。

二、应付债券的发行

公司债券的发行价格往往与其面值不同,其主要原因是债券发行时的票面利率与市场利率不同所致。债券的发行价格是由将来应支付的利息和债券面值按发行时的市场利率折算成的现值决定的。公司债券的发行方式有三种：面值发行、折价发行、溢价发行。

（一）债券的发行价格、市场利率与实际利率的关系

债券发行时，最先涉及的是发行价格与市场利率、实际利率的关系问题。

债券的发行价格是指企业在发行债券时向债券投资者收取的全部现金或现金等价物。票面利率，又称为名义利率。这一利率将用于计算债券发行方定期向债券投资人实际支付的利息。债券发行企业可根据所需资金多少、未来支付利息的能力及发行时资本市场的供需情况，自行确定所发行债券的票面利率。债券发行时发行企业与债券投资者双方均能接受的利率，称为该种债券的市场利率。而因为确定债券票面利率的时点与债券正式发行的时点间一般存在时间差，就有可能导致债券的票面利率和市场利率并不一致。

通常，市场利率和票面利率是决定债券发行价格的重要因素。由于市场利率的客观性和代表性，债券发行方应按市场利率来计算自己应负担的利息费用，而债券购买者也应按此利率来确定自己的利息收益。

假设其他条件不变情况下，债券的票面利率高于市场利率时，可按超过债券票面价值的价格发行，称为溢价发行，溢价是企业以后各期多付利息而事先得到的补偿；如果债券的票面利率低于市场利率，可按低于债券票面价值的价格发行，称为折价发行，折价是企业以后各期少付利息而预先给投资者的补偿；如果债券的票面利率与市场利率相同，可按票面价值的价格发行，称为面值发行。溢价或折价实质上是发行债券企业在债券存续期内对利息费用的一种调整。

企业发行债券筹集资金，引起现金流入，与此相关的未来现金流出分为两部分：一是到期应偿还的本金；二是未来定期支付的利息。相对于发行这一时点，这两部分均为未来某一时点的终值。这两部分未来终值的现值决定了发行债券时筹集的资金的现值，即债券的发行价格。其计算公式如下：

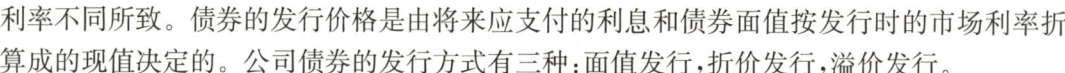

当然债券的发行价格还受其他因素的影响。就公司内部而言，除了债券的面值、期限、票面利率、利息支付方式外，还受企业自身的信用状况、资本结构等影响。就企业外部来说，资本市场的利率水平、供求关系等，也会影响债券的发行价格。

实际利率是指将债券在预期存续期间内的未来现金流量折算成该债券当期账面价值所使用的折现率，即使所发行债券的名义未来现金流量的现值与该债券的入账金额相等的折现率。

债券发行时，往往会产生与之直接相关的交易费用，这部分费用的会计处理方法直接关系到债券发行时的实际利率与市场利率的关系。

交易费用的处理方法有两种：一是交易费用不计入债券的初始确认金额，而是一次性计入当期损益或相关资产的构建成本中。在这种处理方法下，债券发行时的实际利率等于市场利率。二是将交易费用计入债券的初始确认金额中。在这种情况下，债券发行时的实际利率不等于市场利率。此时，债券的实际利率要大于市场利率。债券的入账金额的计算公式如下：

债券的入账金额＝债券的发行价格－交易费用
＝面值按实际利率折算的现值＋票面利息按实际利率折算的现值

我国现行的会计准则要求使用第二种会计处理方法，处理债券发行时产生的交易费用。

【例10-2】 天河公司2×24年计划发行面值为2 000 000元，票面利率为5%，5年期的公司债券，于每年的12月31日支付利息，假定市场利率为4%。账务处理如下：

债券面值的复利现值 ＝ 2 000 000 × $DF_{4\%,5}$ ＝ 2 000 000 × 0.822 ＝ 1 644 000(元)

各期债券票面利息的年金现值 ＝ 2 000 000 × 5% × $ADF_{4\%,5}$ ＝ 2 000 000 × 5% × 4.452
＝ 445 200(元)

债券的发行价格 ＝ 1 644 000 ＋ 445 200 ＝ 2 089 200(元)

【例10-3】 天河公司2×24年计划发行面值为2 000 000元，票面利率为5%，5年期的公司债券，于每年的12月31日支付利息，假定市场利率为6%。账务处理如下：

债券面值的复利现值 ＝ 2 000 000 × $DF_{4\%,5}$ ＝ 2 000 000 × 0.747 ＝ 1 494 000(元)

各期债券票面利息的年金现值 ＝ 2 000 000 × 5% × $ADF_{4\%,5}$
＝ 2 000 000 × 5% × 4.212
＝ 421 200(元)

债券的发行价格 ＝ 1 494 000 ＋ 421 200 ＝ 1 915 200(元)

【例10-4】 天河公司2×24年计划发行面值为2 000 000元，票面利率为5%，5年期的公司债券，债券一次还本付息，假定市场利率为6%。账务处理如下：

债券的发行价格 ＝ (2 000 000 ＋ 2 000 000 × 5% × 5) × $DF_{6\%,5}$ ＝ 1 867 500(元)

(二) 应付债券入账金额的确定

应付债券的初始计量就是要确定应付债券的入账金额。而确定其入账金额的关键在于如何处理与债券发行直接相关的交易费用的问题。交易费用的处理方法有以下两种。

方法一：将交易费用计入当期损益或构建资产的成本。优点：其入账金额中只包括债券的发行价格，便于分析债券发行和债券市场的关系，如从溢价、折价角度进行分析；可简化会计处理。缺点：债券的入账金额未能完全反映融资成本。

方法二：将交易费用计入应付债券的初始确认金额。我国现行会计准则规定，应付债券的交易费用应当包括在入账金额之内。将债券发行相关的费用包括在初始确认金额内，有利于分析与评价融资效果。

在方法二下，我们的会计处理要引入利息调整概念。

利息调整＝面值－(发行价格－交易费用)

按上式计算的利息调整为正，为利息调整借差；若为负，则为利息调整贷差。

(三) 债券发行的财务处理

企业对发行的公司债券进行会计处理时，应设置"应付债券"账户，核算企业为筹集长期资金而发行的债券和利息。在"应付债券"账户下设置"面值""利息调整""应计利息"等明细账户。

企业发行债券时,按发行债券的面值,贷记"应付债券——面值"账户;按照实际收到的全部价款扣除面值以后的差额,借记或贷记"应付债券——利息调整"账户;按实际收到的全部价款,借记"银行存款"账户,即债券的发行价格与发行相关的交易费用的差。

【例10-5】 天河公司于2×24年1月1日发行了期限为5年的公司债券。该债券的发行面值为2 000 000元,发行价格为2 089 200元,票面利率为年利率5%,市场利率为4%。债券利息于每年12月31日支付。该债券发行时发生了20 000元的交易费用。账务处理如下:

应付债券入账价值 = 2 089 200 - 20 000 = 2 069 200(元)
应确定的利息调整贷差 = 2 069 200 - 2 000 000 = 69 200(元)

借:银行存款 2 069 200
　　贷:应付债券——面值 2 000 000
　　　　　　　——利息调整 69 200

【例10-6】 天河公司于2×24年1月1日发行了期限为5年的公司债券。该债券的发行面值为2 000 000元,发行价格为1 915 200元,票面利率为年利率5%,市场利率为6%。债券利息于每年12月31日支付。该债券发行时发生了20 000元的交易费用。账务处理如下:

应付债券入账价值 = 1 915 200 - 20 000 = 1 895 200(元)
应确定的利息调整借差 = 2 000 000 - 1 895 200 = 104 800(元)

借:银行存款 1 895 200
　　应付债券——利息调整 104 800
　　贷:应付债券——面值 2 000 000

【例10-7】 天河公司于2×24年1月1日发行了期限为5年、到期一次还本付息的公司债券。该债券的发行面值为2 000 000元,发行价格为1 867 500元,票面利率为年利率5%,市场利率为6%。该债券发行时发生了20 000元的交易费用。账务处理如下:

应付债券入账价值 = 1 867 500 - 20 000 = 1 847 500(元)
应确定的利息调整借差 = 2 000 000 - 1 847 500 = 152 500(元)

借:银行存款 1 847 500
　　应付债券——利息调整 152 500
　　贷:应付债券——面值 2 000 000

三、应付债券的摊余成本与利息费用

(一)应付债券的摊余成本

应付债券通常按摊余成本进行后续计量。应付债券的摊余成本是指应付债券的初始确认金额经过下列调整后的结果:①扣除已偿还的本金。②加上或减去将利息调整金额进行摊销形成的累计摊销额。

(二) 应付债券的利息费用

由于债券发行存在折价发行和溢价发行的情况,其中,溢价相当于发行企业以后各期因按票面利息会多付利息而事先得到的补偿,而折价是企业以后各期因少付利息而预先给投资者的补偿。即溢价部分和折价部分均属于企业的筹资成本,应予在债券存续期间确认为利息费用。因而,在举债期间,企业实际负担的各期利息费用,除每期实际支付的票面利息外,还应包括债券溢价或折价的摊销,即要将债券溢价逐期在利息费用中扣除,将债券折价逐期转为利息费用。具体来说,举债企业每期的利息费用,可用如下公式表示:

$$利息费用 = 支付的利息 - 溢价摊销$$

或

$$= 支付的利息 + 折价摊销$$

而利息调整的摊销方法有两种:直线法和实际利率法。中国企业会计准则要求采用实际利率法摊销。

1. 按直线法确定摊余成本

直线法是将债券的溢价或折价总额平均分摊于各付息期的一种摊销方法。在这一方法下,每期摊销的溢价或折价的数额是相等的,每期支付的利息也是固定不变的,因而每期实际负担的利息费用也是相等的。

【例 10-8】 承[例 10-5],假定天河公司采用直线摊销法对发行的债券进行后续计量。

则:

$$每年摊销的利息调整贷差 = 69\,200 \div 5 = 13\,840(元)$$

天河公司每年 12 月 31 日的会计处理如下:

(1) 支付利息时:

借:财务费用　　　　　　　　　　　　　　　　　　　　　　　100 000
　　贷:银行存款　　　　　　　　　　　　　　　　　　　　　　　　100 000

(2) 摊销利息调整时:

借:应付债券——利息调整　　　　　　　　　　　　　　　　　13 840
　　贷:财务费用　　　　　　　　　　　　　　　　　　　　　　　　13 840

也可以将两个分录合并,如下所示。

借:财务费用　　　　　　　　　　　　　　　　　　　　　　　86 160
　　应付债券——利息调整　　　　　　　　　　　　　　　　　　13 840
　　贷:银行存款　　　　　　　　　　　　　　　　　　　　　　　　100 000

在直线法下,天河公司每年确认的利息费用为 86 160 元(100 000 − 13 840)。

【例 10-9】 承[例 10-6],假定天河公司采用直线法摊销公司发行的债券。

则:每年摊销的利息调整借差 = 104 800 ÷ 5 = 20 960(元)。

天河公司每年 12 月 31 日的会计处理如下:

(1) 支付利息时:

借:财务费用　　　　　　　　　　　　　　　　　　　　　　　100 000
　　贷:银行存款　　　　　　　　　　　　　　　　　　　　　　　　100 000

(2) 摊销利息调整时：

借：财务费用　　　　　　　　　　　　　　　　　　　　　20 960
　　贷：应付债券——利息调整　　　　　　　　　　　　　　　　20 960

或

借：财务费用　　　　　　　　　　　　　　　　　　　　　120 960
　　贷：银行存款　　　　　　　　　　　　　　　　　　　　100 000
　　　　应付债券——利息调整　　　　　　　　　　　　　　　20 960

2. 按实际利率法确定摊余成本

在实际利率法下，债券的利息费用按照债券的摊余成本和实际利率计算确定。具体做法是将每期的利息费用按实际利率乘以期初债券账面价值计算，按实际利率计算的利息费用与按票面利率计算的应付利息的差额，即该期溢价或折价的摊销额。

溢价或折价的摊销额用公式表示如下：

当期利息费用＝摊余成本（债券该期期初账面价值）×市场利率
利息调整（溢价的摊销额）＝支付的利息－当期利息费用
利息调整（折价的摊销额）＝当期利息费用－支付的利息

采用实际利率法对应付债券作后续计量，需要在债券发行时确定所发行债券的实际利率。债券发行中的实际利率是使所发行债券的名义未来现金流量的现值与该债券的入账金额相等的折现率。通常使用插值法计算确定债券的实际利率。

依据[例 10-5]的资料，设实际利率为 i，则有：

$$2\ 069\ 200 = 2\ 000\ 000 \times DF_{i,5} + 2\ 000\ 000 \times ADF_{i,5}$$

使用插值法计算债券的实际利率为 4.23%。

依据[例 10-6]的资料，设实际利率为 r，则有：

$$1\ 895\ 200 = 2\ 000\ 000 \times DF_{r,5} + 2\ 000\ 000 \times ADF_{r,5}$$

使用插值法计算债券的实际利率为 6.25%。

3. 实际利率法与直线法的比较

相对于实际利率法，用直线法对应付债券进行后续计量，操作比较简单。但这种方法存在理论上的缺陷。首先从债券的期末计价来看，按直线法确定的各期应付债券的期末余额，无法从统一的计量属性角度进行结算。其次从利息角度看，因为应付债券各期的账面价值会随着利息调整的摊销而发生变化，所以在利率相同的情况下，各期确认的利息费用应该是不同的，而在直线法下，各期计算确认的利息费用是相同的。使用实际利率法对应付债券进行后续计量，则可以克服以上理论上的不足。

在实际利率法下，应付债券的期末计价按其未来现金流量的现值计量，计算现值时应采用债券发行时的实际利率作为折现率；当期的利息费用以期初债券的账面价值乘以债券发行时的实际利率确定，将其与当期的票面利息相比，两者的差额即当期应摊销的利息调整金额。因此，在实际利率法下确定的各期利息费用会随着债券账面价值的变动而变动，并且与债券的账面价值保持同方向的固定比例关系。

【例 10-10】 承[例 10-5]，假定天河公司发行债券后用实际利率法进行债券的后续计量。经计算，天河公司发行债券的实际利率为 4.23%。天河公司债券利息调整摊销如表 10-1 所示。

表 10-1 天河公司债券利息调整摊销表

单位：元

期次/年	实付利息 $(1)=面值\times 5\%$	利息费用 $(2)=期初(4)\times 4.23\%$	利息调整贷差摊销 $(3)=(1)-(2)$	账面价值 $(4)=上期(4)-(3)$
发行时间				2 069 200
1	100 000	87 527.16	12 472.84	2 056 727.16
2	100 000	86 999.56	13 000.44	2 043 726.72
3	100 000	86 449.64	13 550.36	2 030 176.36
4	100 000	85 876.46	14 123.54	2 016 052.82
5	100 000	83 947.18**	16 052.82*	2 000 000
合　计	500 000	430 800	69 200	—

注：① 16 052.82* = 2 016 052.82 − 2 000 000。② 83 947.18** = 100 000 − 16 052.82*。

实际利率的计算过程：设实际利率为 $i\%$：

$$2\,069\,200 = 2\,000\,000 \times DF_{i,5} + (2\,000\,000 \times 5\% \times 5) \times ADF_{i,5}$$

已知 $i=5\%$ 时，发行价格为 2 000 900 元；$i=4\%$ 时，发行价格为 2 089 200（元）。

插值法：

$$(2\,000\,900 - 2\,069\,200) \div (2\,000\,900 - 2\,089\,200) = (5\% - i) \div (5\% - 4\%)$$

得 $i = 4.23\%$

2×24 年 12 月 31 日的账务处理如下：

　　实付利息 = 2 000 000 × 5% = 100 000（元）
　　当期应摊销的利息调整 = 100 000 − 2 069 200 × 4.23% = 12 472.84（元）

借：财务费用　　　　　　　　　　　　　　　　　　　　　　　87 527.16
　　应付债券——利息调整　　　　　　　　　　　　　　　　　12 472.84
　　贷：银行存款　　　　　　　　　　　　　　　　　　　　　100 000.00

2×25 年 12 月 31 日的账务处理如下：

　　实付利息 = 2 000 000 × 5% = 100 000（元）
　　当期应摊销的利息调整 = 100 000 − 2 056 727.16 × 4.23% = 13 000.44（元）

借：财务费用　　　　　　　　　　　　　　　　　　　　　　　86 999.56
　　应付债券——利息调整　　　　　　　　　　　　　　　　　13 000.44
　　贷：银行存款　　　　　　　　　　　　　　　　　　　　　100 000.00

2×26 年 12 月 31 日的账务处理如下：

实付利息 = 2 000 000×5% = 100 000(元)
当期应摊销的利息调整 = 100 000 − 2 043 726.72×4.23% = 13 550.36(元)

借：财务费用　　　　　　　　　　　　　　　　　　　　　86 449.64
　　应付债券——利息调整　　　　　　　　　　　　　　　13 550.36
　　贷：银行存款　　　　　　　　　　　　　　　　　　　　100 000.00

2×27 年 12 月 31 日的账务处理如下：

实付利息 = 2 000 000×5% = 100 000(元)
当期应摊销的利息调整 = 100 000 − 2 030 176.36×4.23% = 14 123.54(元)

借：财务费用　　　　　　　　　　　　　　　　　　　　　85 876.46
　　应付债券——利息调整　　　　　　　　　　　　　　　14 123.54
　　贷：银行存款　　　　　　　　　　　　　　　　　　　　100 000.00

2×28 年 12 月 31 日账务处理如下：

16 052.82 = 2 016 052.82 − 2 000 000
83 947.18 = 100 000 − 16 052.82(参看表 10-1)

借：财务费用　　　　　　　　　　　　　　　　　　　　　83 947.18
　　应付债券——利息调整　　　　　　　　　　　　　　　16 052.82
　　贷：银行存款　　　　　　　　　　　　　　　　　　　　100 000.00

【例 10-11】承[例 10-6]，同样，假定天河公司发行债券后用实际利率法进行债券的后续计量。经计算，天河公司发行债券的实际利率为 6.25%。天河公司债券利息调整摊销如表 10-2 所示。

表 10-2　天河公司债券利息调整摊销表

单位：元

期次/年	实付利息 (1)=面值×5%	利息费用 (2)=期初(4)× 6.25%	利息调整借差摊销 (3)=(2)−(1)	账面价值 (4)=上期(4)+(3)
发行时间				1 895 200
1	100 000	118 450	18 450	1 913 650
2	100 000	119 603.13	19 603.13	1 933 253.1
3	100 000	120 828.32	20 828.32	1 954 081.42
4	100 000	122 130.09	22 130.09	1 976 211.51
5	100 000	123 788.49**	23 788.49*	2 000 000
合　计	500 000	604 800	104 800	—

注：①23 788.49* = 2 000 000 − 1 976 211.51。②123 788.49** = 100 000 + 23 788.49*。

2×24 年 12 月 31 日的账务处理如下：

实付利息 = 2 000 000 × 5% = 100 000(元)

当期应摊销的利息调整 = 1 895 200 × 6.25% − 100 000 = 18 450(元)

借：财务费用	118 450
贷：银行存款	100 000
应付债券——利息调整	18 450

2×25 年 12 月 31 日的账务处理如下：

实付利息 = 2 000 000 × 5% = 100 000(元)

当期应摊销的利息调整 = 1 913 650 × 6.25% − 100 000 = 19 603.13(元)

借：财务费用	119 603.13
贷：银行存款	100 000.00
应付债券——利息调整	19 603.13

2×26 年 12 月 31 日的账务处理如下：

实付利息 = 2 000 000 × 5% = 100 000(元)

当期应摊销的利息调整 = 1 933 253.10 × 6.25% − 100 000 = 20 828.32(元)

借：财务费用	120 828.32
贷：银行存款	100 000.00
应付债券——利息调整	20 828.32

2×27 年 12 月 31 日的账务处理如下：

实付利息 = 2 000 000 × 5% = 100 000(元)

当期应摊销的利息调整 = 1 954 081.42 × 6.25% − 100 000
= 22 130.09(元)

借：财务费用	122 130.09
贷：银行存款	100 000.00
应付债券——利息调整	22 130.09

2×28 年 12 月 31 日账务处理如下：

23 788.49 = 2 000 000.00 − 1 976 211.51

123 788.49 = 100 000.00 + 23 788.49(参看表 10-2)

借：财务费用	123 788.49
贷：银行存款	100 000.00
应付债券——利息调整	23 788.49

【例 10-12】 承[例 10-7]，同样，假定天河公司发行债券后用实际利率法进行债券的后续计量。经计算，天河公司发行债券的实际利率为 6.24%。天河公司债券利息调整摊销如表 10-3 所示。

表 10-3　天河公司债券利息调整摊销表

单位:元

期次/年	实付利息 (1)=面值×5%	利息费用 (2)=期初(4)×6.24%	利息调整借差摊销 (3)=(2)-(1)	账面价值 (4)=上期(4)+(3)+(1)
发行时间				1 847 500
1	100 000	115 284	15 284	1 962 784
2	100 000	122 477.72	22 477.72	2 085 261.72
3	100 000	130 120.33	30 120.33	2 215 382.05
4	100 000	138 239.84	38 239.84	2 353 621.89
5	100 000	146 378.11**	46 378.11*	2 500 000

注:①46 378.11*=152 500-15 284-22 477.72-30 120.33-38 239.84。②146 378.11**=100 000+46 378.11*。

实际利率的计算过程:设实际利率为 $i\%$:

$$1\,847\,500 = (2\,000\,000 + 2\,000\,000 \times 5\% \times 5) \times DF_{i,5}$$

计算得 $DF_{i,5} = 0.739$。

已知 $i=6\%$ 时,$DF_{6\%,5} = 0.747$;$i=7\%$ 时,$DF_{7\%,5} = 0.713$。

插值法:$(0.747-0.739) \div (0.747-0.713) = (6\%-i) \div (6\%-7\%)$

得 $i = 6.24\%$。

2×24 年 12 月 31 日的账务处理如下:

实际应付利息 = 2 000 000 × 5% = 100 000(元)

当期应摊销的利息调整 = 1 847 500 × 6.24% - 100 000 = 15 284(元)

借:财务费用　　　　　　　　　　　　　　　　　　　　　　　115 284
　贷:应付债券——应计利息　　　　　　　　　　　　　　　　100 000
　　　　　　　——利息调整　　　　　　　　　　　　　　　　 15 284

2×25 年 12 月 31 日的账务处理如下:

实际应付利息 = 2 000 000 × 5% = 100 000(元)

当期应摊销的利息调整 = 1 962 784 × 6.24% - 100 000 = 22 477.72(元)

借:财务费用　　　　　　　　　　　　　　　　　　　　　　　122 477.72
　贷:应付债券——应计利息　　　　　　　　　　　　　　　　100 000.00
　　　　　　　——利息调整　　　　　　　　　　　　　　　　 22 477.72

2×26 年 12 月 31 日的账务处理如下:

实际应付利息 = 2 000 000 × 5% = 100 000(元)

当期应摊销的利息调整 = 2 085 261.72 × 6.24% - 100 000 = 30 120.33(元)

借:财务费用　　　　　　　　　　　　　　　　　　　　　　　130 120.33
　贷:应付债券——应计利息　　　　　　　　　　　　　　　　100 000.00
　　　　　　　——利息调整　　　　　　　　　　　　　　　　 30 120.33

2×27 年 12 月 31 日的账务处理如下：

$$实际应付利息 = 2\,000\,000 \times 5\% = 100\,000(元)$$
$$当期应摊销的利息调整 = 2\,215\,382.05 \times 6.24\% - 100\,000$$
$$= 38\,239.84(元)$$

借：财务费用　　　　　　　　　　　　　　　　　　　　　　　138 239.84
　　贷：应付债券——应计利息　　　　　　　　　　　　　　　　100 000.00
　　　　　　　　——利息调整　　　　　　　　　　　　　　　　 38 239.84

2×28 年 12 月 31 日的账务处理如下：

$$46\,378.11 = 152\,500 - 15\,284 - 22\,477.72 - 30\,120.33 - 38\,239.84$$
$$146\,378.11 = 100\,000 + 46\,378.11（参看表10-3）$$

借：财务费用　　　　　　　　　　　　　　　　　　　　　　　146 378.11
　　贷：应付债券——应计利息　　　　　　　　　　　　　　　　100 000.00
　　　　　　　　——利息调整　　　　　　　　　　　　　　　　 46 378.11

四、应付债券的偿还

（一）分期付息情况下，公司债券的偿还

【例 10-13】 承[例 10-5][例 10-6]，天河公司 2×24 年 1 月 1 日发行的债券于 2×29 年 1 月 1 日到期。账务处理如下：

借：应付债券——面值　　　　　　　　　　　　　　　　　　2 000 000
　　贷：银行存款　　　　　　　　　　　　　　　　　　　　　2 000 000

（二）到期一次偿还本息

【例 10-14】 承[例 10-7]，天河公司于 2×24 年 1 月 1 日发行的一次还本付息债券，5 年后到期偿还。偿还日的账务处理如下：

借：应付债券——面值　　　　　　　　　　　　　　　　　　2 000 000
　　　　　　——应计利息　　　　　　　　　　　　　　　　　 500 000
　　贷：银行存款　　　　　　　　　　　　　　　　　　　　　2 500 000

【知识链接】

最新版《公司法》完善公司债券相关规定

1.根据《关于国务院机构改革方案的决定》将国家发展改革委企业债券审核职责划分中国证监会的要求，删去国务院授权的部门对公开发行债券核准的规定。2.明确公司债券可以公开发行，也可以非公开发行。3.将发行可转债的公司由上市公司扩大到所有股份有限公司。4.增加债券持有人会议决议效力的规定。5.增加债券受托管理人相关规定。

第四节 长期应付款

一、长期应付款的含义和内容

长期应付款是指企业除长期借款和应付债券以外的各种长期应付款项,主要包括应付融资租入固定资产租赁费、应付补偿贸易引进设备款、具有融资性质的延期付款购买资产发生的应付款项等。

企业核算这部分款项时,应设置"长期应付款"账户,并按长期应付款的种类设置明细账户。与长期应付款有关的利息支出、费用及外币核算差额属于借款费用,应按借款费用的处理方法处理。

二、长期应付款的账务处理

(一) 应付融资租赁款

应付融资租赁款是指企业融资租入固定资产而产生的应付款项,它是一项非流动负债。

租赁可分为融资租赁和经营租赁。融资租赁是指实质上转移与资产所有权有关的全部或绝大部分风险和报酬的租赁。资产的所有权最终可以转移,也可以不转移。经营租赁则是一种短期租赁形式,其目的一般是为了满足临时或季节性生产需要。在经营租赁中,出租人不仅要向承租人提供设备的使用权,还要向承租人提供设备的保养、保险、维修和其他专门性技术服务,而融资租赁不需要提供这个服务。

符合下列一项或数项标准的,应确认为融资租赁:

(1) 在租赁期满时,租赁资产的所有权转移给承租人。

(2) 承租人有购买租赁资产的选择权,所订立的购买价款预计将远低于行使选择权时租赁资产的公允价值,因而在租赁开始日就可以合理确定承租人会行使这项权利。

(3) 即使资产的所有权不转移,但租赁期占租赁资产使用寿命的大部分(75%以上)。

(4) 承租人在租赁开始日的最低租赁付款额现值,几乎相当于租赁开始日租赁资产公允价值(90%以上)。

(5) 租赁资产性质特殊,如不作较大改造,只有承租人才能使用。

(二) 应付融资租赁款的会计处理

企业融资租入固定资产,在租赁期间虽然没有获得租赁资产的所有权,但与租赁资产有关的风险和报酬已转移至承租企业,因此,承租企业应当将其视为自有固定资产来核算。

1. 融资租入固定资产入账价值的确定

按我国《企业会计准则》规定,融资租入的固定资产,按租赁开始日租赁资产的公允价值与最低租赁付款额的现值两者中较低者作为入账价值,按最低租赁付款额确认长期应付款,两者之间的差额即未确认融资费用。

在租赁谈判过程中发生的与租赁项目相关的初始直接费用,应计入租入资产价值。初始直接费用一般包括印花税、律师费、差旅费、佣金等。

2. 最低租赁付款额

最低租赁付款额是指在租赁期内,承租人应支付或可能被要求支付的各种款项,加上由承租人或与其有关的第三方担保的资产余值。值得注意的是,或有租金和履约成本不包括在最低租赁付款额内。另外,如果承租人在租赁期满后有购买租赁资产选择权,且订立的购买价格远低于行使选择权时租赁资产的公允价值,因此在租赁开始日即可确定承租方会行使该项权利的,应将购买价格包括在最低租赁付款额内。

确认最低租赁付款额现值时,所采用的折现率,应按如下顺序取得:出租人的租赁内含利率、租赁合同规定的利率、同期银行贷款利率。即,能取得出租人租赁内含利率的,不能采用合同规定的利率,也不能采用银行贷款利率。能取得合同规定利率的,不能将同期银行贷款利率作为折现率。

3. 或有租金和履约成本

或有租金是指金额不确定,与时间长短以外的因素(如销售量、使用量、物价指数等)为依据确认的租金。或有租金金额不确定,无需进行系统摊销,在发生时,计入当期损益即可。

履约成本是指租赁期内为租赁资产支付的各种使用费用,如技术咨询费、人员培训费、维修费和保险费等。履约成本通常在发生时计入当期损益。

【例 10-15】 天河公司于 2×22 年 1 月 1 日融资租入一台机器,租赁期限为 3 年。合同约定自租赁期开始日起每年年末支付租金 1 000 000 元。该机器在 2×22 年 1 月 1 日的公允价值为 2 700 000 元,租赁合同规定利率为 5%。

(1) 该机器为全新设备,预计使用期限为 5 年,采用年限平均法计提折旧。

(2) 2×23 年和 2×24 年,天河公司按该机器所生产产品销售收入的 1% 向出租公司支付分享收入。

天河公司在租赁谈判和签订合同过程中发生的可归属于租赁项目的材料费、手续费、咨询费一共 6 800 元。2×23 年和 2×24 年,天河公司使用该机器生产产品的销售收入分别为 6 000 000 元和 9 000 000 元。另外,2×22 年该机器发生了 2 800 元的维护费。机器于 2×24 年年底退还给出租方。

天河公司(承租方)的会计处理如下:

第一步,判断租赁类型。

本例中,租赁期 3 年占预计可使用年限 5 年的 60%(小于 75%),未满足融资租赁使用年限判断标准;但其最低租赁付款额的现值为 2 723 000 元(见下面计算过程),大于租赁资产公允价值的 90%,即 2 430 000 元(2 700 000×90%),满足融资租赁的判断标准。因此,天河公司此次租赁确定为融资租赁。

第二步,计算租赁开始日最低租赁付款额的现值,确定租赁资产的入账价值。

本例中,天河公司不知道出租人的租赁内含利率,因此应选择租赁合同规定的利率 5% 作为最低租赁付款额的折现率。同时,2×23 年和 2×24 年的分享收入属于或有租金,2×15 年的维护费属于履约成本,均不算入最低租赁付款额内。

$$最低租赁付款额 = 1\,000\,000 \times 3 = 3\,000\,000(元)$$
$$租赁资产的公允价值 = 2\,700\,000(元)$$
$$最低融资租赁付款额现值 = 1\,000\,000 \times ADF_{0.05,3}$$
$$= 1\,000\,000 \times 2.723$$
$$= 2\,723\,000(元)$$

最低租赁付款额现值 2 723 000 元大于租赁资产公允价值 2 700 000 元,因此租赁资产的入账价值为租赁资产的公允价值 2 700 000 元加上初始直接费用 6 800 元,即 2 706 800 元。

第三步,计算未确认融资费用(不须考虑承租方实际支付的直接费用)。

$$未确认融资费用 = 应付融资租赁款 - 租赁资产入账价值(不含租赁初始单独支付的直接费用)$$
$$= 3\,000\,000 - 2\,700\,000 = 300\,000(元)$$

第四步,作相应的会计处理。

未确认融资费用分摊如表 10-4 所示(经测算,实际利率为 5.46%)。

在采用实际利率法前,先计算出实际利率。

$$1\,000\,000 \times ADF_{i,3} = 2\,700\,000$$
$$ADF_{i,3} = 2.7$$

查相应的年金现值系数表,$i = 6\%$ 时,$ADF_{i,3} = 2.673$;$i = 5\%$ 时,$ADF_{i,3} = 2.723$。用内插法计算实际利率,具体计算过程如表 10-4 所示:

$$i = 5\% + (6\% - 5\%) \times \frac{2.723 - 2.7}{2.723 - 2.673}$$
$$= 5.46\%$$

表 10-4　未确认融资费用分摊表(实际利率法)

单位:元

期次	租金 (1)	确认的融资费用 (2)=期初(4)×5.46%	应付本金减少额 (3)=(1)−(2)	应付本金期末金额 (4)=期初(4)−(3)
0				2 700 000
1	1 000 000	147 420	852 580	1 847 420
2	1 000 000	100 869	899 131	948 289
3	1 000 000	51 711*	948 289	0
合计	3 000 000	300 000	2 700 000	—

注:51 711* = 1 000 000 − 948 289。

(1) 2×22 年 1 月 1 日,租赁开始日:

借:固定资产——融资租入固定资产　　　　　　　　　　　　　　　　2 706 800
　　未确认融资费用　　　　　　　　　　　　　　　　　　　　　　　　300 000
　　贷:长期应付款——应付融资租赁款　　　　　　　　　　　　　　　3 000 000
　　　　银行存款　　　　　　　　　　　　　　　　　　　　　　　　　6 800

发生维护费时:

借:管理费用　　　　　　　　　　　　　　　　　　　　　　　　　　　2 800
　　贷:银行存款　　　　　　　　　　　　　　　　　　　　　　　　　2 800

12 月 31 日时：

借：长期应付款——应付融资租赁款　　　　　　　　　　　1 000 000
　　贷：银行存款　　　　　　　　　　　　　　　　　　　　　　1 000 000

借：财务费用　　　　　　　　　　　　　　　　　　　　　　147 420
　　贷：未确认融资费用　　　　　　　　　　　　　　　　　　　147 420

2×22 年 2 月到 12 月的折旧处理如下：

$$每月折旧费用 = 2\,706\,800 \div (3 \times 12 - 1) = 77\,337.14(元)$$

借：制造费用　　　　　　　　　　　　　　　　　　　　　　77 337.14
　　贷：累计折旧　　　　　　　　　　　　　　　　　　　　　　77 337.14

2×23 年和 2×24 年会计处理同上。

(2) 2×23 年 12 月 31 日：

借：长期应付款——应付融资租赁款　　　　　　　　　　　1 000 000
　　贷：银行存款　　　　　　　　　　　　　　　　　　　　　　1 000 000

借：财务费用　　　　　　　　　　　　　　　　　　　　　　100 869
　　贷：未确认融资费用　　　　　　　　　　　　　　　　　　　100 869

支付或有租金时：

借：销售费用　　　　　　　　　　　　　　　　　　　　　　60 000
　　贷：其他应付款　　　　　　　　　　　　　　　　　　　　　60 000

(3) 2×24 年 12 月 31 日：

借：长期应付款——应付融资租赁款　　　　　　　　　　　1 000 000
　　贷：银行存款　　　　　　　　　　　　　　　　　　　　　　1 000 000

借：财务费用　　　　　　　　　　　　　　　　　　　　　　51 711
　　贷：未确认融资费用　　　　　　　　　　　　　　　　　　　51 711

支付或有租金时：

借：销售费用　　　　　　　　　　　　　　　　　　　　　　90 000
　　贷：其他应付款　　　　　　　　　　　　　　　　　　　　　90 000

将机器退还给出租公司时：

借：累计折旧　　　　　　　　　　　　　　　　　　　　　　2 706 800
　　贷：固定资产——融资租入固定资产　　　　　　　　　　　　2 706 800

【知识链接】

"长期应付款"项目的填列

"长期应付款"账户登记的是未来的现金流出，而资产负债表要求反映企业当前的资产负债状况。因而，在编制资产负债表时，"长期应付款"项目应根据"长期应付款"账户的期末余额，减去"未确认融资费用"账户期末余额以后的金额填列，以反映该项负债的现值净额。

第五节 借款费用

一、借款费用的内容

借款费用是企业因借款而发生的利息和其他相关成本,它包括借款利息、折价或者溢价的摊销、辅助费用及因外币借款而发生的汇兑差额等。借款费用本质上是企业因借入资金所付出的代价,因此利息和作为利息费用调整金额的借款折价或溢价的摊销等应是借款费用的主要组成部分。为安排借款所发生的辅助费用和外币借款汇兑差额,也是借款的代价,应包括在借款费用中。企业发生的权益性融资费用,不应包括在借款费用中。但是承租人根据租赁会计准则所确认的融资租赁发生的融资费用属于借款费用。

二、借款费用的确认

(一) 确认原则

借款费用的确认主要解决的是将每期发生的借款费用资本化、计入相关资产的成本,还是将有关借款费用费用化、计入当期损益的问题。根据借款费用准则的规定,借款费用确认的基本原则是:企业发生的借款费用,可直接归属于符合资本化条件的资产的购建或者生产的,应当予以资本化,计入相关资产成本;其他借款费用,应当在发生时根据其发生额确认为费用,计入当期损益。

只有发生在资本化期间内的有关借款费用,才允许资本化,资本化期间的确定是借款费用确认和计量的重要前提。借款费用资本化期间是指从借款费用开始资本化时点到停止资本化时点的期间,但不包括借款费用暂停资本化的期间。

(二) 借款费用应予资本化的资产范围

符合资本化条件的资产是指需要经过相当长时间(指资产的购建或者生产所必需的时间,通常为1年以上)的购建或者生产活动才能达到预定可使用或者可销售状态的固定资产、投资性房地产和存货等资产。建造合同成本、确认为无形资产的开发支出等在符合条件的情况下,也可以认定为符合资本化条件的资产。

(三) 借款费用应予资本化的借款范围

借款费用应予资本化的借款范围既包括专门借款,也可包括一般借款。其中,对于一般借款,只有在购建或者生产某项符合资本化条件的资产占用了一般借款时,才应将与该部分一般借款相关的借款费用资本化;否则,所发生的借款费用应当计入当期损益。

(四) 借款费用开始资本化的时间

借款费用开始资本化必须同时满足三个条件,即资产支出已经发生、借款费用已经发生、为使资产达到预定可使用或者可销售状态所必要的购建、生产活动已经开始。

1. 资产支出已经发生

资产支出包括为购建或者生产符合资本化条件的资产而以支付现金、转移非现金资产或者承担带息债务形式发生的支出。它们都会导致公司资源的流出（占用了借款资金），因此，它们就应当承担相应的借款费用。

（1）支付现金是指用货币资金支付符合资本化条件的资产的购建或者生产支出。例如，某公司用现金或者银行存款购买为建造或者生产符合资本化条件的资产所需用材料，支付有关职工薪酬，向工程承包商支付工程进度款等，这些支出均属于资产支出。

（2）转移非现金资产是指企业将自己的非现金资产直接用于符合资本化条件的资产的购建或者生产。例如，某公司将自己生产的产品用于符合资本化条件的资产的建造或者生产，或者将自己生产的产品换取用于符合资本化条件的资产的建造或者生产所需用其他企业拥有的工程物资。

（3）承担带息债务是指企业为了购建或者生产符合资本化条件的资产所需用物资等而承担的带息应付款项（如带息应付票据），当该带息债务发生时，视同资产支出已经发生。

2. 借款费用已经发生

借款费用已经发生是指企业已经发生了因购建或者生产符合资本化条件的资产而专门借入款项的借款费用或者所占用的一般借款的借款费用。例如，天河公司于 2×24 年 1 月 1 日为建造一幢建设期为 2 年的厂房从银行专门借入款项 10 000 万元，当日开始计息。在 2×24 年 1 月 1 日即应当认为借款费用已经发生。

3. 为使资产达到预定可使用或者可销售状态所必要的购建、生产活动已经开始

此处的活动主要是指固定资产的实体建造活动或存货的生产活动，这些活动是使这些资产达到预定可使用状态所必需的，企业往往因此而发生与这些活动有关的、无法避免的借款费用。例如，天河公司为了建设写字楼购置了建筑用地，但是尚未开工兴建房屋，有关房屋实体建造活动也没有开始，在这种情况下即使企业为了购置建筑用地已经发生了支出，也不应当将其认为为使资产达到预定可使用状态所必要的购建活动已经开始。

只有在上述三个条件同时满足的情况下，企业才可开始将有关借款费用资本化，只要其中有一个条件没有满足，借款费用就不能开始资本化。

（五）借款费用暂停资本化的时间

符合资本化条件的资产在购建或者生产过程中发生非正常中断且中断时间连续超过 3 个月的，应当暂停借款费用的资本化。中断的原因必须是非正常中断，属于正常中断的，相关借款费用仍可资本化。在中断期间发生的借款费用应当确认为费用，计入当期损益。

非正常中断，通常是由企业管理决策上的原因或者其他不可预见的原因等所导致的中断。比如，企业因与施工方发生了质量纠纷，工程、生产用料没有及时供应，资金周转发生了困难，施工、生产发生了安全事故，发生了与资产购建、生产有关的劳动纠纷等原因，导致资产购建或者生产活动发生中断，均属于非正常中断。

正常中断通常仅限于因购建或者生产符合资本化条件的资产达到预定可使用或者可销售状态所必要的程序，或者事先可预见的不可抗力因素导致的中断。比如，某些地区的工程在建造过程中，可预见的不可抗力因素（如雨季或冰冻季节等原因）导致的施工停顿，也属于正常中断。

(六) 借款费用停止资本化的时点

购建或者生产符合资本化条件的资产达到预定可使用或者可销售状态时,借款费用应当停止资本化。对于在符合资本化条件的资产达到预定可使用或者可销售状态之后所发生的借款费用,企业应当在发生时根据发生额将其确认为费用,计入当期损益。

购建或者生产符合资本化条件的资产达到预定可使用或者可销售状态,可从下列几个方面进行判断:

(1) 符合资本化条件的资产的实体建造(包括安装)或者生产工作已经全部完成或者实质上已经完成。

(2) 所购建或者生产的符合资本化条件的资产与设计要求、合同规定或者生产要求相符或者基本相符,即使有极个别与设计、合同或者生产要求不相符的地方,也不影响其正常使用或者销售。

(3) 继续发生在所购建或生产的符合资本化条件的资产上的支出金额很少或者几乎不再发生。

所购建或者生产的资产分别建造、分别完工的,企业应当区别情况界定借款费用停止资本化的时点。

(1) 所购建或者生产的符合资本化条件的资产的各部分分别完工,且每部分在其他部分继续建造或者生产过程中可供使用或者可对外销售,且为使该部分资产达到预定可使用或可销售状态所必要的购建或者生产活动实质上已经完成的,应当停止与该部分资产相关的借款费用的资本化,因为该部分资产已经达到了预定可使用或者可销售状态。

(2) 所购建或者生产的资产的各部分分别完工,但必须等到整体完工后才可使用或者对外销售的,应当在该资产整体完工时停止借款费用的资本化。在这种情况下,即使各部分资产已经完工,也不能够认为该部分资产已经达到了预定可使用或者可销售状态,企业只能在所购建固定资产整体完工时,才能认为资产已经达到了预定可使用或者可销售状态,借款费用方可停止资本化。

三、借款费用资本化金额的计量

(一) 借款费用资本化金额的计算

我国会计准则区分了专门借款和一般借款两种情况,不同情况下的资本化金额的计算办法不同。

1. 为购建或者生产符合资本化条件的资产而借入专门借款

企业为购建或者生产符合资本化条件的资产而借入专门借款的,应当以专门借款当期实际发生的利息费用,减去将尚未动用的借款资金存入银行取得的利息收入或进行暂时性投资取得的投资收益后的金额确定。

$$\begin{aligned}&\text{每一会计期间专门借款利息的资本化额}\\&=\text{当期实际发生的利息费用}-\text{尚未动用的借款资金的利息收入}-\\&\quad\text{尚未动用的借款资金进行暂时性投资取得的投资收益后的金额}\end{aligned}$$

2. 专门借款资金不足,占用一般借款资金

企业购建或者生产符合资本化条件的资产时,如果专门借款资金不足,占用了一般借款

资金,或为购建或者生产符合资本化条件的资产而占用了一般借款的,企业应当根据累计资产支出超过专门借款部分的资产支出加权平均数乘以所占用一般借款的资本化率,计算确定一般借款应予资本化的利息金额。资本化率应当根据一般借款加权平均利率计算确定。

每一会计期间一般借款利息的资本化金额
= 累计资产支出超过专门借款部分的资产支出加权平均数 × 所占用一般借款的资本化率

资产支出加权平均数 = Σ(每笔资产支出金额 × 该笔资产支出在当期所占用的天数 ÷ 当期天数)

其中,资本化率分以下情况进行确定:

(1) 如果为构建或者生产符合资本化条件的资产只占一笔一般借款,则资本化率为该项借款的利率。

(2) 如果为构建或者生产符合资本化条件的资产占用一笔以上一般借款,则资本化率为这些借款的加权平均利率。

加权平均利率 = 所占用的一般借款当期实际发生的利息之和 ÷ 所占用一般借款本金加权平均数 × 100%

3. 利息资本化的金额

每一会计期间的利息资本化金额,不应当超过当期相关借款实际发生的利息金额。

【例 10-16】 天河公司委托乙公司于 2×24 年 1 月 1 日正式动工兴建一幢厂房,工期预计为 1 年零 6 个月。天河公司分别于 2×24 年 1 月 1 日、2×24 年 7 月 1 日和 2×25 年 1 月 1 日向乙公司支付工程进度款。该厂房支出数的年初余额及各月发生额如表 10-5 所示。

表 10-5 该厂房支出的年初余额及各月发生额　　　　　　　　　　　单位:元

日　　　期	每期资产支出金额	累计资产支出金额	闲置借款资金用于短期投资金额
2×24 年 1 月 1 日	15 000 000	15 000 000	15 000 000
2×24 年 7 月 1 日	35 000 000	50 000 000	40 000 000
2×25 年 1 月 1 日	35 000 000	85 000 000	5 000 000
总　　　计	85 000 000	—	60 000 000

天河公司为建造该厂房专门借入了两笔借款:

(1) 2×23 年 11 月 1 日与银行签订贷款协议,借入一笔 3 年期借款 30 000 000 元,年利率为 5%。

(2) 2×24 年 7 月 1 日又专门借款 60 000 000 元,借款期限为 5 年,年利率为 6%。借款利息按年支付(如无特别说明,本章例题中名义利率与实际利率相同)。天河公司将闲置借款资金用于固定收益债券短期投资,该短期投资月收益率为 0.5%。厂房于 2×25 年 6 月 30 日完工,达到预定可使用状态。

我国会计准则规定,借款费用开始资本化必须同时满足下列条件:资产支出已经发生;借款费用已经发生;必要的构建或者生产活动已经开始。根据这一规定,2×23 年 11 月 1 日至 2×24 年 1 月 1 日期间的借款利息因为不满足资本化的条件,所以不能资本化处理,只能计入当期损益。

天河公司使用了专门借款建造厂房,而且厂房建造支出没有超过专门借款金额,因此,公司 2×24 年、2×25 年建造厂房应予资本化的利息金额计算如下:

(1) 确定借款费用资本化期间为 2×24 年 1 月 1 日至 2×25 年 6 月 30 日。

(2) 计算在资本化期间内专门借款实际发生的利息金额：

2×24 年专门借款发生的利息金额 = 30 000 000×5％ + 60 000 000×6％×6/12 = 3 300 000(元)

2×25 年 1 月 1 日至 6 月 30 日专门借款发生的利息金额 = 30 000 000×5％×6/12 + 60 000 000×6％×6/12 = 2 550 000(元)

(3) 计算在资本化期间内利用闲置资金的专门借款资金进行短期投资的收益：

2×24 年短期投资收益 = 15 000 000×0.5％×6 + 40 000 000×0.5％×6 = 1 650 000(元)

2×25 年 1 月 1 日至 6 月 30 日短期投资收益 = 5 000 000×0.5％×6 = 150 000(元)

(4) 在资本化期间内，专门借款利息费用的资本化金额应当以其实际发生的利息费用减去将闲置的借款资金进行短期投资取得的投资收益后的金额确定，因此：

公司 2×24 年的利息资本化金额 = 3 300 000 − 1 650 000 = 1 650 000(元)

公司 2×25 年的利息资本化金额 = 2 550 000 − 150 000 = 2 400 000(元)

(5) 有关账务处理如下：

① 2×24 年 12 月 31 日：

借：在建工程——××厂房　　　　　　　　　　　　　　　　　　　　　　　1 650 000
　　应收利息(或银行存款)　　　　　　　　　　　　　　　　　　　　　　　1 650 000
　　　贷：应付利息——××银行　　　　　　　　　　　　　　　　　　　　　3 300 000

② 2×25 年 6 月 30 日：

借：在建工程——××厂房　　　　　　　　　　　　　　　　　　　　　　　2 400 000
　　应收利息(或银行存款)　　　　　　　　　　　　　　　　　　　　　　　　150 000
　　　贷：应付利息　　　　　　　　　　　　　　　　　　　　　　　　　　　2 550 000

【例 10-17】 沿用[例 10-16]假定天河公司建造厂房没有专门借款，占用的都是一般借款。

天河公司为建造厂房占用的一般借款有两笔，具体如下：

(1) 向 A 银行长期贷款 20 000 000 元，期限为 2×23 年 12 月 1 日至 2×24 年 12 月 1 日，年利率为 6％，按年支付利息。

(2) 发行公司债券 1 亿元，于 2×23 年 1 月 1 日发行，期限为 5 年，年利率为 8％，按年支付利息。假定这两笔一般借款除了用于厂房建设外，没有用于其他符合资本化条件的资产的购建或者生产活动。假定全年按 360 天计算，其他资料沿用[例 10-16]。

鉴于天河公司建造厂房没有占用专门借款，而占用了一般借款，公司应当先计算所占用一般借款的加权平均利率并把它作为资本化率，然后计算建造厂房的累计资产支出加权平均数，将其与资本化率相乘，计算求得当期应予资本化的借款利息金额。

(1) 计算所占用一般借款资本化率：

一般借款资本化率(年) = (20 000 000×6％ + 100 000 000×8％) ÷ (20 000 000 + 100 000 000)×100％
　　　　　　　　　　 = 7.67％

(2) 计算累计资产支出加权平均数：

2×24年累计资产支出加权平均数 = 15 000 000×360÷360 + 35 000 000×180÷360
$$= 32\ 500\ 000(元)$$

2×25年累计资产支出加权平均数 = 85 000 000×180÷360 = 42 500 000(元)

(3) 计算每期利息资本化金额：

2×24年为建造厂房的利息资本化金额 = 32 500 000×7.67% = 2 492 750(元)

2×24年实际发生的一般借款利息费用 = 20 000 000×6% + 100 000 000×8% = 9 200 000(元)

2×25年为建造厂房的利息资本化金额 = 42 500 000×7.67% = 3 259 750(元)

2×25年1月1日至6月30日实际发生的一般借款利息费用 = 20 000 000×6%×180÷360 + 100 000 000×8%×180÷360 = 4 600 000(元)

上述计算的利息资本化金额没有超过两笔一般借款实际发生的利息费用，可以资本化。

(4) 根据上述计算结果，账务处理如下：

① 2×24年12月31日：

借：在建工程——厂房　　　　　　　　　　　　　　　　2 492 750
　　财务费用　　　　　　　　　　　　　　　　　　　　6 707 250
　　贷：应付利息　　　　　　　　　　　　　　　　　　　　　9 200 000

② 2×25年6月30日：

借：在建工程——厂房　　　　　　　　　　　　　　　　3 259 750
　　财务费用　　　　　　　　　　　　　　　　　　　　1 340 250
　　贷：应付利息——××银行　　　　　　　　　　　　　　4 600 000

【例10-18】 假定天河公司为建造厂房于2×24年1月1日专门借款30 000 000元，借款期限为3年，年利率为5%。除此之外，没有其他专门借款。在厂房建造过程中所占用的一般借款仍为两笔，一般借款有关资料沿用[例10-16]。

在这种情况下，应当首先计算专门借款利息的资本化金额，然后计算所占用一般借款的资本化金额。具体如下：

(1) 计算专门借款利息资本化金额：

2×24年专门借款利息资本化金额 = 30 000 000×5% − 15 000 000×0.5%×6 = 1 050 000(元)

2×25年专门借款利息资本化金额 = 30 000 000×5%×180÷360 = 750 000(元)

(2) 计算一般借款资本化金额：

在建造厂房过程中，自2×24年7月1日起已经有20 000 000元占用了一般借款。另外，2×25年1月1日支出的35 000 000元也占用了一般借款。计算这两笔资产支出的加权平均数如下：

2×24年占用一般借款的资产支出加权平均数 = 20 000 000×180÷360 = 10 000 000(元)

由于一般借款利息资本化率7.67%，所以：

2×24年应予资本化的一般借款利息金额 = 10 000 000×7.67% = 767 000(元)

2×25年占用一般借款的资产支出加权平均数 = (20 000 000 + 35 000 000)×180÷360
$$= 27\ 500\ 000(元)$$

2×25 年应予资本化的一般借款利息金额 = 27 500 000 × 7.67% = 2 109 250(元)

（3）根据上述结算结果，公司建造厂房应予资本化的利息金额如下：

2×24 年利息资本化金额 = 1 050 000 + 767 000 = 1 817 000(元)

2×25 年利息资本化金额 = 750 000 + 2 109 250 = 2 859 250(元)

（4）有关账务处理如下：

① 2×24 年 12 月 31 日：

借：在建工程——××厂房	1 817 000
财务费用	8 433 000
应收利息（或银行存款）	450 000
贷：应付利息——××银行	10 700 000

注：2×24 年实际发生的借款利息 = 30 000 000 × 5% + 20 000 000 × 6% + 100 000 000 × 8% = 10 700 000(元)

② 2×25 年 6 月 30 日：

借：在建工程——××厂房	2 859 250
财务费用	2 490 750
贷：应付利息——××银行	5 350 000

注：2×25 年 1 月 1 日至 6 月 30 日的实际发生的借款费用 = 10 700 000 ÷ 2 = 5 350 000(元)

（二）借款辅助费用资本化金额的确定

辅助费用是企业为了安排借款而发生的必要费用，包括借款手续费（如发行债券手续费）、佣金等。如果企业不发生这些费用，就无法取得借款，因此辅助费用是企业借入款项所付出的一种代价，是借款费用的有机组成部分。

会计准则区分了发生辅助费用的来源是专门借款还是一般借款两种情况。

（1）对于企业发生的专门借款辅助费用，在所购建或者生产的符合资本化条件的资产达到预定可使用或者可销售状态之前发生的，应当在发生时根据其发生额予以资本化；在所购建或者生产的符合资本化条件的资产达到预定可使用或者可销售状态之后发生的，应当在发生时根据其发生额却认为费用，计入当期损益。

（2）一般借款发生的辅助费用，应当在发生时根据其发生额确认为费用，计入当期损益。

【关键术语】

长期借款　应付债券　实际利率　长期应付款　未确认融资费用

【问题思考】

1. 举债经营有什么优点和缺点？
2. 债券的票面利率、市场利率和实际率间有何关系？
3. 用实际利率法摊销债券的溢价或折价，有何优点和弊端？
4. 如何区别融资租赁和经营租赁？
5. 为什么会存在未确认融资费用？如何对其进行摊销？

练 习 题

第一部分 客观题

第十章 客观题

第二部分 主观题

五、计算题

1. 企业 2×20 年 1 月 1 日发行的 2 年期公司债券,实际收到款项 200 万元,债券面值 210 万元,每年付息一次,到期还本,票面利率 4%,实际利率 6%。采用实际利率法摊销利息。
要求:计算 2×20 年 12 月 31 日的利息费用、应付债券的账面余额、应付债券—利息调整的借方余额。

2. B 企业以融资租赁方式租入设备一台,租赁开始日出租方设备的公允价值为 105 000 元,租赁合同规定的利率为 8%,分 5 年付款,每年年末支付 25 044 元,该设备不需要安装。未发生可直接归属于该租赁项目的初始直接费用。
要求:该设备的入账价值、第一年年末未确认融资费用余额。[其中,ADF(0.08,5)=3.993]

六、业务实训
(一) 业务实训一
1. 目的
掌握应付债券的综合核算。
2. 资料
2×24 年 12 月 31 日,甲公司委托某中介机构以 7 755 万元的价格发行 3 年期分期付息公司债券,该债券面值为 8 000 万元,票面年利率为 4.5%,实际年利率为 5.64%,每年付息一次,到期偿还本金及最后一期利息,发行费用按照发行期间产生的利息支付。甲公司发行的公司债券筹集的资金用于建造专用生产线。2×25 年 1 月 1 日该生产线开始动工,当日将发行费用全部支付给建造机构,2×26 年 12 月 31 日所建造生产线达到预定可使用状态。假定各年度利息的实际支付日期均为下年度的 1 月 1 日,2×28 年 1 月 1 日,支付 2×25 年度利息及本金。
3. 要求(金额单位用万元表示,"应付债券"账户应列出明细科目)
(1) 编制甲公司与债券发行相关的会计分录。
(2) 2×25 年 12 月 31 日确认债券利息相关的会计分录。
(3) 2×26 年 12 月 31 日确认债券利息相关的会计分录。
(4) 2×27 年 1 月 1 日支付利息和面值业务相关的会计分录。

(二) 业务实训二

1. 目的

   掌握长期应付款的综合核算。

2. 资料

   2×25年1月1日,因为资金暂时短缺,经董事会决定,新兴公司采用融资租赁方式租入机器设备一台,用于公司的日常生产经营活动,租赁开始日租赁资产的公允价值为110万元,最低租赁付款额现值为100万元,租赁期限为3年,按租赁合同规定:利率为10%,租金应于每年年末支付,每年支付租金40万元。租赁期满,机器设备的所有权转归承租方。

3. 要求

   (1) 编制新兴公司租入设备时相关的会计分录。

   (2) 核算以后各年度的会计业务。

(三) 业务实训三

1. 目的

   掌握借款费用的综合核算。

2. 资料

   天河公司拟在厂区内建造一种新厂房,有关资料如下:

   (1) 2×25年1月1日向银行专门借款60 000 000元,期限为3年,年利率为6%,每年1月1日付息。

   (2) 除专门借款外,公司只有一笔其他借款,为公司于2×24年12月1日借入的长期借款72 000 000元,期限为5年,年利率为8%,每年12月1日付息,假设天河公司在2×25年和2×26年年底均未支付当年利息。

   (3) 由于审批、办手续等原因,厂房于2×25年4月1日才开始动工兴建,当日支付工程款24 000 000元。工程建设期间的支出情况如表10-6所示。

   表10-6 工程建设期间的支出情况　　　　单位:元

日期	每期资产支出金额	累计资产支出金额	闲置借款资金用于短期投资金额
2×25年4月1日	24 000 000	24 000 000	36 000 000
2×25年6月1日	12 000 000	36 000 000	24 000 000
2×25年7月1日	36 000 000	72 000 000	
2×26年1月1日	12 000 000	84 000 000	占用一般借款
2×26年4月1日	6 000 000	90 000 000	
2×26年7月1日	6 000 000	96 000 000	
总计	96 000 000	—	—

   工程于2×29年9月30日完工,达到预定可使用状态。其中,由于施工质量问题,工程于2×25年9月1日至12月31日停工4个月。

   (4) 专门借款中未支出部分全部存入银行,假定月利率为0.25%。假定全年按照360天计算,每月按照30天计算。

要求

(1) 指出借款费用开始资本化的时点和暂停资本化的时点。

(2) 计算 2×25 年、2×26 年全年发生的专门借款和一般借款利息费用。

(3) 计算 2×25 年借款利息资本化金额和应计入当期损益金额及其账务处理。

(4) 计算 2×26 年借款利息资本化金额和应计入当期损益金额及其账务处理。

七、案例分析题

案例一

1. 资料

某企业是一家上市公司,发生的有关业务如下:

(1) 2×25 年 1 月 1 日,企业从银行取得长期借款 30 万元,用于企业的经营周转,期限 3 年,年利率为 10%,按复利计息,每年计息一次,到期一次归还本息。借款已经存入银行。

(2) 企业 2×25 年 1 月 1 日发行的 2 年期公司债券,实际收到款项 193 069 元,债券面值 200 000 元,每半年付息一次,到期还本,票面利率 10%,实际利率 12%。采用实际利率法摊销利息。

(3) 企业采用融资租赁方式租入生产设备一台,按照租赁合同的规定双方确定的租赁资产公允价值为 2 000 万元,最低租赁付款额现值为 2 200 万元,租赁期限为五年,最低租赁付款额为 2 400 万元,设备需要安装。租入生产设备时,企业支付的手续费、公证费、印花税等各项费用为 50 万元,企业支付生产设备的运输费、保险费、安装调试费等计 30 万元。

2. 要求

根据以上资料,完成下列题目。

(1) 根据资料(1),关于根据长期借款计算确定的利息费用,以下说法正确的是计入( )。

    A. 管理费用   B. 财务费用

    C. 在建工程   D. 生产成本

(2) 根据资料(1),编制企业 2×26 年 12 月 31 日归还本息的会计分录。

(3) 根据资料(2),计算 2×25 年 12 月 31 日应付债券的账面余额。

(4) 根据资料(3),编制企业有关的会计分录。

(5) 根据以上资料,以下说法正确的是( )。

    A. 长期借款 2×26 年年末的确认的利息费用为 3.3 万元

    B. 企业发行的应付债券为折价发行

    C. 融资租赁设备的入账价值为 2 080 万元

    D. 企业融资租赁中支付的手续费、公证费、印花税等各项费用 50 万元为初始直接费用,应计入租入设备的价值

案例二

1. 资料

天河公司经批准于 2×22 年 1 月 1 日起发行 2 年期面值为 100 元的债券 200 000 张,债券年利率为 3%,每年 7 月 1 日和 1 月 1 日付息 2 次,到期时归还本金和最后一次利息。

该债券发行收款为 1 961.92 万元,债券实际利率为年利率 4%。该债券所筹资金全部用于新生产线的建设,该生产线 2×21 年 1 月 1 日开始动工兴建并发生资产支出,于 2×22 年 6 月底完工交付使用。债券溢折价采用实际利率法摊销,每年 6 月 30 日和 12 月 31 日计提利息。

2. 要求

编制该公司从债券发行到债券到期的全部会计分录。

案例三

1. 资料

天河公司于 2×22 年 1 月 1 日发行面值总额为 36 000 万元的公司债券,发行价格总额为 36 432 万元。另外,发行该债券支付发行费用 144 万元,该债券系 3 年期,每年年末付息,到期归还本金。票面年利率为 5%,自发行日起计息。对债券的溢折价采用实际利率法摊销。$(P/A,4\%,3)=2.775\,1,(P/F,4\%,3)=0.889\,0$。

2. 要求

(1) 计算确定甲公司发行该债券的实际利率。

(2) 填列表 10-7。

(3) 编制 2×20 年发行债券及每年计提利息、到期收回本金的会计分录。

表 10-7 甲公司摊余成本和利息费用

单位:万元

年 份	年初摊余成本 a	利息费用 $b=a\times r$	现金流量 c	年末摊余成本 $d=a+b-c$	每期摊销利息调整额 $e=c-b$
2×20					
2×21					
2×22					

案例四

1. 资料

天河公司于 2×20 年 12 月 10 日与某租赁公司签订了一份设备租赁合同。合同主要条款如下:

(1) 租赁标的物:甲生产设备。

(2) 起租日:2×20 年 12 月 31 日。

(3) 租赁期:2×20 年 12 月 31 日至 2×22 年 12 月 31 日。

(4) 租金支付方式:2×21 年和 2×22 年每年年末支付租金 1 000 万元。

(5) 租赁期满时,甲生产设备的估计余值为 100 万元,其中天河公司担保的余值为 100 万元。

(6) 甲生产设备为全新设备,2×20 年 12 月 31 日的公允价值为 1 922.40 万元,预计使用年限为 3 年。

(7) 租赁年内含利率为 6%。

(8) 2×22 年 12 月 31 日,天河公司将甲生产设备归还给租赁公司。

甲生产设备于 2×20 年 12 月 31 日运抵天河公司,当日投入使用。其固定资产均采用平均年限法计提折旧,与租赁有关的未确认融资费用均采用实际利率法摊销,并假定未确认融资费用在相关资产的折旧期限内摊销。

2. 要求

(1) 判断该租赁的类型,并说明理由。

(2) 编制天河公司在起租日的有关会计分录。

(3) 编制天河公司在 2×21 年年末和 2×22 年年末与租金支付及其他与租赁事项有关的会计分录(假定相关事项均在年末进行账务处理)。

第十一章 所有者权益

章前导引

教学目标

通过本章学习,学生应了解企业组织形式、所有者权益的含义及构成,理解投入资本的有关规定,理解和掌握投入资本、留存收益等所有者权益业务的会计处理方法,具备对各个所有者权益构成项目发生增减变动时进行会计处理的技能。

重点难点

重点是投入资本与留存收益的会计处理,难点是其他综合收益与资本公积的区别。

课程思政

广华公司是一家国有资本控股公司,注册资金为2亿元,其中国家资本金为1.6亿元(包括国家以土地使用权出资的5 000万元)。2×24年12月20日,该公司会计主管到省财政厅会计处专门咨询几笔经济业务的会计处理方法。原来,省国资委在2×24年10月2日要求该公司将上述土地划转给国资委属下的另一家国有独资企业。

要求:

1. 省国资委的做法是否合适?为什么?

2. 从控制权与经营权分离视角,结合最新版《公司法》,谈谈在国家出资公司中的中国共产党组织在维护企业经营权方面可以有哪些作为。

第一节 所有者权益概述

一、所有者权益的性质

所有者权益是指企业所有者对企业净资产的要求权。净资产在数量上等于企业全部资产减去全部负债后的余额,这可以通过对会计恒等式的变形来表示,即:资产－负债＝所有者权益。

表11-1对所有者权益与负债作了比较。

表 11-1　所有者权益与负债的比较

区　别	所有者权益	负　债
权益性质不同	享有盈余等权利	要求清偿权利
权利内容不同	参与收益分配、参与经营管理等	按期收回本金及利息
归还期限不同	一般不予归还	必须偿还
风险大小不同	风险较大（投资者）	风险较小（债权人）

二、企业的组织形式

不同的企业组织形式，对资产和负债的会计处理并无重大影响，但是对涉及所有者权益方面的会计处理却不大一样。常见的企业组织形式及其定义如表 11-2 所示。

表 11-2　常见的企业的组织形式及其定义

企业组织形式		定义
非公司型企业	独资型企业	全部资产归出资者一人所有，经营也由出资者个人承担的企业，因此，其所有权与经营权是统一的。
	合伙型企业	两个或两个以上的合伙人按照协议共同出资，共同承担企业经营风险，并且对企业债务承担连带责任的企业。
公司型企业	有限责任公司	由一定数量的股东共同出资组成，股东仅就自己的出资额对公司的债务承担有限责任的公司。
	股份有限公司	由一定人数出资设立，全部资本由等额股份构成，并通过发行股票筹集资本的公司企业。
国家出资公司	国有独资公司	由国务院或者地方人民政府分别代表国家依法履行出资人职责，享有出资人权益。
	国有资本控股公司	由国务院或者地方人民政府分别代表国家依法履行出资人职责，全部资本由股份构成，国有股大于其他任何一方股份，或根据协议拥有实际控制权的公司。

三、不同企业组织形式下所有者权益的特点

公司型企业包括股份有限公司、有限责任公司和国家出资公司等。其特点包括：①是法律主体；②以其全部资产对公司债务承担责任；③是纳税主体；④股东持有的股份不得抽回但可以转让。不同企业组织形式下所有者权益的特点，如表 11-3 所示。

表 11-3　不同企业组织形式下所有者权益特点

企业组织形式		所有者权益内容	所有者权益特点
非公司型企业	独资型企业	不划分投入资本、资本公积和留存收益	非独立的法律主体；业主对企业的债务单独负有无限清偿责任；非纳税主体；业主对企业的财产和赚取的利润具有完全的支配权；开办手续简便。
	合伙型企业	不划分投入资本、资本公积和留存收益	各合伙人之间互为代理；合伙人对企业的债务负有无限连带责任；财产共有。

(续表)

企业组织形式		所有者权益内容	所有者权益特点
公司型企业	有限责任公司	划分投入资本、资本公积和留存收益	由一个以上五十个以下的股东共同出资组成,股东仅就自己的出资额对公司的债务承担有限责任的公司。
	股份有限公司	划分股本、资本公积和留存收益	由一定人数出资设立,全部资本由股份构成,并通过发行股票筹集资本。
国家出资公司	国有独资公司	划分投入资本、资本公积、留存收益	由国务院或者地方人民政府分别代表国家依法履行出资人职责,享有出资人权益。
	国有资本控股公司	划分股本、资本公积、留存收益	由国务院或者地方人民政府分别代表国家依法履行出资人职责,全部资本由股份构成,国有股大于其他任何一方股份,或根据协议拥有实际控制权的公司。

公司尤其是股份有限公司,已是当今世界上采用最广泛的企业组织形式。本章主要就公司型企业的所有者权益进行阐述。有限责任公司是指由一定数量的股东共同出资组成,股东仅就自己的出资额对公司的债务承担有限责任的公司。股份有限公司是由一定人数出资设立,全部资本由等额股份构成,并通过发行股票筹集资本的公司企业。

股份有限公司股东持有的股票,按其权利的不同,可分为普通股和优先股两大类。普通股股东的权力包括:①投票表决权;②优先认股权;③收益分配权;④剩余财产权。优先股股东与普通股股东相比,一般不具有投票表决权和优先认股权。其优先主要体现为在收益和剩余财产分配方面具有优先权。优先股按公司当年未分配或分配不足的优先股股利以后是否补付分类,可以分为累积分配优先股和非累积分配优先股;按在享受优先股股利后是否与普通股股东一起参与剩余股利的分配,可以分为参与优先股和非参与优先股。

三、所有者权益的分类

所有者权益按来源分类,包括所有者投入的资本(投入资本)、直接计入所有者权益的利得和损失、留存收益等三类;按内容分类,通常由实收资本(或股本)、其他权益工具、资本公积、其他综合收益、盈余公积和未分配利润6个部分构成。

投入资本是指所有者投入企业的资本部分,既包括构成企业注册资本或股本部分的金额,也包括投入资本超过注册资本或者股本部分的金额,即资本溢价或股本溢价。发行可转换公司债券的企业,在初始计量可转换公司债券时,应将其包含的负债成分和权益成分进行分拆,其中权益成分确认为其他权益工具。

直接计入所有者权益的利得或损失是指企业非日常活动形成的不应计入当期损益、会导致所有者权益发生增减变动、但与所有者投入资本或者向所有者分配利润无关的利得或损失。利得包括直接计入所有者权益的利得和直接计入当期利润(即营业外收入)的利得。损失包括直接计入所有者权益的损失和直接计入当期利润(即营业外支出)的损失。直接计入所有者权益的利得或损失一般通过"其他综合收益"账户反映。

留存收益是指企业历年实现的净利润留存于企业的部分,主要包括累计计提的盈余公积和未分配利润。

所有者权益分类目的有两个：一是让股东和债权人知道，公司付给股东的款项是利润分配还是对投入资本的返还；二是让股东用累计利润来判断管理人员的称职程度。

第二节 投入资本与资本公积

一、投入资本

1. 投入资本的含义

投入资本是投资人提供给公司的资本，它由实收资本（或股本）和资本公积两部分构成。投资者设立企业必须投入资本。实收资本（或股本）是投资人投入资本形成的法定资本的价值，一般无须偿还。实收资本（或股本）的构成比例，通常是确定所有者在所有者权益中所占份额和参与企业财务经营决策的基础，也是企业进行利润分配或股利分配的依据，同时还是企业清算时确定所有者对净资产要求权的依据。在股份有限公司，投入资本表现为股本；在其他类型企业，投入资本表现为实收资本。

2. 投入资本的分类

（1）投入资本按照所有者的性质不同，可以分为国家投入资本、法人投入资本、个人投入资本和外方投入资本。国家投入资本是指有权代表国家投资的政府部门或者机构以国有资产投入企业所形成的资本；法人投入资本是指我国具有法人资格的单位以其依法可以支配的资产投入企业所形成的资本；个人投入资本是指我国公民以其合法财产投入企业所形成的资本；外方投入资本是指外国投资者及我国香港、澳门和台湾地区的投资者将资产投入企业所形成的资本。

（2）投入资本按照投入资产的形式不同，可以分为货币投资、实物投资和无形资产投资。

3. 投入资本的账务处理

企业收到投资时，一般借记有关资产类账户，贷记"实收资本"或"股本"及"资本公积"账户。

1）一般企业接受投入资本

【例11-1】天河公司原来由3个发起人设立，每位发起人各实缴500 000元。经营1年后，有另一投资者欲加盟并希望占25%的股份，经协商，该公司将注册资本增加到2 000 000元。但第四个投资者不能仅投资500 000元就占25%的股份，假定其交纳700 000元。此时将500 000元作为实收资本入账，超过部分作为资本溢价，记入"资本公积"账户。具体账务处理如下：

最新版《公司法》将发起设立方式下，发起人的认缴义务修改为实缴义务，并规定自公司成立之日起五年内缴足。三位发起人实缴时会计分录：

借：银行存款　　　　　　　　　　　　　　　　　　　　　150 000
　　贷：实收资本　　　　　　　　　　　　　　　　　　　　　　　150 000

第四人投资时：

借：银行存款　　　　　　　　　　　　　　　　　　　　　　　700 000
　　贷：实收资本　　　　　　　　　　　　　　　　　　　　　　500 000
　　　　资本公积——资本溢价　　　　　　　　　　　　　　　200 000

【例 11-2】　天河公司收到股东甲投入的原材料一批，增值税专用发票载明价款 100 000 元，增值税 13 000 元；收到股东乙投入的需要安装的设备一台，增值税专用发票载明价款 120 000 元，增值税 15 600 元，投资协议规定运杂费 500 元由受资企业负担并已用银行存款支付。企业收到设备后，以银行存款支付包装费 3 000 元，增值税为 45 元。账务处理如下：

收到材料投资时：

借：原材料　　　　　　　　　　　　　　　　　　　　　　　　100 000
　　应交税费——应交增值税(进项税额)　　　　　　　　　　　13 000
　　贷：实收资本　　　　　　　　　　　　　　　　　　　　　　113 000

收到设备投资时：

借：在建工程　　　　　　　　　　　　　　　　　　　　　　　120 500
　　应交税费——应交增值税(进项税额)　　　　　　　　　　　15 645
　　贷：实收资本　　　　　　　　　　　　　　　　　　　　　　135 600
　　　　银行存款　　　　　　　　　　　　　　　　　　　　　　545

支付安装费时：

借：在建工程　　　　　　　　　　　　　　　　　　　　　　　3 000
　　贷：银行存款　　　　　　　　　　　　　　　　　　　　　　3 000

安装工程完工时：

借：固定资产　　　　　　　　　　　　　　　　　　　　　　　123 500
　　贷：在建工程　　　　　　　　　　　　　　　　　　　　　　123 500

2) 股份有限公司接受投入资本

股份有限公司与一般企业相比，其最大特点在于通过发行股票的方式来筹集资本。

【例 11-3】　天河公司发行普通股 1 000 万股，每股面值 1 元。发行总金额 12 000 000 元。(不考虑手续费和税金)

发行时会计分录：

借：银行存款　　　　　　　　　　　　　　　　　　　　　　　12 000 000
　　贷：股本　　　　　　　　　　　　　　　　　　　　　　　　10 000 000
　　　　资本公积——股本溢价　　　　　　　　　　　　　　　2 000 000

若发行的股票是无面值股票，该股票亦无设定价值，原则上发行总额应完全纳入发行公司的资本金。最新版《公司法》规定，采用无面值股票，应当将发行股份所得款的二分之一以上计入注册资本。

借：银行存款　　　　　　　　　　　　　　　　　　　　　　　12 000 000
　　贷：股本　　　　　　　　　　　　　　　　　　　　　　　　12 000 000

【知识链接】

公司资本制度

为提高投融资效率并维护交易安全,深入总结企业注册资本制度改革成果,吸收借鉴国外公司法律制度经验,2023年12月29日第十四届全国人民大会常务委员会第七次会议对《中华人民共和国公司法》(简称《公司法》)再次进行修订。《公司法》丰富完善了公司资本制度,表现在三个方面。一是,在股份有限公司中引入授权资本制,即股份有限公司设立时只需发行部分股份,公司章程或者股东会可以作出授权,由董事会根据公司运营的实际需要决定发行剩余股份。这样既方便股份有限公司设立,又给予公司通过发行新股筹集资本的灵活性,并且能够减少公司注册资本虚化等问题的发生。二是,为适应不同投资者的投资需求,对已有较多实践的类别股作出规定,包括优先股和劣后股、特殊表决权股、转让受限股等;允许公司根据章程择一采用面额股或者无面额股;按照反洗钱有关要求,并根据我国股票发行的实际,取消无记名股。三是,增加简易减资制度,即公司按照规定弥补亏损后仍有亏损的,可以进行简易减资,但不得向股东进行分配。

二、资本公积

资本公积是指归所有者共有的、非收益转化而形成的资本溢价(股本溢价)。资本溢价是指股东的出资额大于其在企业注册资本中所占份额的差额。

1. 资本溢价

一般来说,有限责任公司初创时,股东按照其在企业注册资本中所占的份额出资,不会出现资本溢价。但在有新的投资者加入时,新股东的出资额往往会大于其在企业注册资本中所占的份额,主要原因如下:

(1)原股东出资时与新股东出资时的资本利润率不同。企业初创时,资本利润率一般较低,而在企业经营一段时间以后,资本利润率会有所提高,这表明企业的原有资本已经增值。因而在新股东加入时,其应以高于原股东的出资额获得与原股东等量的股份。

(2)原股东的出资额与其实际占有的资本不同。企业在经营一段时间以后,可能会形成一部分资本公积和留存收益。这部分资本公积和留存收益虽未转入实收资本,但归原股东所共有。因而在新股东加入时,其如与原股东共享这部分资本公积和留存收益,也应付出高于原股东的出资额从而占有与原股东等量的股份。企业收到新股东的出资额时,应根据其实际出资额,借记"银行存款"等账户;根据其在注册资本中占有的份额,贷记"实收资本"账户;根据两者的差额,贷记"资本公积"账户。

2. 股本溢价

股份有限公司以发行股票方式筹集资本,股票是企业签发的证明股东按其所持股份享有权利和承担义务的书面证明。为了反映和便于计算各股东所持股份占企业全部股本的比例,企业的股本总额应按股票面值与股份总数的乘积计算。企业发行股票取得的款项超出股票面值的溢价就是股本溢价,企业在会计处理之际将其记入"资本公积——股本溢价"账户。

第三节 其他综合收益

一、其他综合收益的性质

其他综合收益主要是指直接计入所有者权益的利得或损失。其他综合收益一般是由特定资产计价变动而形成的,当处理特定资产时,其他综合收益也应一并处理。其他综合收益不同于资本公积,资本公积是股权投资者投入的资本的一个组成部分,资本公积主要用于转增资本。其他综合收益不得用于转增资本。

二、其他综合收益的核算内容

(1) 企业在采用权益法长期股权投资核算时,在持股比例不变的情况下,对被投资单位除净损益以外的所有者权益的其他变动,企业应按照持股比例计算应享有的份额,借记或贷记的"长期股权投资——其他权益变动"账户,贷记或借记"其他综合收益"账户。

(2)《企业会计准则第3号——投资性房地产》将房地产区分为自用房地产和投资性房地产。自用房地产属于固定资产,采用成本模式计量;对于投资性房地产企业如果能够取得相对合理可靠的公允价值,应该采用公允价值模式计量。由于企业使用房地产的目的可能发生变化,当企业将自用房地产转变为投资性房地产时,其计量属性也可能发生转变,如何处理两种计量属性的差异呢?准则规定,企业将自用房地产或存货转换为采用公允价值模式计量的投资性房地产时,投资性房地产按照转换当日的公允价值计价,转换当日的公允价值小于原账面价值的,其差额计入当期损益(记入"公允价值变动损益"账户);转换当日的公允价值大于原账面价值的,其差额计入其他综合收益。对于利得和损失的不对称处理方法,体现的是会计稳健性原则。

企业进行账务处理时,应该按照该房地产在转换日的账面价值,借记"投资性房地产——成本"等账户,按已计提的累计摊销或累计折旧,借记"累计摊销""累计折旧"账户,按照已经计提的减值准备,借记"存货跌价准备""无形资产减值准备""固定资产减值准备"等相关账户,按照账面余额,贷记"库存商品""无形资产""固定资产"等账户。同时,按该项房地产在转换日的公允价值大于其账面价值的差额,借记"投资性房地产——公允价值变动"账户,贷记"其他综合收益"账户。

(3) 其他权益工具投资或其债他权投资由于按照公允价值计量,其公允价值变动时,应该计入其他综合收益。使用的会计账户为"其他权益工具投资——公允价值变动"或"其他债权投资——公允价值变动"及"其他综合收益"。债权投资重分类为其他权益工具投资或其债他权投资时,应该将重分类日的公允价值与其账面价值之间的差额计入其他综合收益。这是防止企业通过重分类操纵当期的盈余。具体而言,应该在重分类日,按照该项债权投资的公允价值,借记"其他权益工具投资或其债他权投资"账户,已经计提减值准备的,借记"债权投资减值准备"账户,按照其账面余额,贷记"债权投资——成本""债权投资——利息调整""债权投资——应计利息"等账户,按照借贷的差额,贷记或借记"其他综合收益"。处置金融资产时,应该将原来计入资本公积的金额转入投资收益。

(4) 资产负债表日,满足运用套期会计方法条件的现金流量套期和境外经营净投资套期产生的利得或损失,属于有效套期的,贷记或借记"其他综合收益"账户。

(5) 外币资本折算差额是反映企业外币财务报表折算时形成的外币财务报表折算差额。企业在处置境外经营企业时,应该将原来计入所有者权益的外币财务报表折算差额,转入处置境外经营的当期损益。如果是部分处置境外经营企业,则按照处置比例结转外币财务报表折算差额,计入当期损益。

财务报表外币折算时,对资产负债表中的资产和负债项目采用资产负债表日的即期汇率折算;企业在进行所有者权益项目中除"未分配利润"项目的其他项目采用发生时的即期汇率折算;利润表中的收入和费用项目,采用交易发生日的即期汇率折算,也可以采用按照系统合理的方法确定的、与交易发生日即期汇率近似的汇率折算。这两个步骤完成之后,为了取得资产负债表及利润表完整的勾稽关系,产生的折算差额,即外币财务报表折算差额,记入"其他综合收益"项目。

应该注意的是,直接计入所有者权益的未实现利得或损失,如其他权益工具投资或其他债权投资的公允价值变动损益,根据《企业会计准则第 18 号——所得税》,需要确认递延所得税资产或递延所得税负债,相应也应调整其他综合收益的金额,而不是调整所得税。

[例 11-4] 天河公司某年 3 月 1 日持有其他权益工具投资(或其债他权投资),初始成本是 300 万元,当年年底,该其他权益工具投资或其债他权投资的公允价值为 500 万元,企业所得税税率为 25%。

相应会计分录如下:
(1) 该年年底调整公允价值:

借:其他权益工具投资(或其债他权投资)——公允价值变动　　　　　2 000 000
　　贷:其他综合收益　　　　　　　　　　　　　　　　　　　　　　　2 000 000

(2) 确认未实现利得引起的递延所得税负债:

借:其他综合收益　　　　　　　　　　　　　　　　　　　　　　　　500 000
　　贷:递延所得税负债　　　　　　　　　　　　　　　　　　　　　　500 000

第四节　留存收益

一、留存收益的性质及构成

(一) 留存收益的性质

留存收益是股东权益的一个重要项目,是企业历年剩余的净收益累积而成的资本,因此留存收益也可称为累积收益。留存收益因企业经营获取收益而增加,因分给投资者而减少。

对留存收益有较大影响的是股利分配。公司往往会因特别目的或法令规定而限制留存收益,不作股利分配,这种限制,一般称为"拨定"。留存收益可分为已拨定的留存收益和未拨定的留存收益两部分。

(二) 留存收益的构成

留存收益由盈余公积和未分配利润构成。盈余公积包括法定盈余公积、任意盈余公积,它们属于已拨定的留存收益;未分配利润属于未拨定的留存收益。

二、盈余公积

盈余公积包括法定盈余公积和任意盈余公积。

(一) 法定盈余公积

法定盈余公积是指企业按照规定从净利润中按法定比例计提的积累资金。法定盈余公积意味着其提取由国家法规强制规定。企业必须提取法定盈余公积,目的是确保企业不断积累资本,壮大实力。法定盈余公积主要用于企业扩大再生产,也可以用于弥补企业亏损或转增资本。企业计提法定盈余公积时,应借记"利润分配"账户,贷记"盈余公积——法定盈余公积"账户。我国《公司法》规定,公司制企业的法定盈余公积按照税后利润的10%提取,计提的法定盈余公积达到注册资本的50%时,企业可以不再提取;超过注册资本25%以上的部分,可以用于转增资本。企业用法定盈余公积弥补亏损时,应借记"盈余公积——法定盈余公积"账户,贷记"利润分配——盈余公积补亏"账户;企业用法定盈余公积转增资本时,应借记"盈余公积——法定盈余公积"账户,贷记"实收资本"账户。

企业在计提了法定盈余公积之后,还可以根据需要计提任意盈余公积。任意盈余公积的计提比例由企业自行确定。任意盈余公积的用途与法定盈余公积相同,企业在用盈余公积弥补亏损或转增资本时,一般先使用任意盈余公积,在任意盈余公积用完以后,再按规定使用法定盈余公积。

(二) 任意盈余公积

任意盈余公积是公司出于实际需要或采取审慎经营策略,从税后利润中提取的一部分留存利润。由于任意盈余公积是企业自愿拨定的留存收益,其数额也视实际情况而定。但如果公司有优先股,必须在支付了优先股股利之后,才可提取任意盈余公积。

任意盈余公积一经拨定,就不能再供本期发放股利之用,所以提取任意盈余公积本身就是压低当年股利的一种手段。

三、未分配利润

未分配利润是指企业实现的净利润中用于以后年度向投资者分配的利润,是企业留待以后年度进行分配的结存利润,也是企业股东权益的组成部分。从数量上来说,未分配利润是期初未分配利润加上本期实现的税后利润,减去提取的各种盈余公积和分出利润后的余额。未分配利润有两层含义:一是留待以后年度处理的利润;二是未指定特定用途的利润。

四、留存收益的账务处理

(一) 盈余公积的账务处理

为了反映盈余公积的形成及使用情况,企业应设置"盈余公积"账户,并按其种类设置明细账。

企业提取盈余公积时,借记"利润分配"账户,贷记"盈余公积"账户。企业用提取的盈余公积转增资本时,应当按照批准的转增资本的数额,借记"盈余公积"账户,贷记"股本"账户;同时应当按照转增资本前的股本结构比例,将盈余公积转增股本的数额记入"股本"账户下各股东的明细账户,相应增加各股东对企业的股权投资。

【例 11-5】天河公司 2×25 年实现净利润 2 000 000 元。公司董事会于 2×26 年 3 月 31 日提出公司当年利润分配方案(表 11-4),拟对当年实现的净利润进行分配。

表 11-4 利润分配方案 单位:元

项目	提请批准的方案
提取法定盈余公积	200 000
提取任意盈余公积	300 000
分配现金股利	1 200 000
合计	1 700 000

天河公司根据董事会提出的利润分配方案,进行账务处理如下:

借:利润分配——提取法定盈余公积　　　　　　　　　　　　　200 000
　　　　　　——提取任意盈余公积　　　　　　　　　　　　　300 000
　　贷:盈余公积——法定盈余公积　　　　　　　　　　　　　200 000
　　　　　　——任意盈余公积　　　　　　　　　　　　　300 000

【知识链接】

公司何时进行利润分配的账务处理

按规定,对于董事会或类似机构通过的利润分配方案中拟分配的现金股利或利润,企业暂不做账务处理,但应在财务报告附注中披露。只有在方案获得股东大会或类似机构审议通过后,才进行账务处理,借记"利润分配"账户,贷记"应付股利"或"应付利润"账户。实际支付时,借记"应付股利"或"应付利润"账户,贷记"银行存款"账户。

(二) 未分配利润的账务处理

企业未分配利润的核算是通过"利润分配——未分配利润"账户进行的。

企业在生产经营过程中取得的收入和费用,最终通过"本年利润"账户进行归集,企业应于年度终了将"本年利润"账户的余额转入"利润分配——未分配利润"账户;同时,将"利润分配"其他二级账户的余额转入"利润分配——未分配利润"账户。经过上述结算后,"利润分配——未分配利润"账户的余额如果在贷方,为未分配利润;如果在借方,则为未弥补亏损。未弥补亏损为所有者权益的抵减项目。

(三) 弥补亏损的账务处理

企业在生产经营过程中可能盈利,但也可能亏损。企业当年发生亏损的账务处理,与实现利润的情况相似,也是将"本年利润"账户余额转入"利润分配——未分配利润"账户,只是借贷方向相反。

企业发生的亏损可以由以后年度实现的税前或税后利润弥补。记入"利润分配——未分配利润"账户的贷方金额与借方余额自然抵补,因此,以利润弥补以前年度亏损时,不需要进行专门的账务处理。

由于未弥补亏损形成的时间长短不同等原因,以前年度未弥补亏损有的可以以税前利润弥补,有的则需用税后利润弥补。无论是用税前还是税后利润弥补亏损,其账务处理方法相同,不同的只是计算缴纳所得税时的处理,在以税前利润弥补亏损的情况下,其弥补的数额可以抵减当期企业应纳税所得额,而以税后利润弥补的数额不能作为应税所得额的扣除处理。

【例11-6】 天河公司2×24年发生亏损960 000元,适用所得税税率为25%,不考虑递延所得税因素,在年度终了时,企业应当结转本年发生的亏损,其账务处理如下:

借:利润分配——未分配利润　　　　　　　　　　　　　　　　　960 000
　　贷:本年利润　　　　　　　　　　　　　　　　　　　　　　　960 000

假设2×25年至2×29年,该企业每年均实现利润170 000元。按照现行规定,企业在发生亏损以后的5年内可以以税前利润弥补亏损。在2×25年至2×29年每年的年度终了时,作如下账务处理:

借:本年利润　　　　　　　　　　　　　　　　　　　　　　　　170 000
　　贷:利润分配——未分配利润　　　　　　　　　　　　　　　　170 000

按照上述账务处理结果,截至2×29年"利润分配——未分配利润"账户期末有借方余额110 000元,即2×30年年初尚有未弥补亏损110 000元。假设该企业2×30年实现利润300 000元,按现行规定,应按照当年实现的税前利润计算缴纳应负担的所得税(300 000×25%=75 000)之后继续弥补亏损,账务处理如下:

(1) 计算所得税费用:

借:所得税费用　　　　　　　　　　　　　　　　　　　　　　　75 000
　　贷:应交税费——应交所得税　　　　　　　　　　　　　　　　75 000

结转本年利润:

借:本年利润　　　　　　　　　　　　　　　　　　　　　　　　75 000
　　贷:所得税费用　　　　　　　　　　　　　　　　　　　　　　75 000

(2) 结转本年利润,弥补以前年度亏损:

借:本年利润　　　　　　　　　　　　　　　　　　　　　　　　225 000
　　贷:利润分配——未分配利润　　　　　　　　　　　　　　　　225 000

(3) 上述处理的结果,该企业2×30年"利润分配——未分配利润"账户的期末贷方余额为115 000(225 000-110 000)元。

五、股利分派

《公司法》规定,在企业提取了法定盈余公积之后,税后利润的余下部分应先用于发放优先股股利,然后依董事会决定提取任意盈余公积,在这之后余下的部分可用于向普通股股东分派普通股股利。

在股利分派之际企业需考虑一些限制条件,比如法律上的制约,现金支付能力的制约,与优先股股东的契约,董事会的限制,股东要求与税收政策的制约等。

股利分派涉及几个日期。①宣告日是指董事会宣告分派股利的日期,也是公司在会计上应登记有关股利负债的日期。②股权登记日(除息日)是指公司宣告股利后所定下的过户登记的截止日期,也称为停止过户日。③分派日也称付息日,是指实际支付股利的日期,通常公司是在股权登记截止后的若干天开始支付股利。

股利可以有多种形式。①现金股利是指以现金方式分配给股东的股利。企业派发现金股利,会减少留存收益和现金。现金股利一经宣布就构成公司对股东的偿付责任,因此,企业要即时在"应付股利"账户上反映。②财产股利是指以现金资产以外的资产形式向股东派发的股利。企业在进行会计处理时,应以股利宣告日的公允价值作为入账基准,而不能以实际支付日的为基准。③负债股利是指公司用债券、应付票据等证券发放的股利。发放负债股利,一方面会相应地减少留存收益,另一方面会相应地增加负债。④股票股利是指公司用增发股票的方式发的股利。它代表股东权益内部各项目之间发生的增减变动,即减少留存收益项目,增加股本项目。其主要的会计问题是计价,即应把多少金额转作股本,按面值转还是按市价转。⑤清算股利,公司在无留存收益的情况下,可以现金或公司其他资产形式分配股利,称之为清算股利。清算股利不是真正的股利,其实质是资本的返回。

【关键术语】

所有者权益　实收资本　股本　资本公积　投入资本　留存收益

【问题思考】

1. 企业的组织形式有哪些?其各自的特征是什么?
2. 投入资本如何核算?
3. 什么是资本公积?其构成内容如何?
4. 留存收益的构成内容包括什么?不同的留存收益构成在会计处理上有何不同的特征?
5. 股利分配的形式及特征都有哪些?

练 习 题

第一部分 客观题

第二部分 主观题

第十一章 客观题

四、计算题

1. 资料

天河公司 2×25 年 1 月 1 日股东权益为 10 000 000 元,其中普通股为 5 000 000 元(每股面值 1 元),累积参与优先股为 1 000 000 元(每股面值 1 元),资本公积为 3 500 000 元,盈余公积为 500 000 元,未分配利润为 0。累积参与优先股的条件是:固定股利支付率为 6%,并可按普通股股利水平扣除当年已分派优先股后参与剩余股利分配。该公司按净利润的 10% 提取法定盈余公积,并将当年可供分配利润全部进行分配。该公司 2×25 年实现净利润 36 000 元,2×26 年实现净利润 500 000 元。

2. 要求

计算 2×25 年、2×26 年分配的优先股股利和普通股股利,并编制利润分配的会计分录。

五、业务实训

(一) 业务实训一

1. 目的

练习实收资本和资本公积的账务处理。

2. 资料

天河公司为有限责任公司,发生下列有关接受投资的经济业务:

(1) 收到 A 股东的货币资金投资 200 000 元,存入银行。

(2) 收到 B 股东的固定资产投资,不含税的协议价为 100 000 元,增值税额为 13 000 元。

(3) 收到 C 股东的无形资产投资,评估价值为 83 000 元。

(4) 3 年后,有 D 股东希望加入。该公司所有者权益总额为 600 000 元,D 股东拟占增资后注册资本的 20%,按照所有者权益账面价值以货币资金 150 000 出资。

(5) 4 年后,该公司以资本公积 50 000 元、盈余公积 150 000 元转增资本。

3. 要求

根据上述经济业务,编制会计分录。

(二) 业务实训二

1. 目的

   练习利润分配、亏损弥补等的账务处理。

2. 资料

   天河公司 2×25 年税后利润为 2 000 000 元。公司董事会决定：
   (1) 按 10% 提取法定盈余公积，按 15% 提取任意盈余公积，分派现金股利 500 000 元。
   (2) 以盈余公积弥补以前年度亏损 200 000。
   (3) 经股东大会决议，以盈余公积 1 000 000 元转增资本，并已办妥相关手续。

3. 要求

   根据上述经济业务，编制天河公司年末结转本年利润、年末提取盈余公积、分派现金股利及以盈余公积转增资本和弥补以前年度亏损时的会计分录。

六、案例分析题

(一) 案例一

天河公司为一家从事制造业的增值税一般纳税人，2×25 年发生的相关业务资料如下：

(1) 2×25 年接受甲公司投入自产产品一批，双方确认价值为 2 000 000 元，公允价值为 2 100 000 元，税务部门核定增值税为 273 000 元，并开具了增值税专用发票。同时天河公司增加股本 1 500 000 元，相关法律手续已办妥。

(2) 因扩大经营规模需要，经股东大会决议，有关部门批准，增发股票 30 000 000 股，每股面值 1 元，每股发行价格 5 元，按发行股款 2% 向证券公司支付发行费，发行款已存入银行。

天河公司对上述业务作出以下处理：

根据资料(1)，确认产品的入账价值为 2 000 000 元，确认资本公积的金额为 857 000 元。

根据资料(2)，确认银行存款增加 14 700 000 元，资本公积增加 12 000 000 元。

要求：

分析判断天河公司的上述处理是否正确。

(二) 案例二

2×25 年 1 月 1 日，天河公司资产负债表中股东权益各项目年初余额为股本 3 000 万元，资本公积 4 000 万元，盈余公积 40 万元，未分配利润 2 000 万元。2×25 年公司发生相关业务资料如下：

(1) 经股东大会批准，宣告发放 2×24 年度现金股利 1 500 万元。

(2) 经股东大会批准已履行相应增资手续，将资本公积 4 000 万元转增股本。

(3) 经批准增资扩股。委托证券公司发行普通股 400 万股，每股面值 1 元，每股发行价 6 元，按照发行价的 3% 向证券公司支付相关发行费用（不考虑增值税）。

(4) 当年实现净利润 3 000 万元。提取法定盈余公积和任意盈余公积的比例分别为 10% 和 5%。

要求：

根据上述资料，不考虑其他因素分别回答下列小题（答案中的金额单位用万元表示）。

1. 根据期初资料和资料(1)，下列各项中，关于宣告发放现金股利对该公司股东权益和负债项目影响结果的表述中，正确的是(   )。

A. "负债合计"项目增加 1 500 万元

B. "未分配利润"项目减少 1 500 万元

C. "股东权益合计"项目减少 1 500 万元

D. "盈余公积"项目减少 1 500 万元

2. 根据资料(2),下列各项中,关于该公司以资本公积转增资本的会计处理结果的表述中,正确的是(   )。

A. 股东权益总额减少 4 000 万元

B. 股东权益总额不变

C. 留存收益减少 4 000 万元

D. 股本增加 4 000 万元

3. 根据资料(3),该公司增发股票计入资本公积的金额是(   )万元。

A. 2 000   B. 2 324   C. 1 928   D. 1 940

4. 根据期初资料和资料(4),下列各项关于该公司盈余公积的计算结果的表述中,正确的是(   )。

A. 本年增加盈余公积 450 万元

B. 期末盈余公积余额为 1 100 万元

C. 本年增加盈余公积 300 万元

D. 期末盈余公积余额为 850 万元

5. 根据期初资料,资料(1)至(4),下列各项中,关于 2×25 年 12 月 31 日该公司资产负债表"股东权益"有关项目的期末余额计算结果正确的是(   )。

A. "股本"项目为 7 400 万元

B. "股东权益合计"项目为 17 626 万元

C. "资本公积"项目为 5 928 万元

D. "未分配利润"项目为 3 050 万元

第十二章 收入、费用和利润

章前导引

教学目标

本章主要介绍收入、费用和利润的确认、计量及账务处理方法。通过本章的学习,学生应了解收入、费用的含义与分类,理解和掌握收入的确认与计量及与收入相关的特定交易的会计处理方法,理解生产经营费用、期间费用、所得税费用的会计处理,理解和掌握税前利润的形成、税后利润分配、年终利润结转的过程与账务处理方法,具备对收入的确认与计量及与收入相关的特定交易的会计处理方法、费用的发生、利润的形成与分配进行会计核算的技能。

重点难点

重点是收入的确认与计量及与收入相关的特定交易的会计处理方法,生产经营费用、期间费用、所得税费用的会计处理,税前利润的形成、税后利润分配、年终利润结转的过程与账务处理方法;难点是所得税费用的核算,利润形成、分配、年终利润结转的会计处理。

课程思政

2017年,B公司全资子公司对不符合收入确认条件的风机销售业务确认收入,并结转相应的成本,上述事项导致B公司2017年年度合并财务报表虚增营业收入3.47亿元,虚增应收账款,并多计提应收账款坏账准备812.58万元,虚增利润总额6 699.05万元。上述虚增应收账款一直存续并每年计提坏账准备,导致其2018年至2022年年度报告利润总额虚减,影响金额分别为959.78万元、3 729.13万元、5 501.49万元、4 600.77万元和6 258.11万元。

证监局于2024年1月12日作出行政处罚,对B公司责令改正,给予警告,并处以300万元罚款;对时任副总经理、总经理的张某民,时任董事长、总经理的陈某列给予警告,并分别处以50万元和150万元罚款。

思考:《证券法》(2019年修订)第193条第1款规定:"违反本法第五十六条第一款、第三款的规定,编造、传播虚假信息或者误导性信息,扰乱证券市场的,没收违法所得,并处以违法所得一倍以上十倍以下的罚款;没有违法所得或者违法所得不足二十万元的,处以二十万元以上二百万元以下的罚款。"为什么还有上市公司董事与高管抱着侥幸心理,虚报营业收入?确认营业收入应具备哪几个条件?如何合理保证上市公司营业收入的真实性?

第一节 收入

一、收入的定义

收入是指企业在日常活动中形成的、会导致所有者权益增加的、与所有者投入资本无关的经济利益的总流入。其中,日常活动是指企业为完成其经营目标所从事的经常性活动以及与之相关的其他活动。工业企业制造并销售产品、商品流通企业销售商品、咨询公司提供咨询服务、软件公司为客户开发软件、安装公司提供安装服务、建筑企业提供建造服务等,均属于企业的日常活动。企业按照本章确认收入的方式应当反映其向客户转让商品(或提供服务,以下简称转让商品)的模式,收入的金额应当反映企业因转让这些商品(或服务,以下简称"商品")而预期有权收取的对价金额。

本章不涉及企业对外出租资产收取的租金、进行债权投资收取的利息、进行股权投资取得的现金股利、保险合同取得的保费收入等。企业以存货换取客户的存货、固定资产、无形资产和长期股权投资等,按照本章进行会计处理;其他非货币性资产交换,按照非货币性资产交换的规定进行会计处理。企业处置固定资产、无形资产等的,在确定处置时点和计量处置损益时,按照本节的有关规定进行处理。

二、收入的确认和计量

收入确认和计量大致分为五步:第一步,识别与客户订立的合同;第二步,识别合同中的单项履约义务;第三步,确定交易价格;第四步,将交易价格分摊至各单项履约义务;第五步,履行各单项履约义务时确认收入。其中,第一步、第二步和第五步主要与收入的确认有关,第三步和第四步主要与收入的计量有关。

(一)识别与客户订立的合同

本节所称合同是指双方或多方之间订立有法律约束力的权利义务的协议,包括书面形式、口头形式及其他可验证的形式(如隐含于商业惯例或企业以往的习惯做法中等)。

1. 收入确认的原则

企业应当在履行了合同中的履约义务,即在客户取得相关商品控制权时确认收入。取得相关商品控制权是指能够主导该商品的使用并从中获得几乎全部的经济利益,也包括有能力阻止其他方主导该商品的使用并从中获得经济利益。取得商品控制权包括以下三个要素:

(1)能力,即客户必须拥有现时权利,能够主导该商品的使用并从中获得几乎全部经济利益。如果客户只能在未来的某一时期主导该商品的使用并从中获益,则表明其尚未取得该商品的控制权。

(2)主导该商品的使用。客户有能力主导该商品的使用,是指客户有权使用该商品,或者能够允许或阻止其他方使用该商品。

（3）能够获得几乎全部的经济利益。商品的经济利益是指该商品的潜在现金流量，既包括现金流入的增加，也包括现金流出的减少。客户可以通过很多方式直接或间接地获得商品的经济利益，如使用、消耗、出售或持有该商品、使用该商品提升其他资产的价值，以及将该商品用于清偿债务、支付费用或抵押等。

2. 收入确认的前提条件。

企业与客户之间的合同同时满足下列条件的，企业应当在客户取得相关商品控制权时确认收入：①合同各方已批准该合同并承诺将履行各自义务。②该合同明确了合同各方与所转让的商品（或提供的服务，以下简称"转让的商品"）相关的权利和义务。③该合同有明确的与所转让的商品相关的支付条款。④该合同具有商业实质，即履行该合同各方将改变企业未来现金流量的风险、时间分布或金额。⑤企业因向客户转让商品而有权取得的对价很可能收回。在进行上述判断时，需要注意以下三点：一是合同约定的权利和义务是否具有法律约束力，需要根据企业所处的法律环境和实务操作进行判断，包括合同订立的方式和流程、具有法律约束力的权利和义务的时间等。对于合同各方均有权单方面终止完全未执行的合同，且无需对合同其他方做出补偿的，企业应当视为该合同不存在。其中，完全未执行的合同是指企业尚未向客户转让任何合同中承诺的商品，也尚未收取且尚未有权收取已承诺商品的任何对价的合同。二是合同具有商业实质。这是指履行该合同将改变企业未来现金流量的风险、时间分布或金额。关于商业实质，应按照非货币性资产交换中有关商业实质说明进行判断。三是企业在评估其应向客户转让商品而有权取得的对价是否很可能收回时，仅应考虑客户到期时支付对价的能力和意图（即客户的信用风险）。企业在进行判断时，应当考虑是否存在价格折让。存在价格折让的，应当在估计交易价格时进行考虑。企业预期很可能无法收回全部合同对价时，应当判断其原因是客户的信用风险还是企业向客户提供了价格折让所致。

实务中，企业可能存在一组类似的合同，企业在对该组合同中的每一份合同进行评估时，均认为其合同对价很可能收回，但是根据历史经验，企业预计可能无法收回该组合同的全部对价。在这种情况下，企业应当认为这些合同满足"因向客户转让商品而有权取得的对价很可能收回"这一条件，并以此为基础估计交易价格。与此同时，企业应当考虑这些合同下确认的合同资产或应收款项是否存在减值。

【例12-1】 天河公司作为房地产开发公司与乙公司签订合同，向其销售一栋建筑物，合同价款为100万元。该建筑物的成本为60万元，乙公司在合同开始日即取得了该建筑物的控制权。根据合同约定，乙公司在合同开始日支付了5%的保证金5万元，并就剩余95%的价款与天河公司签订了不附追索权的长期融资协议，如果乙公司违约，天河公司可重新拥有该建筑物，即使收回的建筑物不能涵盖所欠款项的总额，天河公司也不能向乙公司索取进一步的赔偿。乙公司计划在该建筑物内开设一家餐馆。在该建筑物所在的地区，餐饮行业面临激烈的竞争，但乙公司缺乏餐饮行业的经营经验。

本例中，乙公司计划以该餐馆产生的收益偿还天河公司的欠款，除此之外并无其他的经济来源，乙公司也未对该笔欠款设定任何担保。如果乙公司违约，天河公司也不能向乙公司索取进一步的赔偿。因此，天河公司对乙公司还款的能力和意图存在疑虑，认为该合同不满足合同价款很可能收回的条件。天河公司应当将收到的5万元确认为一项负债。

对于不能同时满足上述收入确认的 5 个前提条件的合同，企业只有在不再负有向客户转让商品的剩余义务（如合同已完成或取消），且已向客户收取的对价（包括全部或部分对价）无需退回时，才能将已收取的对价确认为收入；否则，应当将已收取的对价作为负债进行会计处理。其中，企业向客户收取无需退回的对价的，应当在已经将该部分对价所对应的商品的控制权转移给客户，并且已不再向客户转让额外的商品且不再负有此类义务时，将该部分对价确认为收入；或者，在相关合同已经终止时，将该部分对价确认为收入。

对于在合同开始日即满足上述收入确认条件的合同，企业在后续期间无需对其进行重新评估，除非有迹象表明相关事实和情况发生重大变化。对于不满足上述收入确认条件的合同，企业应当在后续期间对其进行持续评估，以判断其能否满足这些条件。企业如果在合同满足相关条件之前已经向客户转移了部分商品，当该合同在后续期间满足相关条件时，企业应当将在此之前已经转移的商品所分摊的交易价格确认为收入。在通常情况下，合同开始日是指合同开始赋予合同各方具有法律约束力的权利和义务的日期，即合同生效日。

需要说明的是，没有商业实质的非货币性资产交换，无论何时，均不应确认收入。从事相同业务经营的企业之间，为便于向客户或潜在客户销售而进行的非货币性资产交换（例如，两家石油公司之间相互交换石油，以便及时满足各自不同地点客户的需求），不应确认收入。

【例 12-2】 天河公司与乙公司签订合同，将一项专利技术授权给乙公司使用，并按其使用情况收取特许权使用费。天河公司评估认为，该合同在合同开始日满足本节合同确认收入的 5 个前提条件。该专利技术在合同开始日即授权给乙公司使用。在合同开始日后的第一年内，乙公司每季度向天河公司提供该专利技术的使用情况报告，并在约定的期间内支付特许权使用费。在合同开始日后的第二年内，乙公司继续使用该专利技术，但是乙公司的财务状况下滑，融资能力下降，可用现金不足，因此，乙公司仅按合同支付了当年第一季度的特许权使用费，而后三个季度仅按义务金额付款。在合同开始日后的第三年内，乙公司继续使用天河公司的专利技术，但是，天河公司得知，乙公司已经完全丧失了融资能力，且流失了大部分客户，因此，乙公司的付款能力进一步恶化，信用风险显著升高。

本例中，该合同在合同开始日满足收入确认的前提条件，因此，天河公司在乙公司使用该专利技术的行为发生时，按照约定的特许权使用费确认收入。合同开始日后的第二年，由于乙公司的信用风险升高，天河公司在确认收入的同时，按照金融资产减值的要求对乙公司的应收款项进行减值测试。合同开始日后的第三年，由于乙公司的财务状况恶化，信用风险显著升高，天河公司对该合同进行了重新评估，认为"企业因向客户转让商品而有权取得的对价很可能收回"这一条件不再满足，因此，天河公司不再确认特许权使用费收入，同时对现有应收款项是否发生减值继续进行评估。

本节有关企业与客户之间合同的会计处理是以单个合同为基础，为了便于实务操作，企业可以将本节要求应用于具有类似特征的合同组合，前提是企业能够合理预计，在该组合层面或者在该组合中的每一个合同层面应用本节进行会计处理，将不会对企业的财务会计报告产生显著不同的影响。对于具有类似特征的合同组合，企业也可以在确定退货率、坏账率、合同存续期间等方面运用组合法进行估计。

企业与同一客户（或该客户的关联方）同时订立或在相近时间内先后订立的两份或多份合同，在满足下列条件之一时，应当合并为一份合同进行会计处理：①该两份或多份合同基于同一商业目的而订立并构成一揽子交易,如一份合同在不考虑另一份合同的对价的情况下将会发生亏损。②该两份或多份合同中的一份合同的对价金额取决于其他合同的定价或履行情况,如一份合同如果发生违约,将会影响另一份合同的对价金额。③该两份或多份合同中所承诺的商品(或每份合同中所承诺的部分商品)构成本节后文所述的单项履约义务。两份或多份合同合并为一份合同进行会计处理的,仍然需要区分该一份合同中包含的各单项履约义务。

3. 合同变更

本节所称合同变更是指经合同各方同意对原合同范围或价格(或两者)做出的变更。企业应当区分下列三种情形对合同变更分别进行会计处理:

(1) 合同变更部分作为单独合同进行会计处理的情形。合同变更增加了可明确区分的商品及合同价款,且新增合同价款反映了新增商品单独售价的,应当将该合同变更作为一份单独的合同进行会计处理。判断新增合同价款是否反映了新增商品的单独售价时,应当考虑为反映该特定合同的具体情况而对新增商品价格所做的适当调整。例如,在合同变更时,企业由于无需发生为发展新客户等所需发生的相关销售费用,可能会向客户提供一定的折扣,从而在新增商品单独售价的基础上予以适当调整。

(2) 合同变更作为原合同终止及新合同订立进行会计处理的情形。合同变更不属于上述第(1)种情形,且在合同变更日转让商品与未转让商品之间可明确区分的,应当视为原合同终止,同时,将原合同未履约部分与合同变更部分合并为新合同进行会计处理。新合同的交易价格应当为下列两项金额之和:一是原合同交易价格中尚未确认为收入的部分(包括已从客户收取的金额);二是合同变更中客户已承诺的对价金额。

【例12-3】 天河公司与客户签订合同,每周为客户的办公楼提供保洁服务,合同期限为3年,客户每年向天河公司支付服务费10万元(假定该价格反映了合同开始日该项服务的单独售价)。在第二年年末,合同双方对合同进行了变更,将第三年的服务费调整为8万元(假定该价格反映了合同变更日该项服务的单独售价),同时以20万元的价格将合同期限延长3年(假定该价格不反映合同变更日该3年服务的单独售价),即每年的服务费为6.67万元,于每年年初支付。上述价格均不包含增值税。

本例中,在合同开始日,天河公司认为其每周为客户提供的保洁服务是可明确区分的,但天河公司向客户转让的是一系列实质相同且转让模式相同的、可明确区分的服务,因此将其作为单项履约义务(见后文所述)。在合同开始的前2年,即合同变更之前,天河公司每年确认收入10万元。在合同变更日,新增的3年保洁服务的价格不能反映该项服务在合同变更时的单独售价,因此,该合同变更不能作为单独的合同进行会计处理,由于在剩余合同期间需提供的服务与已提供的服务是可明确区分的,天河公司应当将该合同变更作为原合同终止,同时,将原合同中未履约的部分与合同变更合并为一份新合同进行会计处理。该新合同的合同期限为4年,对价为28万元,即原合同下尚未确认收入的对价8万元与新增的3年服务相应的对价20万元之和,新合同中A公司每年确认的收入为7万元(28÷4)。

(3) 合同变更部分作为原合同的组成部分进行会计处理的情形。合同变更不属于上述第(1)种情形,且在合同变更日已转让商品与未转让商品之间不可明确区分的,应当将该合同变更部分作为原合同的组成部分,在合同变更日重新计算履约进度,并调整当期收入和相应成本等。

【例12-4】 2×22年1月15日,天河公司和客户签订了一项总金额为1 000万元的固定造价合同,在客户自有土地上建造一幢办公楼,预计合同总成本为700万元。假定该建造服务属于在某一时段内履行的履约义务,并根据累计发生的合同成本占合同预计总成本的比例确定履约进度。

截至2×22年年末,乙建筑公司累计已发生成本420万元,履约进度约为60%(420÷700)。因此,乙建筑公司在2×22年确认收入600万元(1 000×60%)

2×23年年初,合同双方同意更改该办公楼屋顶的设计,合同价格和预计总成本因此而分别增加200万元和120万元。

本例中,合同变更后拟提供的剩余服务与在合同变更日或之前已提供的服务不可明确区分(即该合同仍为单项履约义务),因此,乙建筑公司应当将合同变更作为原合同的组成部分进行会计处理。合同变更后的变易价格为1 200万元(1 000+200),乙公司重新评估的履约进度为51.2%[420÷(700+120)],乙公司在合同变更日应额外确认收入为14.4万元(51.2%×1 200−600)。

如果在合同变更日未转让商品为上述第(2)、第(3)种情形的组合,企业应当按照上述第(2)、第(3)种情形中更为恰当的一种方式对合同变更后尚未转让(或部分未转让)商品进行会计处理。

(二)识别合同中的单项履约义务

合同开始日,企业应当先对合同进行评估,识别该合同所包含的各项单项履约义务,并确定各单项履约义务是在某一时段内履行,还是在某一时点履行;然后,在履行了各单项履约义务时分别确认收入。履约义务是指合同中企业向客户转让可明确区分商品的承诺。企业应当将下列向客户转让商品的承诺作为单项履约义务:

(1)企业向客户转让可明确区分商品(或者商品或服务的组合)的承诺。企业向客户承诺的商品同时满足下列条件的,应当作为可明确区分商品:一是客户能够从该商品本身或者从该商品与其他易于获得的资源一起使用中受益,即该商品能够明确区分;二是企业向客户转让该商品的承诺与合同中其他承诺可单独区分,即转让该商品的承诺在合同中是可明确区分的。表明客户能够从某项商品本身或者将其与其他易于获得的资源一起使用获益的因素有很多,如企业通常会单独销售该商品等。需要特别指出的是,在评估某项商品是否能够明确区分时,应当基于该商品自身的特征,而与客户可能使用该商品的方式无关。因此,企业无需考虑合同中可能存在的阻止客户从其他来源取得相关资源的限制性条款。

企业在确定了商品本身能够明确区分后,还应当在合同层面继续评估转让该商品(或提供该服务,以下简称"转让该商品")的承诺是否与合同的其他承诺彼此之间可明确区分。下列情形通常表明企业向客户转让该商品的承诺与其他承诺彼此之间不可明确区分:

其一,企业需提供重大的服务以将该商品与合同中承诺的其他商品进行整合,形成合同约定的某个或某些组合产出转让给客户。例如,企业为客户建造写字楼的合同中,企业向客户提供的砖头、水泥、人工等都能够使客户获益,但是,在该合同下,企业需提供重大的服务将这些商品或服务进行整合,以形成合同约定的一项组合产出(即写字楼)转让给客户。因此,在该合同中,砖头、水泥和人工等商品或服务彼此之间不能单独区分。

其二,该商品将对合同中承诺的其他商品予以重大修改或定制。例如,企业承诺向客户提供其开发的一款现有软件,并提供安装服务,虽然该软件无需更新或技术支持也可直接使用,但是企业在安装过程中需要在该软件现有基础上对其进行定制化的重大修改,以使其能够与客户现有的信息系统相兼容。此时,转让软件的承诺与提供定制化重大修改的承诺在合同层面是不可明确区分的。

其三,该商品与合同中承诺的其他商品具有高度关联性。也就是说,合同中承诺的每一单项商品均受到合同中其他商品的重大影响。例如,企业承诺为客户设计一种新产品并负责生产 10 个样品,企业在生产和测试样品过程中需要对产品的设计不断地修正,导致已生产的样品均可能需要进行不同程度的返工。此时,企业提供的设计服务和生产样品的服务是不断交替反复进行的,两者高度关联,因此,在合同层面是不可明确区分的。

需要说明的是,企业向客户销售商品时,往往约定企业需要将商品运送至客户指定的地点。在通常情况下,商品控制权转移给客户之前发生的运输活动不构成单项履约义务;相反,商品控制权转移给客户之后发生的运输活动可能表明企业向客户提供了一项运输服务,企业应当考虑该项服务是否构成单项履约义务。

(2) 企业向客户转让一系列实质相同且转让模式相同的、可明确区分商品的承诺。企业应当将实质相同且转让模式相同的一系列商品作为单项履约义务,即使这些商品可明确区分。其中,转让模式相同是指每一项可明确区分商品均满足本节在某一时段内履行履约义务的条件,且采用相同方法确定其履约进度,如每天为客户提供保洁服务的长期劳务合同等。企业在判断所转让的一系列商品是否实质相同时,应当考虑合同中承诺的性质,如果企业承诺的是提供确定数量的商品,那么需要考虑这些商品本身是否实质相同;如果企业承诺的是在某一期间内随时向客户提供某项服务,则需要考虑企业在该期间内的各个时间段(如每天或每小时)的承诺是否相同,而并非具体的服务行为本身。例如,企业向客户提供 2 年的酒店管理服务,具体包括保洁、维修、安保等,但没有具体的服务次数或时间的要求,尽管企业每天提供的具体服务不一定相同,但是企业每天对于客户的承诺都是相同的,因此,该服务符合"实质相同"的条件。

企业为履行合同而应开展的初始活动,通常不构成履约义务,除非该活动向客户转让了承诺的商品。例如,某俱乐部为注册会员建立档案,该活动并未向会员转让承诺的商品,因此不构成单项履约义务。

(三) 确定交易价格

交易价格是指企业因向客户转让商品而预期有权收取的对价金额。企业代第三方收取的款项(如增值税)和企业预期将退还给客户的款项应当作为负债进行会计处理,不计入交易价格。合同标价并不一定代表交易价格,企业应当根据合同条款,并结合以往的习惯做法等确定交易价格。企业在确定交易价格时,应当假定将按照现有合同的约定向客户转让商品,且该合同不会被取消、续约或变更。

1. 可变对价

企业与客户的合同中约定的对价金额可能会因折扣、价格折让、返利、退款、奖励积分、激励措施、业绩奖金、索赔等因素而变化。此外,根据一项或多项或有事项的发生而收取不同对价金额的合同,也属于可变对价的情形。企业在判断合同中是否存在可变对价时,不仅应当考虑合同条款的约定,还应当考虑下列情况:一是根据企业已公开宣布的政策、特定声明或者以往的习惯做法等,客户能够合理预期企业将会接受低于合同约定的对价金额,即企业会以折扣、返利等形式提供价格折让;二是其他相关事实和情况表明企业在与客户签订合同时即意图向客户提供价格折让。合同中存在可变对价的,企业应当对计入交易价格的可变对价进行估计。

(1) 可变对价最佳估计数的确定。企业应当按照期望值或最可能发生金额确定可变对价的最佳估计数。企业所选择的方法应当能够更好地预期其有权收取的对价金额,并且对于类似的合同,应当采用相同的方法进行估计。对于某一事项的不确定性对可变对价金额的影响,企业应当在整个合同期间一致地采用同一种方法进行估计。但是,当存在多个不确定事项均会影响可变对价金额时,企业可以采用不同的方法对其进行估计。期望值是按照各种可能发生的对价金额及相关概率计算确定的金额。如果企业拥有大量具有类似特征的合同,并估计可能产生多个结果时,通常按照期望值估计可变对价金额。最可能发生金额是一系列可能发生的对价金额中最可能发生的单一金额,即合同最可能产生的单一结果。当合同仅有两个可能结果时,通常按照最可能发生金额估计可变对价金额。

(2) 计入交易价格的可变对价金额的限制。企业按照期望值或最可能发生金额确定可变对价金额之后,计入交易价格的可变对价金额还应该满足限制条件,即包含可变对价的交易价格,应当不超过在相关不确定性消除时,累计已确认的收入极可能不会发生重大转回的金额。企业在评估是否极可能不会发生重大转回时,应当同时考虑收入转回的可能性及其比重。其中,"极可能"发生的概率应远高于"很可能"(即可能性超过50%),但不要求达到"基本确定"(即可能性超过95%),其目的是避免因为一些不确定因素的发生导致之前已经确认的收入发生转回;在评估收入转回金额的比重时,应同时考虑合同中包含的固定对价和可变对价,即可能发生的收入转回金额相对于合同总对价(包括固定对价和可变对价)的比重。企业应当将满足上述限制条件的可变对价的金额,计入交易价格。需要说明的是,将可变对价计入交易价格的限制条件不适用于企业向客户授予知识产权许可并约定按客户实际销售或使用情况收取特许权使用费的情况。

每一资产负债表日,企业应当重新估计应计入交易价格的可变对价金额,包括重新评估将估计的可变对价计入交易价格是否受到限制,以如实反映报告期末存在的情况及报告期内发生的情况变化。

【例12-5】 2×24年10月1日,天河公司签订合同,为一只股票型基金提供资产管理服务,合同期限为3年。天河公司所能获得的报酬包括两部分:一是每季度按照季度末该基金净值的1‰收取管理费,该管理费不会因基金净值的后续变化而调整或被要求退回;二是该基金在3年内的累计回报如果超过10%,则乙公司可以获得超额回报部分的20%作为业绩奖励。在2×24年12月31日,该基金的净值为500亿元。假定不考虑相关税费影响。

本例中,天河公司在该项合同中收取的管理费和业绩奖励均为可变对价,其金额极易受到股票价格波动的影响,这是在天河公司影响范围之外的,虽然天河公司过往有类似合同的经验,但是该经验在确定未来市场表现方面并不具有预测价值。因此,在合同开始日,天河公司无法对其能够收取的管理费和业绩奖励进行估计,不满足累计已确认的收入金额极可能不会发生重大转回的条件。

2×24年12月31日,天河公司重新评估该合同的交易价格时,影响该季度管理费收入金额的不确定性已经消除,天河公司确认管理费收入5亿元(500×1‰)。天河公司未确认业绩奖励收入,这是因为,该业绩奖励仍然会受到基金未来累计回报的影响,有关将可变对价计入交易价格的限制条件仍然没有得到满足。天河公司应当在后续的每一资产负债表日,估计业绩奖励是否满足上述条件,以确定其收入金额。

2. 合同中存在的重大融资成分

当合同各方在合同中(或者以隐含的方式)约定的付款时间为客户或企业就该交易提供了重大融资利益时,合同中即包含了重大融资成分,如企业以赊销的方式销售商品等。合同中存在重大融资成分的,企业应当按照假定客户在取得商品控制权时即以现金支付的应付金额(即现销价格)确定交易价格。在评估合同中是否存在融资成分及该融资成分对于该合同而言是否重大时,企业应当考虑所有相关的事实和情况,包括:①已承诺的对价金额与已承诺商品的现销价格之间的差额。②下列两项的共同影响:一是企业将承诺的商品转让给客户支付相关款项之间的预计时间间隔,二是相关市场的现行利率。

表明企业与客户之间的合同未包含重大融资成分的情形有:一是客户就商品支付了预付款,且可以自行决定这些商品的转让时间(例如,企业向客户出售其发行的储蓄卡,客户可随时到该企业持卡购物;企业向客户授予奖励积分,客户可随时到该企业兑换这些积分等)。二是客户承诺支付的对价中有相当大的部分是可变的,该对价金额或付款时间取决于其未来是否发生,且该事项实质上不受客户或企业控制(例如,按照实际销售收取的特许权使用费)。三是合同承诺的对价金额与现销价格之间的差额是由于向客户或企业提供融资利益以外的其他原因所导致的,且这一差额与产生该差额的原因是相称的(例如,合同约定的支付条款目的是向企业或客户提供保护,以防止另一方未能依照合同充分履行其部分或全部义务)。

需要说明的是,企业应当在单个合同层面考虑融资成分是否重大,而不应在合同组合层面考虑。合同中存在重大融资成分的,企业在确定该重大融资成分的金额时,应使用将合同对价的名义金额折现为商品的现销价格的折现率。该折现率一经确定,不得因后续市场利率或客户信用风险等情况的变化而变化。企业确定的交易价格与合同承诺的对价金额之间的差额,应当在合同期间内采用实际利率法摊销。

【例12-6】 天河公司于2024年1月1日采用分期收款方式向乙公司销售一套大型设备,合同约定的销售价格为2 000万元,分5次于每年12月31日等额收取。该大型设备成本为1 560万元。在现销方式下,该大型设备的销售价格为1 600万元。假定天河公司发出商品时,其有关的增值税纳税义务尚未发生,在合同约定的收款日期,发生有关的增值税纳税义务。

要求:(1) 计算本业务的实际利率;

(2) 用实际利率法分摊交易价格和合同承诺对价之间的差额,编制各年的相关会计分录。

在本例中,天河公司为客户提供融资,计算天河公司在本业务中的实际利率:

设实际利率为r,$400 \times (P/A, r, 5) = 1\ 600$

当r=7%时,$400 \times 4.100\ 2 = 1\ 640.08 > 1\ 600$万元

当r=8%时,$400 \times 3.992\ 7 = 1\ 591.08 < 1\ 600$万元

因此,7%<r<8%,用插值法计算如下:

现值	利率
1 640.08	7%
1 600	r
1 597.08	8%

$(1\,600-1\,640.08)\div(1\,597.08-1\,640.08)=(r-7\%)\div(8\%-7\%)$

解得:r=7.93%

天河公司合同重大融资的实际利息收入计算如表 12-1 所示。

表 12-1　天河公司合同重大融资的实际利息收入计算表　　　　单位:万元

日期 (t)	未收本金 $A_t=A_{t-1}-D_{t-1}$	财务费用 $B=A\times 7.93\%$	收现总额 C	已收本金 $D=C-B$
2024 年 1 月 1 日	1 600	—	—	
2024 年 12 月 31 日	1 600	126.88	400	273.12
2025 年 12 月 31 日	1 326.88	105.22	400	294.78
2026 年 12 月 31 日	1 032.10	81.85	400	318.15
2027 年 12 月 31 日	713.95	56.62	400	343.38
2028 年 12 月 31 日	370.57	29.43*	400	370.57
总　　额		400	2 000	1 600

天河公司各期的会计分录如下:

① 2024 年 1 月 1 日销售实现时:

借:长期应收款　　　　　　　　　　　　　　　　　　　　　　　20 000 000
　　贷:主营业务收入　　　　　　　　　　　　　　　　　　　　　16 000 000
　　　　未实现融资收益　　　　　　　　　　　　　　　　　　　　 4 000 000
借:主营业务成本　　　　　　　　　　　　　　　　　　　　　　　15 600 000
　　贷:库存商品　　　　　　　　　　　　　　　　　　　　　　　15 600 000

② 2024 年 12 月 31 日收取货款和增值税税额时:

借:银行存款　　　　　　　　　　　　　　　　　　　　　　　　　 4 520 000
　　贷:长期应收款　　　　　　　　　　　　　　　　　　　　　　 4 000 000
　　　　应交税费——应交增值税(销项税额)　　　　　　　　　　　　 520 000
借:未实现融资收益　　　　　　　　　　　　　　　　　　　　　　 1 268 800
　　贷:财务费用　　　　　　　　　　　　　　　　　　　　　　　 1 268 800

③ 2025 年 12 月 31 日收取货款和增值税税额时:

借:银行存款　　　　　　　　　　　　　　　　　　　　　　　　　 4 520 000
　　贷:长期应收款　　　　　　　　　　　　　　　　　　　　　　 4 000 000
　　　　应交税费——应交增值税(销项税额)　　　　　　　　　　　　 520 000
借:未实现融资收益　　　　　　　　　　　　　　　　　　　　　　 1 052 200
　　贷:财务费用　　　　　　　　　　　　　　　　　　　　　　　 1 052 200

2026 年、2027 年、2028 年年末会计分录从略。

【例 12-7】　天河公司 2024 年 1 月 1 日与乙公司签订合同,向其出售一批产品,该批产品将于 2 年后交货。合同约定两种付款方式:乙公司可以在两年后交付产品时付款 449.44 万元,或者在合同签订时支付 400 万元。乙公司选择在合同签订时支付货款,天河公司在 2×20 年 1 月 1 日收到对方全部款项。本题不考虑相关税费的影响,该批产品的控制权在交货时转移。

本例中,客户为天河公司提供融资。

(1) 天河公司 2024 年 1 月 1 日收到款项:

借:银行存款　　　　　　　　　　　　　　　　　　　　　　　　400
　　未确认融资费用　　　　　　　　　　　　　　　　　　　　　49.4
　　贷:合同负债　　　　　　　　　　　　　　　　　　　　　　　　494.4

(2) 天河公司 2024 年 12 月 31 日确认融资成分的影响(按照两种付款方式比较计算的内含利率为 6%):

借:财务费用　　　　　　　　　　　　　　　　　　　　　　　　24
　　贷:未确认融资费用　　　　　　　　　　　　　　　　　　　　　24

(3) 天河公司 2025 年 12 月 31 日交付产品:

借:财务费用(424×6%＝25.44 万元)　　　　　　　　　　　　25.44
　　贷:未确认融资费用　　　　　　　　　　　　　　　　　　　　25.44
借:合同负债　　　　　　　　　　　　　　　　　　　　　　　　494.4
　　贷:主营业务收入　　　　　　　　　　　　　　　　　　　　　494.4

特别注意:合同中存在重大融资的,一定要分清是本企业为客户提供融资,还是客户为本企提供融资。

3. 非现金对价

非现金对价包括实物资产、无形资产、股权、客户提供的广告服务等。客户支付非现金对价的,在通常情况下,企业应当按照非现金对价在合同开始日的公允价值确定交易价格。非现金对价公允价值不能合理估计的,企业应当参考其承诺向客户转让商品的单独售价间接确定交易价格。

非现金对价的公允价值可能会因对价的形式而发生变动(例如,企业有权向客户收取的对价是股票,股票本身的价格会发生变动),也可能会因为其形式以外的原因而发生变动。合同开始日后,非现金对价的公允价值因对价形式以外的原因而发生变动的,应当作为可变对价,按照与计入交易价格的可变对价金额的限制条件相关的规定进行处理;合同开始日,非现金对价的公允价值因对价形式而发生变动的,该变动金额不应计入交易价格。

4. 应付客户对价

企业存在应付客户对价的,应当将该应付对价冲减交易价格,但应付客户对价是为了自客户取得其他可明确区分商品的除外。企业应付客户对价是为了向客户取得其他可明确区分商品的,应当采用与企业其他采购相一致的方式确认所购买的商品。企业应付客户对价超过向客户取得可明确区分商品公允价值的,超过金额应当冲减交易价格。向客户取得的可明确区分商品公允价值不能合理估计的,企业应当将应付客户对价全额冲减交易价格。在将应付客户对价冲减交易价格处理时,企业应当在确认相关收入与支付(或承诺支付)客户对价两者孰晚的时点冲减当期收入。

(四) 将交易价格分摊至各单项履约义务

当合同中包含两项或多项履约义务时,为了使企业分摊至每一单项履约义务的交易价格能够反映其因向客户转让已承诺的相关商品(或提供已承诺的相关服务)而预期有权收取的对价金额,企业应当在合同开始日,按照各单项履约义务所承诺商品的单独售价的相对比例,将交易价格分摊至各单项履约义务。

单独售价是指企业向客户单独销售商品的价格。单独售价无法直接观察的,企业应当综合考虑其能够合理取得的全部相关信息,采用市场调整法、成本加成法、余值法等方法合理估计单独售价。其中:市场调整法是指企业根据某商品或类似商品的市场售价,考虑本企业的成本和毛利等进行适当调整后,确定其单独售价的方法;成本加成法是指企业根据某商品的预计成本加上其合理毛利后的价格,确定其单独售价的方法;余值法是指企业根据合同交易价格减去合同中其他商品可观察的单独售价后的余值,确定某商品单独售价的方法。企业应当最大限度地采用可观察的输入值,并对类似的情况采用一致的估计方法。

企业在商品近期售价波动幅度巨大,或者因未定价且未曾单独销售而使售价无法可靠确定时,可采用余值法估计其单独售价。

【例 12-8】 2×22 年 3 月 1 日,天河公司与客户签订合同,向其销售 A、B 两项商品,A 商品的单独售价为 6 000 元,B 商品的单独售价为 24 000 元,合同价款为 25 000 元。合同约定,A 商品于合同开始日交付,B 商品在 1 个月之后交付,只有当两项商品全部交付之后,甲公司才有权收取 25 000 元的合同对价。假定 A 商品和 B 商品分别构成单项履约义务,其控制权在交付时转移给客户。上述价格均不含增值税,且假定不考虑相关税费影响(涉税参照例 3-8)。

本例中,分摊至 A 商品的合同价款为 5 000 元[6 000÷(6 000+24 000)×25 000],分摊至 B 商品的合同价款为 20 000 元[24 000÷(6 000+24 000)×25 000]。甲公司的账务处理如下:

(1)交付 A 商品时:

借:合同资产 5 000
　　贷:主营业务收入 5 000

(2)交付 B 商品时:

借:应收账款 25 000
　　贷:合同资产 5 000
　　　　主营业务收入 20 000

合同资产是指企业已向客户转让商品而有权收取对价的权利,且该权利取决于时间流逝之外的其他因素。应收账款是企业无条件收取合同对价的权利,该权利应当作为应收货款单独列示。两者的区别在于,应收款项代表的是无条件收取合同对价的权利,即企业仅仅随着时间的流逝即可收款,而合同资产并不是一项无条件收款权,该权利除了时间流逝之外,还取决于其他条件(如履约合同中的其他履约义务)才能收取相应的合同对价。因此,与合同资产和应收款项相关的风险是不同的,应收款项仅承担信用风险,而合同资产除信用风险之外,还可能承担其他风险,如履约风险等。合同资产的减值的计量、列报和披露应当按照相关金融工具准则的要求进行会计处理。

1. 分摊合同折扣

合同折扣是指合同中各单项履约义务所承诺商品的单独售价之和高于合同交易价格的

金额。对于合同折扣,企业应当在各单项履约义务之间按比例分摊。有确凿证据表明合同折扣仅与合同中一项或多项(而非全部)履约义务相关的,企业应当将该合同折扣分摊至相关一项或多项履约义务。

同时满足下列条件时,企业应当将合同折扣全部分摊至合同中的一项或多项(而非全部)履约义务:①企业经常将该合同中的各项可明确区分的商品单独销售或者以组合的方式单独销售。②企业也经常将其中部分可明确区分的商品以组合的方式按折扣价格单独销售。③上述第②项中的折扣与该合同中的折扣基本相同,且针对每一组合中的商品的分析为将该合同的全部折扣归属于某一项或多项履约义务提供了可观察的证据。有确凿证据表明合同折扣仅与合同中的一项或多项(而非全部)履约义务相关,且企业采用余值法估计单独售价的,企业应当首先在该一项或多项(而非全部)履约义务之间分摊合同折扣;其次再采用余值法估计单独售价。

【例12-9】 天河公司与客户签订合同,向其销售A、B、C三种产品,合同总价款为120万元,这三种产品构成3个单项履约义务。天河公司经常单独出售A产品,其可直接观察的单独售价为50万元;B产品和C产品的单独售价不可直接观察,天河公司采用市场调整法估计B产品的单独售价为25万元,采用成本加成法估计C产品的单独售价为75万元。甲公司经常以50万元的价格单独销售A产品,并且经常将B产品和C产品组合在一起以70万元的价格销售。假定上述价格均不包含增值税。

本例中,这三种产品的单独售价合计为150万元,而该合同的价格为120万元,因此该合同的折扣为30万元。天河公司经常将B产品和C产品组合在一起以70万元的价格销售,该价格与其单独售价的差额为30万元,与该合同的折扣一致,而A产品单独销售的价格与其单独售价一致,证明该合同的折扣仅应归属于B产品和C产品。因此,在该合同下,分摊至A产品的交易价格为50万元,分摊至B产品和C产品的交易价格合计为70万元,天河公司应当进一步按照B产品和C产品的单独售价的相对比例将该价格在两者之间进行分摊。因此,各产品分摊的交易价格分别为:A产品为50万元,B产品为17.5万元(25÷100×70),C产品为52.5万元(75÷100×70)。

2. 分摊可变对价

合同中包含可变对价的,该可变对价可能与整个合同相关,也可能仅与合同中的某一特定组成部分有关。后者包括两种情形:一是可变对价可能与合同中的一项或多项(而非全部)履约义务有关;二是可变对价可能与企业向客户转让的构成单项履约义务的一系列可明确区分商品中的一项或多项(而非全部)商品有关。

同时满足下列条件的,企业应当将可变对价及可变对价的后续变动额全部分摊至与之相关的某项履约义务,或者构成单项履约义务的一系列可明确区分商品中的某项商品:①可变对价的条款专门针对企业为履行该项履约义务或转让该项可明确区分商品所作的努力(或者是履行该项履约义务或转让该项可明确区分商品所导致的特定结果)。②企业在考虑了合同中的全部履约义务及支付条款后,将合同对价中的可变金额全部分摊至该项履约义务或该项可明确区分商品符合分摊交易价格的目标。对于不满足上述条件的可变对价及可变对价的后续变动额,以及可变对价及其后续变动额中未满足上述条件的剩余部分,企业应当按照分摊交易价格的一般原则,将其分摊至合同中的各单项履约义务。对于已履行的履约义务,其分摊的可变对价后续变动额应当调整变动当期的收入。

【例 12-10】 天河公司与乙公司签订合同,将其拥有的两项专利技术 X 和 Y 授权给乙公司使用。假定两项授权均构成单项履约义务,且都属于在某一时点履行的履约义务。合同约定,授权使用 X 的价格为 80 万元,授权使用 Y 的价格为乙公司使用该专利技术所生产的产品销售额的 3%。X 和 Y 的单独售价分别为 80 万元和 100 万元。天河公司估计其就授权使用 Y 而有权收取的特许权使用费为 100 万元。假定上述价格均不包含增值税。

本例中,该合同中包含固定对价和可变对价,其中,授权使用 X 的价格为固定对价,且与其单独售价一致,授权使用 Y 的价格为乙公司使用该专利技术所生产的产品销售额的 3%,属于可变对价,该可变对价全部与授权使用 Y 能够收取的对价有关,且天河公司估计基于实际销售情况收取的特许权使用费的金额接近 Y 的单独售价。因此,天河公司将可变对价部分的特许权使用费金额全部由 Y 承担符合交易价格的分摊目标。

3. 交易价格的后续变动

交易价格发生后续变动的,企业应当按照在合同开始日所采用的基础将该后续变动金额分摊至合同中的履约义务。企业不得因合同开始日之后单独售价的变动而重新分摊交易价格。对于合同变更导致的后续变动应当按照本节有关合同变更的要求进行会计处理。合同变更之后发生可变对价后续变动的,企业应当区分下列三种情形分别进行会计处理:

(1) 合同变更属于本节合同变更的第(1)种情形的,企业应当判断可变对价后续变动与哪一项合同相关,并按照分摊可变对价的相关规定进行会计处理。

(2) 合同变更属于本节合同变更的第(2)种情形,且可变对价后续变动与合同变更前已承诺可变对价相关的,企业应当首先将该可变对价后续变动额以原合同开始日确定的单独售价为基础进行分摊,其次再将分摊至合同变更日尚未履行履约义务的该可变对价变动额以新合同开始日确定的基础进行二次分摊。

(3) 合同变更之后发生除上述第(1)种和(2)种情形以外的可变对价后续变动的,企业应当将该可变对价后续变动额分摊至合同变更日尚未履行(或部分未履行)的履约义务。

【例 12-11】 2×23 年 9 月 1 日,天河公司与乙公司签订合同,向其销售 A 产品和 B 产品。A 产品和 B 产品均为可明确区分商品,其单独售价相同,且均属于在某一时点履行的履约义务。合同约定,A 产品和 B 产品分别于 2×23 年 11 月 1 日至 2×24 年 3 月 31 日交付给乙公司。合同约定的对价包括 1 000 元的固定对价和估计金额为 200 元的可变对价。假定天河公司将 200 元的可变对价计入交易价格,满足本节有关将可变对价金额计入交易价格的限制条件。因此,该合同的交易价格为 1 200 元。假定上述价格均不包含增值税。

2×23 年 12 月 1 日,双方对合同范围进行了变更,乙公司向天河公司额外采购 C 产品,合同价格增加 300 元,C 产品和 A、B 两种产品可明确区分,但该增加的价格不反映 C 产品的单独售价。C 产品的单独售价与 A 产品和 B 产品相同。C 产品将于 2×24 年 6 月 30 日交付给乙公司。

2×23 年 12 月 31 日,天河公司预计有权收取的可变对价的估计金额由 200 元变更为 240 元,该金额符合计入交易价格的条件。因此,合同的交易价格增加了 40 元,且甲公司认为该增加额与合同变更前已承诺的可变对价相关。

假定上述三种产品的控制权均随产品交付而转移给乙公司。

本例中,在合同开始日,该合同包含两个单项履约义务,天河公司应当将估计的交易价格分摊至这两项履约义务。两种产品的单独售价相同,且可变对价不符合分摊至其中一项履约义务的条件,因此,天河公司将交易价格1 200元平均分摊至A产品和B产品,即A产品和B产品各自分摊的交易价格均为600元。

2×23年11月1日,当A产品交付给客户时,天河公司相应确认收入600元。

2×23年12月1日,双方进行了合同变更。该合同变更属于本节合同变更的第(2)种情形,因此该合同变更应当作为原合同终止,并将原合同的未履约部分与合同变更部分合并为新合同进行会计处理。在该新合同下,合同的交易价格为900元(600+300),由于B产品和C产品的单独售价相同,分摊至B产品和C产品的交易价格的金额均为450元。

2×23年12月31日,天河公司重新估计可变对价,增加了交易价格40元。由于该增加额与合同变更前已承诺的可变对价相关,因此应首先将该增加额分摊给A产品和B产品,其次再将分摊给B产品的部分在B产品和C产品形成的新合同中进行二次分配。在本例中,由于A、B和C产品的单独售价相同,在将40元的可变对价后续变动分摊至A产品和B产品时,各自分摊的金额为20元。由于甲公司已经转让了A产品,在交易价格发生变动的当期即应将分摊至A产品的20元确认为收入。之后,甲公司将分摊至B产品的20元平均分摊至B产品和C产品,即各自分摊的金额为10元,经过上述分摊后,B产品和C产品的交易价格金额为460元(450+10)。因此,甲公司分别在B产品和C产品控制权转移时确认收入460元。

(五) 履行每一单项履约义务时确认收入

企业应当在履行了合同中的履约义务,即客户取得相关商品控制权时确认收入。企业应当根据实际情况先判断履约义务是否满足在某一时段内履行的条件,如不满足,则该履约义务属于在某一时点履行的履约义务。对于在某一时段内履行的履约义务,企业应选取恰当的方法来确定履约进度;对于在某一时点履行的履约义务,企业应当综合分析控制权转移的迹象,判断其转移时点。

1. 在某一时段内履行的履约义务的收入确认条件

满足下列条件之一的,属于在某一时段内履行的履约义务,相关收入应当在该履约义务履行的期间内确认:

(1) 客户在企业履约的同时即取得并消耗企业履约所带来的经济利益。企业在履约过程中是持续地向客户转移该服务的控制权的,该履约义务属于在某一时段内履行的履约义务,企业应当在提供该服务的期间内确认收入。企业在进行判断时,可以假定在企业履约的过程中更换为其他企业继续履行剩余履约义务,如果该继续履行合同的企业实质上无需重新执行企业累计至今已经完成的工作,则表明客户在企业履约的同时即取得并消耗了企业履约所带来的经济利益。例如,企业承诺将客户的一批货物从A市运送到B市,假定该批货物在途经C市时,由另外一家运输公司接替企业继续提供该运输服务,A市到C市之间的运输服务是无需重新执行的,因此,表明客户在企业履约的同时即取得并消耗了企业履约所带来的经济利益,因此,企业提供的运输服务属于在某一时段内履行的履约义务。企业在判断其他企业是否实质上无需重新执行企业累计至今已经完成的工作时,应当基于以下两个前提:一是不考虑可能会使企业无法将剩余履约义务转移给其他企业的潜在限制,包括合同限制或实际可行性限制;二是假设继续履行剩余履约义务的其他企业将不会享有企业目前已控制的任何资产的利益,也不会享有剩余履约义务转移后企业仍然控制的任何资产的利益。

(2) 客户能够控制企业在履约过程中在建的商品。企业在履约过程中创建的商品包括在产品、在建工程、尚未完成的研发项目、正在进行的服务等,如果客户在企业创建该商品的过程中就能够控制这些商品,应当认为企业提供该商品的履约义务属于在某一时段内履行的履约义务。

【例12-12】 天河公司与客户签订合同,在客户拥有的土地上按照客户的设计要求为其建造厂房。在建造中客户有权修改厂房设计,并与企业重新协商设计变更后的合同价款。客户每月月末按当月工程进度向企业支付工程款。如果企业终止合同,已完成建造部分的厂房归客户所有。

本例中,天河公司为客户建造厂房,该厂房位于客户的土地上,客户终止合同时,已建造的厂房归客户所有。这些均表明客户在该厂房建造的过程中就能够控制该在建的厂房。因此,企业提供的该建造服务属于在某一时段内履行的履约义务,企业应当在提供该服务的期间内确认收入。

(3) 企业在履约过程中所产出的商品具有不可替代用途,且该企业在整个合同期间内有权就累计至今已完成的履约部分收取款项。

其一,商品具有不可替代用途。在判断商品是否具有不可替代用途时,企业既应当考虑合同限制,也应当考虑实际可行性限制,但无需考虑合同被终止的可能性。企业在判断商品是否具有不可替代用途时,需要注意以下四点:一是企业应当在合同开始日判断所承诺的商品是否具有不可替代用途。在此之后,除非发生合同变更,且该变更显著改变了原合同约定的履约义务;否则,企业无需重新进行评估。二是合同中是否存在实质性限制条款,导致企业不能将合同约定的商品用于其他用途。保护性条款也不应被视为实质性限制条款。三是是否存在实际可行性限制。例如,虽然合同中没有限制,但是企业将合同中约定的商品用作其他用途,将遭受重大的经济损失或发生重大的返工成本。四是企业应当根据最终转移给客户的商品的特征判断其是否具有不可替代用途。例如,某商品在生产的前期可以满足多种用途需要的,从某一时点或某一流程开始,才进入定制化阶段,此时,企业应当根据该商品在最终转移给客户时的特征来判断其是否满足"具有不可替代用途"的条件。

其二,企业在整个合同期间内有权就累计至今已完成的履约部分收取款项。有权就累计至今已完成的履约部分收取款项是指在由于客户或其他原因终止合同的情况下,企业有权就累计至今已完成的履约部分收取能够补偿其已发生成本和合理利润的款项,并且该权利具有法律约束力。需要强调的是,合同终止必须是由于客户或其他方(即由于企业未按照合同承诺履约之外的其他原因)而非企业自身的原因所致,在整个合同期间内的任一时点,企业均应当拥有此项权利。企业在进行判断时,需要注意以下五点:一是企业有权就累计至今已完成的履约部分收取的款项应当大致相当于累计至今已经转移给客户的商品的售价,即该金额应当能够补偿企业已经发生的成本和合理利润。其中,合理的利润补偿并非一定是该合同的整体毛利水平,以下两种情形都属于合理的利润补偿:①根据合同终止前的履约进度对该合同的毛利水平进行调整后确定的金额作为利润补偿金额。②如果该合同的毛利水平高于企业同类合同的毛利水平,以企业从同类合同中能够获取的合理资本回报或者经营毛利作为利润补偿金额。二是企业有权就累计至今已完成的履约部分收取款项,并不意味着企业拥有随时可行使的无条件收款权。当合同约定客户在约定的某一时点、重要事项完成的时点或者整个合同完成之后才支付合同价款时,企业并没有取得收款的权利。在判断其是否满足本要求时,应当考虑,在整个合同期间内的任一时点,假设由于客户或其他方原因导致合同提前终止时,企业是否有权主张该收款权利,即有权要求客户补偿其截至目前已完成的履约部分应收取的款项。三是当客户只有在某些特定时点才能要求终止合同,或者根本无权终止合同时终止了合同(包括客户没有按照合同约定履行其义务)时,如果合同条款或法律法规赋予了企业继续执行合同(即企业继续向客户转移合同中承诺的商品并要求客户支付对价)的权力,则表明企业有权就累计至今已完成的履约部分收取款项。四是企业在进行相关判断时,不仅要考虑合同条款的约定,还应当充分考虑所处的法律环境(包括适用的法律法规、以往的司法实践和类似案例的结果等)是否对合同条款形成了补充,或者会凌驾于合同条款之上。例如,在合同没有明确约定的情况下,相关的法律法规等是否支持企业主张相关的收款权利;以往的司法实践是否表明合同中的某些条款没有法律约束力;在以往的类似合同中,企业虽然拥有此项权利,却在考虑了各种因素之后没有行使该权利,这是否会导致企业主张该权利的要求在当前的法律环境下不被支持等。五是企业和客户在合同约定的具体付款时间表并不一定意味着,企业有权就累计至今已完成的履约部分应收取款项。企业需要进一步评估,合同中约定的付款时间表,是否使企业在整个合同期间内的任一时点,在由于除企业自身未按照合同承诺履约之外的其他原因导致合同终止的情况下,均有权就累计至今已完成的履约部分收取能够补偿其成本和合理利润的款项。

【例 12-13】 天河公司是一家造船企业,与乙公司签订了一份船舶建造合同,按照乙公司的具体要求设计和建造船舶。天河公司在自己的厂区内完成该船舶的建造,乙公司无法控制在建过程中的船舶。天河公司如果想把该船舶出售给其他客户,需要发生重大的改造成本。双方约定,如果乙公司单方面解约,乙公司需向天河公司支付相当于合同总价 30% 的违约金,且建造中的船舶归天河公司所有。假定该合同仅包含一项履约义务,即设计和建造船舶。

本例中,船舶是按照乙公司的具体要求进行设计和建造的,天河公司需要发生重大的改造成本将该船舶改造之后才能将其出售给其他客户,因此,该船舶具有不可替代用途。然而,如果乙公司单方面解约,仅需向天河公司支付相当于合同总价 30% 的违约金,表明天河公司无法在整个合同期间内有权就累计至今已完成的履约部分收取能够补偿其已发生成本和合理利润的款项。因此,天河公司为乙公司设计和建造船舶不属于在某一时段内履行的履约义务。

2. 在某一时段内履行的履约义务的收入确认方法

对于在某一时段内履行的履约义务,企业应当在该段时间内按照履约进度确认收入,履约进度不能合理确定的除外。企业应当采用恰当的方法确定履约进度,以使其如实反映企业向客户转让商品的履约情况。企业应当考虑商品的性质,采用产出法或投入法确定恰当的履约进度,并且在确定履约进度时,应当扣除那些控制权尚未转移给客户的商品和服务。

1) 产出法

产出法主要是根据已转移给客户的商品对于客户的价值确定履约进度,主要包括按照实际测量的完工进度、评估已实现的结果、已达到的里程碑、时间进度、已完工或交付的产品等确定履约进度的方法。企业在评估是否采用产出法确定履约进度时,应当考虑所选择的产出指标是否能够如实地反映向客户转移商品的进度。

【例 12-14】 天河公司与客户签订合同,为该客户拥有的一条铁路更换 100 根铁轨,合计价格为10万元(不含税价)。截至2×22年12月31日,天河公司共更换铁轨60根,剩余部分预计在2×23年3月31日之前完成。该合同仅包含一项履约义务,且该履约义务满足在某一时段内履行的条件。假定不考虑其他情况。

本例中,天河公司提供的更换铁轨的服务属于在某一时段内履行的履约义务,天河公司按照已完成的工作量确定履约进度。因此,截至2×22年12月31日,该合同的履约进度为60%(60÷100),天河公司应确认的收入为6万元(10×60%)。

产出法是直接计量已完成的产出,一般能够客观地反映履约进度。当产出法所需要的信息可能无法直接通过观察获得,或者为获得这些信息需要花费很高的成本时,可采用投入法。

2) 投入法

投入法主要是根据企业履行履约义务的投入确定履约进度,主要包括以投入的材料数量、花费的人工工时或机器工时、发生的成本和时间进度等投入指标确定履约进度。当企业从事的工作或发生的投入是在整个履约期间内平均发生时,按照直线法确认收入是合适的。企业的投入与向客户转移商品控制权之间未必存在直接的对应关系,因此,企业在采用投入法时,应当扣除那些虽然已经发生、但是未导致向客户转移商品的投入。实务中,企业通常按照累计实际发生的成本占预计总成本的比例(即成本法)确定履约进度,累计实际发生的成本包括企业向客户转移商品过程中所发生的直接成本和间接成本,如直接人工、直接材料、分包成本及其他与合同相关的成本。企业在采用成本法确定履约进度时,可能需要对已发生的成本进行适当调整的情形有：

(1) 已发生的成本并未反映企业履行其履约义务的进度,如企业生产效率低下等原因而导致的非正常消耗,包括非正常消耗的直接材料、直接人工及制造费用等,除非企业和客户在订立合同时已经预见企业会发生这些成本并将其包括在合同价款中。

(2) 已发生的成本与企业履行其履约义务的进度不成比例。如果企业已发生的成本与履约进度不成比例,企业在采用成本法时需要进行适当调整。当企业在合同开始日就能够预期将满足下列所有条件时,企业在采用成本法时不应包括该商品的成本,而是应当按照其成本金额确定收入:一是该商品不构成单项履约义务;二是客户先取得该商品的控制权,之后才接受与之相关的服务;三是该商品的成本占总成本的比重较大;四是企业自第三方采购该商品,且未深入参与其设计和制造,对于包含该商品的履约义务而言,企业是主要责任人。

【例12-15】 2024年10月,天河公司与客户签订合同,为客户装修一栋办公楼并安装一部电梯,合同总金额为100万元。天河公司预计的合同总成本为80万元,其中包括电梯的采购成本30万元。

2×23年12月,天河公司将电梯运达施工现场并经过客户验收,客户已取得对电梯的控制权,但是根据装修进度,预计到2024年2月才会安装该电梯。截至2×23年12月,天河公司累计发生成本40万元,其中包括支付给电梯供应商的采购成本30万元及因采购电梯发生的运输和人工等相关成本5万元。

假定该装修服务(包括安装电梯)构成单项履约义务,并属于在某一时段内履行的履约义务,天河公司是主要负责人,但不参与电梯的设计和制造;天河公司采用成本法确定履约进度。上述金额均不含增值税。

本例中,截至2×23年12月,天河公司发生成本40万元(包括电梯采购成本30万元以及因采购电梯发生的运输和人工等相关成本 5 万元),天河公司认为其已发生的成本和履约进度不成比例,因此需要对履约进度的计算作出调整,将电梯的采购成本排除在已发生和预计总成本之外。在该合同中,该电梯不构成单项履约义务,其成本相对于预计总成本而言是重大的,甲公司是主要责任人,但是未参与该电梯的设计和制造,客户先取得了电梯的控制权,随后才接受与之相关的安装服务,因此,甲公司在客户取得该电梯控制权时,按照该电梯采购成本的金额确认转让电梯产生的收入。

因此,2×23 年 12 月,该合同的履约进度为 20%[(40−30)÷(80−30)],应确认的收入和成本金额分别为 44 万元[(100−30)×20%+30]和 40 万元[(80−30)×20%+30]。

对于每一项履约义务,企业只能采用一种方法来确定其履约进度,并加以一贯运用。对于类似情况下的类似履约义务,企业应当采用相同的方法确定履约进度。

资产负债表日,企业应当在按照合同的交易价格总额乘以履约进度扣除以前会计期间累计已确认的收入后的金额,确认为当期收入。当履约进度不能合理确定时,企业已经发生的成本预计能够得到补偿的,应当按照已经发生的成本金额确认收入,直到履约进度能够合理确定为止。每一资产负债表日,企业应当对履约进度进行重新估计。当客观环境发生变化时,企业也需要重新评估履约进度是否发生变化,以确保履约进度能够反映履约情况的变化,该变化应当作为会计估计变更进行会计处理。

3. 在某一时点履行的履约义务

当一项履约义务不属于在某一时段内履行的履约义务时,应当属于在某一时点履行的履约义务。对于在某一时点履行的履约义务,企业应当在客户取得相关商品控制权时点确认收入。在判断客户是否已取得商品控制权时,企业应当考虑下列迹象:

(1)企业就该商品享有现时收款权利,即客户就该商品负有现时付款义务。如果企业就该商品享有现时的收款权利,则可能表明客户已经有能力主导该商品的使用并从中获得几乎全部的经济利益。

(2)企业已将该商品的法定所有权转移给客户,即客户已拥有该商品的法定所有权。客户如果取得了商品的法定所有权,则可能表明其已经有能力主导该商品的使用并从中获得几乎全部的经济利益,或者能够阻止其他企业获得这些经济利益。如果企业仅仅是为了确保到期收回货款而保留商品的法定所有权,那么企业所保留的这项权利通常不会对客户取得对该商品的控制权构成障碍。

(3)企业已将该商品实物转移给客户,即客户已实物占有该商品。客户如果已经实物占有商品,则可能表明其有能力主导该商品的使用并从中获得几乎全部的经济利益,或者使其他企业无法获得这些利益。需要说明的是,客户占有了某项商品的实物并不意味着其就一定取得了该商品的控制权,反之亦然。例如,采用支付手续费方式的委托代销安排下,虽然企业作为委托方已将商品发送给受托方,但是受托方并未取得该商品的控制权,因此,企业不应在向受托方发货时确认销售商品的收入,而仍然应当根据控制权是否转移来判断何时确认收入,通常应当在受托方售出商品时确认销售商品收入;受托方应当在商品销售后,按合同或协议约定的方法计算确定的手续费收入。表明一项安排是委托代销安排的迹象如:①在特定事件发生之前(如向最终客户出售产品或指定期间到期之前),企业拥有对商品的控制权。②企业能够要求将委托代销的商品退回或者将其销售给其他方(如其他经销商)。③尽管经销商可能被要求向企业支付一定金额的押金,但是其并没有承担对这些商品无条件付款的义务。

实务中,企业有时根据合同已经就销售的商品向客户收款或取得了收款权利,但是,由于客户因为缺乏足够的仓储空间或生产进度延迟等原因,直到在未来某一时点将该商品交付给客户之前,企业仍然继续持有该商品实物,这种情况通常称为"售后代管商品"安排。此时,企业除了考虑客户是否取得商品控制权的迹象之外,还应当同时满足下列条件,才表明客户取得了该商品的控制权:①该安排必须具有商业性质,如该安排是应客户的要求而订立的。②属于客户的商品必须能够单独识别,如将属于客户的商品单独存放在指定地点。③该商品可以随时交付给客户。④企业不能自行使用该商品或将该商品提供给其他客户。企业根据上述条件对尚未发货的商品确认了收入的,还应当考虑是否承担了其他履约义务,如向客户提供保管服务等,从而应当将部分交易价格分摊至该其他履约义务。越是通用的、可以和其他商品互相替换的商品,可能越难满足上述条件。

【例 12-16】 2×23 年 1 月 1 日,天河公司与乙公司签订合同,向其销售一台设备和专用零部件。该设备和零部件的制造期为 2 年。天河公司在完成设备和零部件的生产之后,能够证明其符合合同约定的规格。假定企业向客户转让设备和零部件为两个单项履约义务,且都属于在某一时点履行的履约义务。

2×24 年 12 月 31 日,乙公司支付了该设备和零部件的合同价款,并对其进行了验收。乙公司运走了设备,但是考虑到其自身的仓储能力有限,且其工厂紧邻天河公司的仓库,因此要求将零部件存放于甲公司的仓库中,并且要求甲公司按照其指令随时安排发货。乙公司已拥有零部件的法定所有权,且这些零部件可明确识别为属于乙公司的物品。天河公司在其仓库内的单独区域内存放这些零部件,并且应乙公司的要求可随时发货,天河公司不能使用这些零部件,也不能将其提供给其他客户使用。

本例中,2×21 年 12 月 31 日,该设备的控制权转移给乙公司;对于零部件而言,天河公司已经收取合同价款,但是应乙公司的要求尚未发货,乙公司已拥有零部件的法定所有权并且对其进行了验收,虽然这些零部件实物尚由甲公司持有,但是其满足在"售后代管商品"的安排下客户取得商品控制权的条件,这些零部件的控制权也已经转移给了乙公司。因此,甲公司应当确认销售设备和零部件的相关收入。除销售设备和零部件之外,甲公司还为乙公司提供了仓储保管服务,该服务与设备和零部件可明确区分,构成单项履约义务,甲公司需要将部分交易价格分摊至该项服务,并在提供该项服务的期间确认收入。

【例 12-17】 天河公司生产并销售笔记本电脑。2×22 年,天河公司与零售商 B 公司签订销售合同,向其销售 1 万台电脑。由于 B 公司的仓储能力有限,无法在 2×22 年年底之前接收该批电脑,双方约定天河公司在 2×23 年按照 B 公司的指令按时发货,并将电脑运送至 B 公司指定的地点。2×22 年 12 月 31 日,天河公司共有上述电脑库存 1.2 万台,其中包括 1 万台将要销售给 B 公司的电脑。然而,这 1 万台电脑和其余 2 000 台电脑一起存放并统一管理,并且彼此之间可以相互替换。

本例中,尽管是由于 B 公司没有足够的仓储空间才要求 A 公司暂不发货,并按照其指定的时间发货,但是由于这 1 万台电脑与 A 公司的其他产品可以互相替换,且未单独存放保管,天河公司在向 B 公司交付这些电脑之前,能够将其提供给其他客户或者自行使用。因此,这 1 万台电脑在 2×22 年 12 月 31 日不满足"售后代管商品"安排下确认收入的条件。

(4) 企业已将该商品所有权上的主要风险和报酬转移给客户,即客户已取得该商品所有权上的主要风险和报酬。企业在判断时,不应当考虑保留了除转让商品之外产生其他履约义务的风险的情形。例如,企业将产品销售给客户,并承诺提供后续维护服务,销售产品和维护服务均构成单项履约义务,企业保留的因维护服务而产生的风险并不影响企业有关主要风险和报酬转移的判断。

(5)客户已接受该商品。企业在判断是否已经将商品的控制权转移给客户时,应当考虑客户是否已接受该商品,特别是客户的验收是否仅仅是一个形式。如果企业能够客观地确定其已经按照合同约定的标准和条件将商品的控制权转移给客户,那么客户验收可能只是一个形式,并不会影响企业判断客户取得该商品控制权的时点。实务中,企业应当考虑,在过去执行类似合同的过程中已经积累的经验和客户验收的结果,以证明其所提供的商品是否能够满足合同约定的具体条件。如果在取得客户验收之前已经确认了收入,企业应当考虑是否存在剩余的履约义务,如设备安装、运输等,并且评估是否应当对其单独进行核算。相反地,如果企业无法客观地确定其向客户转让商品是否符合合同规定的条件,那么在客户验收之前,企业不能认为已经将该商品的控制权转移给了客户。例如,客户主要基于主观判断进行验收时,在验收完成之前,企业无法确定其商品是否能够满足客户的主观标准,因此,企业应当在客户完成验收接受该商品时才能确认收入。实务中,定制化程度越高的商品,可能越难证明客户验收仅仅是一个形式。此外,如果企业将商品发送给客户供其试用期结束之前,该商品的控制权并未转移给客户。

(6)其他表明客户已取得商品控制权的迹象。需要强调的是,在上述迹象中,并没有哪一个或几个迹象是决定性的,企业应当根据合同条款和交易实质进行分析,综合判断其是否及何时将商品的控制权转移给客户,从而确定收入确认的时点。此外,企业应当从客户的角度进行评估,而不应当仅考虑企业自身的看法。

三、关于合同成本

(一)合同履约成本

企业为履行合同可能会发生各种成本,企业在确认收入的同时应当对这些成本进行分析,属于存货、固定资产、无形资产等规范范围的,应当按照相关章节进行会计处理;不属于其他章节规范范围且同时满足下列条件的,应当作为合同履约成本确认为一项资产:

(1)该成本与一份当前或预期取得的合同直接相关。预期取得的合同应当是企业能够明确识别的合同,如现有合同续约后的合同、尚未获得批准的特定合同等。与合同直接相关的成本包括直接人工(如支付给直接为客户提供所承诺服务的人员的工资、奖金等)、直接材料(如为履行合同耗用的原材料、辅助材料、构配件、零件、半成品的成本和周转材料的摊销及租赁费用等)、制造费用或类似费用(如与组织和管理生产、施工、服务等活动发生的费用,包括管理人员的职工薪酬、劳动保护费、固定资产折旧费及修理费、物料消耗、取暖费、水电费、办公费、差旅费、财产保险费、工程保修费、排污费、临时设施摊销费等)、明确由客户承担的成本及仅因该合同而发生的其他成本(如支付给分包商的成本、机械使用费、设计和技术援助费用、施工现场二次搬运费、生产工具和用具使用费、检验试验费、工程定位复测费、工程点交费用、场地清理费等)。

(2)该成本增加了企业未来用于履行(或持续履行)履约义务的资源。

(3) 该成本预期能够收回。企业应当在下列支出发生时,将其计入当期损益:一是管理费用,除非这些费用明确由客户承担。二是非正常消耗的直接材料、直接人工和制造费用(或类似费用),这些支出为履行合同发生,但未反映在合同价格中。三是与履约义务中已履行(包括已全部履行或部分履行)部分相关的支出,即该支出与企业过去的履约活动相关。四是无法在尚未履行的已履行(或已部分履行)的履约义务之间区分的相关支出。

【例12-18】 甲公司与乙公司签订合同,为其信息中心提供管理服务,合同期限为5年。在向乙公司提供服务之前,甲公司设计并搭建了一个信息技术平台供其内部使用,该信息技术平台由相关的硬件和软件组成。甲公司需要提供设计方案,将该信息技术平台与乙公司现有的信息系统对接,并进行相关测试。该平台并不会转让给乙公司,但是将用于向乙公司提供服务。甲公司为该平台的设计、购买硬件和软件及信息中心的测试发生了成本。除此之外,甲公司专门指派两名员工,负责向乙公司提供服务。

本例中,甲公司为履行合同发生的上述成本中,购买硬件和软件的成本应当分别按照固定资产和无形资产进行会计处理;设计服务成本和信息中心的测试成本不属于其他章节的规范范围,但是这些成本与履行该合同直接相关,并且增加了甲公司未来用于履行履约义务(即提供管理服务)的资源,如果甲公司预期该成本可通过未来提供服务收取的对价收回,则甲公司应当将这些成本确认为一项资产。甲公司向两名负责该项目的员工支付的工资费用,虽然与向乙公司提供服务有关,但是其并未增加企业未来用于履行履约义务的资源,因此,应当于发生时计入当期损益。

(二)合同取得成本

企业为取得合同发生的增量成本预期能够收回的,应当作为合同取得成本确认为一项资产。增量成本是指企业不取得合同就不会发生的成本,如销售佣金等。为简化实务操作,该资产摊销期限不超过1年的,可以在发生时计入当期损益。企业采用该简化处理方法的,应当对所有类似合同一致采用。企业为取得合同发生的、除预期能够收回的增量成本之外的其他支出,如无论是否取得合同均会发生的差旅费、投标费、为准备投标资料发生的相关费用等,应当在发生时计入当期损益,除非这些支出明确由客户承担。

【例12-19】 天河公司是一家咨询公司,其通过竞标赢得一个新客户,为取得和该客户的合同,甲公司发生下列支出:①聘请外部律师进行尽职调查的支出为15 000元。②因投标发生的差旅费为10 000元。③销售人员佣金为5 000元,天河公司预期这些支出未来能够收回。此外,天河公司根据其年度销售目标、整体盈利的情况及个人业绩等,向销售部门经理支付年度奖金10 000元。

本例中,天河公司向销售人员支付的佣金属于未取得合同发生的增量成本,应当将其作为合同取得成本确认为一项资产。天河公司聘请外部律师进行尽职调查发生的支出、为投标发生的差旅费,无论是否取得合同都会发生,不属于增量成本,因此,应当于发生时直接计入当期损益。天河公司向销售部门经理支付的年度奖金也不是为取得合同发生的增量成本,这是因为该奖金发放与否及发放金额还取决于其他因素(包括公司的盈利情况和个人业绩),其并不能直接归属于可识别的合同。

实务中,涉及合同取得成本的安排可能会比较复杂。例如,合同续约或合同变更时需要支付额外的佣金、企业支付的佣金金额取决于客户未来的履约情况或者取决于累计取得的合同数量或金额等,企业需要运用判断,对发生的合同取得成本进行恰当的会计处理。企业因现有合同续约或发生合同变更需要支付的额外佣金,也属于为取得合同发生的增量成本。

【例12-20】 天河公司相关政策规定,销售部门的员工每取得一份新的合同,可以获得提成100元,现有合同每续约一次,员工可以获得提成60元。天河公司预期上述提成均能够收回。

本例中,天河公司为取得新合同支付给员工的提成100元,属于为取得合同发生的增量成本,且预期能够收回,因此,应当确认为一项资产。同样地,天河公司为现有合同续约支付给员工的提成60元,也属于为取得合同发生的增量成本,这是因为如果不发生合同续约,就不会支付相应的提成,由于该提成预期能够收回,天河公司应当在每次续约时将应支付的相关提成确认为一项资产。

除上述规定外,天河公司相关政策规定,当合同变更时,如果客户在原合同的基础上,向天河公司支付额外的对价以购买额外的商品,天河公司需根据该新增的合同金额向销售人员支付一定的提成,此时,无论相关合同变更属于本节合同变更的哪一种情形,天河公司应当将应支付的提成视为取得合同(变更后的合同)发生的增量成本进行会计处理。

(三)与合同履约成本和合同取得成本有关的资产的摊销和减值

1. 摊销

对于确认为资产的合同履约成本和合同取得成本,企业应当采用与该资产相关的商品收入确认相同的基础(即在履约义务履行的时点或按照履约义务的履约进度)进行摊销,计入当期损益。

在确定与合同履约成本和合同取得成本有关的资产的摊销期限和方式时,如果该资产与一份预期将要取得的合同(如续约后的合同)相关,则在确定相关摊销期限和方式时,应当考虑该预期将要取得的合同的影响。但是,对于合同取得成本而言,如果合同续约时,企业仍需要支付与取得原合同相当的佣金,这表明取得原合同时支付的佣金与预期将要取得的合同无关,该佣金只能在原合同的期限内进行摊销。企业为合同续约仍需支付的佣金是否与原合同相当,需要根据具体情况进行判断。例如,如果两份合同的佣金按照各自合同金额的相同比例计算,通常表明这两份合同的佣金水平是相当的。

企业应当根据预期向客户转让与上述资产相关的商品的时间,对资产的摊销情况进行复核并更新,以反映该预期时间的重大变化。此类变化应当作为会计估计变更进行会计处理。

2. 减值

合同履约成本和合同取得成本的账面价值高于下列两项的差额的,超出部分应当计提减值准备,并确认为资产减值损失:①企业因转让与该资产相关的商品预期能够取得的剩余对价。②为转让该相关商品估计将要发生的成本。估计将要发生的成本主要包括直接人工、直接材料、制造费用(或类似费用)、明确由客户承担的成本及因该合同而发生的其他成本(如支付给分包商的成本)等。以前期间减值的因素之后发生变化,使得前款①减②的差额高于该资产账面价值的,应当转回原已计提的资产减值准备,并计入当期损益,但转回后的资产账面价值不应超过假定不计提减值准备情况下该资产在转回日的账面价值。

在确定合同履约成本和合同取得成本的减值损失时,企业应当首先确定其他资产减值损失;其次按照本节的要求确定合同履约成本和合同取得成本的减值损失。企业按照金融资产减值测试相关资产组的减值情况时,应当将按照上述规定确定上述资产减值后的新账面价值计入相关资产组的账面价值。

四、关于特定交易的会计处理

(一) 附有销售退回条款的销售

对于附有销售退回条款的销售,企业应当在客户取得相关商品控制权时,按照因向客户转让商品而预期有权收取的对价金额(即不包含预期因销售退回将退还的金额)确认收入,按照预期因销售退回将退还的金额确认负债;同时,按照预期将退回商品转让时的账面价值,扣除收回该商品预计发生的成本(包括退回商品的价值减损)后的余额,确认为一项资产,按照所转让商品转让时的账面价值,扣除上述资产成本的净额结转成本。

每一资产负债表日,企业应当重新估计未来销售退回情况,如有变化,应当作为会计估计变更进行会计处理。

【例12-21】天河公司是一家健身器材销售公司。2×23年11月1日,天河公司向乙公司销售5 000件健身器材,单位销售价格为500元,单位成本为400元,开出的增值税专用发票上注明的销售价格为250万元,增值税额为32.5万元。健身器材已经发出,但款项尚未收到。根据协议约定,乙公司应于2×23年12月31日之前支付货款,在2×24年3月31日之前有权退还健身器材。天河公司根据过去的经验,估计该批健身器材的退货率约为20%。在2×23年12月31日,甲公司对退货率进行了重新评估,认为只有10%的健身器材会被退回。天河公司为增值税一般纳税人,健身器材发出时纳税义务已经发生,实际发生退回时取得税务机关开具的红字增值税专用发票。假定健身器材发出时控制权转移给乙公司。甲公司的账务处理如下:

(1) 2×23年11月1日,发出健身器材时:

借:应收账款　　　　　　　　　　　　　　　　　　　　　　　2 825 000
　　贷:主营业务收入　　　　　　　　　　　　　　　　　　　　　2 000 000
　　　　预计负债——应付退货款　　　　　　　　　　　　　　　　　500 000
　　　　应交税费——应交增值税(销项税额)　　　　　　　　　　　　325 000
借:主营业务成本　　　　　　　　　　　　　　　　　　　　　　1 600 000
　　应收退货成本　　　　　　　　　　　　　　　　　　　　　　　400 000
　　贷:库存商品　　　　　　　　　　　　　　　　　　　　　　　2 000 000

(2) 2×23年12月31日前收到货款时:

借:银行存款　　　　　　　　　　　　　　　　　　　　　　　　2 925 000
　　贷:应收账款　　　　　　　　　　　　　　　　　　　　　　　2 825 000

(3) 2×23年12月31日,天河公司对退货率进行重新评估时:

借:预计负债——应付退货款　　　　　　　　　　　　　　　　　　250 000
　　贷:主营业务收入　　　　　　　　　　　　　　　　　　　　　　250 000
借:主营业务成本　　　　　　　　　　　　　　　　　　　　　　　200 000
　　贷:应收退货成本　　　　　　　　　　　　　　　　　　　　　　200 000

(4) 2×24 年 3 月 31 日发生销售退回时(实际退货量为 400 件,退货款项已经支付):

借:库存商品	160 000
应交税费——应交增值税(销项税额)	26 000
预计负债——应付退货款	250 000
贷:应收退货成本	160 000
主营业务收入	50 000
银行存款	226 000
借:主营业务成本	40 000
贷:应收退货成本	40 000

(二) 附有质量保证条款的销售

对于附有质量保证条款的销售,企业应当评估该质量保证是否在向客户保证所销售商品符合既定标准之外提供了一项单独的服务。企业提供额外服务的,应当作为单项履约义务,按照本节进行会计处理;否则,质量保证责任应当按照或有事项的要求进行会计处理。在评估质量保证是否在向客户保证所销售商品符合既定标准之外提供了一项单独的服务时,企业应当考虑该质量保证是否为法定要求、质量保证期限及企业承诺履行任务的性质等因素。客户能够选择单独购买质量保证的,该质量保证构成单项履约义务。法定要求通常是为了保护客户避免其购买瑕疵或缺陷商品的风险,而并非为客户提供一项单独的质量保证服务。质量保证期限越长,越有可能是单项履约义务。如果企业必需履行某些约定的任务以保证所转让的商品符合既定标准(如企业负责运输被客户退回的瑕疵商品),则这些特定的任务可能不构成单项履约义务。企业提供的质量保证同时包含上述两类的,应当分别对其进行会计处理;无法合理区分的,应当将这两类质量保证一起作为单项履约义务进行会计处理。

【例 12-22】 天河公司与客户签订合同,销售一部手机。该手机自售出起 1 年内如果发生质量问题,甲公司负责提供质量保证服务。此外,在此期间内,由于客户使用不当(如手机进水)等原因造成的产品故障,甲公司也免费提供维修服务。该维修服务不能单独购买。

本例中,天河公司的承诺包括:销售手机、提供质量保证服务和维修服务。天河公司针对产品的质量问题提供的质量保证服务是为了向客户保证所销售商品符合既定标准,因此不构成单项履约义务;天河公司对由于客户使用不当而导致的产品故障提供的免费维修服务,属于在向客户保证所销售商品符合既定标准之外的单独服务,尽管其没有单独销售,该服务与手机可明确区分,应该作为单项履约义务。因此,在该合同下,天河公司的履约义务有两项:销售手机和提供维修服务,天河公司应当按照其各自单独售价的相对比例,将交易价格分摊至这两项履约义务,并在各项履约义务履行时分别确认收入。

(三) 主要责任人和代理人

企业应当根据其在向客户转让商品前是否拥有对该商品的控制权,来判断其从事交易时的身份是主要责任人还是代理人。企业在向客户转让商品前能够控制该商品的,该企业为主要责任人,应当按照已收或应收对价总额确认收入;否则,该企业为代理人,应当按照预期有权收取的佣金或手续费的金额确认收入,该金额应当按照已收或应收对价总额扣除应支付给其他相关方的价款后的净额,或者按照既定的佣金金额或比例等确定。企业与客户订立的包含多项可明确区分商品的合同中,企业需要分别判断其在这不同履约义务中的身份是主要责任人还是代理人。

当存在第三方参与企业向客户提供商品时,企业向客户转让特定商品之前能够控制该商品,从而应当作为主要责任人的情形包括:一是企业自该第三方取得商品或其他资产控制权后,再转让给客户,此时,企业应当考虑该权利是仅在转让给客户时才产生,还是在转让给客户之前就已经存在,且企业一直能够主导其使用,如果该权利在转让给客户之前并不存在,表明企业实质上并不能在该权利转让给客户之前控制该权利。二是企业能够主导该第三方代表本企业向客户提供服务,说明企业在相关服务提供给客户之前能够控制该相关服务。三是企业自该第三方取得商品控制权后,通过提供重大的服务将该商品与其他商品整合成合同约定的某组合产出转让给客户,此时,企业承担提供的特定商品就是合同约定的组合产出,企业应首先获得为生产该组合产出所需要的投入的控制权,其次才能够将这些投入加工整合为合同约定的组合产出。

如果企业仅仅是在特定商品的法定所有权转移给客户之前,暂时性地获得该特定商品的法定所有权,这并不意味着企业一定控制了该商品。实务中,企业在判断其在向客户转让特定商品之前是否已经拥有对该商品的控制权时,不应仅局限于合同的法律形式,而应当综合考虑所有相关事实和情况进行判断。这些事实和情况包括:

(1) 企业承担向客户转让商品的主要责任。企业在判断其是否承担向客户转让商品的主要责任时,应当从客户的角度进行评估,即客户认为哪一方承担了主要责任,如客户认为谁对商品的质量或性能负责、谁负责提供售后服务、谁负责解决客户投诉等。

(2) 企业在转让商品之前或之后承担了该商品的存货风险。其中,存货风险主要是指存货可能发生减值、毁损或灭火等形式的损失。例如,如果企业在与客户订立合同之前已经购买或承诺将自行购买特定商品,这可能表明企业在将该特定商品转让给客户之前,承担了该特定商品的存货风险,企业有能力主导特定商品的使用并从中取得几乎全部的经济利益。又如,在附有销售退回条款的销售中,企业将商品销售给客户之后,客户有权要求向该企业退货,这可能表明企业在转让商品之后仍然承担了该商品的存货风险。

(3) 企业有权自主决定所交易商品的价格。企业有权决定客户为取得特定的商品所需支付的价格,可能表明企业有能力主导有关商品的使用并从中获得几乎全部的经济利益。然而,在某些情况下,代理人可能在一定程度上也拥有定价权(如在主要责任人规定的某一价格范围内决定价格),以便其在代表主要责任人向客户提供商品时,能够吸引更多的客户,从而赚取更多的收入。此时,即使代理人有一定的定价能力,也并不表明在与最终客户的交易中其身份是主要责任人,代理人只是放弃了一部分自己应当赚取的佣金或手续费而已。

(4) 其他相关事实或情况。需要强调的是,企业在判断其是主要责任人还是代理人时,应当以该企业在特定商品转让给客户之前是否能够控制这些商品为原则。上述相关事实和情况不能凌驾于控制权的判断之上,也不构成一项单独或额外的评估,而只是帮助企业在难以评估特定商品转让给客户之前是否能够控制这些商品的情况下进行相关判断。此外,这些事实和情况并无权重之分,也不能被孤立地用于支持某一结论。企业应当根据相关商品的性质、合同条款的约定和其他具体情况,综合进行判断。

【例 12-23】 2×25 年 1 月,天河公司从 A 航空公司购买了一定数量的折扣机票,并对外销售。天河公司向旅客销售机票时,可自行决定机票的价格等,未售出的机票不能退还给

A 航空公司。

本例中,天河公司向客户提供的特定商品为机票,并在确定特定客户之前已经预先从航空公司购买了机票,因此,该权利在转让给客户之前已经存在。天河公司从 A 航空公司购入机票后,可以自行决定该机票的价格、向哪些客户销售等,天河公司有能力主导该机票的使用并且能够获得其几乎全部的经济利益。因此,天河公司在将机票销售给客户之前,能够控制该机票,甲旅行社的身份是主要责任人。

【例 12-24】 天河公司经营购物网站,在该网站购物的消费者可以明确获知在该网站上销售的商品均为其他零售商直接销售的商品,这些零售商负责发货和售后服务等。天河公司与零售商签订的合同约定,该网站所售商品的采购、定价、发货和售后服务等均由零售商自行负责,天河公司仅负责协助零售商和消费者结算货款,并按照每笔交易的实际销售额收取 5% 的佣金。

本例中,天河公司经营的购物网站是一个购物平台,零售商在该平台发布所销售商品信息,消费者可以从该平台购买零售商销售的商品。消费者在该网站购物时,向其提供的特定商品为零售商在网站上销售的商品,除此之外,天河公司并未提供任何其他的商品或服务。这些特定商品在转移给消费者之前,天河公司从未有能力主导这些商品的使用。例如,天河公司不能将这些商品提供给购买该商品的消费者之外的其他方,也不能阻止零售商向该消费者转移这些商品,天河公司不能控制零售商用于完成该网站订单的相关存货。因此,消费者在该网站购物时,在相关商品转移给消费者之前,天河公司并未控制这些商品,天河公司的履约义务是安排零售商向消费者提供相关商品,而并未自行提供这些商品,天河公司在该交易中的身份是代理人。

(四) 附有客户额外购买选择权的销售

对于附有客户额外购买选择权的销售,企业应当评估该选择权是否向客户提供了一项重大权利。企业提供重大权利的,应当作为单项履约义务,按照本节有关交易价格分摊的要求将交易价格分摊至该履约义务,在客户未来行使购买选择权取得相关商品控制权时,或者该选择权失效时,确认相应的收入。客户额外购买选择权的单独售价无法直接观察的,企业应当综合考虑客户行使和不行使该选择权所能获得的折扣的差异、客户行使该选择权的可能性等全部相关信息后,予以合理估计。

额外购买选择权的情况包括销售激励、客户奖励积分、未来购买商品的折扣券和合同续约选择权等。对于附有客户额外购买选择权的销售,企业应当评估该选择权是否向客户提供了一项重大权利。如果客户只有在订立了一项合同的前提下才取得了额外购买选择权,并且客户行使该选择权购买额外商品时,能够享受到超过该地区或该市场中其他同类客户所能够享有的折扣,则通常认为该选择权向客户提供了一项重大权利。该选择权向客户提供了重大权利的,应当作为单项履约义务。在考虑授予客户的该项权利是否重大时,应根据其金额和性质综合进行判断。

客户虽然有额外购买商品选择权,但客户行使该选择权购买商品时的价格反映了这些商品单独售价的,不应被视为企业向该客户提供了一项重大权利。为简化实务操作,当客户行使该权利购买的额外商品与原合同下购买的商品类似,且企业将按照原合同条款提供该额外商品时,如企业向客户提供续约选择权,企业可以无需估计该选择权的单独售价,而是直接把其预计将提供的额外商品的数量及预计将收取的相应对价金额纳入原合同,并进行相应的会计处理。

【例12-25】 2×25年1月1日,天河公司开始推行一项奖励积分计划。根据该计划,客户在天河公司每消费10元可获得1个积分,每个积分从次月开始在购物时可以抵减1元。截至2×25年1月31日,客户共消费100 000元,可获得10 000个积分,根据历史经验,天河公司估计该积分的兑换率为95%。假定上述金额均不包含增值税等的影响。

本例中,天河公司认为其授予客户的积分为客户提供了一项重大权利,应当作为一项单独的履约义务。客户购买商品的单独售价合计为100 000元,考虑积分的兑换率,天河公司估计积分的单独售价为9 500元(1×10 000×95%)。天河公司按照商品和积分单独售价的相对比例对交易价格进行分摊,具体如下:

分摊至商品的交易价格=[100 000÷(100 000+9 500)]×100 000=91 324(元)
分摊至积分的交易价格=[9 500÷(100 000+9 500)]×100 000=8 676(元)

因此,天河公司应当在商品的控制权转移时确认收入91 324元,同时确认合同负债8 676元。天河公司的账务处理如下:

借:银行存款　　　　　　　　　　　　　　　　　　　　　　　　100 000
　　贷:主营业务收入　　　　　　　　　　　　　　　　　　　　　　91 324
　　　　合同负债　　　　　　　　　　　　　　　　　　　　　　　　8 676

截至2×25年12月31日,客户共兑换了4 500个积分,天河公司对该积分的兑换率进行了重新评估,仍然预计客户总共将会兑换9 500个积分。因此,天河公司以客户兑换的积分数占预期将兑换的积分总数的比例为基础确认收入。

积分应当确认的收入=4 500÷9 500×8 676-4 110=3 493(元);剩余未兑换的积分=8 676-4 110=4 566(元),仍然作为合同负债。天河公司的财务处理如下:

借:合同负债　　　　　　　　　　　　　　　　　　　　　　　　　4 110
　　贷:主营业务收入　　　　　　　　　　　　　　　　　　　　　　4 110

截至2×25年12月31日,客户累计兑换了8 500个积分。天河公司对该积分的兑换率进行了重新估计,预计客户总共将会兑换9 700个积分。

积分应当确认的收入=8 500÷9 700×8 676-4 110=3 493(元);剩余未兑换的积分8 676-4 110-3 493=1 073(元),仍然作为合同负债。

企业在向客户转让商品之前,如果客户已经支付了合同对价或企业已经取得了无条件收取合同对价的权利,则企业应当在客户实际支付款项与到期支付款项孰早时点,将该已收或应收的款项列示为合同负债。合同负债是指企业已收或应收客户对价而应向客户转让商品的义务。合同资产和合同负债应当在资产负债中单独列示,并按流动性分别列示为"合同资产"(或"其他非流动资产")和"合同负债"(或"其他非流动负债")。同一合同下的合同资产或合同负债应当以净额列示,不同合同下的合同资产和合同负债不能互相抵销。

(五)授予知识产权许可

企业向客户授予的知识产权,常见的包括软件和技术、影视和音乐等的版权、特许经营权、专利权、商标权和其他版权等。企业向客户授予知识产权许可的,应当按照本节要求评估该知识产权许可是否构成单项履约义务。对于不构成单项履约义务的,企业应当将该知识产权许可和其他商品一起作为一项履约义务进行会计处理。授予知识产权许可不构成单项履约义务的情形包括:一是该知识产权许可构成有形商品的组成部分并且对于该商品的正常使用不可或缺。例如,企业向客户销售设备和相关软件,该软件内嵌于设备之中,该设备必须安装了该软件之后才能正常使用。二是客户只有将该知识产权许可和相关服务一起使用才能够从中获益。例如,客户取得授权许可,但是只有通过企业提供的在线服务才能访问相关内容。对于构成单项履约义务的,应当进一步确定其是在某一时段内履行还是在某一时点履行,同时满足下列条件时,应当作为在某一时刻段内履行的履约义务确认相关收入;否则,应当作为在某一时点履行的履约义务确认相关收入:

(1)合同要求或客户能够合理预期企业将从事对该项知识产权有重大影响的活动。企业从事的下列活动均会对该项知识产权有重大影响:一是这些活动预期将显著改变该项知识产权的形式或者功能(如知识产权的设计、内容、功能性等)。二是客户从该项知识产权中获益的能力在很大的程度上来源于或者取决于这些活动,即这些活动会改变该项知识产权的价值。例如,企业向客户授权使用其品牌,客户从该品牌获益的能力取决于该品牌的价值,而企业所从事的活动为维护或提升其品牌价值提供了支持。如果该项知识产权具有重大的独立功能,且该项知识产权绝大部分的经济利益来源于该项功能,客户从该项知识产权获益的能力则可能不会受到企业从事的相关活动的重大影响,除非这些活动显著改变了该项知识产权的形式或者功能。具有重大独立功能的知识产权主要包括软件、生物合成物或药物配方及已完成的媒体内容(如电影、电视节目和音乐录音)版权等。

(2)该活动对客户将产生有利或不利影响。当企业从事的后续活动并不影响授予客户的知识产权许可时,企业的后续活动只是在改变其自己拥有的资产。

(3)该活动不会导致向客户转让商品。当企业从事的后续活动本身构成单项履约义务时,企业在评估授予知识产权许可是否属于在某一时段履行的履约义务时应当不予考虑。

企业向客户授予知识产权许可不能同时满足上述条件的,则属于在某一时段履行的履约义务,并在该时点确认收入。在客户能够使用某项知识产权许可并开始从中获益之前,企业不能对此类知识产权许可确认收入。例如,企业授权客户在一定期间内使用软件,但是在企业向客户提供该软件的密钥之前,客户都无法使用该软件,不应确认收入。值得注意的是,在判断某项知识产权许可是属于在某一时段内履行的履约义务还是在某一时点履行的履约义务时,企业不应考虑下列因素:一是该许可在时间、地域或使用方面的限制;二是企业就其拥有的知识产权的有效性及防止未经授权使用该知识产权许可所提供的保证。

【例 12-26】天河公司是一家设计制作连环漫画的公司。天河公司授权乙公司可在 4 年内使用其 3 部连环漫画中的角色形象和名称。天河公司的每部连环漫画都有相对应的主要角色。但是,天河公司会定期创造新的角色,且角色的形象也会随时演变。乙公司是一家大型游轮的运营商,乙公司可以以不同的方式(如展览或演出)使用这些漫画中的角色。合同要求乙公司必须使用最新的角色形象。在授权期内,甲公司每年向乙公司收取 1 000 万元。

本例中,天河公司除了授予知识产权许可外不存在其他履约义务。也就是说,与知识产权许可相关的额外活动并未向客户提供其他商品或服务,因为这些活动是企业授予知识产权许可承诺的一部分,且实际上改变了客户享有知识产权许可的内容。

天河公司需要评估该知识产权许可相关的收入应当在某一时段内确认还是在某一时点确认。天河公司考虑了下列因素:一是乙公司合理预期(根据甲公司以往的习惯做法),天河公司将实施对该知识产权许可产生重大影响的活动,包括创作角色及出版包含这些角色的连环漫画等;二是这些活动直接对乙公司产生的有利或不利影响,这是因为合同要求乙公司必须使用甲公司创作的最新角色,这些角色塑造得成功与否,会直接对乙公司产生影响;三是尽管乙公司可以通过该知识产权许可从这些活动中获益,但在这些活动发生时并没有导致向乙公司转让任何商品或服务。因此,天河公司授予该知识产权许可的相关收入应当在某一时段内确认。

合同规定乙公司在一段固定期间内可无限制地使用其取得授权许可的角色,因此,甲公司按照时间进度确定履约进度可能是最恰当的方法。

企业向客户授予知识产权许可,并约定按客户实际销售或使用情况收取特许使用费的,应当在下列两项孰晚的时点确认收入:一是客户后续销售或使用行为实际发生;二是企业履行相关履约义务。这是估计可变对价的例外规定,该例外规定只有在下列两种情形下才能使用:一是特许使用费仅与知识产权许可相关;二是特许使用费可能与合同中的知识产权许可和其他商品都相关,但是与知识产权许可相关的部分占有主导地位。企业使用该例外规定时,应当对特许权使用费整体采用该规定,而不应当将特许权使用费进行分拆。如果与授予知识产权许可相关的对价同时包含固定金额和按客户实际销售或使用情况收取的变动金额两部分,则只有后者能采用该例外规定,而前者应当在相关履约义务履行的时点或期间内确认收入。对于不适用该例外规定的特许权使用费,应当按照估计可变对价的一般原则进行处理。

【例12-27】 天河公司是一家著名的足球俱乐部。天河公司授权乙公司在其设计生产的服装、帽子、水杯和毛巾等产品上使用甲公司球队的名称和图标,授权期间为2年。合同约定,甲公司收取的合同对价由两部分组成:一是200万元固定金额的使用费;二是按照乙公司销售上述商品所取得销售额的5%计算的提成。乙公司预期甲公司会继续参加当地顶级联赛,并取得优异的成绩。

本例中,该合同仅包括一项履约义务,即授予使用权许可,天河公司继续参加比赛并取得优异成绩等活动是该许可的组成部分,而并未向客户转让任何可明确区分的商品或服务。由于乙公司能够合理预期甲公司将继续参加比赛,天河公司的成绩将会对其品牌(包括名称和图标等)的价值产生重大影响,而该品牌价值可能会进一步影响乙公司产品的销量,甲公司从事的上述活动并未向乙公司转让任何可明确区分的商品,因此,天河公司授予的该使用权许可,属于在某一时段内履行的履约义务。天河公司收取的200万元固定金额的使用费应当在2年内平均确认收入,按照乙公司销售相关商品所取得销售额的5%计算的提成应当在乙公司的销售实际完成时确认收入。

(六)售后回购

售后回购是指企业销售商品的同时承诺或有权选择日后再将该商品(包括相同或几乎相同的商品,或以该商品作为组成部分的商品)购回的销售方式。对于不同类型的售后回购交易,企业应当区分下列两种情形分别进行会计处理:

(1)企业因存在与客户的远期安排而负有回购义务或企业享有回购权利的,表明客户在销售时点并未取得相关商品控制权,企业应当作为租赁交易或融资交易进行相应的会计处理。其中,回购价格不低于原售价的,应当视为融资交易,在收到客户款项时确认金融负债,并将该款项和回购价格的差额在回购期间内确认为利息费用等。企业到期未行使回购权利的,应当在该回购权利到期时终止确认金融负债,同时确认收入。

【例12-28】 天河公司向乙公司销售一台设备,销售价格为200万元,同时双方约定

2年之后天河公司将以120万元的价格回购该设备。假定不考虑货币时间价值等其他因素影响。

本例中,根据合同有关天河公司在2年后回购该设备的确定,乙公司并未取得该设备的控制权。不考虑货币时间价值等的影响,该交易的实质是乙公司支付了80万元(200－120)的对价取得了该设备2年的使用权。因此,甲公司应当将该交易作为租赁交易进行会计处理。

(2)企业负有应客户要求回购商品义务的,应当在合同开始日评估客户是否具有行使该要求权的重大经济动因。客户具有行使该要求权重大经济动因的,企业应当将售后回购作为租赁交易或融资交易,按照上述第(1)种情形进行会计处理。在判断客户是否具有行权的重大经济动因时,企业应当综合考虑各种相关因素,包括回购价格与预计回购时市场价格之间的比较,以及权利的到期日等。例如,如果回购价格明显高于该资产回购时的市场价值,则表明客户有行权的重大经济动因。

【例12-29】 天河公司向乙公司销售其生产的一台设备,销售价格为2 000万元,双方约定,乙公司在5年后有权要求甲公司以1 500万元的价格回购该设备。天河公司预计该设备在回购时的市场价值将远低于1 500万元。

本例中,假定不考虑时间价值的影响,甲公司的回购价格低于原售价,但远高于该设备在回购时的市场价值,甲公司判断乙公司有重大的经济动因行使其权利要求甲公司回购该设备。因此,甲公司应当将该交易作为租赁交易进行会计处理。

(七)客户未行使的权利

企业向客户预收销售商品款项的,应当先将该款项确认为负债,待履行了相关履约义务后再转为收入。当企业预收款项无需退回,且客户可能会放弃其全部或部分合同权利时,如放弃储值卡的使用等,企业预期将有权获得与客户所放弃的合同权利相关的金额的,应当按照客户行使合同权利的模式按比例将上述金额确认为收入;否则,企业只有在客户要求其履行剩余履约义务的可能性极低时,才能将上述负债的相关余额转为收入。企业在确定其是否预期将有权获得与客户所放弃的合同权利相关的金额时,应当考虑将估计的可变对价计入交易价格的限制要求。

如果有相关法律规定,企业所收取的与客户未行使权利相关的款项须转交给其他方的(如法律规定无人认领的财产需上交政府),企业不应将其确认为收入。

(八)无需退回的初始费

企业在合同开始(或接近合同开始)日向客户收取的无需退回的初始费(如俱乐部的入会费等)应当计入交易价格。企业应当评估该初始费是否与向客户转让已承诺的商品相关。该初始费与向客户转让已承诺的商品相关,并且该商品构成单项履约义务的,企业应当在转让该商品时,按照分摊至该商品的交易价格确认收入;该初始费与向客户转让已承诺的商品相关,但该商品不构成单项履约义务时,按照分摊至该单项履约义务的交易价格确认收入;该初始费与向客户转让已承诺的商品不相关的,该初始费应当作为未来将转让商品的预收款,在未来转让该商品时确认为收入。

企业收取了无需退回的初始费且为履行合同应开展初始活动,但这些活动本身并没有向客户转让已承诺的商品的,如企业为履行会员健身合同开展了一些行政管理性质的准备工作,该初始费与未来将转让的已承诺商品相关,应当在未来转让该商品时确认为收入,企业在确定履约进度时不应考虑这些初始活动;企业为该初始活动发生的支出应当按照本节合同成本部分的要求确认为一项资产或计入当期损益。

【例 12-30】 天河公司经营一家会员制健身俱乐部。天河公司与客户签订了为期 2 年的合同,客户入会之后可以随时在该俱乐部健身。除俱乐部的年费 2 000 元之外,天河公司还向客户收取了 50 元的入会费,用于补偿俱乐部为客户进行注册登记、准备会籍资料及制作会员卡等初始活动所花费的成本。天河公司收取的入会费和年费均无需返还。

本例中,天河公司承诺的服务是向客户提供健身服务,而天河公司为会员入会所进行的初始活动并未向客户提供其所承诺的服务,而只是一些内部行政管理性质的工作。因此,天河公司虽然为补偿这些初始活动向客户收取了 50 元入会费,但是该入会费实质上是客户为健身服务所支付的对价的一部分,故应当作为健身服务的预收款,与收取的年费一起在 2 年内分摊确认为收入。

第二节 费 用

一、费用的定义与分类

费用也分为广义费用和狭义费用。广义的费用是指会计期间内经济利益的总流出,其表现形式为资产减少或负债增加而引起的所有者权益减少,但不包括与向所有者分配等有关的资产减少或负债增加。狭义的费用是指企业在日常活动中发生的、会导致所有者权益减少的、与向所有者分配利润无关的经济利益的总流出。狭义的费用包括营业费用和投资损失。其中,营业费用包括营业成本、税金及附加和期间费用;投资损失是企业对外投资发生的净损失。广义的费用除包括狭义的费用外,还包括公允价值变动损失、资产减值损失、营业外支出和所得税费用。其中,公允价值变动损失是指交易性金融资产等公允价值变动形成的损失;资产减值损失是指各种资产减值形成的损失;营业外支出是指企业日常营业活动以外的支出;所得税费用是指从税前利润中扣除的费用。

二、生产经营费用

生产经营费用包括直接费用和间接费用。直接费用包括直接材料、直接人工等内容。直接材料是企业生产产品直接消耗的原料、主要材料及有助于产品形成的辅助材料、备用配件、外购半成品等。直接人工是直接从事生产的工人工资、奖金、津贴等薪酬。间接费用即制造费用,是企业生产单位(车间)为组织和管理生产所发生的有关费用,包括生产单位管理人员的薪酬、生产单位固定资产折旧费、修理费、机物料消耗、办公费、水电费、保险费、劳动保护费等。

在会计处理上,直接费用和间接费用构成产品成本。直接费用发生时计入"生产成本",借记"生产成本"账户,贷记"原材料""应付职工薪酬"等账户。制造费用发生时,先通过"制造费用"账户归集,借记"制造费用"账户,贷记"原材料""应付职工薪酬""累计折旧"等账户;然后将归集起来的制造费用采用"系统而合理"的分配方法分配计入产品生产成本,借记"生产成本"账户,贷记"制造费用"账户。

三、期间费用

期间费用是企业本期发生的、不能直接或间接归属于具体产品成本计算对象的、直接计入损益的各项费用。由于难以判定其所归属的产品,因而不能列入产品制造成本,而在发生的直接计入当期损益。期间费用包括销售费用、管理费用和财务费用。

（一）销售费用

销售费用是指企业在销售商品过程中发生的各项费用及为销售本企业商品而专设而设的销售机构(含销售网点、售后服务网点等)的经营费用。商品流通企业在购买商品过程中发生的进货费用也包括在销售费用之中。其具体项目包括以下几项。

（1）产品自销费用,包括应由本企业负担的包装费、运输费、装卸费、保险费、预计产品质量保证损失、商品维修费。

（2）产品促销费用,包括展览费、广告费、经营租赁费、销售服务费。

（3）销售部门的费用,一般是指专设销售机构的职工工资及福利费(包括这些职工的工资、奖金、津贴、福利费、养老保险、医疗保险、失业保险、工会经费等)、职工薪酬业务费、折旧费等经营费用。但企业内部销售部门所发生的费用,不包括在销售费用中,而应列入管理费用中。

（4）委托代销费用,主要是指企业委托其他单位代销,按代销合同规定支付的委托代销手续费。

（5）商品流通企业的进货费用,是指商品流通企业在进货过程中发生的运输费、装卸费、包装费、保险费、运输途中的合理损耗和入库前的挑选整理费等。

企业发生的销售费用在"销售费用"账户中核算,并按费用项目设置明细账进行明细核算。

【例 12-31】 天河公司 2×25 年 5 月发生的销售费用包括:以银行存款支付广告费 8 000 元;以现金支付应由公司负担的销售 A 产品的运输费 500 元;本月分配给专设销售机构的职工工资 7 000 元,提取的职工福利费是 980 元。月末将全部销售费用予以结转。编制会计分录如下:

（1）支付广告费时:

　　借:销售费用——广告费　　　　　　　　　　　　　　　　　　　　　8 000
　　　　应交税费——应交增值税(进项税额)　　　　　　　　　　　　　　 480
　　　　贷:银行存款　　　　　　　　　　　　　　　　　　　　　　　　8 480

（2）支付运输费时:

　　借:销售费用——运输费　　　　　　　　　　　　　　　　　　　　　　500
　　　　应交税费——应交增值税(进项税额)　　　　　　　　　　　　　　　45
　　　　贷:库存现金　　　　　　　　　　　　　　　　　　　　　　　　　545

（3）分配职工工资及福利费时:

　　借:销售费用——工资及福利费　　　　　　　　　　　　　　　　　　7 980
　　　　贷:应付职工薪酬——工资　　　　　　　　　　　　　　　　　　7 000
　　　　　　　　　　　　　——福利费　　　　　　　　　　　　　　　　 980

(4) 月末结转销售费用的会计分录。

借：本年利润　　　　　　　　　　　　　　　　　　　　　　　　　　　16 480
　　贷：销售费用　　　　　　　　　　　　　　　　　　　　　　　　　　　　　16 480

(二) 管理费用

管理费用是指企业行政管理部门为组织和管理生产经营活动所发生的费用。管理费用包括：企业在筹建期间内发生的开办费、企业的董事会和行政管理部门在企业的经营管理中发生的或者应该由企业统一负担的公司经费，行政管理部门职工薪酬（包括这些职工的工资、奖金、津贴、福利费、养老保险、医疗保险、保险、工会经费等）、物料消耗、低值易耗品摊销、办公费和差旅费等、董事会费（包括董事会成员津贴、会议费和差旅费等）、聘请中介机构费、咨询费（含顾问费）、诉讼费、业务招待费、房产税、印花税、车船税、城镇土地使用税、技术转让费、矿产资源补偿费、研究费用、排污费等，它们一般都不具体地由某一经营活动或某一种产品负担。

商品流通企业管理费用不多的，根据不重要账户可以合并的原则，也可以不设置"管理费用"账户，管理费用账户的核算内容可以并入"销售费用"账户核算。

企业行政管理部门等发生的不满足固定资产准则规定的固定资产确认条件的日常修理费用和大修理费用等固定资产后续支出，根据受益期限一般仅限于本期，也纳入管理费用的核算范围。

企业合并发生的直接相关费用，也纳入管理费用的核算范围。

企业应设"管理费用"账户核算发生的管理费用，与销售费用一样，管理费用项目也应该按照项目设置明细账。

【例 12-32】 天河公司 2×25 年 6 月发生以下各项管理费用：公司管理人员薪酬 140 000 元，办公设备折旧费 35 000 元，差旅费 21 000 元，咨询费 120 000 元，支付电话费、水电费等其他费用 34 000 元，上述费用除工资外其他用银行存款支付，月末结转管理费用。编制会计分录如下：

借：管理费用　　　　　　　　　　　　　　　　　　　　　　　　　　　350 000
　　贷：应付职工薪酬　　　　　　　　　　　　　　　　　　　　　　　　　　140 000
　　　　累计折旧　　　　　　　　　　　　　　　　　　　　　　　　　　　　 35 000
　　　　银行存款　　　　　　　　　　　　　　　　　　　　　　　　　　　　175 000

借：本年利润　　　　　　　　　　　　　　　　　　　　　　　　　　　350 000
　　贷：管理费用　　　　　　　　　　　　　　　　　　　　　　　　　　　　　350 000

(三) 财务费用

财务费用是指企业为筹集生产经营所需资金等而发生的各项费用，具体包括：应当作为期间费用的利息支出（减利息收入）、汇兑损失（减汇兑损益）及相关的手续费、企业发生的现金折扣或收到的现金折扣等。需要注意的是，并不是企业所有的借款利息都形成当期的财务费用。按照我国的准则规定，企业发生的借款费用，可直接归属于符合资本条件的资产的购建或者生产的，应当予以资本化，计入相关资产成本。其具体包括的项目如下所示。

(1) 利息净支出，即企业短期借款利息、长期借款利息、应付票据利息、票据贴现利息、应付债券利息、长期应付引进外国设备款利息支出减去银行存款等利息收入后的金额。

(2) 汇兑净损失，即企业因向银行结售或购入外汇而发生的银行买入价、卖出价与记账所采用的汇率之间的差额，以及月度终了，各种外币的期末余额，按照期末汇率折合的记账本位币金额与账面记账本位币金额之间的差额等。

(3) 相关手续费，即发行债券所需支付的手续费、开出汇票的银行手续费、调剂外汇手续等。

(4) 企业发生的现金折扣或收到的现金折扣。

(5) 其他财务费用，如融资租入固定资产发生的融资租赁费用，以及筹集生产经营资金发生的其他费用等。

财务费用设立"财务费用"账户核算，并按照费用项目设置明细账进行明细核算。

【例 12-33】 天河公司 2×25 年 6 月发生以下业务：银行通知已划拨本月银行借款利息 50 000 元，以后转来存款利息 20 000 元，月末结转财务费用。编制会计分录如下：

借：财务费用　　　　　　　　　　　　　　　　　　　　50 000
　　贷：银行存款　　　　　　　　　　　　　　　　　　　　　　50 000

借：银行存款　　　　　　　　　　　　　　　　　　　　20 000
　　贷：财务费用　　　　　　　　　　　　　　　　　　　　　　20 000

借：本年利润　　　　　　　　　　　　　　　　　　　　30 000
　　贷：财务费用　　　　　　　　　　　　　　　　　　　　　　30 000

四、所得税费用

所得税费用是指在会计税前利润（或利润总额）中扣除的所得税费用，其构成内容及确认方法取决于所得税的会计处理方法。我国会计准则规定企业所得税核算采用资产负债表债务法。在资产负债表债务法下，所得税费用包括当期所得税费用和递延所得税费用。

(一) 资产负债表债务法概述

1. 资产负债表债务法的含义与基本程序

资产负债表债务法要求企业从资产负债表出发，对资产负债表上所列示的各项资产、负债通过比较其按照会计准则规定所确定的账面价值与按照税法规定所确定的计税基础，对于两者之间的差异分别应纳税暂时性差异与可抵扣暂时性差异，确认相关的递延所得税负债与递延所得税资产，并在此基础上确定每一会计期间利润表中的所得税费用。资产负债表债务法的基本程序如下：

(1) 确定资产和负债的账面价值。

(2) 确定资产和负债的计税基础。

(3) 比较资产、负债的账面价值和计税基础之间的差异，即暂时性差异。

(4) 将暂时性差异乘以适用的税率，计算资产负债表上的递延所得税负债或递延所得税资产金额。

(5) 确定利润表上的所得税费用,包括当期所得税费用和递延所得税费用。

2. 资产的计税基础

资产的计税基础是指企业收回资产账面价值过程中,计算应纳税所得额时按照税法规定可以自应税经济利益中抵扣的金额,即某一项资产在未来期间计税时按照税法规定可以税前扣除的金额。

【例12-34】 天河公司于2×25年12月31日取得一套加工设备,原价为750万元,使用年限为10年,会计上采用年限平均法计提折旧,净残值为零。税法规定该类(由于技术进步、产品更新换代较快的)固定资产采用加速折旧法计提的折旧可予税前扣除,该企业在计税时采用双倍余额递减法计列折旧,净残值为零。2×27年12月31日,企业估计该项固定资产的可收回金额为550万元。

分析:2×25年12月31日,该设备账面价值为750万元,将来可以从应税所得中抵扣的金额也是750万元,没有暂时性差异。但到了2×27年12月31日,该设备的账面余额=750−75×2=600(万元),该账面余额大于其可收回金额550万元,两者之间的差额应计提50万元的固定资产减值准备。

$$2×27年12月31日该项固定资产的账面价值 = 750 − 75 × 2 − 50 = 550(万元)$$
$$其计税基础 = 750 − 750 × 20\% − 600 × 20\% = 480(万元)$$

该项固定资产的账面价值550万元与其计税基础480万元之间有70万元差额,将于未来期间计入企业的应纳税所得额,称为应纳税暂时性差异,形成递延所得税负债。

3. 负债的计税基础

负债的计税基础是指负债的账面价值减去未来期间计算应纳税所得额时按照税法规定可予抵扣的金额。用公式表示为:

$$负债的计税基础 = 账面价值 − 未来期间按照税法规定可予税前扣除的金额$$

负债的确认与偿还一般不会影响企业的损益,也不会影响其应纳税所得额,未来期间计算应纳税所得额时按照税法规定可予抵扣的金额为零,计税基础即账面价值。但是,某些情况下,负债的确认可能会影响企业的损益,进而影响不同期间的应纳税所得额,使得其计税基础与账面价值之间产生差额,如按照会计规定确认的某些预计负债。

【例12-35】 天河公司2×25年12月因违反环保法规的规定,偷排工业污水,接到环保部门的处罚通知,要求其支付罚款200万元。税法规定,企业因违反国家有关法律、法规支付的罚款和滞纳金,计算应纳税所得额时不允许税前扣除。截至2×25年12月31日,该项罚款尚未支付。

分析:应支付罚款产生的负债账面价值为200万元。

$$\frac{该项负债的}{计税基础} = \frac{账面}{价值} − \frac{未来期间计算应纳税所得额时}{按照税法规定可予抵扣的金额} = 200 − 0 = 200(万元)$$

该项负债的账面价值200万元与其计税基础200万元相同,不形成暂时性异。

【例12-34】 天河公司2×25年因销售产品承诺提供3年的保修服务,在当年度利润表中确认了150万元的销售费用,同时确认为预计负债,当年度未发生任何保修支出。假定按照税法规定,与产品售后服务相关的费用在实际发生时允许税前扣除。

分析:该项预计负债在天河公司2×25年12月31日资产负债表中的账面价值为150万元。

$$\text{该项预计负债的计税基础} = \text{账面价值} - \text{未来期间计算应纳税所得额时按照税法规定可予抵扣的金额} = 150 - 150 = 0$$

该项负债的账面价值150万元与其计税基础之间产生了150万元差额,将于未来期间减少企业的应纳税所得额,称为可抵扣暂时性差异,形成递延所得税资产。

4. 所得税费用的确认和计量

所得税会计的主要目的之一是确定当期应交所得税及利润表中的所得税费用。在按照资产负债表债务法核算所得税的情况下,利润表中的所得税费用包括当期所得税和递延所得税两个部分。

1)当期所得税

当期所得税是指企业按照税法规定计算确定的针对当期发生的交易或事项,应交纳给税务部门的所得税金额,即当期应交所得税。

企业在确定当期应交所得税时,对于当期发生的交易或事项,会计处理与税法处理是不同的,应在会计利润的基础上,按照适用税收法规的规定进行调整,计算出当期应纳税所得额,按照应纳税所得额与适用所得税税率计算确定当期应交所得税。在一般情况下,应纳税所得额可在会计利润的基础上,考虑会计与税收法规之间的差异,按照以下公式计算确定:

$$\text{应交所得税} = \text{应纳税所得额} \times \text{所得税税率}$$
$$\text{应纳税所得额} = \text{税前会计利润} + \text{纳税调整增加额} - \text{纳税调整减少额}$$

纳税调整增加额:①按准则规定核算时不作为收益计入会计报表,但计算应纳税所得额时作为收益需要交纳所得税。②按准则规定核算时确认为费用或损失计入会计报表,但在计算应纳税所得额时则不允许扣减。

纳税调整减少额:①按会计准则规定核算时作为收益计入会计报表,但在计算应纳税所得额时不确认为收益。②按会计准则规定核算时不确认为费用或损失,但在计算应纳税所得额时则允许扣减。

2)递延所得税

递延所得税是指按照所得税准则规定当期应予确认的递延所得税资产和递延所得税负债金额,即递延所得税资产及递延所得税负债当期发生额的综合结果,但不包括计入所有者权益的交易或事项的所得税影响。用公式表示为:

$$\text{递延所得税} = (\text{递延所得税负债的期末余额} - \text{递延所得税负债的期初余额})$$
$$- (\text{递延所得税资产的期末余额} - \text{递延所得税资产的期初余额})$$

3)所得税费用

计算确定了当期所得税及递延所得税后,利润表中应予确认的所得税费用为两者之和,即:

$$\text{所得税费用} = \text{当期所得税} + \text{递延所得税}$$

【知识链接】

特定交易或事项涉及递延所得税的确认

企业当期所得税和递延所得税应当作为所得税费用或收益计入当期损益,但不包括下列情况产生的所得税:

(1) 企业合并。

(2) 直接在所有者权益中确认的交易或者事项。

与直接计入所有者权益的交易或者事项相关的当期所得税和递延所得税,应当计入所有者权益。

【例 12-37】 天河公司 2×25 年度利润表中利润总额为 3 000 万元,该公司适用的所得税税率为 25%。递延所得税资产及递延所得税负债不存在期初余额。与所得税核算有关的情况如下所示。

天河公司 2×25 年发生的有关交易或事项中,会计处理存在差别的有以下几项:

(1) 2×25 年 1 月开始计提折旧的一项固定资产,成本为 1 500 万元,使用年限为 10 年,净残值为 0,会计处理按双倍余额递减法计提折旧,税收处理按直线法计提折旧。假定税法规定的使用年限及净残值与会计规定相同。

(2) 向关联企业捐赠现金 500 万元。假定按照税法规定,企业向关联方的捐赠不允许税前扣除。

(3) 当期取得作为交易性金融资产核算的股票投资成本为 800 万元,2×20 年 12 月 31 日的公允价值为 1 200 万元。税法规定,以公允价值计量的金融资产持有期间市价变动不计入应纳税所得额。

(4) 违反环保法规定应支付罚款 250 万元。

(5) 期末对持有的存货计提 75 万元的存货跌价准备。

分析:

(1) 2×25 年度当期应交所得税:

$$应纳税所得额 = 3\,000 + 150 + 500 - 400 + 250 + 75 = 3\,575(万元)$$
$$应交所得税 = 3\,575 \times 25\% = 893.75(万元)$$

(2) 2×25 年度递延所得税:

$$递延所得税资产 = 225 \times 25\% = 56.25(万元)$$
$$递延所得税负债 = 400 \times 25\% = 100(万元)$$
$$递延所得税 = 100 - 56.25 = 43.75(万元)$$

(3) 利润表中应确认的所得税费用:

$$所得税费用 = 893.75 + 43.75 = 937.50(万元)$$

确认所得税费用的账务处理如下：

借：所得税费用　　　　　　　　　　　　　　　　　　　　　　　9 375 000
　　递延所得税资产　　　　　　　　　　　　　　　　　　　　　　562 500
　　贷：应交税费——应交所得税　　　　　　　　　　　　　　　　8 937 500
　　　　递延所得税负债　　　　　　　　　　　　　　　　　　　　1 000 000

第三节　利　　润

一、利润的概念及构成

（一）利润的概念

利润是指企业在一定会计期间的经营成果。利润包括收入减去费用后的净额、直接计入当期利润的利得和损失等。

收入减去费用后的净额反映的是企业日常活动的业绩；直接计入当期的利得和损失，是指应当计入当期损益、会导致所有者权益发生增减变动的、与所有者投入资本或者向所有者分配利润无关的利得或者损失，反映的是企业非日常活动的业绩。

（二）利润的构成

利润由营业利润、利润总额、净利润、综合收益总额等构成。

1. 营业利润

营业利润是企业一定期间的日常活动取得的利润。其计算公式为：

营业利润＝营业收入－营业成本－税金及附加－销售费用－管理费用－研发费用
　　　　－财务费用＋其他收益＋投资收益＋公允价值变动收益
　　　　＋信用减值损失＋资产减值损失＋资产处置收益

其中，营业收入是指企业经营业务所确认的收入总额，包括主营业务收入和其他业务收入。营业成本是指企业经营业务所发生的实际成本总额，包括主营业务成本和其他业务成本。税金及附加是企业经营业务应负担的税金及附加费用，如消费税、资源税、城市维护建设税、教育费附加等。其他收益是指企业收到的与日常活动相关的政府补助形成的收益。投资收益（或损失）是指企业以各种方式对外投资所取得的收益（或发生的损失）。净敞口套期收益是指净敞口套期下被套期项目累计公允价值变动转入当期损益的金额或现金流量套期储备转入当期损益的金额。公允价值变动收益（或损失）是指企业交易性金融资产等公允价值变动形成的应计入当期损益的利得（或损失）。信用减值损失是指金融资产中的应收账款、债权投资、其他债权投资等资产价值下跌发生的损失。资产减值损失是指企业计提各项资产减值准备所形成的损失。资产处置收益是指出售固定资产、无形资产等产生的损益。

2. 利润总额

利润总额是企业在交纳所得税之前的利润，又称税前利润。其计算公式为：

$$利润总额＝营业利润＋营业外收入－营业外支出$$

其中,营业外收入是指企业发生的与其日常活动无直接关系的各项利得。
营业外支出是指企业发生的与其日常活动无直接关系的各项损失。

3. 净利润

净利润是企业一定期间的利润总额减去所得税费用后的净额,又称税后利润。其计算公式为:

$$净利润＝利润总额－所得税费用$$

其中,所得税费用是指企业确认的应从当期利润总额中扣除的所得税费用。

4. 综合收益总额

综合收益总额是反映企业净利润与其他综合收益的合计金额。其计算公式为:

$$综合收益总额＝净利润＋其他综合收益的税后净额$$

二、净利润的形成

(一)营业外收入的核算

1. 营业外收入核算的内容

营业外收入是指企业发生的与其日常活动无直接关系的各项利得。营业外收入并不是企业经营资金耗费所产生的,不需要企业付出代价,实际上是经济利益的净流入,不可能也不需要与有关的费用进行配比。营业外收入主要包括罚没利得、捐赠利得、确实无法支付而按规定程序经批准后转作营业外收入的应付款项等。其中:非流动资产处置利得包括固定资产处置利得和无形资产出售利得。固定资产处置利得指企业出售固定资产所取得价款或报废固定资产的材料价值和变价收入等,扣除处置固定资产的账面价值、清理费用、处置相关税费后的净收益;无形资产出售利得指企业出售无形资产所取得价款,扣除出售无形资产的账面价值、出售相关税费后的净收益。盘盈利得主要指对于现金等清查盘点中盘盈的现金等,报经批准后计入营业外收入的金额。罚没利得指企业取得的各项罚款,在弥补由于对违反合同或协议而造成的经济损失后的罚款净收益。捐赠利得指企业接受捐赠所产生的利得。

2. 营业外收入的账务处理

企业应通过"营业外收入"账户核算营业外收入的取得及结转情况。该账户贷方登记企业确认的各项营业外收入,借方登记期末转入"本年利润"账户的营业外收入,结转后该账户应无余额。该账户应按照营业外收入的项目进行明细核算。

企业确认营业外收入,借记"固定资产清理""银行存款""库存现金""应付账款"等账户。贷记"营业外收入"账户。期末,应将"营业外收入"账户的余额转入"本年利润"账户,借记"营业外收入"账户,贷记"本年利润"账户。

【例12-38】天河公司将客户违约赔款15 000元转作营业外收入。编制会计分录如下:

借:银行存款　　　　　　　　　　　　　　　　　　　　　　　15 000
　　贷:营业外收入　　　　　　　　　　　　　　　　　　　　　　15 000

【例 12-39】 天河公司本期营业外收入总额为 200 000 元,期末结转本年利润。编制会计分录如下:

借:营业外收入　　　　　　　　　　　　　　　　　　　　　　　　　200 000
　　贷:本年利润　　　　　　　　　　　　　　　　　　　　　　　　　　200 000

(二)营业外支出的核算

1. 营业外支出核算的内容

营业外支出是指企业发生的与其日常活动无直接关系的各项损失。营业外支出主要包括罚款支出、公益性捐赠支出、非常损失等。其中:罚款支出是指企业由于违反税收法规、经济合同等而支付的各种滞纳金和罚款;公益性捐赠支出是指企业对外进行公益性捐赠发生的支出;非常损失是指企业对因客观因素(如自然灾害等)造成的损失,在扣除保险公司赔偿后应计入营业外支出的净损失。

2. 营业外支出的账务处理

企业应通过"营业外支出"账户核算营业外支出的发生及结转情况。该账户借方登记企业发生的各项营业外支出,贷方登记期末转入"本年利润"账户的营业外支出,结转后该账户应无余额。该账户应按照营业外支出的项目进行明细核算。

企业发生营业外支出时,借记"营业外支出"账户,贷记"固定资产清理""待处理财产损溢""库存现金""银行存款"等账户,期末,应将"营业外支出"账户的余额转入"本年利润"账户,借记"本年利润"账户,贷记"营业外支出"账户。

【例 12-40】 天河公司将已经发生的原材料意外灾害损失 300 000 元转作营业外支出。编制会计分录如下:

借:营业外支出　　　　　　　　　　　　　　　　　　　　　　　　　300 000
　　贷:待处理财产损溢　　　　　　　　　　　　　　　　　　　　　　　300 000

【例 12-41】 天河公司用银行存款支付税款滞纳金 20 000 元。
编制会计分录如下:

借:营业外支出　　　　　　　　　　　　　　　　　　　　　　　　　 20 000
　　贷:银行存款　　　　　　　　　　　　　　　　　　　　　　　　　　 20 000

【例 12-42】 天河公司本期营业外支出总额为 340 000 元,期末结转本年利润。编制会计分录如下:

借:本年利润　　　　　　　　　　　　　　　　　　　　　　　　　　340 000
　　贷:营业外支出　　　　　　　　　　　　　　　　　　　　　　　　　340 000

(三)本年利润的形成与结转

1. 结转本年利润的方法

会计期末结转本年利润的方法有表结法和账结法两种。

1)表结法

在表结法下,各损益类账户每月月末只需结计出本月发生额和月末累计余额,不结转到"本年利润"账户,只有在年末时才将全年累计余额结转入"本年利润"账户。但每月月末要将损益类账户的本月发生额合计数填入利润表的本月数栏,同时将本月月末累计余额填入利润表的本年累计数栏,通过利润表计算反映各期的利润(或亏损)。表结法下年中损益类账户无需结转入"本年利润"账户,从而减少了转账环节和工作量,同时并不影响利润表的编制及有关损益指标的利用。

2)账结法

在账结法下,每月月末均需编制转账凭证,将在账上结计出的各损益类账户的余额结转入"本年利润"账户。结转后"本年利润"账户的本月合计数反映当月实现的利润或发生的亏损,"本年利润"账户的本年累计数反映本年累计实现的利润或发生的亏损。账结法在各月均可通过"本年利润"账户提供当月及本年累计的利润(或亏损)额,但增加了转账环节和工作量。

2. 结转本年利润的核算

企业应设置"本年利润"账户,核算企业本年度实现的净利润(或发生的净亏损)。会计期末,企业应将各收益类账户的余额转入"本年利润"账户的贷方,借记有关收益类账户,贷记"本年利润"账户;将各成本费用或支出类账户的余额转入"本年利润"账户的借方,借记"本年利润"账户,贷记有关成本费用或支出类账户。如果有关收益类账户为借方余额或有关成本费用类账户为贷方余额,则作相反的结转分录。结转后"本年利润"账户如为贷方余额,表示当年实现的净利润;如为借方余额,表示当年发生的净亏损。年度终了,企业还应将"本年利润"账户的本年累计余额转入"利润分配——未分配利润"账户。如为贷方余额,借记"本年利润"账户,贷记"利润分配——未分配利润"账户。如为借方余额,作相反的会计分录。结转后"本年利润"账户应无余额。

【例12-43】 天河公司2×25年有关损益类账户的年末余额如表12-2所示(该公司采用表结法年末一次结转损益类账户,所得税税率为25%)。编制有关会计分录。

表12-2 有关损益类账户的年末余额

2×25年 单位:元

账 户 名 称	结账前余额
主营业务收入	6 000 000元(贷)
其他业务收入	700 000元(贷)
公允价值变动损益	150 000元(贷)
投资收益	600 000元(贷)
营业外收入	50 000元(贷)
主营业务成本	4 000 000元(借)
其他业务成本	400 000元(借)
税金及附加	80 000元(借)
销售费用	500 000元(借)
管理费用	770 000元(借)
财务费用	200 000元(借)
资产减值损失	100 000元(借)
营业外支出	250 000元(借)

(1) 将各项损益类账户年末余额结转入"本年利润"账户。

A. 结转各项收入、利得类账户：

借：主营业务收入	6 000 000
其他业务收入	700 000
公允价值变动损益	150 000
投资收益	600 000
营业外收入	50 000
贷：本年利润	7 500 000

B. 结转各项费用、损失类账户：

借：本年利润	6 300 000
贷：主营业务成本	4 000 000
其他业务成本	400 000
税金及附加	80 000
销售费用	500 000
管理费用	770 000
财务费用	200 000
资产减值损失	100 000
营业外支出	250 000

(2) 经过上述结转后，"本年利润"账户的贷方发生额合计 7 500 000 元减去借方发生额合计 6 300 000 元即税前会计利润 1 200 000 元。假定将该税前会计利润进行纳税调整后，应纳税所得额为 1 000 000 元，则应交所得税额＝1 000 000×25％＝250 000（元）。假定将该应交所得税按照会计准则进行调整后计算确认的所得税费用为 380 000 元。

A. 确认所得税费用：

借：所得税费用	380 000
贷：应交税费——应交所得税	380 000

B. 将所得税费用结转入"本年利润"账户：

借：本年利润	380 000
贷：所得税费用	380 000

(3) 将"本年利润"账户年末余额 820 000 元(7 500 000－6 300 000－380 000)转入"利润分配——未分配利润"账户：

借：本年利润	820 000
贷：利润分配——未分配利润	820 000

三、净利润的分配

（一）利润分配的程序

利润分配是指企业按照国家有关规定和企业章程、投资者协议等，对企业当年可供分配的利润所进行的分配。

可供分配的利润＝当年实现的净利润＋年初未分配利润(或－年初未弥补亏损)＋其他转入

利润分配的顺序依次是：①提取法定盈余公积。②提取任意盈余公积。③向投资者分配利润。

盈余公积是指企业按规定从净利润中提取的企业积累资金。公司制企业的盈余公积包括法定盈余公积和任意盈余公积。

按照我国《公司法》有关规定，公司制企业应按照净利润(减弥补以前年度亏损)的10％提取法定盈余公积。非公司制企业法定盈余公积的提取比例可超过净利润的10％。法定盈余公积累计额已达到注册资本的50％时可不再提取。但在计算提取法定盈余公积的基数时，不包括企业年初未分配利润。

公司制企业可根据股东大会的决议提取任意盈余公积。非公司制企业经类似权力机构批准，也可提取任意盈余公积。

未分配利润是经过弥补亏损、提取法定盈余公积、提取任意盈余公积和向投资者分配利润等利润分配后剩余的利润，是企业留待以后年度进行分配的历年结存的利润。

(二) 利润分配(或弥补亏损)的核算

企业应设置"利润分配"账户，进行利润分配的核算。该账户核算企业利润的分配(或亏损的弥补)和历年分配(或弥补)后的余额。该账户的贷方反映年末从"本年利润"账户转入的本年净利润及用盈余公积补亏的数额；借方反映按规定提取的盈余公积、向投资者分配的利润数额及年末从"本年利润"账户转入的本年亏损数额；该账户年末余额反映企业历年积存的未分配利润(或未弥补的亏损)。

"利润分配"账户下应设置以下明细账户：①提取法定盈余公积。②提取任意盈余公积。③应付现金股利或利润。④转作股本的股利。⑤盈余公积补亏。⑥未分配利润。

【知识链接】

利润分配的程序

企业净利润的分配，必须先弥补盈利当年5年以前税前利润未弥补完的亏损，然后提取盈余公积，最后向投资者分配利润。弥补以前年度亏损业务的会计处理已在本教材第十一章所有者权益中讲述，故本章不赘述。

企业按规定提取的盈余公积，借记"利润分配——提取法定盈余公积、提取任意盈余公积"账户，贷记"盈余公积——法定盈余公积、任意盈余公积"账户。

经股东大会或类似机构批准的年度利润分配方案应当分配给股东的现金股利或利润，借记"利润分配——应付现金股利或应付利润"账户，贷记"应付股利"或"应付利润"账户。

经股东大会或类似机构决议，分配给股东的股票股利，应在办理增资手续后，借记"利润分配——转作股本的股利"账户，贷记"股本"账户。

企业用盈余公积弥补亏损时，借记"盈余公积——法定盈余公积或任意盈余公积"账户，贷记"利润分配——盈余公积补亏"账户。

年度终了,企业应将全年实现的净利润,自"本年利润"账户转入"利润分配"账户,借记"本年利润"账户,贷记"利润分配——未分配利润"账户,如为净亏损,作相反的会计分录。同时,将"利润分配"账户下的其他明细账户的余额转入"利润分配"账户的"未分配利润"明细账户。结转后,除"未分配利润"明细账户外,"利润分配"账户的其他明细账户应无余额。

【例 12-44】 天河公司 2×25 年度实现净利润 820 000 元,按本年实现净利润的 10% 和 5% 分别提取法定盈余公积和任意盈余公积。经董事会决议,按本期可向股东分配利润的 80% 向投资者分配利润。假设无年初未分配利润。编制会计分录如下:

(1) 年末将"本年利润"账户年末余额 820 000 元转入"利润分配——未分配利润"账户时:

借:本年利润　　　　　　　　　　　　　　　　　　　　　　　820 000
　　贷:利润分配——未分配利润　　　　　　　　　　　　　　　　820 000

(2) 年末进行利润分配时:

提取法定盈余公积 = 820 000 × 10% = 82 000(元)
提取任意盈余公积 = 820 000 × 5% = 41 000(元)
本期可向投资者分配的利润 = 820 000 − 123 000 = 697 000(元)
应向投资者分配的利润 = 697 000 × 80% = 557 600(元)

借:利润分配——提取法定盈余公积　　　　　　　　　　　　　　82 000
　　　　　　——提取任意盈余公积　　　　　　　　　　　　　　41 000
　　　　　　——应付现金股利或利润　　　　　　　　　　　　　557 600
　　贷:盈余公积——法定盈余公积　　　　　　　　　　　　　　　82 000
　　　　　　　——任意盈余公积　　　　　　　　　　　　　　　41 000
　　　　应付股利　　　　　　　　　　　　　　　　　　　　　　557 600

(3) 将"利润分配"其他明细账户金额结转至"未分配利润"明细账户时:

借:利润分配——未分配利润　　　　　　　　　　　　　　　　　680 600
　　贷:利润分配——提取法定盈余公积　　　　　　　　　　　　　82 000
　　　　　　　——提取任意盈余公积　　　　　　　　　　　　　41 000
　　　　　　　——应付现金股利或利润　　　　　　　　　　　　557 600

经过年末结转后,该公司 2×25 年"本年利润"账户及"利润分配"账户的其他明细账户均无余额,只有"利润分配——未分配利润"账户有贷方余额 139 400 元。

【例 12-45】 假设天河公司 2×25 年度发生净亏损 100 000 元,经董事会决议,用法定盈余公积弥补。

编制会计分录如下:

借:盈余公积——法定盈余公积　　　　　　　　　　　　　　　　100 000
　　贷:利润分配——盈余公积补亏　　　　　　　　　　　　　　　100 000

【关键术语】

　　收入　主营业务收入　其他业务收入　销售商品收入　提供劳务收入　费用　期间费用　所得税费用　利润　营业利润　利润总额　净利润　营业外收入　营业外支出

资产负债表债务法　暂时性差异　应纳税暂时性差异　可抵扣暂时性差异
递延所得税负债　递延所得税资产　本年利润　利润分配

> 【问题思考】

1. 收入的概念与基本特征是什么？
2. 收入的确认和计量有哪几步？
3. 收入确认的原则是什么？
4. 收入确认的前提条件是什么？
5. 在某一时段内履行的履约义务的收入确认条件有哪些？
6. 在某一时点履行的履约义务，在判断客户是否已经取得商品控制权时，企业应当考虑哪些迹象？
7. 附有销售退回条款的销售如何核算？
8. 什么是费用？费用具有哪些特点？费用与损失应如何区分？
9. 费用的主要内容有哪些？如何分别进行核算？
10. 什么是利润？利润应如何计算？
11. 营业外收入和营业外支出应如何核算？
12. 所得税应如何计算和核算？
13. 本年利润应如何核算？
14. 试述利润分配的顺序。
15. 利润分配（或亏损的弥补）应如何核算？

练 习 题

第一部分 客观题

第十二章 客观题

第二部分 主观题

四、业务实训

（一）业务实训一

天河公司12月份发生下列产品销售业务：
(1) 4日，采用商业汇票结算方式向A公司销售甲产品10件，价款25 000元，增值税3 250元，收到还款期限为3个月的银行承兑汇票一张。
(2) 7日，采用托收承付结算方式向B公司销售甲产品40件，价款100 000元，增值税13 000元，用银行存款代垫运杂费400元（假定运费不考虑增值税），已办妥托收手续。
(3) 12日，采用赊销方式向C公司销售乙产品20件，价款40 000元，增值税5 200元，付款条件为"2/10,1/20,n/30"（按全部价税计算，假定购货人均不能在前20天内付款）。
(4) 16日，D公司因产品质量缺陷，退回了上月销售的甲产品5件，价款12 500元，增值税1 625元，该企业签发支票一张，支付退货款。
(5) 19日，由于2件产品包装破损，A公司发现后要求给予价格减让，公司同意10%的销售折让5 650元，以银行存款支付。
(6) 20日，收到C公司支付的乙产品货款，存入银行。
(7) 31日，采用托收承付结算方式向E公司销售甲产品10件，价款25 000元，增值税3 250元，成本16 000元，用银行存款代垫运杂费80元，尚未办妥托收手续。
要求：根据以上资料，逐笔编制的销售业务会计分录。

（二）业务实训二

　　天河公司为增值税一般纳税人，适用的增值税税率为13%。2×25年1月1日委托甲公司销售产品一批，合同约定，如果甲公司没有将商品出售，可以退回，该批商品总共有200件，单位成本为500元，协议价为800元/件（不含增值税）。甲公司也为增值税一般纳税人，适用的增值税税率为13%。商品于当日发出。2×25年1月31日，甲公司实际销售该批商品的50件，销售时开具的增值税专用发票上注明售价为48 000元，增值税税额为6 240元，同日收到甲公司开来的代销清单，注明已销售代销商品50件，并于2月15日收到这部分售出商品的款项。

要求：
(1) 编制委托代销的会计分录。
(2) 编制甲公司受托代销的会计分录。

(三) 业务实训三

天河公司 2×25 年 11 月 20 日与某商场签订合同，向该商场销售一部电梯。商品已经发出，开出的增值税专用发票上注明的电梯销售价格为 200 万元，增值税税额为 26 万元，货款已经收到，该部电梯的成本为 180 万元。同时与乙公司签订安装协议，安装价款为 10 万元（含增值税），电梯安装工程预计 2×26 年 3 月完工；至 2025 年 12 月 31 日电梯安装过程中已发生安装费 3 万元，发生的安装费均为安装人员薪酬，预计还要发生成本 5 万元，款项尚未收到。采用已经发生的成本占估计总成本的百分比法确认提供劳务的完工进度。假定不考虑其他因素。

要求：编制上述业务相关的会计分录。

(四) 业务实训四

天河公司 2×20 年 1 月 1 日，采用分期收款方式向乙公司出售大型设备一套，合同约定的价款为 20 000 万元，分 5 年于每年年末分期收款，每年收取 4 000 万元。该套设备的成本为 15 000 万元，若购货方在销售当日支付货款，只须支付 16 000 万元。假定天河公司在发出商品时开具增值税专用发票，同时收取增值税税额 2 600 万元，企业经计算得出实际利率为 7.93%。不考虑其他因素。

要求：
(1) 计算 2×20 年至 2×24 年每年未实现融资收益的摊销额；
(2) 编制 2×20 年至 2×24 年有关业务的会计分录。

(五) 业务实训五

甲公司及与甲公司发生交易的各公司均为增值税一般纳税人，销售或进口货物适用的增值税税率均为 13%，以下事项中销售价格均不含增值税。甲公司 2×25 年发生如下经济业务：

(1) 1 月 1 日，甲公司与乙公司签订协议，向乙公司销售商品，成本为 90 万元，增值税专用发票上注明销售价格为 110 万元，增值税税额为 14.3 万元。协议规定，甲公司应在当年 5 月 31 日将所售商品购回，回购价为 120 万元。另需支付增值税税额 15.6 万元。假定商品已发出且货款已实际收付。

(2) 1 月 2 日，甲公司与丙公司签订分期收款销售合同，向丙公司销售产品 50 件，单位成本 0.072 万元，单位售价 0.1 万元。根据合同规定：丙公司可享受 20% 的商业折扣；丙公司应在甲公司向其交付产品时，首期支付价款和增值税税额之和的 20%，其余款项分 2 个月（包括购货当月）于每月月末等额支付。甲公司发出产品并按规定开具增值税专用发票一张，丙公司如约支付首期货款和以后各期货款。假设不考虑甲公司发生的其他经济业务及除增值税外的其他因素，所售商品均未发生减值。

要求：
(1) 判断甲公司向乙公司销售商品是否应确认收入并说明理由，编制甲公司 1 月份向乙公司销售商品有关的会计分录。
(2) 编制甲公司 1 月份与向丙公司销售商品有关的会计分录(本题计算结果保留三位小数)。

第十二章 收入、费用和利润

(六) 业务实训六

甲公司是一家健身器材销售公司,为增值税一般纳税人。2×25年6月1日甲公司向乙公司销售5万件健身器材,单位销售价格为500元,单位成本为400元,开出的增值税专用发票上注明的销售价款为2 500万元,增值税税额为325万元,收到款项并存入银行。协议约定,乙公司在7月31日之前有权退还健身器材。假定甲公司根据过去的经验,估计该批健身器材退货率约为20%,在不确定性消除时,80%已确认的累计收入金额(2 000万元)极可能不会发生重大转回;健身器材发出时纳税义务已经发生;实际发生销售退回时取得税务机关开具的红字增值税专用发票。6月30日估计该批健身器材退货率约为15%,7月31日发生销售退回,实际退货量为0.4万件,同时支付款项。不考虑其他因素。

要求:

(1) 编制2×25年6月1日销售商品的会计分录。

(2) 编制2×25年6月30日调整退货比率的会计分录。

(3) 编制2×25年7月31日发生退货的会计分录。

(七) 业务实训七

甲公司是一家投资控股型的上市公司。拥有从事各种不同业务的子公司。

(1) 甲公司的子公司——乙公司是一家建筑承包商,专门从事办公楼设计和建造业务。2×25年2月1日,乙公司与戊公司签订办公楼建造合同,按照戊公司的特定要求在戊公司的土地上建造一栋办公楼。根据合同的约定,建造该办公楼的价格为8 000万元,乙公司分3次收取款项,分别于合同签订日、完工进度达到50%的当天、竣工验收日收取合同造价的20%、30%、50%。工程于2×25年2月开工,预计于2×26年年底完工。乙公司预计建造上述办公楼的总成本为6 500万元,截至2×25年12月31日止,乙公司累计实际发生的成本为3 900万元。乙公司按照累计实际发生的成本占预计总成本的比例确定履约进度。

(2) 甲公司的子公司——丙公司是一家生产通信设备的公司。2×25年1月1日,丙公司与乙公司签订专利许可合同,许可乙公司在5年内使用丙公司的专利技术生产A产品。根据合同的约定,丙公司每年向乙公司收取由两部分金额组成的专利技术许可费,一是固定金额200万元,于每年年末收取;二是按照乙公司A产品销售额的2%计算的提成,于第二年年初收取。根据以往年度的经验和做法,丙公司可合理预期不会实施对该专利技术产生重大影响的活动。

2×25年12月31日,丙公司收到乙公司支付的固定金额专利技术许可费200万元。2×25年度,乙公司销售A产品80 000元。其他有关资料:第一,本题涉及的合同均符合企业会计准则关于合同的定义,均经合同各方管理层批准;第二,乙公司和丙公司估计,因向客户转让商品或提供服务而有权取得的对价很可能收回;第三,不考虑货币时间价值,不考虑税费及其他因素。

要求:

(1) 根据资料(1),判断乙公司的建造办公楼业务是属于在某一时段内履行履约义务还是属于某一时点履行履约义务,并说明理由。

(2) 根据资料(1),计算乙公司2×25年度的合同履约进度,以及应确定的收入和成本。

(3) 根据资料(2),判断丙公司授予知识产权许可属于在某一时段内履行履约义务还是属于某一时点履行履约义务,并说明理由。说明丙公司按照乙公司A产品销售额的2%收取的提成应于何时确认收入。

(4) 根据资料(2),编制丙公司2×25年度与收入确认相关的会计分录。

(八) 业务实训八

天河公司某年度取得主营业务收入5 000万元,其他业务收入1 800万元,投资净收益700万元,营业外收入250万元;发生主营业务成本3 500万元,其他业务成本1 400万元,税金及附加60万元,销售费用380万元,管理费用340万元,财务费用120万元,资产减值损失150万元,公允价值变动净损失100万元,营业外支出200万元。本年度确认的所得税费用为520万元。按净利润的10%提取法定盈余公积,按净利润的15%提取任意盈余公积,向股东分派现金股利350万元,同时分派每股面值1元的股票股利250万股。假定中期期末不进行利润结转,年末一次结转利润。

要求:
(1) 编制结转利润的会计分录。
(2) 编制分配利润的会计分录。

(九) 业务实训九

甲公司2×25年年初的递延所得税资产借方余额为50万元,与之对应的预计负债贷方余额为200万元;递延所得税负债无期初余额。甲公司2×25年度实现的利润总额为9 520万元,适用的企业所得税税率为25%且预计在未来期间保持不变;预计未来期间能够产生足够的应纳税所得额以抵扣可抵扣暂时性差异。甲公司2×25年度发生的有关交易和事项中,会计处理与税收处理存在差异的相关资料如下:

资料一:2×25年8月,甲公司直接向非关联企业捐赠现金500万元。

资料二:2×25年9月,甲公司以银行存款支付产品保修费用300万元,同时冲减了预计负债年初贷方余额200万元。2×25年年末,保修期结束,甲公司不再预提保修费。

资料三:2×25年12月31日,甲公司对应收账款计提了坏账准备180万元。

资料四:2×25年12月31日,甲公司以定向增发公允价值为10 900万元的普通股股票为对价取得乙公司100%有表决权的股份,形成非同一控制下控股合并。假定该项企业合并符合税法规定的免税合并条件,且乙公司选择进行免税处理。乙公司当日可辨认净资产的账面价值为10 000万元,其中股本2 000万元,未分配利润8 000万元;除一项账面价值与计税基础均为200万元、公允价值为360万元的库存商品外,其他各项可辨认资产、负债的账面价值与其公允价值、计税基础均相同。假定不考虑其他因素。

要求:
(1) 计算甲公司2×25年度的应纳税所得额和应交所得税。
(2) 根据资料一至资料三,逐项分析甲公司每一交易或事项对递延所得税的影响金额。(如无影响,也明确指出无影响的原因)
(3) 根据资料一至资料三,逐笔编制甲公司与递延所得税有关的会计分录。(不涉及递延所得税的,不需要编制会计分录)
(4) 计算甲公司利润表中应列示的2×25年度所得税费用。
(5) 根据资料四,分别计算甲公司在编制购买日合并财务报表时应确认的递延所得税和商誉的金额,并编制与购买日合并资产负债表有关的调整抵销分录。

(十) 业务实训十

天河公司 2×25 年 12 月 26 日购入一条生产线,实际成本为 75 万元,预计使用年限为 5 年,预计净残值为 0,采用直线法计提折旧,未计提减值准备。假定税法对折旧年限和净残值的规定与会计相同,因该生产线符合税法规定的税收优惠条件,计税时允许采用加速折旧法计提折旧,在计税时按年数总和法计列折旧费用。除该项固定资产因折旧方法不同导致会计与税收之间的差异外,不存在其他会计与税收的差异,此前,递延所得税资产和递延所得税负债均无余额。适用的所得税税率为 25%。

要求:根据以上资料,确认有关递延所得税负债的期末余额并编制相关的分录。

第十三章 财务会计报告

章前导引

教学目标

本章主要介绍财务会计报告的内容,阐述资产负债表、利润表、现金流量表和所有者权益变动表的结构与编制方法。通过本章的学习,学生应了解财务会计报告的内容,掌握资产负债表、利润表、现金流量表和所有者权益变动表的编制方法。

重点难点

重点是资产负债表、利润表、现金流量表的编制,难点是现金流量表的编制。

课程思政

2018年至2020年,时任A公司第二大股东、总经理胡某林利用数家公司,通过超额支付预付款等形式占用A公司及其控股子公司资金,从事资金占用性质的关联交易,相关信息未按规定在2018年、2019年年度报告中披露。2020年A公司及其子公司发生的关联交易金额约为70 058 336.35元,约占当年经审计净资产的21.8%,A公司未按规定在2020年年度报告中披露该信息。2020年A公司虚增营业收入约为137 102 101.67元,约占2020年年度报告营业收入的11%。

中国证监会于2023年10月26日作出行政处罚,对A公司给予警告,并处以450万元罚款;对胡某林等5名责任人员给予警告,并分别处以15万元至500万元不等的罚款;对胡某林采取10年证券市场禁入措施。

关于上市公司年度报告中应当信息披露的内容及期限,相关法律法规中已经作出了非常明确、细致的规定。其中,关联交易、大股东资金占用事项属于年报常规性披露内容,而虚增营业收入等财务数据则具备恶意违法违规性质。

思考:上市公司年报列报的基本要求有哪些?你认为A公司上述情形应定性为信息披露重大遗漏还是信息披露隐瞒重大事项?A公司以核查手段有限、无法知悉真相等为由进行申辩,这些理由是否成立?A公司大股东及主要管理人员组织实施资金占用的行为,未进行信息披露,存在信披违规的情形,《证券法》针对信息披露义务人和公司实际控制人规定了哪些处罚措施?

第一节　财务会计报告的内容与列报要求

一、财务会计报告的定义和构成

财务会计报告是指企业对外提供的反映企业某一特定日期的财务状况和某一会计期间的经营成果、现金流量等会计信息的文件。财务会计报告包括会计报表及其附注和其他应当在财务会计报告中披露的相关信息和资料。会计报表是企业财务会计报告的主要组成部分。会计报表至少应当包括资产负债表、利润表、现金流量表等报表。

按财务会计报告编报期间的不同,财务会计报告可以分为中期财务会计报告和年度财务会计报告。中期财务会计报告是以短于一个完整会计年度的报告期间为基础编制的财务会计报告,包括月报、季报和半年报等。按财务会计报告编报主体的不同,财务会计报告可以分为个别财务会计报告和合并财务会计报告。个别财务会计报告是由企业在自身会计核算基础上对账簿记录进行加工而编制的财务会计报告,它主要用于反映企业自身的财务状况、经营成果和现金流量情况。合并财务会计报告是以母公司和子公司组成的企业集团为会计主体,根据母公司和所属子公司的财务报表,由母公司编制的综合反映企业集团财务状况、经营成果及现金流量的财务会计报告。

二、财务报表列报的基本要求

(一) 列报的客观性

企业应当根据实际发生的交易或事项,按照各项具体会计准则的规定进行确认和计量,并在此基础上编制财务会计报告。企业应当在附注中对遵循企业会计准则编制的财务会计报告作出声明,只有遵循了企业会计准则的所有规定时,财务会计报告才应当被称为"遵循了企业会计准则"。

在编制财务会计报告的过程中,企业管理层应当对企业持续经营的能力进行评价,需要考虑的因素包括市场经营风险、企业目前或长期的盈利能力、偿债能力、财务弹性和企业管理层改变经营政策的意向等。评价后对企业持续经营的能力产生严重怀疑的,应当在附注中披露导致对持续经营能力产生重大怀疑的重要的不确定因素。

(二) 列报的重要性

财务会计报告是通过对大量的交易或其他事项进行处理而生成的,这些交易或事项按其性质或功能汇总归类而形成财务会计报告中的项目。重要性是判断项目是否单独列报的基本标准。如果某项目不具有重要性,则可以将其与其他项目合并列报,如果具有重要性,则应当单独列报。具体而言:①性质或功能不同的项目,一般应当在财务会计报告中单独列报,但是不具有重要性的项目可以合并列报,比如存货和固定资产在性质上和功能上都有本质差别,必须分别在资产负债表上单独列报。②性质或功能类似的项目,一般可以合并列报,但是对其具有重要性的类别应该单独列报。③项目单独列报的原则不仅适用于报表,还适用于附注。

④无论是《企业会计准则第 30 号——财务报表列报》规定的单独列报项目,还是其他具体会计准则规定单独列报的项目,企业都应当予以单独列报。⑤重要性是判断项目是否单独列报的重要标准。企业在进行重要性判断时,应当根据所处环境,从项目的性质和金额大小两方面予以判断:一方面,应当考虑该项目的性质是否属于企业日常活动、是否对企业的财务状况和经营成果具有较大影响等因素;另一方面,判断项目金额大小的重要性,应当通过单项金额占资产总额、负债总额、所有者权益总额、营业收入总额、净利润等直接相关项目金额的比重加以确定。

(三) 列报的一致性

可比性是会计信息质量的一项重要质量要求,目的是使同一企业不同期间和同一期间不同企业的财务会计报告相互可比。为此,财务会计报告项目的列报应当在各个会计期间保持一致,不得随意变更,这一要求不仅只针对财务会计报告中的项目名称,还包括财务会计报告项目的分类、排列顺序等方面。

(四) 列报的及时性

财务会计报告是对企业所发生的经济活动的事后总结,具有很强的实效性。企业必须按规定的程序和期限及时编制、及时报送财务会计报告,以便会计信息使用者及时了解企业的财务状况、经营成果和现金流量。为了及时编制财务会计报告,企业会计部门应当科学、合理地组织好日常的会计核算工作,认真做好记账、算账、对账、结账和财产清查等编制报表前的各项工作;同时,要加强与企业内部有关部门的协作与配合,使日常会计工作能均衡有序地进行,保证财务会计报告的编制和报送工作及时完成。

第二节 资产负债表

一、资产负债表的理论知识

(一) 资产负债表的性质和作用

资产负债表是指反映企业在某一特定日期财务状况的会计报表。它反映企业在某一特定日期所拥有或控制的经济资源、所承担的现时义务和所有者对净资产的要求权。

资产负债表是根据"资产=负债+所有者权益"这一会计基本等式而编制的。它所提供的是企业一定日期的财务状况,主要包括以下内容:

(1) 企业所拥有的各种经济资源(资产)。
(2) 企业所负担的债务(负债),以及企业的偿债能力(包括短期与长期偿债能力)。
(3) 企业所有者在企业里所持有的权益(所有者权益)。

资产负债表可以提供某一特定日期资产的总额及其结构,表明企业拥有或控制的资源及其分布情况,财务会计报告使用者可以一目了然地从资产负债表上了解企业在某一特定日期所拥有的资产总量及其结构;可以提供某一日期的负债总额及其结构,表明企业未来需要用多少资产或劳务清偿债务及清偿时间;可以反映所有者所拥有的权益,据以判断资本保值、增值的情况及对负债的保障程度。此外,资产负债表还可以提供进行财务分析的基本资料,如将流动资产与流动负债进行比较,计算出流动比率;将速动资产与流动负债进行比较,计算出速动比率等,可以表明企业的变现能力、偿债能力和资金周转能力,从而有助于财务会计报告使用者作出经济决策。

(二) 资产负债表上项目的分类与排列

为了帮助财务会计报告使用者对财务信息进行分析、理解及评价,资产负债表上的项目应按照其共同特征进行适当的分类与排列。一般来说,在资产负债表上,资产按其流动性程度的高低顺序排列,即先流动资产、后非流动资产;负债按其到期日由近至远的顺序排列,即先流动负债,后非流动负债;所有者权益则按其永久递减的顺序排列,即先实收资本,后资本公积、盈余公积,最后是未分配利润。

(三) 资产负债表的格式

资产负债表有两种格式,即账户式与报告式(垂直式)。账户式是我国企业资产负债表惯用的格式。报表分为左右两方,左方列示资产各项目,反映全部资产的分布及存在形态;右方列示负债和所有者权益各项目,反映全部负债和所有者权益的内容及构成情况。资产负债表左右双方平衡,资产总计等于负债和所有者权益总计,即"资产=负债+所有者权益"。此外,为了使财务会计报告使用者通过比较不同时点资产负债表的数据,掌握企业财务状况的变动情况及发展趋势,企业需要提供比较资产负债表,资产负债表还需分为"上年年末余额"和"期末余额"两栏分别填列。

一般企业资产负债表的基本格式与结构参见表 13-1。

(四) 资产负债表项目的计价

现行会计准则对资产负债表项目的计价采用的是一种混合模式,它综合运用了历史成本、可变性净值、公允价值、现值等计量属性。

1. 按历史成本计量的项目

"存货"项目在没有发生减值的情况下,在资产负债表上按其历史成本计价;"投资性房地产"项目在采用成本模式计量且没有发生减值的情况下,在资产负债表上按其历史成本计价;"固定资产"项目如果没有发生减值,则在资产负债表上按折余价值反映;"无形资产"项目如果没有发生减值,则在资产负债表上按摊余价值反映。当然,折余价值和摊余价值本质上是历史成本(或者说是调整后的历史成本)。

2. 按可变现值计量的项目

现行《企业会计准则》规定,期末要求对存货项目进行减值测试。对各存货项目进行减值测试时,依据的标准是可变现值净值,当存货的可变现净值低于其账面金额时,需要计提存货跌价准备,将存货的账面金额减至可变现净值。这就意味着,计提了存货跌价准备的"存货"项目在资产负债表上是按可变现净值计价的。

3. 按公允价值计量的项目

按照现行《企业会计准则》的规定,"交易性金融资产""其他债权投资""其他权益工具投资"等项目期末应当按公允价值计量。对于"投资性房地产"的计量,既可以采用成本模式,也可以采用公允价值模式。如果企业对投资性房地产的计量采用公允价值模式,则该项目在资产附加表上也是按公允价值计量的。

4. 按现值计量的项目

"长期债券"等非流动负债项目要按照未来现金流量的折现值(现值)计价。所谓按摊余成本计价,就是按现值计价。但计算现值所用的折现率是最初承担负债时所确定的实际利率,而不是期末的市场利率。

二、资产负债表的编制方法与编制实例

(一)资产负债表的编制方法

1. 根据总账科目余额填列

资产负债表"期末余额"栏,一般应根据资产类、负债类和所有者权益科目的期末余额填列。"交易性金融资产""递延所得税资产""短期借款""交易性金融负债""应付票据""应付职工薪酬""应交税费""其他应付款""预计负债""递延所得税负债""实收资本(或股本)""资本公积""库存股""盈余公积"等项目,应根据有关总账科目的余额填列。

有些项目则需根据几个总账账户的期末余额计算填列:"货币资金"项目,需根据"库存现金""银行存款""其他货币资金"三个总账科目期末余额的合计数填列;"其他非流动资产""其他流动负债"项目,应根据有关科目的期末余额分析填列。

2. 根据明细账科目余额计算填列

"开发支出"项目,应根据"研发支出"科目中所属的"资本化支出"明细科目期末余额填列;"应付账款"项目,需要根据"应付账款"和"预付账款"两个科目所属的相关明细科目的期末贷方余额合计数填列;"预收款项"项目,应根据"预收账款"科目和"应收账款"科目所属各明细科目的期末贷方余额合计数填列;"一年内到期的非流动资产""一年内到期的非流动负债"项目,应根据有关非流动资产或负债科目的明细科目余额分析填列;"长期借款""应付债券"项目,应分别根据"长期借款""应付债券"科目的明细科目余额分析填列;"未分配利润"项目,应根据"利润分配"科目中所属的"未分配利润"明细科目期末余额填列。

3. 根据总账科目和明细账科目余额分析计算填列

"长期借款"项目,应根据"长期借款"总账科目余额扣除"长期借款"科目所属的明细科目中将在资产负债表日起1年内到期,且企业不能自主地将清偿义务展期的长期借款后的金额计算填列。"长期待摊费用"科目,应根据"长期待摊费用"科目的期末余额减去将于1年内(含1年)摊销的数额后的金额填列;"其他非流动负债"项目,应根据有关科目的期末余额减去将于1年内(含1年)到期偿还数后的金额填列。

4. 根据有关科目余额减去其备抵科目余额后的净额填列

"债权投资""其他债权投资""其他权益工具投资""长期股权投资""在建工程""商誉"项目,应根据相关科目的期末余额填列,已计提减值准备的,还应扣减相应的减值准备;"固定资产""无形资产""投资性房地产""生产性生物资产""油气资产"项目,应根据相关科目的期末余额扣减相关的累计折旧(或摊销、折耗)填列,已计提减值准备的,还应扣除相应的减值准备,采用公允价值计量的上述资产,应根据相关科目的期末余额填列;"长期应收款"项目,应根据"长期应收款"科目的期末余额,减去相应的"未实现融资收益"科目和"坏账准备"科目所属相关明细科目期末余额后的金额填列;"长期应付款"项目,应根据"长期应付款"科目

的期末余额,减去相应的"未确认融资费用"科目期末余额后的金额填列。

5. 综合运用上述填列方法分析填列

综合运用上述填列方法分析填列的项目主要包括:"应收票据""其他应收款"项目,应根据相关科目的期末余额,减去"坏账准备"科目中有关坏账准备期末余额后的金额填列;"应收账款"项目,应根据"应收账款"科目和"预收账款"科目所属各明细科目的期末借方余额合计数,减去"坏账准备"科目中有关应收账款计提的坏账准备期末余额后的金额填列;"预付款项"项目,应根据"预付账款"科目和"应收账款"科目所属各明细科目的期末借方余额合计数,减去"坏账准备"科目中有关预付款项计提的坏账准备期末余额后的金额填列;"存货"项目,应根据"材料采购""原材料""发出商品""库存商品""包装物及低值易耗品""委托加工物资""生产成本""受托代销商品"等科目的期末余额合计,减去"受托代销商品款""存货跌价准备"科目期末余额后的金额填列,材料采用计划成本核算,以及库存商品采用计划成本核算或售价核算的企业,还应加或减材料成本差异、商品进销差价后的金额填列。

6. 资产负债表"上年年末余额"栏的填列方法

资产负债表中"上年年末余额"栏通常根据上年年末有关项目的期末余额填列,且与上年年末资产负债表"期末余额"栏一致。企业在首次执行新准则时,应当按照《企业会计准则第38号——首次执行企业会计准则》对首次执行新准则当年的"年初余额"栏及相关项目进行调整;以后期间,如果企业发生了会计政策变更、前期差错更正,应当对"上年年末余额"栏中的有关项目进行相应调整。此外,如果企业上年度资产负债表规定的项目名称和内容同本年度不一致,应对上年年末资产负债表相关项目的名称和数字按照本年度的规定进行调整,填入"上年年末余额"栏。

(二) 资产负债表具体项目填列说明

下面分别就流动资产、非流动资产、流动负债、非流动负债和所有者权益(或股东权益)五个类别,说明一般企业资产负债表主要项目的"期末余额"栏的填列方法。

1. 流动资产项目的填列方法

(1)"货币资金"项目,反映资产负债表日企业持有的货币资金余额。该项目应根据"库存现金""银行存款""其他货币资金"科目的余额之和填列。

(2)"交易性金融资产"项目,反映资产负债表日企业分类为以公允价值计量且其变动计入当期损益的金融资产,以及企业持有的指定为以公允价值计量且其变动计入当期损益的金融资产的期末账面价值。该项目应根据"交易性金融资产"科目的相关明细科目期末余额分析填列。

(3)"应收票据"项目,反映资产负债表日以摊余成本计量的、企业因销售商品、提供服务等收到的商业汇票,包括银行承兑汇票和商业承兑汇票。该项目应根据"应收票据"科目的期末余额,减去"坏账准备"科目中相关坏账准备期末余额后的金额分析填列。

(4)"应收账款"项目,反映资产负债表日以摊余成本计量的、企业因销售商品、提供服务等经营活动应收取的款项。该项目应根据"应收账款"科目的期末余额,减去"坏账准备"科目中相关坏账准备期末余额后的金额分析填列。

(5)"应收款项融资"项目,反映资产负债表日以公允价值计量且其变动计入其他综合收益的应收票据和应收账款等。

(6)"预付款项"项目,反映企业按照合同规定预付的款项在资产负债表日的净额。该项目应根据"预付账款""应付账款"总账科目所属明细科目的借方余额之和,减去相应的"坏账准备"所属明细科目的贷方余额计算填列。

(7)"其他应收款"项目,反映资产负债表日企业持有的应收利息、应收股利和其他应收款净额。如果企业单独设立"应收利息""应收股利"科目,则该项目应根据"应收利息""应收股利""其他应收款"科目的期末余额合计数,减去"坏账准备"科目中相关坏账准备期末余额后的金额填列;如果企业不单独设立"应收利息""应收股利"科目,则该项目应根据"其他应收款"科目的期末余额,减去"坏账准备"科目中相关坏账准备期末余额后的金额填列。

(8)"存货"项目,反映资产负债表日企业持有的存货净额。该项目主要应根据"材料采购"(或"在途物资""商品采购")"原材料"(或"库存商品")"委托加工物资""包装物""低值易耗品""材料成本差异"(或"商品进销差价")"生产成本""自制半成品""产成品""发出商品"等科目借贷方余额的差额,减去"存货跌价准备"科目的期末余额后的金额填列。

(9)"合同资产"项目,反映企业按照《企业会计准则第 14 号——收入》的相关规定根据本企业履行履约义务与客户付款之间的关系应确认的合同资产在资产负债表日的余额中的流动部分。该项目应根据"合同资产"科目的相关明细科目期末余额分析填列,同一合同下的合同资产和合同负债应当以净额列示,其中净额为借方余额的,其流动性部分在"合同资产"项目中填列,已计提减值准备的,还应减去"合同资产减值准备"科目中相关的期末余额后的金额填列。

(10)"持有待售资产"项目,反映资产负债表日划分为持有待售类别的非流动资产及划分为持有待售类别的处置组中的流动资产和非流动资产的期末账面价值。该项目应根据"持有待售资产"科目的期末余额,减去"持有待售资产减值准备"科目的期末余额后的金额填列。

(11)"一年内到期的非流动资产"项目,反映资产负债表日企业持有的将于 1 年内到期的非流动资产的期末账面价值。该项目应根据"债权投资""其他债权投资""长期应收款"科目所属明细科目余额中将于 1 年内到期的长期债权的数额之和计算填列。

(12)"其他流动资产"项目,反映资产负债表日企业持有的除以上各个流动资产项目之外的其他流动资产净额。该项目包括的内容主要有:①按照《企业会计准则第 14 号——收入》的相关规定确认为资产的合同取得成本的期末余额中的流动部分。该部分金额应当根据"合同取得成本"科目的明细科目初始确认时摊销期限在 1 年或长于 1 年的一个正常营业周期之内的部分,减去"合同取得成本减值准备"科目中相关的期末余额后的金额确定。②按照《企业会计准则第 14 号——收入》的相关规定确认为资产的应收退货成本的期末余额中的流动部分。该部分金额应当根据"应收退货成本"科目的明细科目余额分析确定。

2. 非流动资产项目的填列方法

(1)"债权投资"项目,反映资产负债表日企业以摊余成本计量的长期债权投资的期末账面价值。该项目应根据"债权投资"科目的相关明细科目期末余额,减去"债权投资减值准备"科目中相关减值准备的期末余额后的金额分析填列。自资产负债表日起 1 年内到期的长期债权投资的期末账面价值,在"一年内到期的非流动资产"项目反映。企业购入的以摊余成本计量的1年内到期的债权投资的期末账面价值,在"其他流动资产"项目反映。

(2)"其他债权投资"项目,反映资产负债表日企业分类为以公允价值计量且其变动计入其他综合收益的长期债权投资的期末账面价值。该项目应根据"其他债权投资"科目的相关明细科目期末余额分析填列。自资产负债表日起1年内到期的长期债权投资的期末账面价值,在"一年内到期的非流动资产"项目反映。企业购入的以公允价值计量且其变动计入其他综合收益的1年内到期的债权投资的期末账面价值,在"其他流动资产"项目反映。

(3)"长期应收款"项目,反映资产负债表日企业持有的长期应收款净额。该项目应根据"长期应收款"科目相关明细科目的期末余额中的非流动部分,减去相应的"坏账准备"科目所属明细科目的贷方余额计算填列。

(4)"长期股权投资"项目,反映资产负债表日企业持有的采用成本法和权益法核算的长期股权投资净额。该项目应根据"长期股权投资"科目的期末余额,减去"长期股权投资减值准备"科目的贷方余额计算填列。

(5)"其他权益工具投资"项目,反映资产负债表日企业指定为以公允价值计量且其变动计入其他综合收益的非交易性权益工具投资的期末账面价值。该项目应根据"其他权益工具投资"科目的期末余额填列。

(6)"投资性房地产"项目,反映资产负债表日企业持有的投资性房地产的期末账面价值。该项目应根据"投资性房地产"科目的期末余额,减去"投资性房地产累计折旧""投资性房地产减值准备"科目的期末余额后的金额填列。

(7)"固定资产"项目,反映资产负债表日企业固定资产的期末账面价值和企业尚未清理完毕的固定资产清理净损益。该项目应根据"固定资产"科目的期末余额,减去"累计折旧""固定资产减值准备"科目的期末余额后的金额,以及"固定资产清理"科目的期末余额填列。

(8)"在建工程"项目,反映资产负债表日企业尚未达到预定可使用状态的在建工程的期末账面价值和企业为在建工程准备的各种物资的期末账面价值。该项目应根据"在建工程"科目的期末余额,减去"在建工程减值准备"科目的期末余额后的金额,以及"工程物资"科目的期末余额,减去"工程物资减值准备"科目的期末余额后的金额填列。

(9)"无形资产"项目,反映资产负债表日企业无形资产的期末账面价值。该项目应根据"无形资产"科目的期末余额,减去"累计摊销""无形资产减值准备"科目的期末余额后的金额填列。

(10)"开发支出"项目,反映资产负债表日企业已经发生的研发支出中的资本化支出的余额。该项目应根据"研发支出"科目所属的"资本化支出"明细科目的期末余额填列。

(11)"长期待摊费用"项目,反映资产负债表日企业已经发生但应由本期和以后各期负担的分摊期限在1年以上的长期待摊费用的期末余额。该项目应根据"长期待摊费用"科目的期末余额分析填列。

(12)"递延所得税资产"项目,反映资产负债表日企业确认的可抵扣暂时性差异产生的所得税资产的余额。该项目应根据"递延所得税资产"科目的期末余额分析填列。

(13)"其他非流动资产"项目,反映资产负债表日企业持有的除以上各个非流动资产项目之外的其他非流动资产净额。该项目包括的内容主要有：①企业按照《企业会计准则第 14 号——收入》的相关规定根据本企业履行履约义务与客户付款之间的关系应确认的合同资产在资产负债表日的余额中的非流动部分。该部分金额应根据"合同资产""合同负债"科目的相关明细科目期末余额分析确定，同一合同下的合同资产和合同负债应当以净额列示，其中净额为借方余额的，其非流动性部分在"其他非流动资产"项目中填列，已计提减值准备的，还应减去"合同资产减值准备"科目中相关的期末余额后的金额填列。②按照《企业会计准则第 14 号——收入》的相关规定确认为资产的应收退货成本的期末余额中的非流动部分。该部分金额应当根据"应收退货成本"科目的明细科目余额分析确定。

3. 流动负债项目的填列方法

(1)"短期借款"项目，反映资产负债表日企业承担的向银行或其他金融机构等借入的期限在 1 年以下（含 1 年）的各种借款的期末账面价值。该项目应根据"短期借款"科目的期末余额填列。

(2)"交易性金融负债"项目，反映资产负债表日企业承担的交易性金融负债，以及企业持有的直接指定为以公允价值计量且其变动计入当期损益的金融负债的期末账面价值。该项目应根据"交易性金融负债"科目的相关明细科目期末的余额填列。

(3)"应付票据"项目，反映资产负债表日以摊余成本计量的、企业因购买材料、商品和接受服务等开出、承兑的商业汇票，包括银行承兑汇票和商业承兑汇票。该项目应根据"应付票据"科目的期末余额填列。

(4)"应付账款"项目，反映资产负债表日以摊余成本计量的、企业因购买材料、商品和接受服务等经营活动应支付的款项。该项目应根据"应付账款""预付账款"科目所属的相关明细科目的期末贷方余额合计数填列。

(5)"预收款项"项目，反映企业按照合同规定预收的款项在资产负债表日的账面价值。该项目应根据"预收账款""应收账款"科目的相关明细科目的期末贷方余额填列。

(6)"合同负债"项目，反映企业按照《企业会计准则第 14 号——收入》的相关规定根据本企业履行履约义务与客户付款之间的关系应确认的合同负债。该项目应根据"合同负债"科目的相关明细科目期末余额分析填列，同一合同下的合同资产和合同负债应当以净额列示，其中净额为贷方余额的，应当根据其流动性在"合同负债"或"其他非流动负债"项目中填列。

(7)"应付职工薪酬"项目，反映资产负债表日企业承担的应付职工薪酬的余额。该项目应根据"应付职工薪酬"科目的期末余额分析填列。

(8)"应交税费"项目，反映资产负债表日企业承担的应交未交税费的余额。该项目应根据"应交税费"科目的期末余额分析填列。

(9)"其他应付款"项目，反映资产负债表日企业承担的应付利息、应付股利和其他应付款的余额。如果企业单独设立"应付利息""应付股利"科目，则该项目应根据"应付利息""应付股利""其他应付款"科目的期末余额合计数填列；如果企业不单独设立"应付利息""应付股利"科目，则该项目应根据"其他应付款"科目的期末余额填列。

(10)"持有待售负债"项目，反映资产负债表日处置组中与划分为持有待售类别的资产直接相关的负债的期末账面价值。该项目应根据"持有待售负债"科目的期末余额填列。

(11)"一年内到期的非流动负债"项目,反映资产负债表日企业持有的将于1年内到期的非流动负债的期末账面价值。该项目应根据"长期借款""应付债券""长期应付款"科目所属明细科目余额中将于1年内到期的数额之和计算填列。

4. 非流动负债项目的填列方法

(1)"长期借款"项目,反映资产负债表日企业承担的向银行或其他金融机构等借入的期限在1年以上(不含1年)的各种借款的期末账面价值中的非流动部分。该项目应根据"长期借款"科目的相关明细科目的期末余额分析填列。

(2)"应付债券"项目,反映企业为筹集长期资金而发行债券的本金和利息在资产负债表日的账面价值中的非流动部分。该项目应根据"应付债券"科目的相关明细科目的期末余额分析填列。

(3)"长期应付款"项目,反映资产负债表日企业承担的除长期借款和应付债券以外的其他各种长期应付款项的期末账面价值中的非流动部分。该项目应根据"长期应付款""专项应付款""未确认融资费用"科目的相关明细科目的期末余额分析填列。

(4)"预计负债"项目,反映资产负债表日企业承担的就对外提供担保、未决诉讼、产品质量保证、亏损性合同等事项确认的预计负债的余额。该项目应根据"预计负债"总账科目所属各明细科目的期末余额中的非流动部分计算填列。

(5)"递延所得税负债"项目,反映资产负债表日企业确认的应纳税暂时性差异产生的所得税负债的余额。该项目应根据"递延所得税负债"科目的期末余额分析填列。

5. 所有者权益(或股东权益)项目的填列方法

(1)"实收资本(或股本)"项目,反映企业接受投资者投入的实收资本在资产负债表日的余额。该项目应该根据"实收资本(或股本)"科目的期末余额填列。

(2)"其他权益工具"项目,反映企业发行的除普通股(作为实收资本或股本)以外,按照金融负债和权益工具区分原则分类为权益工具的其他权益工具在资产负债表日的余额。该项目应该根据"其他权益工具"科目的期末余额填列。

(3)"资本公积"项目,反映企业收到投资者出资额超出其在注册资本或股本中所占份额的部分在资产负债表日的余额。该项目应该根据"资本公积"科目的期末余额填列。

(4)"其他综合收益"项目,反映企业根据会计准则规定未在当期损益中确认的各项利得和损失在资产负债表日的余额。该项目应该根据"其他综合收益"科目的期末余额填列。

(5)"盈余公积"项目,反映企业从净利润中提取的盈余公积在资产负债表日的余额。该项目应该根据"盈余公积"科目的期末余额填列。

(6)"未分配利润"项目,反映企业在资产负债表日累计未分配利润或未弥补亏损的余额。该项目应该根据"本年利润"科目及"利润分配"总账科目所属的"未分配利润"明细科目的期末余额分析填列。

(三)资产负债表编制实例

【例13-1】天河公司2×24年12月31日的资产负债表(年初余额略)及2×25年12月31日的科目余额表分别见表13-1和表13-2。假设天河公司2×25年度除计提固定资产减值准备导致固定资产账面价值与其计税基础存在可抵扣暂时性差异外,其他资产和负债项目的账面价值均等于其计税基础。假定天河公司未来很可能获得足够的应纳税所得额用来抵扣可抵扣暂时性差异,适用的所得税税率为25%。

表13-1 资产负债表　　　　　　　　　　　　　　　　　　　　　　会企01表

编制单位:天河公司　　　　　　　2×24年12月31日　　　　　　　　　　　　单位:元

资产	期末余额	上年年末余额	负债和所有者权益（或股东权益）	期末余额	上年年末余额
流动资产:		（略）	流动负债:		（略）
货币资金	1 406 300		短期借款	300 000	
交易性金融资产	15 000		交易性金融负债	0	
衍生金融资产	0		衍生金融负债	0	
应收票据	246 000		应付票据	200 000	
应收账款	299 100		应付账款	953 800	
应收款项融资	0		预收款项	0	
预付款项	100 000		合同负债	0	
其他应收款	5 000		应付职工薪酬	110 000	
存货	2 580 000		应交税费	36 600	
其中:数据资源	0		其他应付款	51 000	（略）
合同资产	0	（略）	持有待售负债	0	
持有待售资产	0		一年内到期的非流动负债	1 000 000	
一年内到期的非流动资产	0		其他流动负债	0	
其他流动资产	100 000		流动负债合计	2 651 400	
流动资产合计	4 751 400		非流动负债:		
非流动资产:			长期借款	600 000	
债权投资	0		应付债券	0	
其他债权投资	0		其中:优先股	0	
长期应收款	0		永续债	0	
长期股权投资	250 000		租赁负债	0	
其他权益工具投资	0		长期应付款	0	
其他非流动金融资产	0		预计负债	0	
投资性房地产	0		递延收益	0	
固定资产	1 100 000		递延所得税负债	0	
在建工程	1 500 000		其他非流动负债	0	
生产性生物资产	0		非流动负债合计	600 000	
油气资产	0		负债合计	3 251 400	

(续表)

资产	期末余额	上年年末余额	负债和所有者权益（或股东权益）	期末余额	上年年末余额
使用权资产	0		股东权益：		
无形资产	600 000		实收资本(或股本)	5 000 000	
其中：数据资源	0		其他权益工具	0	
开发支出	0		其中：优先股	0	
商誉	0		永续债	0	
长期待摊费用	0		资本公积	0	
递延所得税资产	0		减：库存股	0	
其他非流动资产	200 000		其他综合收益	0	
非流动资产合计	3 650 000		专项储备	0	
			盈余公积	100 000	
			未分配利润	50 000	
			股东权益(或股东权益)合计	5 150 000	
资产总计	8 401 400		负债和所有者权益(或股东权益)总计	8 401 400	

表 13-2 科目余额表

2×24 年 12 月 31 日　　　　　　　　　　　　　　　　　　　　　　单位：元

科目名称	借方余额	科目名称	贷方余额
库存现金	2 000	短期借款	50 000
银行存款	805 831	应付票据	100 000
其他货币资金	7 300	应付账款	953 800
交易性金融资产	0	其他应付款	50 000
应收票据	66 000	应付职工薪酬	180 000
应收账款	600 000	应交税费	226 731
坏账准备	−1 800	应付利息	0
预付账款	100 000	应付股利	32 215.85
其他应收款	5 000	长期借款	1 160 000
材料采购	275 000	股本	5 000 000
原材料	45 000	盈余公积	124 770.4
周转材料	38 050	利润分配（未分配利润）	218 013.75
库存商品	2 122 400	固定资产	2 401 000

(续表)

科目名称	借方余额	科目名称	贷方余额
材料成本差异	4 250	累计折旧	－170 000
合同资产	0		
持有待售资产	0		
其他流动资产	100 000		
长期股权投资	250 000		
固定资产减值准备	－30 000		
工程物资	300 000		
在建工程	428 000		
无形资产	600 000		
累计摊销	－60 000		
递延所得税资产	7 500		
其他长期资产	200 000		
合　　计	8 095 531	合　　计	8 095 531

注：天河公司无1年内到期的长期负债。

根据上述资料，编制天河公司2×24年12月31日的资产负债表，见表13-3。

表13-3　资产负债表　　　　　　　　　　　　　　　　　　会企01表

编制单位：天河公司　　　　2×24年12月31日　　　　　　单位：元

资　　产	期末余额	上年年末余额	负债和所有者权益（或股东权益）	期末余额	上年年末余额
流动资产：			流动负债：		
货币资金	815 131	1 406 300	短期借款	50 000	300 000
交易性金融资产	0	15 000	交易性金融负债	0	0
衍生金融资产	0	0	衍生金融负债	0	0
应收票据	66 000	246 000	应付票据	100 000	200 000
应收账款	598 200	299 100	应付账款	953 800	950 800
应收款项融资	0	0	预收款项	0	0
预付款项	100 000	100 000	合同负债	0	0
其他应收款	5 000	5 000	应付职工薪酬	180 000	110 000
存货	2 484 700	2 580 000	应交税费	226 731	36 600
其中：数据资源	0	0	其他应付款	82 215.85	51 000
合同资产	0	0	持有待售负债	0	0
持有待售资产	0	0	一年内到期的非流动负债	0	1 000 000

(续表)

资产	期末余额	上年年末余额	负债和所有者权益（或股东权益）	期末余额	上年年末余额
一年内到期的非流动资产	0	0	其他流动负债	0	0
其他流动资产	100 000	100 000	流动负债合计	1 592 746.85	2 651 400
流动资产合计	4 169 031	4 751 400	非流动负债：		
非流动资产：			长期借款	1 160 000	600 000
债权投资	0	0	应付债券	0	0
其他债权投资	0	0	其中：优先股	0	0
长期应收款	0	0	永续债	0	0
长期股权投资	250 000	250 000	租赁负债	0	0
其他权益工具投资	0	0	长期应付款	0	0
其他非流动金融资产	0	0	预计负债	0	0
投资性房地产	0	0	递延收益	0	0
固定资产	2 201 000	1 100 000	递延所得税负债	0	0
在建工程	728 000	1 500 000	其他非流动负债	0	0
生产性生物资产	0	0	非流动负债合计	1 160 000	600 000
油气资产	0	0	负债合计	2 752 746.85	3 251 400
使用权资产	0	0	所有者权益（或股东权益）：		
无形资产	540 000	600 000	实收资本（或股本）	5 000 000	5 000 000
其中：数据资源	0	0	其他权益工具	0	0
开发支出	0	0	其中：优先股	0	0
商誉	0	0	永续债	0	0
长期待摊费用	0	0	资本公积	0	0
递延所得税资产	7 500	0	减：库存股	0	0
其他非流动资产	200 000	200 000	其他综合收益	0	0
非流动资产合计	3 926 500	3 650 000	专项储备	0	0
			盈余公积	124 770.4	100 000
			未分配利润	218 013.75	50 000
			所有者权益（或股东权益）合计	5 342 784.15	5 150 000
资产总计	8 095 531	8 401 400	负债和所有者权益（或股东权益）总计	8 095 531	8 401 400

第三节 利润表

一、利润表的理论知识

(一) 利润表的主体内容

利润表是指反映企业在一定会计期间的经营成果的会计报表。利润表的列报必须充分反映企业经营业绩的主要来源和构成,有助于使用者判断净利润的质量及其风险,有助于使用者预测净利润的持续性,从而作出正确的决策。利用利润表可以评价一个企业的经营成果和投资效率,分析企业的盈利能力及预测未来一定时期内的盈利趋势。

利润表的表首应标明企业和该表的名称。表的名称下面标明编制的期间。利润表反映企业某一期间的经营成果,因而其时间只能表明为"某年某月份",或"某年某月某日至某年某月某日",或"某年某月某日结束的会计年度"。

利润表常见的结构主要有单步式和多步式两种。我国企业利润表基本上采用的是多步式结构,即通过对当期的收入、费用、支出项目按性质加以归类,按利润形成的主要环节列示一些中间性利润指标,分步计算当期损益。

利润表主要反映以下几方面的内容:①营业收入,由主营业务收入和其他业务收入组成。②营业利润,营业收入减去营业成本(主营业务成本和其他业务成本)、税金及附加、销售费用、管理费用、研发费用、财务费用,加上其他收益、投资收益、净敞口套期收益、公允价值变动收益、信用减值损失、资产减值损失、资产处置收益。③利润总额,营业利润加上营业外收入,减去营业外支出,即利润总额。④净利润,利润总额减去所得税费用。⑤综合收益总额,净利润加上其他综合收益的税后净额。⑥每股收益,普通股或潜在普通股已公开交易的企业,以及正处于公开发行普通股或潜在普通股过程中的企业,还应当在利润表中列示每股收益信息,包括基本每股收益和稀释每股收益两项指标。

此外,为了使报表使用者通过比较不同期间利润的实现情况,判断企业经营成果的未来发展趋势,企业需要提供比较利润表,年度利润表还就各项目再分为"本期金额"和"上期金额"两栏分别填列。月度利润表则分为"本月数"和"本年累计数"两栏。年度利润表的具体格式参见表13-5。

(二) 综合收益的列报

利润表的后半部分是其他综合收益的列报,综合收益是企业在一定时期内除所有者投资和对所有者分配等所有者间的资本业务之外的交易或其他事项所形成的所有者权益的变化额,包括净利润和其他综合收益。净利润是综合收益的重要组成部分,其他综合收益是除净利润之外的所有综合收益。其他综合收益通常包括其他权益工具投资或其他债权投资的公允价值变动,以及企业按照权益法核算的在被投资单位其他综合收益中应享有的部分。

综合收益的列报可以有下列两种不同的方式。①编制独立的综合收益表。该表第一部分列示净利润,第二部分列示其他综合收益的具体构成项目及其调整金额。②将其他综合收益的数据与利润表数据列示于同一张报表,这张报表可称为"利润与综合收益表"。该表的上半部分列示利润表数据,下半部分列示其他综合收益数据,其格式如表13-5所示。

我国现行会计准则只要求企业采用简化的方法列报综合收益数据,即在利润表的最下端列示其他综合收益和综合收益总额。但是应在报表附注中详细披露其他综合收益各项及其所得税影响,以及原计入其他综合收益、当期转入损益的金额等信息。

二、利润表的编制方法与编制实例

(一) 利润表的编制方法

1. 上期金额栏的填列方法

利润表"上期金额"栏内各项数字,应根据上年该期利润表"本期金额"栏内所列数字填列。如果上年该期利润表规定的各个项目的名称和内容同本期不相一致,应对上年该期利润表各项目的名称和数字按本期的规定进行调整,填入利润表"上期金额"栏内。

2. 本期金额栏的填列方法

利润表"本期金额"栏内各项数字一般应根据损益类账户的发生额分析填列。

(二) 综合收益表的几个重要项目的填列说明

1. 与其他权益工具投资或其他债权投资相关的其他综合收益

按照现行会计准则的规定,其他权益工具投资或其他债权投资的公允价值变动额应当计入资本公积,从而构成其他综合收益的组成部分。但如果本期处置了以前期间取得的其他权益工具投资或其他债权投资,由于要将处置所得与取得该资产的成本之间差额全部计入当期的损益,而该金融资产在以前期间的公允价值变动额已经计入相应期间的其他综合收益,因而应将这部分在前期已经计入其他综合收益且转入当期利润的金额从本期的其他综合收益中减去,以避免重复计算。

2. 与按权益法核算的长期股权投资相关的其他综合收益

在长期股权投资按权益核算的情形下,被投资企业的其他资本公积的变动,也即被投资企业确认的其他综合收益额,投资企业要按其持股比例确认相应的份额,计入资本公积,并调整长期股权投资的余额。在这种情况下确认的资本公积也是投资企业当期的其他综合收益。

3. 与计入其他综合收益项目相关的所得税影响

该项目反映的是企业在确认其他综合收益时考虑所得税的影响,由于相应确认递延所得税负债或递延所得税资产而对其他综合收益的调整,这意味着综合收益表中其他综合收益各项目所反映的都是未考虑所得税影响的税前金额。各项目所得税影响合并在该项目中反映。

(三) 利润表的编制实例

【例13-2】 天河公司2×25年度有关损益类科目本年累计发生净额如表13-4所示。

表 13-4　天河公司损益类科目 2×25 年度累计发生净额

单位:元

科目名称	借方发生额	贷方发生额
主营业务收入		1 250 000
主营业务成本	750 000	
税金及附加	2 000	
销售费用	20 000	
管理费用	157 100	
财务费用	41 500	
资产减值损失	30 900	
投资收益		31 500
营业外收入		50 000
营业外支出	19 700	
所得税费用	85 300	

根据上述资料,编制天河公司 2×25 年度利润表与综合收益表,如表 13-5 所示。

表 13-5　利润与综合收益表

会企 02 表

编制单位:天河公司　　　　　　　　　　2×25 年　　　　　　　　　　单位:元

项　目	本期金额	上期金额(略)
一、营业收入	1 250 000	
减:营业成本	750 000	
税金及附加	2 000	
销售费用	20 000	
管理费用	107 100	
研发费用	50 000	
财务费用	41 500	
加:其他收益	10 000	
投资收益(损失以"—"号填列)	20 500	
公允价值变动收益(损失以"—"号填列)	1 000	
信用减值损失(损失以"—"号填列)	−10 000	

(续表)

项 目	本期金额	上期金额（略）
资产减值损失（损失以"－"号填列）	－20 000	
资产处置收益（损失以"－"号填列）	－900	
二、营业利润（亏损以"－"号填列）	280 000	
加：营业外收入	50 000	
减：营业外支出	19 700	
三、利润总额（亏损总额以"－"号填列）	310 300	
减：所得税费用	85 300	
四、净利润（净亏损以"－"号填列）	225 000	
五、每股收益	（略）	
（一）基本每股收益		
（二）稀释每股收益		
六、其他综合收益		
1. 其他权益工具投资或其他债权投资		
加：当期利得（损失）金额		
减：前期计入其他综合收益当期转入利润的金额		
2. 按照权益法核算的在被投资单位其他综合收益中所享用的份额		
3. 现金流量套期工具		
加：当期利得（损失）金额		
减：前期计入其他综合收益当期转入利润的金额		
当期被套期项目初始确认金额的调整额		
4. 境外经营外币折算差额		
5. 与计入其他综合收益相关的所得税影响		
6. 其他		
其他综合收益合计		
综合收益总额	225 000	

第四节 现金流量表

一、现金流量表的理论知识

(一) 现金流量表的性质和作用

现金流量表是指反映企业在一定会计期间的现金和现金等价物流入和流出的会计报表。从内容上看，现金流量表被划分为经营活动、投资活动和筹资活动三个部分，每类活动又分为各具体项目，这些项目从不同角度反映企业业务活动的现金流入与流出，弥补了资产负债表和利润表提供信息的不足。现金流量表能够使报表使用者了解现金流量的影响因素，评价企业的支付能力、偿债能力和周转能力，预测企业未来现金流量，为其决策提供有力依据。具体而言，现金流量表使用者可以评估企业以下几个方面的事项：

（1）企业的未来会计期间产生净现金流量的能力。
（2）企业偿还债务及支付企业所有者的投资报酬的能力。
（3）企业的利润与经营活动所产生的净现金流量发生差异的原因。
（4）会计年度内影响或不影响现金的投资活动与筹资活动。

(二) 现金流量表的编制基础与现金流量的分类

从编制原则上看，现金流量表按照收付实现制原则编制，将权责发生制下的盈利信息调整为收付实现制下的现金流量信息，便于信息使用者了解企业净利润的质量。

在现金流量表中，现金及现金等价物被视为一个整体，企业现金形式的转换不会产生现金的流入和流出。例如，企业从银行提取现金，是企业现金存放形式的转换，并未流出企业，不构成现金流量。同样，现金与现金等价物之间的转换也不属于现金流量，如企业用现金购买3个月到期的国库券。根据企业业务活动的性质和现金流量的来源，现金流量表在结构上将企业一定期间产生的现金流量分为三类：经营活动产生的现金流量、投资活动产生的现金流量和筹资活动产生的现金流量。现金流量表的具体格式参见表13-6。

二、现金流量表的编制方法与编制实例

(一) 现金流量表的主表

1. 经营活动产生的现金流量

经营活动是指企业投资活动和筹资活动以外的所有交易或事项。各类企业由于行业特点不同，对经营活动的认定存在一定差异。对于工商企业而言，经营活动主要包括销售商品、提供劳务、购买商品、接受劳务、支付税费等。对于商业银行而言，经营活动主要包括吸收存款、发放贷款、同业存放、同业拆借等。对于保险公司而言，经营活动主要包括原保险业务和再保险业务等。对于证券公司而言，经营活动主要包括自营证券、代理承销证券、代理兑付证券、代理买卖证券等。

在我国，企业经营活动产生的现金流量应当采用直接法填列。直接法是指通过现金收入和现金支出的主要类别列示经营活动的现金流量。

2. 投资活动产生的现金流量

投资活动是指企业非流动资产的购建和不包括在现金等价物范围内的投资及其处置活动。非流动资产是指固定资产、无形资产、在建工程、其他资产等持有期限在1年或一个营业周期以上的资产。这里所讲的投资活动，既包括实物资产投资，也包括金融资产投资。这里之所以将"包括在现金等价物范围内的投资"排除在外，是因为已经将包括在现金等价物范围内的投资视同现金。不同企业由于行业特点不同，对投资活动的认定也存在差异。例如，交易性金融资产所产生的现金流量，对于工商业企业而言，属于投资活动现金流量，而对于证券公司而言，属于经营活动现金流量。

3. 筹资活动产生的现金流量

筹资活动是指导致企业资本及债务规模和构成发生变化的活动。这里所说的资本，既包括实收资本（或股本），也包括资本溢价（或股本溢价）；这里所说的债务，是指对外举债，包括向银行借款、发行债券及偿还债务等。在通常情况下，应付账款、应付票据等商业应付款等属于经营活动，不属于筹资活动。

此外，对于企业日常活动之外特殊的、不经常发生的特殊项目，如自然灾害损失、保险赔款、捐赠等，应当归并到相关类别中，并单独反映。比如，对于自然灾害损失和保险赔款，如果能够确指属于流动资产损失，应当列入经营活动产生的现金流量；属于固定资产损失，应当列入投资活动产生的现金流量。

4. 汇率变动对现金及现金等价物的影响

编制现金流量表时，应当将企业外币现金流量和境外子公司的现金流量折算成记账本位币。外币现金流量和境外子公司的现金流量应当采用现金流量发生日的即期汇率或按照系统合理的方法确定的、与现金流量发生日即期汇率近似的汇率折算。汇率变动对现金及现金等价物的影响额应当作为调节项目，在现金流量表中单独列报。

汇率变动对现金及现金等价物的影响是指企业外币现金流量及境外子公司的现金流量折算成记账本位币时，所采用的是现金流量发生日的汇率或按照系统合理的方法确定的、与现金流量发生日即期汇率近似的汇率，而现金流量表"现金及现金等价物净增加额"项目中外币现金净增加额是按资产负债表日的即期汇率折算的。这两者的差额即"汇率变动对现金及现金等价物的影响"。

在编制现金流量表时，对当期发生的外币业务，也可不必逐笔计算汇率变动对现金的影响，可以通过现金流量表补充资料中"现金及现金等价物净增加额"数额与现金流量表中"经营活动产生的现金流量净额""投资活动产生的现金流量净额""筹资活动产生的现金流量净额"三项之和比较，其差额即"汇率变动对现金及现金等价物的影响"。

（二）现金流量表的补充资料

除现金流量表反映的信息外，企业还应在附注中披露将净利润调节为经营活动现金流量、不涉及现金收支的重大投资和筹资活动、现金及现金等价物净变动等信息。

1. 将净利润调节为经营活动现金流量

现金流量表采用直接法反映经营活动产生的现金流量；同时，企业还应采用间接法反映经营活动产生的现金流量。间接法是指以本期净利润为起点，通过调整不涉及现金的收入、费用、营业外收支和经营性应收应付等项目的增减变动,调整不属于经营活动的现金收支项目,据此计算并列报经营活动产生的现金流量的方法。在我国,现金流量表补充资料应采用间接法反映经营活动产生的现金流量情况,以对现金流量表中采用直接法反映的经营活动现金流量进行核对和补充说明。

采用间接法列报经营活动产生的现金流量时,需要对四大类项目进行调整:①实际没有支付现金的费用。②实际没有收到现金的收益。③不属于经营活动的损益。④经营性应收应付项目的增减变动。

2. 不涉及现金收支的重大投资活动和筹资活动

不涉及现金收支的重大投资活动和筹资活动,反映企业一定期间内影响资产或负债但不形成该期现金收支的所有投资活动和筹资活动的信息。这些投资活动和筹资活动虽然不涉及现金收支,但对以后各期的现金流量有重大影响。例如,企业融资租入设备,将形成的负债记入"长期应付款"账户,当期并不支付设备款及租金,但以后各期必须为此支付现金,从而在一定期间内形成了一项固定的现金支出。

企业应当在附注中披露不涉及当期现金收支、但影响企业财务状况或在未来可能影响企业现金流量的重大投资活动和筹资活动,主要包括:①债务转为资本,反映企业本期转为资本的债务金额。②1年内到期的可转换公司债券,反映企业1年内到期的可转换公司债券的本息。③融资租入固定资产,反映企业本期融资租入的固定资产。

3. 现金和现金等价物的构成

企业应当在附注中披露与现金和现金等价物有关的下列信息:①现金和现金等价物的构成及其在资产负债表中的相应金额。②企业持有但不能由母公司或集团内其他子公司使用的大额现金和现金等价物金额。企业持有现金和现金等价物余额但不能被集团使用的情形多种多样。例如,国外经营的子公司,由于受当地外汇管制或其他立法的限制,其持有的现金和现金等价物,不能由母公司或其他子公司正常使用。

(三) 现金流量表的编制方法及程序

1. 直接法和间接法

编制现金流量表时,列报经营活动现金流量的方法有两种:一是直接法;二是间接法。在直接法下,企业一般是以利润表中的营业收入为起算点,调节与经营活动有关的项目的增减变动,然后计算出经营活动产生的现金流量。在间接法下,企业将净利润调节为经营活动现金流量,实际上就是将按权责发生制原则确定的净利润调整为现金净流入,并剔除投资活动和筹资活动对现金流量的影响。

采用直接法编报的现金流量表,便于分析企业经营活动产生的现金流量的来源和用途,预测企业现金流量的未来前景;采用间接法编报现金流量表,便于将净利润与经营活动产生的现金流量净额进行比较,了解净利润与经营活动产生的现金流量差异的原因,从现金流量的角度分析净利润的质量。所以,我国企业会计准则规定企业应当采用直接法编报现金流量表,同时要求在附注中提供以净利润为基础调节到经营活动现金流量的信息。

2. 工作底稿法、T形账户法和分析填列法

在具体编制现金流量表时,可以采用工作底稿法或T形账户法,也可以根据有关账户记录分析填列。

1）工作底稿法

采用工作底稿法编制现金流量表，是以工作底稿为手段，以资产负债表和利润表数据为基础，对每一项目进行分析并编制调整分录，从而编制现金流量表。工作底稿法的程序如下所示。

第一步，将资产负债表的期初数和期末数过入工作底稿的期初数栏和期末数栏。

第二步，对当期业务进行分析并编制调整分录。编制调整分录时，要以利润表项目为基础，从"营业收入"开始，结合资产负债表项目逐一进行分析。在调整分录中，有关现金和现金等价物的事项，并不直接借记或贷记现金，而是分别记入"经营活动产生的现金流量""投资活动产生的现金流量""筹资活动产生的现金流量"有关项目，借记表示现金流入，贷记表示现金流出。

第三步，将调整分录过入工作底稿中的相应部分。

第四步，核对调整分录，借方、贷方合计数均已经相等，资产负债表项目期初数加减调整分录中的借贷金额以后，也等于期末数。

第五步，根据工作底稿中的现金流量表项目部分编制正式的现金流量表。

2）T形账户法

采用T形账户法编制现金流量表，是以T形账户为手段，以资产负债表和利润表数据为基础，对每一项目进行分析并编制调整分录，从而编制现金流量表。T形账户法的程序如下所示。

第一步，为所有的非现金项目（包括资产负债表项目和利润表项目）分别开设T形账户，并将各自的期末期初变动数过入各该账户。如果项目的期末数大于期初数，则将差额过入和项目余额相同的方向；反之，过入相反的方向。

第二步，开设一个大的"现金及现金等价物"T形账户，每边分为经营活动、投资活动和筹资活动三个部分，左边记现金流入，右边记现金流出。与其他账户一样，过入期末期初变动数。

第三步，以利润表项目为基础，结合资产负债表分析每一个非现金项目的增减变动，并据此编制调整分录。

第四步，将调整分录过入各T形账户，并进行核对，该账户借贷相抵后的余额与原先过入的期末期初变动数应当一致。

第五步，根据大的"现金及现金等价物"T形账户编制正式的现金流量表。

3）分析填列法

分析填列法是直接根据资产负债表、利润表和有关会计账户明细账的记录，分析计算出现金流量表各项目的金额，并据以编制现金流量表的一种方法。

（四）现金流量表编制示例

【例13-3】天河公司其他相关资料如下所示。

1. 2×25年度利润表有关项目的明细资料

（1）管理费用的组成：职工薪酬17 100元，无形资产摊销60 000元，折旧费20 000元，支付其他费用60 000元。

（2）财务费用的组成：计提借款利息11 500元，支付应收票据（银行承兑汇票）贴现利息30 000元。

(3) 资产减值损失的组成:计提坏账准备 900 元,计提固定资产减值准备 30 000 元。上年年末坏账准备余额为 900 元。

(4) 投资收益的组成:收到股息收入 30 000 元,与本金一起收回的交易性股票投资收益 500 元,自公允价值变动损益结转投资收益 1 000 元。

(5) 营业外收入的组成:处置固定资产净收益 50 000 元(其所处置固定资产原价为 400 000 元,累计折旧为 150 000 元。收到处置收入 300 000 元)。假定不考虑与固定资产处置有关的税费。

(6) 营业外支出的组成:报废固定资产净损失 19 700 元(其所报废固定资产原价为 200 000 元。累计折旧为 180 000 元,支付清理费用 500 元,收到残值收入 800 元)。

(7) 所得税费用的组成:当期所得税费用 92 800 元,递延所得税收益 7 500 元。

除上述项目外,利润表中的销售费用 20 000 元至期末已经支付。

2. 资产负债表有关项目的明细资料

(1) 本期收回交易性股票投资本金 15 000 元、公允价值变动 1 000 元,同时实现投资收益 500 元。

(2) 存货中生产成本、制造费用的组成:职工薪酬 324 900 元,折旧费 80 000 元。

(3) 应交税费的组成:本期增值税进项税额 42 466 元,增值税销项税额 212 500 元,已交增值税 100 000 元;应交所得税期末余额为 20 097 元,应交所得税期初余额为 0;应交税费期末数中应由在建工程负担的部分为 100 000 元。

(4) 应付职工薪酬的期初数无应付在建工程人员的部分,本期支付在建工程人员职工薪酬 200 000 元。应付职工薪酬的期末数中应付在建工程人员的部分为 28 000 元。

(5) 应付利息均为短期借款利息,其中本期计提利息 11 500 元,支付利息 12 500 元。

(6) 本期用现金购买固定资产 101 000 元,购买工程物资 300 000 元。

(7) 本期用现金偿还短期借款 250 000 元,偿还 1 年内到期的长期借款 1 000 000 元;借入长期借款 560 000 元。

根据以上资料,采用分析填列的方法,编制天河公司 2×20 年度的现金流量表。

1. 确定天河公司 2×25 年度现金流量表各项目金额

(1) 销售商品、提供劳务收到的现金=主营业务收入+应交税费(应交增值税——销项税额)+(应收账款年初余额-应收账款期末余额)+(应收票据年初余额-应收票据期末余额)-当期计提的坏账准备-票据贴现的利息=1 250 000+212 500+(0-598 200)+(545 100-66 000)-900-30 000=1 312 500(元)。

(2) 购买商品、接受劳务支付的现金=主营业务成本+应交税费(应交增值税——进项税额)-(存货年初余额-存货期末余额)+(应付账款年初余额-应付账款期末余额)+(应付票据年初余额-应付票据期末余额)+(预付账款期末余额-预付账款年初余额)-当期列入生产成本、制造费用的职工薪酬-当期列入生产成本、制造费用的折旧费和固定资产修理费=750 000+42 466-(2 580 000-2 484 700)+(0-953 800)+(1 153 800-100 000)+(100 000-100 000)-324 900-80 000=392 266(元)。

(3) 支付给职工及为职工支付的现金=生产成本、制造费用、管理费用中职工薪酬+(应付职工薪酬年初余额-应付职工薪酬期末余额)-[应付职工薪酬(在建工程)年初余额-应付职工薪酬(在建工程)期末余额]=324 900+17 100+(110 000-180 000)-

(0－28 000)＝300 000(元)。

(4) 支付的各项税费＝当期所得税费用＋税金及附加＋应交税费(应交增值税——已交税金)－(应交所得税期末余额－应交所得税期初余额)＝92 800＋2 000＋100 000－(20 097－0)＝174 703(元)。

(5) 支付其他与经营活动有关的现金＝其他管理费用＋销售费用＝60 000＋20 000＝80 000(元)。

(6) 收回投资收到的现金＝交易性金融资产贷方发生额＋与交易性金融资产一起收回的投资收益＝16 000＋500＝16 500(元)。

(7) 取得投资收益所收到的现金＝收到的股息收入＝30 000(元)。

(8) 处置固定资产收回的现金净额＝300 000＋(800－500)＝300 300(元)。

(9) 购建固定资产支付的现金＝用现金购买的固定资产、工程物资＋支付给在建工程人员的薪酬＝101 000＋300 000＋200 000＝601 000(元)。

(10) 取得借款所收到的现金＝560 000(元)。

(11) 偿还债务支付的现金＝250 000＋1 000 000＝1 250 000(元)。

(12) 偿还利息支付的现金＝12 500(元)。

2. 将净利润调节为经营活动现金流量各项目计算分析

(1) 资产减值准备＝900＋30 000＝30 900(元)。

(2) 固定资产折旧＝20 000＋80 000＝100 000(元)。

(3) 无形资产摊销＝60 000(元)。

(4) 处置固定资产、无形资产和其他长期资产的损失(减:收益)＝－50 000(元)。

(5) 固定资产报废损失＝19 700(元)。

(6) 财务费用＝11 500(元)。

(7) 投资损失(减:收益)＝－31 500(元)。

(8) 递延所得税资产减少＝0－7 500＝－7 500(元)。

(9) 存货的减少＝2 580 000－2 484 700＝95 300(元)。

(10) 经营性应收项目的减少＝(246 000－66 000)＋(299 100＋900－598 200－1 800)＝－120 000(元)。

(11) 经营性应付项目的增加＝(100 000－200 000)＋(100 000－100 000)＋[(180 000－28 000)－110 000]＋[(226 731－100 000)－36 600]＝32 131(元)。

3. 根据上述数据,编制现金流量表及其补充资料。

现金流量表及其补充资料分别见表 13-6 和表 13-7。

表 13-6 现金流量表

编制单位:天河公司　　　　　　　　2×25 年　　　　　　　会企 03 表　单位:元

项　目	本期金额	上期金额
一、经营活动产生的现金流量:		
销售商品、提供劳务收到的现金	1 312 500	(略)
收到的税费返还	0	

(续表)

项　　目	本期金额	上期金额
收到其他与经营活动有关的现金	0	（略）
经营活动现金流入小计	1 312 500	
购买商品、接受劳务支付的现金	392 266	
支付给职工及为职工支付的现金	300 000	
支付的各项税费	174 703	
支付其他与经营活动有关的现金	80 000	
经营活动现金流出小计	1 006 361	
经营活动产生的现金流量净额	365 531	
二、投资活动产生的现金流量：		
收回投资收到的现金	16 500	
取得投资收益收到的现金	30 000	
处置固定资产、无形资产和其他长期资产收回的现金净额	300 300	
处置子公司及其他营业单位收到的现金净额	0	
收到其他与投资活动有关的现金	0	
投资活动现金流入小计	346 800	
购建固定资产、无形资产和其他长期资产支付的现金	601 000	
投资支付的现金	0	
取得子公司及其他营业单位支付的现金净额	0	
支付其他与投资活动有关的现金	0	
投资活动现金流出小计	601 000	
投资活动产生的现金流量净额	－254 200	
三、筹资活动产生的现金流量：		
吸收投资收到的现金	0	
取得借款收到的现金	560 000	
收到其他与筹资活动有关的现金	0	
筹资活动现金流入小计	560 000	
偿还债务支付的现金	1 250 000	
分配股利、利润或偿付利息支付的现金	12 500	
支付其他与筹资活动有关的现金	0	
筹资活动现金流出小计	1 262 500	

(续表)

项　目	本期金额	上期金额
筹资活动产生的现金流量净额	－702 500	（略）
四、汇率变动对现金及现金等价物的影响	0	
五、现金及现金等价物净增加额	－591 169	
加：期初现金及现金等价物余额	1 406 300	
六、期末现金及现金等价物余额	815 131	

表 13-7　现金流量表补充资料

单位：元

补充资料	本期金额	上期金额
1.将净利润调节为经营活动现金流量：		
净利润	225 000	（略）
加：资产减值准备	30 900	
固定资产折旧、油气资产折耗、生产性生物资产折旧	100 000	
无形资产摊销	60 000	
长期待摊费用摊销	0	
处置固定资产、无形资产和其他长期资产的损失（收益以"－"号填列）	－50 000	
固定资产报废损失（收益以"－"号填列）	19 700	
公允价值变动损失（收益以"－"号填列）	0	
财务费用（收益以"－"号填列）	11 500	
投资损失（收益以"－"号填列）	－31 500	
递延所得税资产减少（增加以"－"号填列）	－2 500	
递延所得税负债增加（减少以"－"号填列）	0	
存货的减少（增加以"－"号填列）	95 300	
经营性应收项目的减少（增加以"－"号填列）	－120 000	
经营性应付项目的增加（减少以"－"号填列）	32 131	
其他	0	
经营活动产生的现金流量净额	365 531	
2.不涉及现金收支的重大投资和筹资活动：		
债务转为资本	0	
一年内到期的可转换公司债券	0	
融资租入固定资产	0	

(续表)

补充资料	本期金额	上期金额
3.现金及现金等价物净变动情况：		
现金的期末余额	815 131	（略）
减：现金的期初余额	1 406 300	
加：现金等价物的期末余额	0	
减：现金等价物的期初余额	0	
现金及现金等价物净增加额	－591 169	

第五节 所有者权益变动表

一、所有者权益变动表的理论知识

所有者权益变动表是一张反映构成所有者权益各组成部分当期增减变动情况的报表。所有者权益变动表至少应当单独列示反映下列信息的项目：①净利润；②直接计入所有者权益的利得和损失项目及其总额；③会计政策变更和差错更正的累积影响金额；④所有者投入资本和向所有者分配利润等；⑤提取的盈余公积；⑥实收资本或股本、资本公积、盈余公积、未分配利润的期初和期末余额及其调节情况。

所有者权益变动表的具体格式参见表13-8。为了清楚地表明构成所有者权益的各组成部分当期的增减变动情况，所有者权益变动表应当以矩阵的形式列示：一方面，列示导致所有者权益变动的交易或事项；另一方面，按照所有者权益各组成部分及其总额列示交易或事项对所有者权益的影响。此外，企业还需要提供比较所有者权益变动表，所有者权益变动表还就各项目再分为"本年金额"和"上年金额"两栏分别填列。

二、所有者权益变动表的编制方法与编制实例

（一）上年金额栏的填列方法

所有者权益变动表"上年金额"栏内各项数字，应根据上年度所有者权益变动表"本年金额"栏内所列数字填列。如果上年度所有者权益变动表规定的各个项目的名称和内容同本年度不相一致，应对上年度所有者权益变动表各项目的名称和数字按本年度的规定进行调整，填入所有者权益变动表"上年金额"栏内。

（二）本年金额栏的填列方法

所有者权益变动表"本年金额"栏内各项数字一般应根据"实收资本（或股本）""资本公积""盈余公积""利润分配""库存股""以前年度损益调整"账户的发生额分析填列。

（三）所有者权益变动表编制实例

天河公司根据资料编制2×20年度的所有者权益变动表，如表13-8所示。

表 13-8 所有者权益变动表
2×25 年度

编制单位:天河公司　　　　　　　　　　　　　　　　　　　　　　　　　　　　　　　　会企 04 表　单位:元

项　目	本年金额										上年金额									
	实收资本(股本)	其他权益工具		资本公积	减:库存股	其他综合收益	专项储备	盈余公积	未分配利润	所有者权益合计	实收资本(股本)	其他权益工具		资本公积	减:库存股	其他综合收益	专项储备	盈余公积	未分配利润	所有者权益合计
		优先股	永续债 其他									优先股	永续债 其他							
一、上年年末余额	5 000 000							100 000	50 000	5 150 000										
加:会计政策变更																				
前期差错更正																				
其他																				
二、本年年初余额	5 000 000							100 000	50 000	5 150 000										
三、本年增减变动金额(减少以"-"号填列)				0	0				225 000	225 000										
(一)综合收益总额																				
(二)所有者投入和减少资本																				
1.所有者投入的普通股																				
2.其他权益工具持有者投入资本																				
3.股份支付计入所有者权益的金额																				
4.其他																				

（续表）

项目	本年金额											上年金额										
	实收资本（股本）	其他权益工具			资本公积	减:库存股	其他综合收益	专项储备	盈余公积	未分配利润	所有者权益合计	实收资本（股本）	其他权益工具			资本公积	减:库存股	其他综合收益	专项储备	盈余公积	未分配利润	所有者权益合计
		优先股	永续债	其他									优先股	永续债	其他							
（三）利润分配																						
1.提取盈余公积									24 770.40	−24 770.40	0											
2.对所有者（或股东）的分配										−32 215.85	−32 215.85											
3.其他																						
（四）所有者权益内部结转																						
1.资本公积转增资本（或股本）																						
2.盈余公积转增资本（或股本）																						
3.盈余公积弥补亏损																						
4.设定受益计划变动额结转留存收益																						
5.其他综合收益结转留存收益																						
6.其他																						
四、本年年末余额	5 000 000				0	0			124 770.4	218 013.75	5 342 784.15											

第六节 会计报表附注

附注是指对在会计报表中列示项目所作的进一步说明,以及对未能在这些报表中列示项目的说明等。附注是会计报表的重要组成部分。附注应当按照如下顺序披露有关内容。

(一) 企业的基本情况

附注中企业的基本情况应该包括:①企业注册地、组织形式和总部地址。②企业的业务性质和主要经营活动。③母公司及集团公司的名称。④财务会计报告的批准报出者和财务会计报告批准报出日,按照有关法律、行政法规等规定,企业所有者或其他方面有权对报出的财务会计报告进行修改的事实。

(二) 会计报表的编制基础

会计报表的编制基础包括:①会计年度。②记账本位币。③会计计量所运用的计量基础。④现金和现金等价物的构成。

(三) 遵循企业会计准则的声明

企业应当明确说明编制的会计报表符合企业会计准则的要求,真实、公允地反映了企业的财务状况、经营成果和现金流量等有关信息,以此明确企业编制会计报表所依据的制度基础。

(四) 重要会计政策和会计估计

1. 重要会计政策的说明

企业应当披露采用的重要会计政策和会计估计,不重要的会计政策和会计估计可以不披露。由于企业经济业务的复杂性和多样化,某些经济业务可以有多种会计处理方法,也即存在不止一种可供选择的会计政策。企业在发生某项经济业务时,必须从允许的会计处理方法中选择适合本企业特点的会计政策,企业选择不同的会计处理方法,可能极大地影响企业的财务状况和经营成果,进而编制出不同的会计报表。为了有助于使用者理解,有必要对这些会计政策加以披露。

需要特别指出的是,说明会计政策时还需要披露下列两项内容:①会计报表项目的计量基础。会计计量属性包括历史成本、重置成本、可变现净值、现值和公允价值,这直接显著影响报表使用者的分析,这项披露要求便于使用者了解企业会计报表中的项目是按何种计量基础予以计量的,如存货是按成本还是可变现净值计量等。②会计政策的确定依据。其主要是指企业在运用会计政策过程中所作的对报表中确认的项目金额最具影响的判断。例如,企业如何判断持有的金融资产是持有至到期的投资而不是交易性投资。又如,对于拥有的持股不足50%的关联企业,企业如何判断拥有控制权因此将其纳入合并范围。再如,企业如何判断与租赁资产相关的所有风险和报酬已转移给企业,从而符合融资租赁的标准;以及投资性房地产的判断标准是什么等,这些判断对在报表中确认的项目金额具有重要影响。因此,这项披露要求有助于使用者理解企业选择和运用会计政策的背景,增加会计报表的可理解性。

2. 重要会计估计的说明

企业应当披露会计估计中所采用的关键假设和不确定因素的确定依据，这些关键假设和不确定因素在下一会计期间内很可能导致资产、负债账面价值进行重大调整。在确定报表中确认的资产和负债的账面金额过程中，企业有时需要对不确定的未来事项在资产负债表日对这些资产和负债的影响加以估计。例如，固定资产可收回金额的计算需要根据其公允价值减去处置费用后的净额与预计未来现金流量的现值两者之间的较高者确定，在计算资产预计未来现金流量的现值时需要对未来现金流量进行预测，并选择适当的折现率，应当在附注中披露未来现金流量预测所采用的假设及其依据、所选择的折现率为什么是合理的等。这些假设的变动对这些资产和负债项目金额的确定影响很大，有可能会在下一个会计年度内作出重大调整。因此，强调这一披露要求，有助于提高会计报表的可理解性。

(五) 会计政策和会计估计变更及差错更正的说明

根据现行会计准则，企业披露会计政策和会计估计变更及差错更正的有关情况，具体包括：①会计政策变更的性质、内容和原因。②当期和各个列报前期会计报表中受影响的项目名称和调整金额。③会计政策变更无法进行追溯调整的事实和原因及会计应用变更后的会计政策的时点、具体应用情况。④会计估计变更的内容和原因。⑤会计估计变更对当期和未来期间的影响金额。⑥会计估计变更的影响数不能确定的事实和原因。⑦前期差错的性质。⑧各个列报前期会计报表中受影响的项目名称和更正金额；前期差错对当期会计报表也有影响的，还应披露当期会计报表中受影响的项目名称和金额。⑨前期差错无法进行追溯重述的事实和原因及对前期差错开始进行更正的时点、具体更正情况。

(六) 重要报表项目的说明

企业应当以文字和数字描述相结合、尽可能以列表形式披露重要报表项目的构成或当期增减变动情况，并与报表项目相互参照。在披露顺序上，企业一般应当按照资产负债表、利润表、现金流量表、所有者权益变动表的顺序及其报表项目列示的顺序。

(七) 其他需要说明的重要事项

这主要包括或有和承诺事项、资产负债表日后非调整事项、关联方关系及其交易等。这些事项具体包括：①预计负债的种类、形成原因及经济利益流出不确定性的说明。②与预计负债有关的预期补偿金额和本期已确认的预期补偿金额。③或有负债的种类、形成原因及经济利益流出不确定性的说明。④或有负债预计产生的财务影响，以及获得补偿的可能性；无法预计的，应当说明原因。⑤或有资产很可能会给企业带来经济利益的，其形成的原因、预计产生的财务影响等。⑥在涉及未决诉讼、未决仲裁的情况下，披露全部或部分信息预期对企业造成重大不利影响的，该未决诉讼、未决仲裁的性质及没有披露这些信息的事实和原因。

1. 资产负债表日后事项的说明

每项重要的资产负债表后非调整事项的性质、内容，以及其对财务状况和经营成果的影响。无法作出评估的，应当说明原因。

2. 关联方关系及其交易的说明

根据现行规定需要说明的内容如下：

(1) 母公司和子公司的名称，母公司不是该企业最终控制方的，说明最终控制方名称，母公司和最终控制方均不对外提供会计报表的,说明母公司之上与其最近的对外提供会计报表的母公司名称。

(2) 母公司和子公司的业务性质、注册地、注册资本(或实收资本、股本)及其当期发生的变化。

(3) 母公司对该企业或者企业对子公司的持股比例和表决权比例。

(4) 企业与关联方发生关联方交易的,该关联方的性质、交易类型及交易要素,其中交易要素至少应包括:①交易的金额。②未结算项目的金额、条款和条件,以及有关提供获取担保的信息。③未结算应收项目的坏账准备金额。④定价政策。

(5) 企业应当分别对关联方及交易类型披露关联方交易。

【知识链接】

规范上市公司信息披露的法规体系

近年来,随着上市公司数量的不断增加,我国上市公司的信息披露制度也逐渐规范。中国证监会先后发布了《公开发行股票公司信息披露实施细则》《公开发行股票公司信息披露的内容与格式准则》《年度报告的内容与格式》《中期报告的内容与格式》《配股说明书的内容与格式》《公司股份变动报告的内容与格式》《法律意见书和律师工作报告的内容与格式》《上市公司配股法律意见书的内容与格式》等。在我国,约束上市公司信息披露的法规体系包括四个层次:第一层次,国家法律,有《公司法》《证券法》等;第二层次,行政法规,有《股票发行与交易管理暂行条例》《上市公司监管条例》等;第三层次,部门规章,有《上市公司信息披露管理办法》《公开发行证券公司信息披露内容与格式准则》《公开发行证券的公司信息披露编报规则》《上市公司证券发行管理办法》等;第四层次,自律性规则,有《证券交易所股票上市规则》《信息披露工作指引》等。

【关键术语】

财务会计报告　资产负债表　利润表　现金流量表　所有者权益变动表

【问题思考】

1. 财务会计报告的编制要求有哪些?
2. 什么是资产负债表?我国资产负债表项目的分类和方法是什么?
3. 我国资产负债表的格式、结构如何?企业在编制资产负债表过程中应注意哪些问题?
4. 什么是利润表?其格式、结构如何?企业在编制利润表过程中应注意哪些问题?
5. 什么是现金流量表?我国现金流量表的编制基础是什么?
6. 我国现行企业会计准则将现金流量分为哪几类?具体包括哪些内容?
7. 现金流量表中经营活动的现金流量有哪两种报告方法?其基本原理是什么?
8. 什么是所有者权益变动表?其格式与结构如何?
9. 所有者权益变动表与资产负债表、利润表有何内在联系?
10. 什么是会计报表附注?会计报表附注有何作用?它应该包括哪些基本内容?

练 习 题

第一部分 客观题

第二部分 主观题

第十三章 客观题

四、计算题

天河公司 2×25 年度应付职工薪酬有关资料如表 13-9 所示。

表 13-9 天河公司 2×25 年度应付职工薪酬有关资料   单位:元

项目	年初数	本期分配或计提数	期末数
生产工人工资	100 000	1 000 000	80 000
车间管理人员工资	40 000	500 000	30 000
行政管理人员工资	60 000	800 000	45 000
在建工程人员工资	20 000	300 000	15 000

本期用银行存款支付离退休人员工资 500 000 元。假定应付职工薪酬本期减少数均以银行存款支付,应付职工薪酬为贷方余额。假定不考虑其他事项。

要求:

计算下列项目的列报金额:

(1) 支付给职工及为职工支付的现金。

(2) 支付的其他与经营活动有关的现金。

(3) 构建的固定资产、无形资产和其他长期资产所支付的现金。

五、业务实训

(一) 业务实训一

1. 目的:练习掌握资产负债表的编制。
2. 资料:

(1) 天河公司 2025 年 3 月 31 日有关科目余额如表 13-10 所示。

表 13-10　天河公司 2025 年 3 月 31 日有关科目余额　　　　　单位：元

会计科目	借方余额	贷方余额
库存现金	2 400.00	
银行存款	76 400.00	
应收票据	36 000.00	
应收账款	14 600.00	
预付账款	23 200.00	
其他应收款	3 000.00	
原材料	119 200.00	
库存商品	74 600.00	
固定资产	1 630 800.00	
累计折旧		289 200.00
短期借款		37 200.00
应付票据		50 000.00
应付账款		21 800.00
应付职工薪酬		26 200.00
应交税费		11 400.00
预收账款		15 800.00
应付利息		13 600.00
长期借款		152 000.00
实收资本		955 360.00
盈余公积		409 440.00
本年利润		269 800.00
利润分配	196 200.00	
生产成本	75 400.00	
合计	2 251 800.00	2 251 800.00

(2) "应收账款""预付账款""应付账款"和"预收账款"四个科目所属各明细科目的期末余额如下所示：

应收账款———A 公司 6 800 元（借方），应收账款———B 公司 11 200 元（借方）；

应收账款———C 公司 3 400 元（贷方），预付账款———D 公司 13 400 元（借方）；

预付账款———E 公司 11 800 元（借方），预付账款———F 公司 2 000 元（贷方）；

应付账款———G 公司 9 400 元（贷方），应付账款———H 公司 13 000 元（贷方）；

应付账款———I 公司 600 元（借方），预收账款———J 公司 10 200 元（贷方）；

预收账款———K 公司 7 800 元（贷方），预收账款———L 公司 2 200 元（借方）。

（3）该月末无一年内到期的长期负债。

3. 要求

根据上述资料，编制天河公司2×25年3月31日的资产负债表（表13-11，表中年初余额均略）。

表13-11　天河公司2×25年3月31日的资产负债表

编制单位：天河公司　　　　　　　2×25年3月31日　　　　　　　会企01表
　　　　　　　　　　　　　　　　　　　　　　　　　　　　　　　单位：元

资产	期末余额	年初余额	负债和所有者权益 （或股东权益）	期末余额	年初余额
流动资产：			流动负债：		
货币资金			短期借款		
交易性金融资产			交易性金融负债		
应收票据			应付票据		
应收账款			应付账款		
预付款项			预收款项		
应收利息			合同负债		
应收股利			应付职工薪酬		
其他应收款			应交税费		
存货			应付利息		
合同资产			应付股利		
持有待售资产			其他应付款		
一年内到期的非流动资产			一年内到期的非流动负债		
其他流动资产			其他流动负债		
流动资产合计			流动负债合计		
非流动资产：			非流动负债：		
债权投资			长期借款		
其他债权投资			长期债券		
长期应收款			长期应付款		
长期股权投资			预计负债		
其他权益工具投资			递延所得税负债		
投资性房地产			其他非流动负债		
固定资产			非流动负债合计		
在建工程			负债合计		

(续表)

资产	期末余额	年初余额	负债和所有者权益（或股东权益）	期末余额	年初余额
生产性生物资产			所有者权益(或股东权益)：		
油气资产			实收资本(或股本)		
无形资产			其他权益工具		
开发支出			资本公积		
商誉			减：库存股		
长期待摊费用			其他综合收益		
递延所得税资产			盈余公积		
其他非流动资产			未分配利润		
非流动资产合计			所有者权益(或股东权益)合计		
资产总计			负债和所有者权益(或股东权益)总计		

（二）业务实训二

1. 目的

  练习掌握利润表的编制。

2. 资料

  天河公司 2×25 年 5 月 31 日有关账户反映的发生额如表 13-12 所示：

表 13-12　天河公司 2×25 年 5 月 31 日有关账户反映的发生额　　　单位：元

账户名称	1—4月发生额	5月份发生额
主营业务收入	2 500 000	640 000
其他业务收入	180 000	50 000
其他收益	45 000	10 600
投资收益	35 000	10 000
公允价值变动收益	15 000	5 000
资产处置收益	5 000	3 000
营业外收入	15 000	4 000
主营业务成本	1 600 000	350 000
税金及附加	150 000	40 000
其他业务成本	120 000	30 000
销售费用	130 000	30 000
管理费用	100 000	20 000
研发费用	60 000	20 000

(续表)

账户名称	1—4月发生额	5月份发生额
财务费用	25 000	5 000
信用减值损失	5 000	1 000
资产减值损失	10 000	3 000
营业外支出	100 000	30 000
所得税费用	240 000	60 000

3. 要求：

根据上述资料，编制天河公司2×25年5月份的利润表，并填入表13-13中：

表13-13　天河公司2×25年5月份的利润表

　　　　　　　　　　　　　　　　　　　　　　　　　　　　　　　　　　　　　会企02表

编制单位：天河公司　　　　　　　　2×25年5月　　　　　　　　　　单位：元

项　目	本期金额	上期金额
一、营业收入		
减：营业成本		
税金及附加		
销售费用		
管理费用		
研发费用		
财务费用		
加：其他收益		
投资收益（损失以"—"号填列）		
其中：对联营企业和合营企业的投资收益		
以摊余成本计量的金融资产终止确认收益		
公允价值变动收益（损失以"—"号填列）		
信用减值损失（损失以"—"号填列）		
资产减值损失（损失以"—"号填列）		
资产处置收益（损失以"—"号填列）		
二、营业利润（亏损以"—"号填列）		
加：营业外收入		
减：营业外支出		
三、利润总额（亏损总额以"—"号填列）		
减：所得税费用		

(续表)

项 目	本期金额	上期金额
四、净利润(净亏损以"—"号填列)		
五、每股收益:		
(一)基本每股收益		
(二)稀释每股收益		

(三)业务实训三

1. 资料

天河公司为一家上市公司,2×25年度资产负债表和利润表如表13-14和表13-15所示。

表13-14 天河公司2×25年资产负债表

编制单位:天河公司　　　　2×25年12月31日　　　　　　　　　单位:元

资产	年初数	期末数	负债和所有者权益（或股东权益）	年初数	期末数
流动资产:			流动负债:		
货币资金	45 500	155 500	短期借款		
交易性金融资产	30 000	22 000	应付票据	100 500	120 000
应收票据	40 000	30 000	应付账款	78 000	80 000
应收账款	42 000	34 000	预收账款		
预付账款	13 500	8 500	合同负债		
合同资产			应付职工薪酬		
持有待售资产			应交税费		
其他应收款			其他应付款		
存货	80 000	120 000	1年内到期的非流动负债		
1年内到期的非流动资产			其他流动负债		
其他流动资产			流动负债合计	178 500	200 000
流动资产合计	251 000	370 000	非流动负债:		
非流动资产:			长期借款	80 000	80 000
债权投资			应付债券	89 500	119 500
长期股权投资			长期应付款		
长期应收款			递延所得税负债		
投资性房地产			其他非流动负债		
固定资产	530 000	545 000	非流动负债合计	169 500	199 500
无形资产			负债合计	348 000	399 500
开发支出			所有者权益(或股东权益):		
商誉			实收资本(或股本)	400 000	400 000

(续表)

资产	年初数	期末数	负债和所有者权益（或股东权益）	年初数	期末数
长期待摊费用			资本公积		
递延所得税资产			盈余公积		
其他非流动资产			未分配利润	33 000	115 500
非流动资产合计			所有者权益（或股东权益）合计	433 000	515 500
资产总计	781 000	915 000	负债和所有者权益（或股东权益）	781 000	915 000

表 13-15　天河公司 2×25 年利润表

编制单位：天河公司　　　　　　　2×25 年度　　　　　　　单位：元

项　　目	本月数	本年累计数
一、营业收入		800 000
减：营业成本		550 000
税金及附加		
销售费用		12 000
管理费用		46 000
研发费用		
财务费用		16 500
资产减值损失		
信用减值损失		
加：公允价值变动收益		
投资收益		4 000
资产处置损益		
其他收益		
二、营业利润		179 500
加：营业外收入		10 000
减：营业外支出		2 000
三、利润总额		187 500
减；所得税费用		75 000
四、净利润		112 500

其他有关资料:
(1) 支付 30 000 元现金股利。
(2) 主营业务成本中,包括工资费用 165 000 元;管理费用中,包括折旧费用 21 500 元,预付款项分摊 6 000 元,支付工资费用 10 000 元,支付其他费用 8 500 元。
(3) 出售固定资产一台,原价 150 000 元,已提折旧 50 000 元,处置价格为 98 000 元,现金已收到。
(4) 购入固定资产,价款 148 500 元,以银行存款支付。
(5) 购入以公允价值计量且其变动计入当期损益的金融资产,支付价款 13 000 元。
(6) 出售以公允价值计量且其变动计入当期损益的金融资产,收到现金 25 000 元,成本 21 000 元。
(7) 偿付应付公司债券 70 000 元,新发行债券 100 000 元,已收到现金。
(8) 存货盘盈 10 000 元,已计入营业外收入。
(9) 该公司的预付款项与购买商品、接受劳务无关。当年预付保险费 1 000 元。
(10) 财务费用 16 500 元系支付的债券利息。
(11) 期末存货均是外购原材料。

为简便起见,不考虑流转税,假定该公司没有现金等价物。

2. 要求

编制天宇公司 2×25 年度的现金流量表主表与附表(表 13-16 和表 13-17)。

表 13-16 现金流量表(主表)

编制单位:天河公司　　　　　　　　2×25 年　　　　　　　　单位:元

项目	金额	
一、经营活动产生的现金流量		
销售商品、提供劳务收到的现金		
收到的税费返还		
收到的其他与经营活动有关的现金		
现金流入小计		
购买商品、接受劳务支付的现金		
支付给职工及为职工支付的现金		
支付的各项税款		
支付的其他与经营活动有关的现金		
现金流出小计		
经营活动产生的现金流量净额		
二、投资活动产生的现金流量		
收回投资所收到的现金		
取得投资收益所收到的现金		

(续表)

项目	金额	
处置固定资产、无形资产和其他长期资产而收回的现金净额		
收到的其他与投资活动有关的现金		
现金流入小计		
购建固定资产、无形资产和其他长期资产所支付的现金		
投资所支付的现金		
支付的其他与投资活动有关的现金		
现金流出小计		
投资活动产生的现金流量净额		
三、筹资活动产生的现金流量		
吸收投资所收到的现金		
取得借款所收到的现金		
收到的其他与筹资活动有关的现金		
现金流入小计		
偿还债务所支付的现金		
发生筹资费用所支付的现金		
分配股利、利润或偿付利息所支付的现金		
支付的其他与筹资活动有关的现金		
现金流出小计		
筹资活动产生的现金流量净额		
四、汇率变动对现金的影响		
五、现金及现金等价物净增加额		

表 13-17　现金流量表补充资料(附表)　　　　　　　　　　　单位:元

将净利润调节为经营活动现金流量:	
净利润	
加:资产减值准备	
固定资产折旧	
无形资产摊销	
长期待摊费用摊销	
处置固定资产、无形资产和其他长期资产的损失(减:收益)	
存货盘亏损失(收益以"—"号填列)	
固定资产报废损失(收益以"—"号填列)	

	(续表)
公允价值变动损失(收益以"一"号填列)	
财务费用(.收益以"一"号填列)	
投资损失(收益以"一"号填列)	
递延所得税资产减少(增加以"一"号填列)	
递延所得税负债增加(减少以"一"号填列)	
存货的减少(增加以"一"号填列)	
经营性应收项目的减少(增加以"一"号填列)	
经营性应付项目的增加(减少以"一"号填列)	
经营活动产生的现金流量净额	

六、案例分析题

(一) 案例一

1. 资料

信息披露违法——南华西一原董事被处罚

本报北京电(记者 李巧宁)中国证监会日前对广西南华西实业股份有限公司违反证券法规的行为进行了调查。证监会昨日下午下发公告称(详见本报第3版),南华西在集团公司占用资金、担保事项和股权质押的信息披露上均存在遗漏的违法行为,证监会决定对此负有直接责任的公司原董事岑建处以警告,并罚款3万元。

公告称,经查,南华西公司1999年被集团公司及其子公司占用资金32 087万元,2000年被占用资金31 200万元,截至2000年年底,南华西公司及其子公司被集团公司及集团公司的子公司累计占用资金63 287万元,对上述事项,南华西未按规定在1999年年度报告、2000年中期报告中披露,直到2001年3月3日才予以公告。南华西公司为集团公司及其子公司在1997年、1998年、1999年、2000年分别提供银行贷款担保50万元、10 000万元、25 170万元和11 690万元。对上述事项,南华西公司未按照规定及时披露,直到2001年1月19日才予以公告。经查,集团公司将其持有的南华西公司法人股5 756万股质押给银行,1999年10月质押给工商银行广州市同福路支行4 256万股,2000年质押给中国银行广州市海珠支行1 500万股。对此,南华西公司也未及时披露,直到2001年3月9日才予以公告。

公告指出,南华西公司原董事岑建对上述违法行为负有直接责任和领导责任,根据《证券法》有关规定,证监会对其予以警告,并罚款3万元。在证监会作出正式行政处罚前,岑建依法享有要求听证、陈述和申辩的权利。自本公告发出之日起,若未提出听证要求和陈述、申辩意见,视为放弃此权利。(资料来源:证券时报,2002-3-22)

思考:你认为财务会计报告披露应遵循哪些原则?

2. 解读提示

在中国证监会官网(www.crsc.gov.cn)查阅证监会发布的《公开发行证券的公司信息

披露编报规则第 15 号——财务报告的一般规定》等相关公告。

(二) 案例二

1. 资料

在传统的会计收益观念下,利润是连接期初资产负债表与期末资产负债表的纽带,净利润＝期末净资产－期初净资产－本期投资者投入＋分配给投资者利润。但是,随着公允价值会计的推行,越来越多的资产按其公允价值计量,公允价值与账面价值的差额作为一种未实现的利得或损失其会计处理有两种:一种是计入当期损益,包括在利润表中,如交易性金融资产;另一种是直接计入净资产中,也称其他综合收益,如可供出售金融资产。这样就出现一个问题,即上面的等式无法解释净利润与净资产增减变化之间的关系。

为了解决这一问题,FASB 于 1997 年颁布了 130 号财务会计准则公告《综合收益的列报》,要求企业以下述三种方式之一列报综合收益:

(1) 一表法。该法将其他综合收益融入利润表中,在净利润指标下通过其他综合收益的调整,最后计算出综合收益总额。

(2) 二表法。该法主张增加一张综合收益表,成为与其他三张报表并列的第四张报表。

(3) 权益变动表。在所有者权益变动表中反映期初净资产至期末净资产变化的全过程。

这一准则出台后,在被调查的 600 家美国公司中,580 家报告了综合收益,其余 488 家以第三种方式列报了综合收益。

思考:什么是综合收益? 中国会计要求如何列报综合收益?

2. 解读提示

查阅美国《财务会计概念框架》第三号文件《企业财务报表的要素》中关于综合收益的定义。

参 考 文 献

1. 财政部会计资格评价中心. 中级会计实务[M]. 北京:中国财经出版传媒集团,经济科学出版社,2023.
2. 戴德明,林钢,赵西卜. 财务会计学[M]. 13版. 北京:中国人民大学出版社,2019.
3. 中国注册会计师协会. 2023年注册会计师全国统一考试辅导教材会计[M]. 北京:中国财经出版传媒集团,中国财政经济出版社,2023.
4. 江金锁. 中级财务会计[M]. 北京:高等教育出版社,2022.
5. 王华,石本仁. 中级财务会计[M]. 2版. 北京:中国人民大学出版社,2010.
6. 徐经长,孙蔓莉,周华. 会计学[M]. 北京:中国人民大学出版社,2013.
7. 陈立军. 中级财务会计[M]. 北京:中国人民大学出版社,2012.
8. 谢明香. 中级财务会计[M]. 北京:电子工业出版社,2014.
9. 季秀杰. 财务会计[M]. 北京:中国传媒大学出版社,2014.